普通高等教育"十一五"国家级规划教材

北京高等教育精品教材　　清华大学985名优教材立项资助

21世纪清华MBA精品教材　国家级精品课程"创业管理"配套教材

创业管理学

第❷版

张帏　姜彦福　主编

Entrepreneurial

Management

清华大学出版社
北京

内容简介

本书围绕创业者在创业过程的不同阶段所遇到的实际问题进行编写,涵盖了创业管理中的核心内容。全书分为5篇,共11章,主要内容包括创业与创业精神、创业过程、创业机会、商业模式、创业者与创业团队、商业计划、创业融资、新创企业战略、新创企业的成长管理、新创企业的危机管理、公司创业。

本书的主要特点:注重理论和知识的系统性,强调内容的新颖性,注重创新,并紧密结合我国的创业实践,突出内容的实用性。

本书作为大学创业管理课程的教材,适合本科生、MBA和其他相关专业研究生;也可以作为广大创业者及相关研究、管理人员的参考书,以及大学生创业计划大赛和各种创业培训项目的培训教材。

本书封面贴有清华大学出版社防伪标签,无标签者不得销售。
版权所有,侵权必究。举报:010-62782989,beiqinquan@tup.tsinghua.edu.cn。

图书在版编目(CIP)数据

创业管理学/张帏,姜彦福主编. —2版. —北京:清华大学出版社,2018(2024.8重印)
(21世纪清华MBA精品教材)
ISBN 978-7-302-50972-1

Ⅰ.①创⋯ Ⅱ.①张⋯②姜⋯ Ⅲ.①企业管理—研究生—教材 Ⅳ.①F272

中国版本图书馆CIP数据核字(2018)第190279号

责任编辑:高晓蔚
封面设计:汉风唐韵
责任校对:宋玉莲
责任印制:杨 艳

出版发行:清华大学出版社
网　　址:https://www.tup.com.cn,https://www.wqxuetang.com
地　　址:北京清华大学学研大厦A座　　邮　编:100084
社 总 机:010-83470000　　邮　购:010-62786544
投稿与读者服务:010-62776969,c-service@tup.tsinghua.edu.cn
质量反馈:010-62772015,zhiliang@tup.tsinghua.edu.cn
课件下载:https://www.tup.com.cn,010-83470332

印 装 者:三河市铭诚印务有限公司
经　　销:全国新华书店
开　　本:185mm×260mm　　印　张:25.75　　插页:1　　字　数:531千字
版　　次:2005年7月第1版　　2018年8月第2版　　印　次:2024年8月第7次印刷
定　　价:65.00元

产品编号:053526-03

前言 第2版 FOREWORD

2018年,中国迎来了改革开放40周年。中国的改革开放,大大释放了中国人的创业精神,推动了中国经济社会的转型和快速发展。清华大学中国创业研究中心完成的《全球创业观察中国报告》的历年研究结果对比表明:中国的创业活动在全球中处于相对活跃状态,并且已经从以生存型创业为主转变为以机会型创业为主。

党的二十大报告明确提出,以中国式现代化全面推进中华民族伟大复兴。高质量发展是全面建设社会主义现代化国家的首要任务。高水平的创新创业是实现高质量发展的重要基础。

清华大学经济管理学院从20世纪90年代中后期开始深入开展创业研究和创业教育,2000年正式成立了清华大学中国创业研究中心。2007年,清华大学"创业管理"课程入选国家级精品课;2010年,由清华经管学院和清华科技园联合开设的"创业机会识别和商业计划"课程被评为清华大学研究生精品课程;2014年由清华经管学院和清华科技园联合开设的"创办新企业"课程被中关村科技园区管理委员会评为"中关村(清华)梦想课堂",并获得2017年全国高等学校创新创业教育"精彩一课"(视频公开课)评审一等奖。更为重要的是,经过清华大学各方面的努力、广大校友和社会各界的支持,清华大学的创业教育从活动,到课程、大赛、教育项目、创意创新创业(简称"三创")教育平台,再到清华科技园的创业孵化器,形成了创业教育过程的完整链条;清华大学目前已经初步成功构建了开放、交叉并富有活力的高校创业教育生态体系。

作为学科研究和教育的重要成果,2005年7月,《创业管理学》正式出版,并在第二届亚洲创业教育大会(REE Asia 2005)上首发。该书出版后,得到社会各界的好评,并成为国内众多高校创业教育的教材,第1版已经重印了10次。2006年,该书被评为北京市高等教育精品教材,同年入选普通高等教育"十一五"国家级规划教材。

本书出版以来,国内外的创业环境和创业形势变化很大。在这样的背景下,对该书进行修订、出版第2版是非常必要的。《创业管理学》(第2版)于2012年入选清华大学"985"三期名优教材建设立项。第2版增加了"绪论"和"新创企业的成长管理"全新的两章,在各章节增加或删减了一些内容。在修订的过程中,我们吸收了清华大学经济管理学院创业研究团队过去20年来的部分研究成果,其中包括我们前几年完成的国家自然科学基金项目(70572004、70972028)的成果,同时吸收了一些国内外最新的研究成果。我们在保留经典案例的同时,对书中的案例也进行了相当比例的补充或更新,并且增加了文字、小视频等形式的拓展资源。

在本书修订过程中,叶雨明和张思培同学先后参与了第一阶段修订工作,陈颖梅协助对各章修订稿进行了初步的审阅,齐继国同学参与了第二阶段修订工作。在此,我们特向他们表示衷心感谢!

感谢清华大学出版社刘志彬主任的支持,并特别感谢本书第2版的责任编辑高晓蔚,由于她的努力,使本书第2版能及时和读者见面。

最后还要衷心感谢众多创业者、企业家、创业投资家及相关人士对我们展创业研究和创业教育的大力支持!

由于作者水平有限,本书第 2 版还存在一些不足之处,恳请各位读者批评指正。

张 帏 姜彦福
2018 年 6 月
2024 年 8 月修正

前言 第1版 FOREWORD

活跃的创业活动是经济发展的巨大动力,中国的改革开放,大大释放了国民的创业精神。清华大学中国创业研究中心《全球创业观察2002中国报告》(清华大学出版社,2003)的研究结果表明:"中国的全员创业活动指数在37个全球创业观察(Global Entrepreneurship Monitor,GEM)研究项目参与国家和地区中排名第九位,即中国在全球的创业活动中处于活跃状态。"伟大的创业精神和活跃的创业活动正是过去20多年来中国经济能够持续高速发展的关键原因,这也必将是决定中国经济未来能否继续保持良好发展态势的关键性因素之一。但是,我们的研究还发现,我国的创业活动是以生存型为主的,约占60%,而机会型创业只有40%;中国的创业机会多,国民的创业动机比较强,但创业能力不足,亟须通过创业教育和实践智慧的积累提高创业能力。

当前中国经济发展迅速创造了大量的创业机会,同时中国也面临巨大的就业压力。大学作为培养国家未来人才的关键基地,应当为广大学生提供更全面的教育。我们认为其中很重要的一点是需要大力加强大学创业教育,一方面为广大学生的日后发展提供基础的创业知识和技能,更为重要的是初步培养他们的创业意识和创业精神。创业精神不仅在创办新企业时需要,大企业、非营利机构同样需要创业精神(Sahlman和Stevenson,1999)。

创业教育在国外,尤其是在美国,已经成为商学院教育最为重要的组成部分之一。国外大学的管理教育也朝着创业型管理教育演变,并且创业教育的范围并不局限于商学院中的管理教育,一些理工科院系也积极探索和开展创业教育。

目前,我国大学的创业教育已经起步,开始进入加速发展阶段。很多大学在积极探索大学的创业教育,但目前国内相关的研究、教材和案例等还不能很好地满足创业教育的需求。

清华大学经济管理学院从1998年开始为MBA开设了创业管理领域的课程。清华大学中国创业研究中心从2000年正式成立后,积极开展对中国创业管理的深入研究,并积极引进和编写相关的教材、案例。在多年的教学和研究基础上,我们从2003年年初开始,历时两年多,终于完成了这本融合集体智慧的《创业管理学》教材。

本教材有以下几方面的特点。

第一,注重理论和知识的系统性。本书围绕创业者在创业过程的不同阶段所遇到的实际问题进行编写,全书涵盖了创业管理中的核心内容。

第二,强调内容的新颖性。书中有相当内容是我们最新的研究成果,包括多篇博士论文及博士后研究报告的研究成果;同时,本教材也充分吸收了国内外相关领域的研究和教学成果。

第三,突出内容的实用性。本书特别注重理论和实际的联系,注重结合中国的创业实践。例如,国内的创业者普遍不能很好地完成商业计划开发写作,本书把我们自己所指导的获得国际创业计划大赛大奖的最新商业计划书作为教学案例,供大家学习参考。另外,每章都有学习目的、小结、复习与讨论题,并配有案例,非常方便读者(尤其是师生)的使用。

第四,注重创新。例如,商业模式是创业管理中非常重要的概念和内容,但国外的创业教材基本上没有专门的章节内容;本教材编委会在多次反复讨论的基础上,决定把商业模式作为单独的一章,编写人员查阅了大量国内外材料和案例,在此基础上总结创新而完成本章。

本书可以作为大学创业管理方面课程的教材,适合MBA和经济管理类的其他研究生,可以作为非经济管理类的研究生和本科生的教学参考书;本书也可以作为广大创业者（包括潜在的创业者）、富有创业精神的公司领导人、负责新业务开拓的部门负责人和员工的指导书，更可以作为大学创业计划大赛和各种创业培训项目的培训教材。

全书由姜彦福、张帏主编，其中：第 1 章由姜彦福主笔，第 2 章由林嵩完成，第 3 章由邱琼完成，第 4、第 7 两章由张帏完成，第 5 章由唐靖和陈耀刚完成，第 6 章由崔小刚完成，第 8、第 9 两章由叶瑛完成，第 10 章由张健完成，第 3 篇的综合案例由张帏完成。另外，第 6 章的商业计划案例曾由张帏老师带队在国际商业计划大赛中获得"最佳国际商业奖"。在此，我们要衷心感谢马晨、张先涛等人的贡献，还要感谢清华大学材料系崔福斋教授的支持！

在编著过程中，我们定期开会讨论书稿的内容，及时调整完善全书的架构，在初稿完成后，编委会成员相互审阅修改书稿，可以说此书的完成是编委会所有成员智慧和辛劳的结晶。

感谢清华大学出版社金娜女士对本书出版的大力支持，使本书能够及时和读者见面；另外，北京市教委把本书列为北京市高等教育精品教材，并给予了支持。最后，我们还要衷心感谢那些对我们开展创业领域研究和教学一直给予支持的各界朋友，其中有的和我们一起探讨过创业管理相关的问题；有的接受过我们的调研访谈和案例研究，有的还直接到我们的课堂上与师生分享他们创业和（或）创业投资的经验和教训，还有那些上过我们创业相关课程的同学，等等。没有他们的支持、鼓励和帮助，我们就不可能完成并进一步完善这本教材。

由于水平有限，书中难免有疏漏和不足之处，恳请各位读者批评指正，以共同促进我国的创业教育事业发展。

姜彦福　张　帏

清华大学经济管理学院

清华大学中国创业研究中心

2005 年 6 月

目录

绪论 ······ 1

第1篇　创业精神与创业过程

第1章　创业与创业精神 ······ 9

1.1　创业的概念和类型 ······ 10

1.2　创业、创业精神与经济增长 ······ 11

1.3　创业精神与社会发展 ······ 15

1.4　创业环境 ······ 17

1.5　创业教育 ······ 20

本章案例：任正非和华为的创业与创业精神 ······ 23

第2章　创业过程 ······ 26

2.1　理解创业的一般过程 ······ 27

2.2　新创企业的生命周期 ······ 34

2.3　创业中所需的资源 ······ 37

2.4　精益创业的理念和思维 ······ 40

2.5　三个重要的创业模型 ······ 41

综合案例:"阿狸"与梦之城公司的创建与成长 ………………………………… 49

第 2 篇　创业机会和商业模式

第 3 章　创业机会 …………………………………………………………… 63

3.1　创业机会:概念和存在的原因 ……………………………………… 64
3.2　创业机会的期望价值:选择利于创业的机会 ……………………… 69
3.3　创业机会评价 ………………………………………………………… 76
3.4　创业机会识别与开发 ………………………………………………… 81
本章案例:米公益的创业机会识别与开发 ……………………………… 89

第 4 章　商业模式 …………………………………………………………… 91

4.1　商业模式的概念 ……………………………………………………… 93
4.2　商业模式的作用 ……………………………………………………… 95
4.3　商业模式的评价 ……………………………………………………… 103
4.4　商业模式的演进和持续创新 ………………………………………… 108
本章案例:iPod:帮助苹果电脑公司走向苹果公司的"桥梁" ………… 119

第 3 篇　创办新企业

第 5 章　创业者与创业团队 ………………………………………………… 127

5.1　创业者心理及性格特质 ……………………………………………… 128
5.2　创业者应具备的个人能力 …………………………………………… 137
5.3　创业团队的组建 ……………………………………………………… 145
5.4　创业团队的股权分配和激励 ………………………………………… 155

第 6 章　商业计划 …………………………………………………………… 166

6.1　初步了解商业计划 …………………………………………………… 167
6.2　如何制定商业计划书 ………………………………………………… 170
6.3　商业计划书的主要内容 ……………………………………………… 174
6.4　商业计划书中的一些常见问题 ……………………………………… 190

本章案例：瑞福生物材料公司商业计划执行总结⋯⋯⋯⋯⋯⋯⋯⋯⋯⋯ 192

第 7 章　创业融资⋯⋯⋯⋯⋯⋯⋯⋯⋯⋯⋯⋯⋯⋯⋯⋯⋯⋯⋯⋯ 196

7.1　创业融资难的原因和创业者的基本对策分析⋯⋯⋯⋯⋯⋯⋯⋯⋯ 197

7.2　创业融资的资金需求⋯⋯⋯⋯⋯⋯⋯⋯⋯⋯⋯⋯⋯⋯⋯⋯⋯ 201

7.3　创业融资的主要方式和融资路径⋯⋯⋯⋯⋯⋯⋯⋯⋯⋯⋯⋯⋯ 208

7.4　创业企业的价值评估⋯⋯⋯⋯⋯⋯⋯⋯⋯⋯⋯⋯⋯⋯⋯⋯⋯ 220

7.5　创业融资和创业投资的策略⋯⋯⋯⋯⋯⋯⋯⋯⋯⋯⋯⋯⋯⋯⋯ 230

本章案例：金洪恩电脑公司吸引 Intel Capital 的创业投资⋯⋯⋯⋯⋯ 243

综合案例：亚信公司的创业融资与发展⋯⋯⋯⋯⋯⋯⋯⋯⋯⋯⋯⋯ 245

第 4 篇　创业企业的管理

第 8 章　新创企业战略⋯⋯⋯⋯⋯⋯⋯⋯⋯⋯⋯⋯⋯⋯⋯⋯⋯⋯⋯ 261

8.1　创业战略的价值⋯⋯⋯⋯⋯⋯⋯⋯⋯⋯⋯⋯⋯⋯⋯⋯⋯⋯⋯ 262

8.2　新创企业战略的特征⋯⋯⋯⋯⋯⋯⋯⋯⋯⋯⋯⋯⋯⋯⋯⋯⋯ 267

8.3　创业者如何思考战略问题⋯⋯⋯⋯⋯⋯⋯⋯⋯⋯⋯⋯⋯⋯⋯⋯ 271

8.4　新创企业可能的战略选择⋯⋯⋯⋯⋯⋯⋯⋯⋯⋯⋯⋯⋯⋯⋯⋯ 278

本章案例：携程网的发展历程⋯⋯⋯⋯⋯⋯⋯⋯⋯⋯⋯⋯⋯⋯⋯⋯ 293

第 9 章　新创企业的成长管理⋯⋯⋯⋯⋯⋯⋯⋯⋯⋯⋯⋯⋯⋯⋯⋯ 296

9.1　产品开发管理和客户开发管理⋯⋯⋯⋯⋯⋯⋯⋯⋯⋯⋯⋯⋯⋯ 296

9.2　如何跨越"鸿沟"⋯⋯⋯⋯⋯⋯⋯⋯⋯⋯⋯⋯⋯⋯⋯⋯⋯⋯⋯ 299

9.3　创业企业成长能力的培育和不同阶段的核心任务⋯⋯⋯⋯⋯⋯⋯ 303

9.4　组织管理方式与创业者角色在不同阶段的演变⋯⋯⋯⋯⋯⋯⋯⋯ 305

第 10 章　新创企业的危机管理⋯⋯⋯⋯⋯⋯⋯⋯⋯⋯⋯⋯⋯⋯⋯⋯ 311

10.1　新创企业的成长规律⋯⋯⋯⋯⋯⋯⋯⋯⋯⋯⋯⋯⋯⋯⋯⋯⋯ 312

10.2　初创期的危机管理：关注市场拓展危机⋯⋯⋯⋯⋯⋯⋯⋯⋯⋯ 316

10.3　发展期的危机管理：关注现金流危机⋯⋯⋯⋯⋯⋯⋯⋯⋯⋯⋯ 325

10.4　规范期的危机管理：关注组织与人才危机⋯⋯⋯⋯⋯⋯⋯⋯⋯ 336

10.5　各阶段共同面临的技术轨道危机 ……………………………………… 342
10.6　各种危机的相互关系 ……………………………………………………… 346

第5篇　公司创业

第11章　公司创业 …………………………………………………………… 351

11.1　公司创业的概念 …………………………………………………………… 352
11.2　公司创业的阶段模型 ……………………………………………………… 353
11.3　公司创业的模式 …………………………………………………………… 358
11.4　公司创业战略 ……………………………………………………………… 362
11.5　公司内部创业的流程、组织和机制 ……………………………………… 387
本章案例：微信——腾讯公司的自我颠覆与超越 …………………………… 394

绪论

在开展创业研究和创业教育的过程中,我们接触了大量创业者和对创业很感兴趣的人,他们常常向我们咨询以下两种类型的问题。

第一类的问题大都来自想要创业或者初涉创业的人,如我们的同学、校友、教师或社会上其他潜在创业者。他们有各式各样的想法,对创业抱有很大的热情,常常问一些相对基础的问题,比如:

(1)"这是不是一个很好的创业机会?"

(2)"我该不该创业?"

(3)"我该什么时候创业?"

第二类的问题大都来自已经开始创业甚至有多年创业经验的创业者,他们常常问:

(1)"我这个企业做了好几年了,依旧半死不活,我到底应不应该放弃?"

(2)"我们公司是否应该进行二次创业?"

纵览不同阶段创业者的问题,虽然关注的重点各不相同,但问题的背后却有着共同的本质,那就是创业的规划与战略问题。在本书中,我们将和大家共同探讨这些问题,希望能给大家带来些许关于创业本身和创业选择的启发。

一、创业的理想和现实

想创业或者正在创业的人大都各自怀抱"理想"。许多人也许都意识到"理想"对于创业者而言有着重要的支撑作用,但鲜有人去思考,"理想"二字解构开是什么?事实上,创业理想背后是我们所谓的创业动机。创业理想又可分为多种类型。通过研究,我们将它简单归类如下。

(1)志存高远,希望比肩比尔·盖茨、乔布斯、扎克伯格、马斯克、任正非、柳传志、马云、马化腾、李彦宏等创业明星,以企业上市为目标,以推出改变人们日常生活和工作方式、改变世界的产品和服务作为努力的方向,期望实现自身财务自由的同时,"make the world a better place"(让世界更美好),还能够功成名就,甚至能够影响世界。

(2)虽然赚有一些闲钱,但不甘一生平庸,转而将创业作为实现自己想法和价值的途径,更多地去追求个人成就感的满足。

（3）希望通过创业给自己争取更多的自由空间和选择权，摆脱每天朝九晚五的上班族生活。

这三种类型的创业理想适用于绝大多数创业者，尤其反映了当代年轻人的创业与生存理想。

近年来，在"大众创业、万众创新"号角的鼓励和指引下，越来越多的年轻人加入了创业大军，以期实现创富与人生理想。同时，大量的天使投资、创业投资（也叫风险投资）机构活跃在一线，急切地寻找好的投资项目。

然而不可忽视的事实是：上千个创业项目中能受投资人青睐、得到投资的寥寥无几；即使是那些拿到创业投资的企业，也只有不到1%能够上市。

这说明什么呢？

创业这个过程，理想很丰满，现实很骨感。

面对这样的环境，创业者在正式创业之前及创业过程当中的思想准备就显得尤为重要，特别是在创业过程中，几乎所有创业者都可能遇到很多挑战和不确定性，倘若没有做好思想准备就匆忙"下海"或是盲目"前行"，那么，被"拍回岸边"或"触到暗礁"、不幸"受伤"的可能性就将很大。

这也是我们在国家提倡"大众创业、万众创新"的大背景下，极力强调加强创业创新教育的一个重要原因。

二、创业决策的模型

不论是潜在的创业者还是正在创业的创业者，在作决策时，都会面临着各种潜在收益和机会成本的权衡取舍，也面临着许多风险和不确定性。在很多时候，作出明智的创业决策是非常困难的。

我们在相关理论框架的基础上综合分析了大量实际创业案例，总结出一个创业决策分析的蝴蝶模型（见图1），供大家参考。

我们认为一个人在决定是否创业的时候，至少应当从以下四个方面进行考虑。

第一，创业者的个性和动机。作为一个创业者，你是否拥有优秀创业者所需要与普遍具备的个性和动机？比如，渴望成功，愿意承担风险，能容忍不确定性，执着，具有领导力、牺牲精神和高度责任感，等等。

第二，创业者的知识、能力、经验、资源和网络。作为一个创业者，你是否具备开发这种机会所需要的知识、能力、经验、资源及网络。当然，这并不是要求创业者本身完全具备这些，也可以通过组建合适的团队来弥补个人的不足。

第三，创业机会的潜在价值。你是否发现了有价值的机会？创业者的想法可以多种多样，但并不是所有的想法都具有创业的价值。投入大量精力与资源去践行不具有潜在价值的想法，这极有可能会使创业者"竹篮打水一场空"。因此，是否发现及如何发现或创造有价值的机会，是创业过程中最基本的问题。

第四，创业者的学习意愿和能力。在创业过程中，各种内外部环境不断变化，对创业者的能力要求也在不断变化。创业者必须要能与时俱进，这就需要有强烈的学习热情。创业学习贯穿创业的整个过程，因此，创业者的学习意愿和能力对创业的成败非常重要。

从创业决策分析的蝴蝶模型中，我们可以看出，上述四个方面作为蝴蝶的四只翅膀，对于蝴蝶的"展翅高飞"起着决定性作用。换言之，在创业决策中，只有当创业者充分考虑到这四个方面，其创业才能有更高的成功概率。蝴蝶模型可以解释：为什么某些人而不是另一些人会真正开发他们发现的机会？为什么很多创业者在开发一个好的商业机会过程中会失败？为什么有些基础条件相当不错的创业者仅仅是小打小闹？

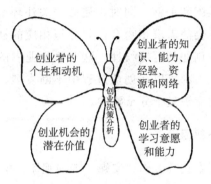

图 1　创业决策分析的蝴蝶模型

结合上述模型，对于想创业的人来说，可以更理性地思考：

（1）现在是否存在合适的创业机会？

（2）现在是否是开始创业的好时机？

（3）如果现在就要创业，自身的优势和劣势是什么？如何补齐短板？

（4）如果希望在未来一段时间（如2年内）创业，现在应当做哪些准备？

对于那些正在创业的人来说，同样可以更理性地思考：

（1）现在的创业项目/企业是否值得你继续努力？你是否应当放弃？（例如，项目没有太大的前途，创业内容不是你的兴趣或优势所在，创业团队实力很一般。）

（2）是否应当调整创业企业的努力方向？（例如，现有项目缺乏成长的潜力，但创业团队很不错，可以继续合作探索新机会。）

（3）是否应当进行公司创业（内部创业）？（例如，已经发现很有价值的新机会，但创业团队和/或内部的组织和激励机制不合适。）

链接：在线课程

三、创业过程的三要素

那么，创业过程需要具备哪些要素呢？

创业教育领域的泰斗 Jeffry Timmons 教授曾提出著名的 Timmons 模型。他认为，机会、资源和创业团队是创业过程中最重要的驱动要素。

要创造更好的价值，创业者首先要找到一个机会，然后需要组建合适的创业团队，整合相应的资源来开发这个机会。创业者还需要设计合适的商业模式、制定合适的创业战略并开发相应的商业计划，寻找潜在的投资人、合作者或供应商。而最终的实现则要靠团队良好的创业执行能力。创业团队的执行力，一方面取决于创业团队的组成，另一方面取决于创业企业的制度安排。其中，创业企业的制度安排又可分为三个层次：首先是治理层面，主要是股权和控制权的配置；其次是日常管理制度层面；最后是非正式的制度安排以及在创业企业发展过程中所形成的文化氛围。具体我们将在本书的"创业团队"这一章节展开阐述。

在整个创业过程中，机会、资源和团队这三个要素是动态演变的，创业领导者要努力寻求三者之间的匹配和平衡。同时，还必须关注环境、社区和社会。创业企业只有与其所处社区、社会的需求相吻合，并分担相应的社会责任，才能受到社会和大众的欢迎，才能实现创业的可持续性。这对于创业者的要求显然就更高了。虽然每个创业者的认知和能力都可以在创业过程中不断发展、不断提高，但在一开始就具备这种可持续发展的意识是十分重要的。

四、创业失败的内外部因素

俄国著名作家托尔斯泰在其著作《安娜·卡列妮娜》中有一句名言："幸福的家庭都是相似的，而不幸的家庭各有各的不幸。"1999年左右，一位当时在中国非常活跃的创业投资家用以类比创业成败的规律，他指出："失败的企业大都是相似的，而成功的企业却有各自的成功之道。"可见，创业成功是难以复制的；但创业失败却是有规律可循的，可以通过学习避免和克服。

十多年前，我们参与了中关村科技园的核心园区海淀园的"十一五"发展规划研究。当时我们了解到，中关村科技园的新创企业在创业3年后有一半左右关门了，中关村海淀留学生创业园的新创企业创业3年后的"关门率"也在一半左右，创业者在创业过程中遇到的困难和挫折不计其数。我们进一步对中关村留学生创业企业进行了问卷调研和访谈，发现留学人员回国创业面临的主要问题大致可以归总为三个方面：（1）外部宏观政策和环境；（2）留学生创业过程中自身的问题，如市场开拓和团队建设问题；（3）创业支持体系不够完善，如融资体系、配套的商业和服务体系等。

20世纪90年代，美国学者曾做过相关的大样本调查统计。结果显示，新创企业两年内的失败率达到了23.7%，4年内的失败率达到51.7%，而6年内的失败率则高达62.7%！究其失败原因，主要取决于经济环境因素、财务困境、创业者缺乏经验等。其中，经济环境因素是导致创业失败的最主要原因，该调查显示，47.4%的创业失败是因为经济环境因素。

经过研究整理，我们将影响创业成败的因素归纳为外部因素和内部因素。

外部因素：制度环境、宏观经济环境、技术创新的周期、行业的成长性和特定区域的创业环境政策等，另外还包括运气的因素。

内部因素：企业的价值创造力和制度安排。企业只有更有效果和更有效率地创造价值，才有实现成长和成功的可能；企业只有拥有合适的制度安排，这种价值创造力才能得到保障和可持续的提升。

五、创业学习的关键

清华大学中国创业研究中心从2002年开始开展全球创业观察——中国的研究，历年研究结果表明：中国的创业活动在全球中处于相对活跃状态；中国的创业机会较多，国民的创业动机较强，但创业能力相对不足，亟须通过创业教育和实践智慧的积累提高创业能力。

虽然创业维艰，但创业成功也并没有很多人想象的那么神秘和高不可攀。《基业长青》的作者在进行大量的案例对比研究后，有一个非常重要的发现：很多伟大的企业在成立之初，并非拥有"伟大构想"。他们之所以成为伟大的公司，是因为他们做出若干最好的行动；而他们之所以能够做出若干最好的行动，"不是因为详细的策略规划，而是依靠实验、尝试与错误、机会主义"——这是一个自我探索和学习的过程。这一点与近年来备受业界青睐的"精益创业"的理念是非常相似的。

不过，很多创业中的规律不需要完全靠自己去探索，创业者可以通过不同方式向创业前辈、学者等学习。正如亚杰商会所提出的口号"成功无法复制，智慧可以传承"，创业的知识和智慧是可以传承的。创业是可以学习的，也是需要学习的；创业精神是可以培养的，创业的方法和技能是可以通过训练来提升的，很多创业失败也是可以避免的。但创业的成功绝不是一蹴而就的。

那么创业者如何进行创业学习？我们在多年开展创业教育的过程中总结出：（潜在）创业者要从"感性""理性"和"悟性"三个方面进行努力，见图2。

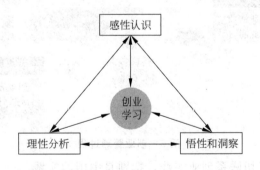

图2 创业学习的核心三要素

（1）感性认识

通过不同的方式增加对创业的感性认识，如直接接触和了解创业者的创业之旅和创业心路，大量了解不同的实际创业案例（包括成功和失败），参与创业企业（包括实习和参与创业），对一些产业进行深入调研。

(2) 理性分析

通过学习创业及相关管理学的理论和方法、深入分析实际的创业案例、开发实际的商业计划书和参加创业大赛等，可以提高对创业的理性认识，培养独立分析判断现象的能力。

(3) 悟性和洞察

通过学习、调研、创业实习和创业实践，要善于把感性认识和理性认识两者有机结合，形成自己对创业的独到理解和洞察力，不断发展自己，以达到在未来创业实践中"因地制流，因敌制胜"的境界。

六、本书的结构

本书以创业过程为主线，围绕创业者在创业过程中遇到的实际问题展开讨论。全书的总体逻辑和结构，亦即创业管理全过程见图3。创业者的个性、动机和能力是一切创业活动的起点，当被特定时间和场景下的创业机会触发，创业原动力将转化为实际的创业行动；创业者通过组建创业团队、制定商业计划、获取资源、开展创业融资等行动来创办新企业；基于恰当的商业模式和创业战略，新创企业逐渐成长壮大，这一阶段企业需要具备匹配其成长速度的自我学习和管理能力，并具备危机管理意识，经过艰苦卓绝甚至险象环生的创业管理历程，一个相对成熟的企业才能够形成。成熟的企业也会面临新的技术和市场变化的挑战，需要在适当的时候开展公司创业行动，以保证企业的可持续发展。

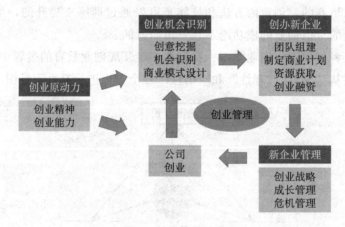

图 3　创业管理过程

本书力求理论密切联系创业实践，特别是中国的实践。一方面，希望能够尽可能地向实际创业者、创业管理的学习者以及研究者展现创业过程中需要注意的问题，以及解决问题的思路、方法与技巧；另一方面，对于创业研究中的重要问题，包括机会识别、商业模式、创业团队及其制度安排、创业融资、创业战略、成长管理、公司创业等进行理论探讨，也希望这些理论方面的探讨能够给实际的创业者、公司创业的领导者与研究者以思维方面的启迪。

第 1 篇

创业精神与创业过程

第 1 章 创业与创业精神

第 2 章 创业过程

创业与创业精神

第 1 章

> 创业型社会的出现可能是历史上的一个重要转折点。
>
> ——彼得·德鲁克

学习目的

1. 了解创业的概念和类型，理解创业的本质；
2. 了解创业与创新的区别和联系；
3. 了解创业精神和创业活动对经济增长的作用；
4. 了解影响创业活动的主要环境因素；
5. 了解创业教育对创业者提升创业能力的意义。

 引言

惠普（HP）车库：硅谷的主要诞生地

20 世纪前半段，斯坦福大学所在的地区其实还是一个农业区，并非生产芯片的"硅谷"，而是盛产大樱桃的"大樱桃谷"。当年，斯坦福大学教授 Frederick Terman 鼓励他的学生在本地创立自己的电子企业，而不是到东部的成熟企业就业。Terman 教授的两个学生 William R. Hewlett 和 David Packard 响应他的倡议，于 1938 年在美国加州帕洛阿尔托市一间狭窄的车库里开发出他们的第一个产品：音频振荡器[①]。这就是后来成为全球科技企业巨头的惠普（HP）公司。

惠普的发展对硅谷的发展产生了深远的影响，惠普公司在创业和成长过程中的"惠普之道"管理文化也得到全世界的广泛认可。

---

① 本段内容引自美国加州政府在惠普车库门前设立的纪念碑（纪念碑 No. 976）。

作为对于惠普创业精神的肯定，惠普车库被美国加州政府列为历史文物，并于2007年被列为美国全国性文物。

1.1 创业的概念和类型

1.1.1 概念

狭义的"创业"，就是创建新企业（start-up）。广义的"创业"，是指一种管理风格，它"不考虑现有资源的限制，去追寻机会"①。创业教育大师Jeffry Timmons对创业的定义为："创业是一种思考、推理和行动的方式，它为机会所驱动、需要在方法上全盘考虑并拥有和谐的领导能力。"哈佛大学商学院教授William Sahlman和Howard H. Stevenson指出："创业精神不仅仅在创办新企业时需要，大企业、非营利机构同样需要创业精神。"

创业的本质是有价值的机会与具有创业精神的人之间的结合（Baron和Shane，2005），创业是一个过程。

1.1.2 创业和创新的关系

一部分创新是通过创业来实现的，创业和创新常常密不可分；但还有相当多的创新并非通过狭义的创业（创建新企业）来实现的，它们可能通过技术授权或者企业内部现有组织来完成；另外，相当多的创业活动，可能其重点是现有技术在新市场上的应用，或者是商业模式创新，而不是技术创新。

创业和创新之间的关系见图1-1，二者既有所交叉，又有所区别。

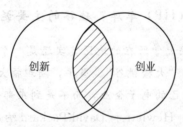

图1-1 创业与创新的关系

Shane（2001）对麻省理工学院1980—1996年间的1 397项专利商业化情况进行了实证研究。他发现，新技术的重要性越大、突破性创新的程度越大、专利保护的范围越大，那么该技术通过创建新企业来实现商业化的可能性越大。这个研究发现对我国大学、科研院所的技术商业化途径选择具有重要的启示。

---

① 哈佛大学创业学科的第一位教授Howard H. Stevenson对创业的定义。

1.1.3 创业的分类

我们可以从产品/服务和市场这两个维度对创业进行分类（见图1-2），包括：成熟的产品/服务应用于成熟的市场、新兴的产品/服务应用于成熟的市场、成熟的产品/服务应用于新兴的市场、新兴的产品/服务应用于新兴的市场，其中前三类更为常见。

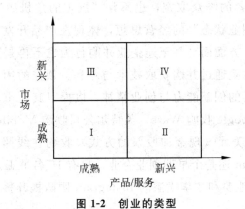

图1-2 创业的类型

1.2 创业、创业精神与经济增长

19世纪中后期的美国，运输和通信技术方面的革命使企业可以比市场更为有效地协调生产与流通的各个环节。这种企业内部交易成本的大幅度降低，史无前例地拓展了企业可能存在的边界。这个时代的企业家对生产设施、销售和批发网络以及内部管理都进行了大规模的投资，从而为企业家带来了大规模收益。规模为这个被钱德勒称为"管理资本主义"的时代拉开了经济高速增长的序幕。规模成为整个时代的主旋律，即所谓大规模生产一定以大规模销售为前提，大规模销售一定以大规模消费为前提。

在这种增长模式下，诞生了一批以规模为竞争导向的企业。这些企业在战略上基本围绕扩大规模组织实施企业行为。一方面，为进一步获得成本优势，企业要对生产技术进行投资，或者直接通过横向并购获得技术；另一方面，为了充分利用闲置产能，企业通过多元化方式进入相关市场。在石油化工、汽车制造、零售等规模经济规律表现最为明显的行业，诞生了一批规模增长迅速的公司代表。在此过程中，新兴的资本市场也在为企业的增长推波助澜。它们通过为企业的大规模增长提供制度上和资本上的准备，使企业的扩张战略成为现实。

20世纪末的美国，由计算机技术和互联网技术引发的技术革命，对经济增长的传统模式提出了挑战。这种"破坏性创新"的技术突变使一批昔日的"恐龙企业"

步履艰难，但催生了一批具有创新和创业精神的时代宠儿。微软、思科、eBay、亚马逊、Google等就是其中的优秀代表。这些企业从零开始拔地而起，借助于新的商业理念和经营方式获得了巨大的商业成功。它们从诞生之日起，就将创新和创业行为作为企业的常态而非起点。一如微软的创始人比尔·盖茨所言："微软离破产永远只有18个月。"甚至在1998年微软遭到垄断诉讼案、面临被拆分风险的时候，微软总裁鲍尔默仍然表示："即便在5年前，我们一直觉得微软是一个小公司，还处于创业阶段。"这绝非创业者的哗众取宠，也不是"沉重的危机感"之类简单的溢美之词。这种永远处于"创业状态"的经营思想，体现在产品开发、团队培养、营销方式等企业经营管理的方方面面。甚至连企业并购行为也不再是围绕扩大生产规模和市场范围，而是更多希望通过并购获取技术与专利、领先的用户、创新的思想与创业的团队，并保持自己的创新能力与创业精神，以捍卫其在市场中的竞争地位，如微软收购Hotmail、Google收购Waze、英特尔公司收购Mobileye，等等。2012年，Facebook宣布以10亿美元（现金加股票的方式）收购在线照片共享服务商Instagram。当时，Instagram还是个早期创业企业，只有16名员工。Facebook在收购声明中表示，"迫不及待地要和才华横溢的Instagram团队提升移动端的体验。"

🎯 专栏

2017年3月，英特尔公司以153亿美元收购了以色列的创业企业Mobileye（御眼公司）。Mobileye公司一直处于自动驾驶科技前沿，其旗下的软件EyeQ得到了全球汽车制造商的广泛采用，其功能是帮助实现自动驾驶汽车以及其他车辆正常行驶时的停车和紧急制动。目前，有1 500万辆汽车安装了这一系统，还有数百万车辆计划使用。这一系统还能从安装的摄像头中持续更新数据，而这正是自动驾驶汽车使用的地图所必备的。通过对Mobileye的收购，英特尔希望挤入开发智能汽车的科技公司行列。

如同19世纪以规模经济为核心的企业扩张一样，创业和创业活动的成功也离不开资本市场的帮助。但与当时大不相同的是，投资人不再以企业规模、市场份额，甚至利润作为投资的依据，而是把新的理念、新的技术、新的商业模式作为投资的目标。创新、创业成为投资关注的焦点。无论是产业界，还是资本市场，创新和创业都将成为重要的战略目标。创新和创业成为经济增长的主要手段。创新和创业取代了规模，成为新经济增长的主旋律。

虽然我们还没有完全掌握创业和创业活动推动经济增长的客观规律，也不完全清楚创业活动通过何种机制推动宏观经济的增长。但一些统计数据和调查确实能够体现出经济增长与创业活动之间存在的紧密联系。根据全球创业观察（Global Entrepreneurship Monitor，GEM）历年的调查研究发现：创业活跃程度比较高的国家，特别是机会型创业活跃的国家，如中国、美国、加拿大和以色列等，其经济增长率和就业率也较高；创业活跃程度比较低的丹麦、芬兰、法国和日本，经济增长率和就业率也较低。

如果我们拨开宏观经济的纷繁芜杂，细微观察公司的个体行为表现，就更能够凸显创业和创业精神对经济增长的作用。创业精神和创业活动对微观主体的影响主要集中在三个方面：首先，创业精神和创业活动产生了大量的中小型企业，这些中小型企业为经济总量以及就业作出了巨大的贡献。其次，活跃的创业活动催生出一批高成长性的创新型创业企业，它们成为国家经济的中流砥柱。最后，一些成熟的企业也凭借创业活动和创新精神获得了新生，使"昔日的大象"能够"翩翩起舞"。

提到创业活动对经济总量的贡献，人们最容易想到的就是新创企业对经济的贡献。这是由于人们经常将新创企业与创业活动紧密地联系在一起。虽然前者不能涵盖全部创业活动（如大公司创业），但讨论新创企业对经济总量的增长也确实能够帮助我们理解创业活动对经济增长的贡献。根据 GEM 2003 年的研究报告，40 个参与本年度 GEM 研究的国家和地区的总人口数为 40 亿，大约占全世界 63 亿人口的 63%。在这 40 亿人中，有 24 亿人在 18～64 岁，这是大多数国家和地区的就业年龄。在这 24 亿人中，又有 2.97 亿人（占 12%）所在的 1.92 亿个企业完成了最初的创业工作并已运作 3 年。其中：2003 年美国有超过 2 000 万的人参与新创企业的创业活动，创建的新企业数超过 1 000 万家；印度 1.07 亿人建立了 8 500 万家企业；中国则有 1.42 亿人创建了 1 900 万家新企业。

对于当前的中国经济而言，有效的"大众创业、万众创新"有着特别重要的实际意义。中国经济在持续增长的过程中，要逐渐实现从粗放型经济向集约型经济的转变，有效的创业创新活动是解决这个难题的重要途径之一。

根据 GEM 中国研究报告，2014 年，我国的创业活动指数（15.53）高于美国（13.81）、英国（10.66）、德国（5.27）、日本（3.83）等发达国家。机会型创业的比重增加，有 2/3 的创业者创业基于机会，表明我国创业者的创业贡献预期会增加。因为机会型创业相对于生存型创业能带来更多的就业机会、新市场机会、创新机会和企业增长机会。

由于中国目前是一个内部发展相对不平衡的经济体，所以从区域创业活动的表现与区域经济总量之间的关系也能看出创业活动与经济增长之间的联系。创业活动活跃的地区，如长江三角洲地区、京津地区、珠江三角洲地区的经济相对比较发达；而创业活动相对沉寂的地区，如黑龙江、海南、西藏等地区，其经济总量也相对较小。

新创企业对经济的贡献不仅仅体现在其总量对经济和就业的帮助。许多创业活动直接诞生的是对国家经济命脉有着重要影响的世界级企业。微软公司由比尔·盖茨创建于 1975 年，当时员工只有 4 人，创业资金是 3 000 美元，到 1977 年年底销售收入达到 382 万美元，年增长率为 636%。截至 2004 年 5 月，已经达到 2 780 亿美元。而微软的产品已经渗透到国民经济、人民生活、国家安全的每一个角落。思科公司由斯坦福大学的两位教师于1984年发起成立。成立初期，公司得到了200万美元的风险投资，于1986年推出第一批产品。1990年2月16日，思科作为互联网设备制造供应商上市，当年的年度收入为6 900万美元。自此以后至2001财政年度，公司的营业额每年以超过40%的速度递增（只有1998年例外）。按照钱伯斯的梦想，思科公司将在25年内完成通用电气公司100多年才能完成的任务。2000年3月24日，思科在纳斯达克股市超过微软和通用电气，市值达到5 792亿美元，成为当年世界股市市值最高的股票。这些新创企业中的翘楚企业，不仅为社会提供了大量的投资和就业机会，同时也带动了上下游产业派生出大量的新创企业和创业活动。

许多正走向世界舞台的中国大企业也同样是本土企业家创业精神和创业活动的结晶。1984年，11个怀着产业报国的科技人员，靠着20万元启动资金，在一间破旧的小平房里，创建了联想公司。20年后，联想通过并购IBM公司的全部PC（个人计算机）业务一跃成为占全球PC市场份额第三位的产业领袖。随着新公司总部迁往纽约，联想集团成为一家真正意义上的全球化企业。成立于1988年的华为技术有限公司，当初只有14名员工，2.4万元资产，依靠销售国外小型交换机维持企业的发展。2004年，华为公司全球销售额达462亿元，其中国内销售额273亿元；国际销售额22.8亿美元，占总销售额的41%。2004年，华为公司的业务范围覆盖了90多个国家和地区的300多家电信运营商，其中不乏德国、法国、英国、西班牙、葡萄牙、美国、加拿大等欧美发达国家。由于有着更好的创业环境，正在崛起的中国第二代企业家正在用更快的速度完成他们的创业梦想，百度、阿里巴巴、腾讯、搜狐、携程等都是其中的代表。创业精神和创业活动在中国这块古老的土地上，将不断地催生着新的产业领袖，也必将孕育出中国人创办的世界级企业。

不仅是新创企业的创业活动对经济增长发挥着积极的作用。随着许多成熟企业对外投资和企业内部创业的活跃，成熟企业内部的创业活动也日益成为经济增长的推动器。3M公司，这个最具创新精神的古老企业，企业内部的创业活动，每年为公司创造30%以上的营业收入。苹果电脑公司，这个一度濒临危机的企业，利用公司内部创造的iPod+iTunes这个新的产品和商业模式获得新生的力量，并将另外一个老牌企业索尼公司逼入困境；之后，苹果电脑公司改名苹果公司，并推出了iPhone智能手机+Apple Store的商业模式，彻底颠覆了诺基亚、摩托罗拉等老牌手机巨头的"手机帝国"。

中国的许多成熟企业也通过投资企业内部或外部的创业活动获得了增长。与中华人民共和国同时诞生的华润公司，是设立在中国香港的一个贸易窗口企业。1992年通过注资永达利成立"华润创业"，拉开了公司内部创业的序幕。通过近十年的努力，最终完成了一个由贸易企业向大型企业集团的转变，成为地产、啤酒和零售三个产业中的国内龙头企业。如出一辙的是，先前以粮油贸易为主业的中粮集团，通过公司内部的创业活动，转而成为一家集贸易、实业、金融、信息、服务和科研为一体的大型企业集团。成功地完成了内部创业的中粮集团，横跨农产品、食品、酒店、地产等众多领域，自1994年以来，一直名列美国《财富》杂志全球企业500强。通过各种形式鼓励公司内部创业，使公司获得新的增长，已成为诸多成熟企业选择增长的有效方式，也是成熟企业推动经济增长的一个重要途径。

1.3 创业精神与社会发展

链接：在线课程

人类进入机器大工业社会最伟大的发明之一就是大企业、大组织的社会存在方式。在工业社会中，人类逐渐学会了依赖程序、流程来组织协调成千上万个独立个体行为的方法。组织使个体能够围绕同一个目标进行分工协作，专业化使单位工作效率得到极大的提升，组织使规模经济得以实现。组织成为社会最重要的结构单元，而个人，如果还存在纯粹意义上的个人的话，也都是作为组织中的人存在。在专业化分工和组织规模极大地提升了社会产出效率的过程中，人类自身感受到的幸福感并没有得到同样的提高。在一定意义上，它反而成为禁锢人类自由、压抑人类天性、掠夺人类天赋的经济怪兽。

一个有效率的企业能否同时是保持人类天性的组织？如何有效地解决组织效率与个人自由之间的矛盾？工业社会带给人类极度丰富的物质财富的同时，能否拯救人类正在失去的幸福感？这些问题自工业社会诞生以来就不停地受到来自社会学家的质疑。经济学家企图为这种被工业社会扭曲的人类心灵提出种种合理解释。但无论我们如何"合理地"解释工业社会中人类所表现出的贪欲、自私是多么符合人的天性，现实却是：在企业获得利润的同时，能否同时帮助人类获得心灵的解放和个性的张扬，是工业社会永远无法回答的问题。

在20世纪70年代，德鲁克便宣称，美国已经由管理资本主义社会转型为创业型社会。虽然至今我们仍然没有观察到创业型社会作为一个独立的社会发展阶段应有的特征，但创新精神和创业活动确实在方方面面影响着我们的社会。

首先，创新精神和创业活动的兴起将"人"推向了整个社会发展的中心。由于创业和创业活动更依赖人的创造性和主动性，使整个社会更加关注人的发展。在工业社会中，企业中的角色基本可以简化为股东、管理者和一般性员工（大多数经济学家的企业模型也是如此构建）。股东出资成为这个企业的所有者，管理者分配并监督员工的劳动成果，而员工则将自己无差异的劳动时间交由他的上级支配，从而获取劳动力再生产所需的收入。对于员工来说，工资是企业支付的维持生活的必要生存条件；对于企业来说，工资是支付给员工的成本。工资是连接企业和个人的重要纽带，同时又是企业与个人之间的矛盾焦点。在这种价值体系下，企业总是偏向于低估人的价值，而员工则往往愿意高估自己对企业的贡献。

在以创新为主导的经济发展模式下，一方面，外部环境的巨大不确定性、技术的高速变迁、决策速度要求越来越快等因素，使"老板决策，员工执行"的企业管理方式不能适应外部环境的发展；另一方面，整个社会知识工作者的增加以及蓝领工人的减少，使社会主流就业人群的价值观发生了改变。人们对企业的忠诚度远低于他们对自我、家庭以及个人兴趣的忠诚度，人们在创造出巨大物质财富后，表现出对生活质量的高度渴望。所以，无论是新创企业还是公司创业，都不可能在原有的分工与管理体系下获得成功。可以说，工业社会的企业管理模型对于创业型社会来说落伍了。创业活动使企业工作的重点必须从对人的管理，转移到对人类潜质的开发；从强调员工的服从，转移到鼓励员工创新；从强调企业文化对人的影响，转移到帮助人类获得心智的模式转变。从这个意义上说，创业和创业活动首先承认人的天赋和能力，社会和企业需要做的就是发掘与充分利用人的这种能力和天赋。

其次，创业活动将使人们能够逐渐从工作本身获得满足感和成就感。机器大工业的发展使人们离开了生活与工作一体化的土地。在工厂里接受培训并在管理者的指导下进行工作，人们的生活与工作开始发生分离。工作设计的基本宗旨是围绕如何使整个工作过程变得更为有效和有序。人们为了生存而工作，并在生活中寻找工作中没有的乐趣。在这种情况下，任何福利和工资都作为一种额外的补偿，以使人们从事他本不情愿的工作。即使是企业提供的培训，也成为企业提高劳动生产率，强化员工忠诚度的一种手段。在这种培训体系下，人们表现出对接受新的技能和知识的厌恶与反抗，因为他们常常把自身技能和知识的提高与更多的付出联系在一起。在这种工作压力下，人们更多的时候表现出压抑和疲惫的生活状态。由于大多数人的需求被满足的层次总是停留在类似生理、安全的低水平上，因而成就感、自我实现只是少数成功者的专利。

与此相反，人们无论是在自己创业的过程中，还是在参与大公司内部创业活动的过程中，都表现出对工作更多的热情，表现出对新事物更浓厚的兴趣。创业活动往往能够将工作过程与工作成果之间的联系体现得更加清晰。更多的时候，创业活动源于将某项新技术或产品引入市场，或者调动现有的资源和产品去满足一个尚未开发的市场。无论是前者，还是后者，创业者的目标，创业团队的目标都要清晰。参与创业活动人员的工作与企业最终结果之间的关系清楚明确。创业过程的每个参与者，都会从工作中得到实现自我价值的满足感。创业活动增加工作者满意度的另外一个原因，来源于工作内容的多样化。创业活动通常是以团队的方式，而非官僚机构的方式开展。团队之间的分工没有像机器工业的流水线作业那样细致。每个创业活动的参与者总是承担多种任务和角色。不同的工作与不同的任务，要求工作者经常变化工作的技能和方法，而正是这种变化满足了工作者"喜新厌旧"的天性。与每天重复一种工作相比，多样化的工作给创业活动的参与者以更大的幸福感。与泰勒时代的工人学习模型不同的是，"干中学"成为创业过程中员工最重要的学习模型。没有人通过分析给出其最佳标准，并将这一标准作为绩效标准要求员工进行学习。创业过程中遇到更多的是，没有既定答案的问题。人们必须主动积极地探寻问题的解决方法。团队中没有教官，只有相互帮助的合作伙伴。这一过程充分满足了人类固有的好奇心，激发了员工的创造性，学习成为满足人们好奇心和解决问题的手段。

最后，创业活动充分保障了社会良好的流动性。流动性是社会活力的源泉，同时也是公平效率的保证。人们能够在不同阶层中垂直流动，任何一个阶层中的成员，都不能够依赖继承的身份或财产终其一生，任何出身的年轻人都可以凭借自身的努力获得成功，这是一个社会文明和进步的特征，也是人类对社会的期望。在强调身份的农业社会里，人们向往着突破身份的羁绊，获得人生的改变和成功，即所谓"王侯将相，宁有种乎"。在工业社会，工商阶层，特别是企业主和领取薪水的管理人员的大量出现，使得财产权利，而不是身份成为社会机构的基础。在这种社会结构下，外部契约替代了身份成为社会的主要特征。整个社会的流动性大大增强，许多人依靠自己的才智和奋斗获得了社会的认可。但随着社会财富的增加以及资本在整个社会再生产中的地位，许多拥有大量资本的人开始从日常经营管理中脱离出来，不再从事实际工作，许多人因此成为依赖继承财富的"食利"阶层。一些有着聪明才智和经营能力的人由于缺乏与资本结合的机会而成为领取固定薪水的企业经营者和管理者。在打破身份对社会流动的阻滞之后，资本对知识的雇佣成为阻碍人们进一步纵向流动的要素，"富不过三代"可视作对这种阻碍作用后果的脚注，也是人们对社会流动机制新的期盼。

社会总体创新精神和创业活动的增强，无疑为清除这种障碍提供了有效途径。创新精神和活动总量的增加会给现存的企业与机构更大的外部压力。企业希望永驻成功而成为百年老店的可能性微乎其微。企业必须不断地保持创新精神，不断地完成第二次创业、第三次创业，在不断创业的过程中获得基业长青。而小企业，甚至是个人，都有可能通过创新和创业登上财富的榜首。这种依靠个人奋斗、半步青云的成功故事，激励着更多的人加入创业活动中。

1.4 创业环境

一个国家或地区的创业活动的数量和质量，在很大程度上取决于创业者所处的创业环境。虽然民族特质和地理环境可能在某种程度上对创新和创业活动有一定的影响，但创业者身处其中的经济、制度、技术和教育环境对其创业的动机、方向以及效果则起着更为决定性的作用。GEM研究将影响创业活动的环境条件分为一般环境条件和创业环境条件（也称为"创业生态系统"）。其中，一般环境条件包括：国家的对外开放程度、政府职能、企业管理水平和技能、技术研发水平和程度、基础设施、资本市场、劳动力市场、制度完善程度等。这些因素不直接对创业活动产生影响，而主要作用于创业的环境要素，进而影响创业活动。创业生态体系包括11个方面：创业融资、政府政策、税收和行政体制、政府项目支持、在校创业教育和培训、离校创业教育和培训、研究与开发效率、商业与法律基础设施、国内市场动态性、有形与服务的基础设施、文化和社会规范等。

在创业环境的诸多因素中，被关注最多的是政府在增加创业活动和效率方面的作用。政府制定的公共政策能否起到鼓励创业活动的作用，是政府和学界共同关注的重要问题。因为这一问题涉及政府是否应该和如何制定相应的公共政策以增加国家创业活动的数量和质量。支持者认为，国家关于税收、政府采购、国家科研投入等公共政策可以改善创业环境，提高国家创业活动的数量和质量；反对者则认为，公共政策的大多数都没有发挥应有的作用，有的甚至不发挥任何作用。分歧和争论最终落入政府干预还是自由经济体系的俗套。

近年来，中国政府大力推动"大众创业、万众创新"。政府逐步清理并废除妨碍创业的制度和规定，努力打破地方保护主义，如政府支持各地结合实际放宽新注册企业场所登记条件限制，推动"一址多照"、集群注册等住所登记改革，为新创企业提供便利的工商登记服务；政府积极推进知识产权的保护和交易，加快建立全国知识产权运营公共服务平台；完善创业板，推动新三板和区域股权交易中心的建设；落实扶持小微企业发展的各项税收优惠政策，落实科技企业孵化器、大学科技园、研发费用加计扣除、固定资产加速折旧等税收优惠政策；等等。

值得注意的是，政府在鼓励创业活动的公共投入方面通常会偏爱高科技产业。对创业活动的鼓励时常与国家特定的产业政策结合在一起。各种科技园区、高新园区、孵化器都成为高科技企业的摇篮。高科技产业能够为国家竞争力带来更为持久和深远的影响，能够使参与国际竞争的企业在全球的产业价值链分工中得到更有价值的部分。但高科技并不是创业活动的全部，至少并不一定是现实就业岗位的主要创造者。政府对一些产业的扶持政策也常常不一定合适。各级政府应当因地制宜地制定相关政策。

根据 GEM 中国报告，与其他成员相比，中国的创业环境中，诸如文化和社会规范、市场变化、有形基础设施、政府对新创企业政策的稳定方面具有一定的优势地位。但是在金融支持、研究开发转移、政府项目、创业教育等方面仍然有明显的差距，这也是制约我国创业活动的重要因素。除此之外，有三个宏观环境因素将会在未来十年中高度影响中国创业活动的数量和质量。

第一，整体经济的增长态势及增长方式转变。高速增长的经济使中国成为一个有着巨大购买力的市场。经济的高速增长，使人们的购买能力得到加强。人们有能力获得更多更好的产品和服务。人们希望获得更有营养的食品，获得更好的出行服务，享受更好的教育和文化服务，享受更多的医疗保健服务，拥有更好的私人住宅等。同时由于社会生产率的提高，人们也有更多的闲暇享受更多的服务。需求在高速增长的刺激下，似乎无处不在。同时由于区域发展的不平衡性以及各个区域市场的地域差异性，使国内的大市场又存在众多的细分市场。这些增长、变化、细分的市场是创业者创新机会的主要来源。他们甚至可以通过引入发达国家已有的产品满足一个新兴的市场需求而获得创新的成功，或可以满足一个细分的区域市场需求而获得创新的成功。总之，一个快速增长、多样化、快速变化的市场会给创业者带来诸多的创业机会。正是在这样一个快速增长的市场中，像移动电话这样一个产品，曾经使波导公司获得了巨大的成功；使小米公司实现快速成长；而像华为、步步高、TCL这样的成熟企业则获得了事业领域的突破。即使是像PDA这种技术上属于过渡性的产品，也曾经催生了像恒基伟业、名人这样的创业企业。近年来，中国经济的增速明显放缓，经济结构转型升级的内外部压力明显增大，中国经济发展进入了新常态。对此，中国政府提出了"创新、协调、绿色、开放、共享"这五大发展理念。对于中国的创业者来说，如何有效地识别经济增长趋势和模式的重大变化所带来的创业机会，创造出能够满足人们需求的产品和服务，既是一种挑战，也是一种机会。

第二，全球化浪潮与互联网经济。中国经济的快速增长时期，正好与全球化浪潮、互联网经济的快速发展同步。这种同步使国内创业的外部宏观环境变得更加不确定。一方面，互联网经济催生出大量的创业机会。互联网改变人类的生活方式，甚至连决定人类生存方式的底层社会价值观也在悄然转变。需求可能还是那些需求，但满足需求的方式则发生了巨大的变化。这种变化又在创造新的需求。如QQ和微信满足了我们及时沟通的需求，百度满足了我们搜索信息的需求，阿里巴巴满足了我们便捷购物"淘宝"的需求，携程满足了我们便捷出行的需求，等等。这些古老的需求通过互联网的手段获得了更好的满足。而提供这些产品的创业者也因此获得了巨大的成功。对商业领域影响更为深远的是互联网经济推动了商业模式和商业规则的改变，它改变了传统的定价策略，改变了传统的营销方式，改变了传统的库存策略，改变了供应商和消费者之间的力量对比。这种商业模式和商业规则的改变，导致了大量创业机会的诞生。在这种根本性创新的推动下，后发优势成为可能，创业者的创新精神战胜先行者的资本和经验成为可能。另一方面，全球化浪潮使许多创业活动一开始就是全球化的模式。这种创业活动的全球化，使创业者可以在全球寻求创业机会，利用全球的资源，响应全球的技术变革，满足全球的市场，当然，也会遇到全球的竞争对手。也就是说，在创业伊始，我们或许就应该考虑利用中国人的技术，花美国人的钱，在泰国生产出韩国人需要的东西。从这个意义上说，创业企业自诞生之日起就是一个全球化的企业。当然，全球化浪潮的同时也必然伴随着贸易摩擦甚至贸易保护主义的重新抬头，这些都是创业者必须关注的。近年来，中国政府提出并积极推进"一带一路"倡议，这为广大创业者提供了新的机会。

第三，部分政策性垄断产业的进一步放开。垄断产业管制的放开将会产生大量创业机会，这一规律已经被美国的产业发展史所证明。中国经济体制改革的深化发展导致包括城市燃气、水务系统、电信、城市快递等在内的多个政策性垄断产业已经或者即将放开。这些垄断产业的放开将产生大量的创业机会。创业者如何抓住这些机会，给客户提供比垄断状况下更便宜、更优质的产品和服务，是创业活动能否成功的关键。

1.5 创业教育

创业精神和创业能力是当代社会最为稀缺的资源。这种资源与土地、资本、技术等生产要素不同，它严格地依附于人类自身，是一种看不见、摸不着的无形资源禀赋。也正是由于这种属性，使得创新和企业家精神在相当长的时间里被人们作为一种神秘的力量，并用来解释传统企业理论不能解释的许多经济现象和企业行为。

成功创业家的巨额财富、明星般的生活方式、各种颁奖典礼以及媒体对他们传奇式的、光怪陆离的宣传报道增加了公众对创业者的神秘感。成功企业家的头上被戴上了光环，他们往往被媒体描述成身处逆境却无所不能、历尽艰辛却坚忍不拔的英雄人物，而他们的某种天赋获得总是被描绘成与其童年的某一段传奇经历有关，等等。人们崇拜创业英雄，更愿意制造英雄，将成功的企业家奉若神明、视为人生偶像，但又常常认为他们是不可效仿和学习的。

然而，社会的持续发展绝非所谓神秘力量能够主宰。在大工业时代，如何管理和协调一个上万人，甚至是几十万人的企业成为人类面临的挑战。自然，这种有效管理大公司、大企业的能力成为社会的稀缺资源。虽然像巴纳德、斯隆为人类实现有效管理大组织贡献了自己的天才，但大多数平凡的人依然通过学习和实践获得了管理大企业的能力。正如德鲁克所指出的那样：美国的工业经济之所以能够快速持续发展，是因为管理教育确实可以传授给未来的或现有的管理者以许多新的管理知识，而这些受教育的管理人员有效地补充了美国社会越来越需要的管理人员。随着管理教育发展到今天，诸如战略眼光、领导力、沟通能力、变革管理等这些看似更多应该属于先天的能力和素质，可以在各个国家的商学院通过各种方式进行传授，无数普通平凡的学员通过后天的学习和实践获得了这些技能。

创业管理教育的成效以及无数创业者获得成功的真实故事告诉我们，创业教育在机会识别、创业融资、创业企业的成长管理等方面确实能够为创业者带来一定的指导和借鉴。也正是因为创业教育对于创业者在这些方面的帮助，许多国家也纷纷将创业教育纳入社会教育体系。

美国大学开展创业教育比较早，目前也比较普遍。创业者的成功创业故事、产业的迅速发展、美国（尤其是硅谷地区）良好的创业环境和文化使得更多的人愿意加入创业者行列，这也就使美国创业教育的需求大大增加。根据 Katz（2003）的统计，1994 年美国共有超过 12 万名学生在参加创业或小企业方面的课程，而这个数字到了 21 世纪初上升了 50%；1995 年，开设创业课程的美国大学已经超过 400 所，其中超过 50 所大学开设并提供了至少 4 门创业方面课程，使之成为一个创业教育项目（entrepreneurship program），并作为大学教育（尤其是 MBA 教育）的重要组成部分。2005 年，美国已经有 1600 多所高等院校开设有关创业课程（Kuratko，2005）。目前创业教育在美国高校中已相当普遍，几乎所有参加美国大学排名的大学均已经开设了创业课程。美国大学创业教育的发展得到社会各界的关注和大力支持。一些大学在外部资助和支持下设立了相关的创业实验室、孵化器等，相当多的高校专门设立了创业研究或创业（教育）中心。创业学科是美国大学中获得社会捐资的讲席教授席位最多的三个学科领域之一。在过去20年，美国高校的创业学科得到了快速发展，这又进一步促进了创业教育水平的提高。

创业教育在中国高等教育的实施，经历了由最初的高校自主探索到教育部有计划地在部分高校进行试点，再进一步全面纳入课程体系和学生培养计划这样一个逐步推进的过程。目前，对于普通高校本科生和研究生的创业教育主要是通过基础创业课程和一些创业计划活动的方式实施；MBA的创业教育则更加注重理论和实践的结合，能够相对较多地采用案例教学和进行创业实习或者创业模拟活动。我们还看到，民办大学也开始重视创业教育。可以看出，高等教育中的创业教育更注重创业技巧和能力的培养，创业教育逐步体系化和多样化。

2002年，教育部确定清华大学、北京航空航天大学、中国人民大学、黑龙江大学、上海交通大学、西安交通大学、西北工业大学、复旦大学等为我国创业教育试点院校。这些院校都先后不同程度地以各种方式展开创业教育实践。清华大学是国内最早开展创新创业研究和教育的高校之一。20世纪70年代末，清华大学开始开展技术经济和管理的研究，80年代中后期开始进行技术创新方面的研究，90年代中后期开始开展创业研究。2000年，清华大学中国创业研究中心正式成立。2013年4月，由清华大学经济管理学院发起、联合全校12个院系共建的清华x-lab正式成立。作为一个新型教育平台，清华x-lab率先提出了创意、创新、创业（简称"三创"）教育，积极培育和发现"三创"人才。在几年的运营中，创新地践行了清华大学所提出的价值塑造、能力培养和知识传授"三位一体"的人才培养模式，取得了可喜的成绩。

近年来，中国政府提出"大众创业，万众创新"的政策，并积极推进实施。2015年5月，国务院专门出台了《关于深化高等学校创新创业教育改革的实施意见》，对指导高校开展创新创业教育起了重要的指导作用。

人力资本是推动新时代经济社会发展的关键要素。我们认为，创新创业教育的本质意义在于激发人的主动性和创造性，提升（潜在）创业者的认知水平和创新创业技能，培育企业家精神和团队精神；创新创意教育，最重要的是培养"人"，而不能简单片面地强调培养项目和孵化企业。只有认识到这一点，我们才能更好地开展创新创业教育，创新创业教育才能在高校和整个社会得到更广泛和深入的发展。

本章小结

本章介绍了创业精神和创业活动对经济增长、社会发展的作用，并对影响创业活动的环境要素进行了讨论。本章还介绍了国内外创业教育的发展和现状。

链接：在线课程

复习与讨论题

1. 对比过去 20 年间美国、日本和中国的创业活动，分析其对国家经济和社会发展的作用。

2. 观察你身边的 3 位创业者，列举出他们所显现的可以通过教育或者其他方式传递的特质，同时也列举出你认为无法通过教育方式传递的特质。

3. 你认为创业活动会通过哪些方式影响经济增长和社会发展？

参考文献

1. Katz, J. 2003. The chronology and intellectual trajectory of American entrepreneurship education. *Journal of Business Venturing*, 18: 283-300.

2. Kuratko, D. F. 2005. The emergence of entrepreneurship education: development, trends and challenges. *Entrepreneurship Theory & Practice*, 29 (5): 577-597.

3. Shane, S., & Venkataraman, S. 2007. The Promise of Entrepreneurship as a Field of Research. Entrepreneurship. Springer Berlin Heidelberg.

4. Zahra, S. A., Sapienza, H. J., & Davidsson, P. 2010. Entrepreneurship and dynamic capabilities: a review, model and research agenda. *Journal of Management Studies*, 43 (4), 917-955.

5. Vesper, K. H., & Gartner, W. B. 1997. Measuring progress in entrepreneurship education. *Journal of Business Venturing*, 12 (5): 403-421.

6. [美] 安纳利·萨克森宁. 地区优势：硅谷和 128 公路地区的文化与竞争 [M]. 上海：上海远东出版社，1999.

7. [美] 彼得·F. 德鲁克. 创新与创业精神 [M]. 上海：上海人民出版社，2002.

8. 邓锋. 做不断学习、勇于创新的清华人——在清华大学 2013 年研究生毕业典礼暨学位授予仪式上的演讲 [EB/OL]. 清华大学新闻网：http://www.tsinghua.edu.cn/publish/thunews/10303/2013/20130716163704345558184/20130716163 704345558184_.html.

9. 姜彦福，高建，程源，邱琼. 全球创业观察 2002 中国报告 [M]. 北京：清华大学出版社，2003.

10. 姜彦福，高建，程源，邱琼. 全球创业观察 2003 中国及全球报告 [M]. 北京：清华大学出版社，2004.

11. 高建，姜彦福，李习保，程源. 全球创业观察中国报告——基于 2005 年的数据分析 [M]. 北京：清华大学出版社，2006.

12. 高建，程源，李习保，姜彦福. 全球创业观察中国报告（2007）：创业转型与就业效应 [M]. 北京：清华大学出版社，2008.

13. 高建等. 全球创业观察中国报告（2015/2016）[R]. 清华大学中国创业研究中心，2016.

14. [美] 李钟文，威廉·米勒，玛格丽特·韩柯克，亨利·罗文. 硅谷优势——创新与创业精神的栖息地 [M]. 北京：人民出版社，2002.

15. 张帏，高建. 斯坦福大学创业教育体系和特点的研究 [J]. 科学学与科学技术管理，2006 (9): 143-147.

16. 张帆，张帏. 美国大学创业教育发展及其对中国的启示 [J]. 中国人才，2003 (8): 7-10.

本章案例

任正非和华为的创业与创业精神

华为，是一家百分之百的民营企业，《财富》世界500强企业中唯一一家没有上市的公司。它在2013年的年营业收入达到349亿美元，超过爱立信，成为全球通信产业龙头。它的营业收入7成来自海外，《经济学人》指出，全世界有1/3的人口在使用华为的服务。华为的研发能力超过一般人对中国企业的想象，它拥有3万项专利技术，其中4成是国际标准组织或欧美国家的专利。入围世界500强企业中的中国企业，其中大部分是靠原料、中国内需市场等优势挤入排行，但华为却依靠技术创新能力，以及海外市场经营绩效获得今天的地位。从30年前的一家中国民营创业企业走到今天的全球IT领头羊企业，华为值得学习和借鉴。

这是一个今天很多外人都津津乐道的故事：1987年，43岁的退役解放军团级干部任正非，与几个志同道合的中年人，以凑来的2万元人民币创立了华为公司。当时，除了任正非，可能谁都没有想到，这家诞生在一间破旧厂房里的小公司，即将改写中国乃至世界通信制造业的历史。

创立初期，华为靠代理香港某公司的程控交换机获得了第一桶金。此时，国内在程控交换机技术上基本是空白。任正非敏感地意识到了这项技术的重要性，他将华为的所有资金投入研制自有技术中。此次孤注一掷没有让任正非失望——华为研制出了C&C08交换机，由于价格比国外同类产品低2/3，功能与之类似，C&C08交换机的市场前景十分可观。成立之初确立的这个自主研制技术的策略，让华为冒了极大的风险，但也最终奠定了华为适度领先的技术基础，成为华为日后傲视同业的一大资本。

但是，当时国际电信巨头大部分已经进入中国，盘踞在各个省市多年，华为要与这些拥有雄厚财力、先进技术的百年老店直接交火，未免是以卵击石。任正非当时选择了一条后来被称为"农村包围城市"的销售策略——华为先占领国际电信巨头没有能力深入的广大农村市场，步步为营，最后占领城市。事实证明，这个战略不仅使华为避免了被国际电信巨头扼杀，更让华为获得了长足发展，培养了一支精良的营销队伍，成长起来一个研发团队，积蓄了打城市战的资本。

任正非是一个危机意识极强的企业家,当华为度过了死亡风险极高的创业期,进入快速发展轨道的时候,他已经敏感地意识到了华为的不足。

1997年圣诞节,任正非走访了美国IBM等一批著名高科技公司,所见所闻让他大为震撼——他第一次那么近距离、那么清晰地看到了华为与这些国际巨头的差距。任正非回到华为后不久,一场持续五年的变革大幕开启,华为进入了全面学习西方经验、反思自身、提升内部管理的阶段。这个"削足适履"的痛苦过程为华为国际化作了充分准备。

1999年,华为员工达到15 000人,销售额首次突破百亿元,达120亿元。已经在国内市场站稳脚跟的华为,先后在印度班加罗尔和美国达拉斯设立了研发中心,以跟踪世界先进技术走向。这一年,华为海外销售额仅0.53亿美元,但华为已经开始建立庞大的营销和服务网络。这意味着,华为要在国际市场大施拳脚了。

但是,技术还没有绝对领先,品牌知名度亦不如那些百年老店,资本没有国际同行那么雄厚,华为的竞争法宝在哪里?

如果说小客户还可以单靠价格打动,但对于欧美等发达国家的主流客户,单纯的价格战就很难起作用了,这些客户更关注的是设备提供商的综合实力,也就是说,从设备的设计、生产,到运输、安装、调试,以及到后期的服务,都要有完善的持续的解决方案。

这就要求华为要提升综合实力,为客户提供持续稳定的服务,且能够在最短时间内响应客户的需求。

任正非很早就认识到了服务问题,他很早就提醒华为人:"中国的技术人员重功能开发、轻技术服务,导致维护专家的成长缓慢,严重地制约了人才的均衡成长,外国公司一般都十分重视服务。没有良好的服务队伍,就是能销售也不敢大销售,没有好的服务网络就会垮下来。"

本着贴近客户的原则,早在1998年,华为就在全国建有33个办事处和33个用户服务中心,与22个省管局建有合资公司;在莫斯科设立代表处;在东欧十多个国家安装了设备;为中国香港提供了商业网、智能网和接入网。

在中国,做一个企业,竞争对手是全球各发达国家的世界级巨子。他们有几十年甚至近百年的积累,有欧美数百年以来发展形成的工业基础和产业环境,有世界发达国家的商业底蕴和雄厚的人力资源与社会基础,有世界一流的专业技术人才和研发体系,有雄厚的资金和全球著名的品牌,有深厚的市场地位和客户基础,有世界级的管理体系和运营经验,有覆盖全球客户的庞大的营销和服务网络。

面对这样的竞争格局,面对如此的技术及市场壁垒,在中国,华为没有任何经验可以借鉴,只有通过勤奋弥补。

总结华为这么多年的快速发展，任正非这样说："公司高层管理团队夜以继日地工作，有许多高级干部几乎没有什么节假日，24小时不能关手机，随时随地都在处理随时发生的问题。现在，更因为全球化后的时差问题，总是夜里开会。我们没有国际大公司积累了几十年的市场地位、人脉和品牌，没有什么可以依赖，只有比别人更多一点奋斗，只有在别人喝咖啡和休闲的时间努力工作，只有更虔诚地对待客户。"

从最初草创时靠做贸易起步，到全力投入新产品研发；从"农村包围城市"开拓国内市场，再到全球化经营；从程控交换机到无线通信，从2G到3G、4G、5G，华为始终保持着创业精神，并在内部形成了良好的责任分担和利益分享的激励机制。在这个过程中，创业领导人任正非先生带着他的创业团队，"求知若饥，虚心若愚"①，不断超越竞争对手，超越自我。

本案例根据以下内容做修改：

1. 田涛，吴春波. 下一个倒下的会不会是华为 [M]. 北京：中信出版社，2015.
2. http://www.qianzhan.com/people/detail/268/140822-ca19cae5_2.html.
3. 华为，为什么让全世界都感到害怕？http://www.201980.com/zhupao80/anli/11933.html.

---

① 引自史蒂夫·乔布斯在2005年6月12日斯坦福大学毕业典礼演讲中的最后一句话："Stay Hungry. Stay Foolish."

第 2 章 创业过程

> 纯管理人也许能把事情做对，但是真正的领导人重视的是做正确的事情。
>
> ——管理学家　班尼斯

学习目的

1. 理解创业的一般过程，对创业过程中的主要创业活动有初步的了解；
2. 初步认识和体会新创企业的生命周期；
3. 有效识别并整合创业所需的各种资源；
4. 了解精益创业的理念和思路；
5. 理解本章介绍的主要创业模型的核心思想，能够运用创业模型对现实中的创业过程进行分析。

引言

人们对于高成长创新型企业关注的热情从未消减。自 2001 年开始，《中国企业家》每年进行一届"21 未来之星——最具成长性的新兴企业"评选，这是国内针对高成长创新型企业具有代表性的排行之一。每年，它根据相应的评选标准"淘"出 21 家最具成长性的创新型企业，并适时地对一些企业进行回溯性访谈，见证这些企业的成长过程。

在历年的 21 星评选过程中，榜单发掘到了数百条"鲨鱼苗"。其中不乏已经成长为"大鲨鱼"的，如用友软件、盛大网络、携程、百度、京东等公司；也有一些不幸夭折或者"基因突变"的公司，如深圳万德莱（破产）、四川托普等；而更多的公司则还处在努力从"鲨鱼苗"成长为"大鲨鱼"的过程。

为了更好地理解历年上榜的公司，我们需要从创业过程的角度对其发展周期进行分析：有哪些企业已度过了创业期、进入了相对稳定的经营周期？为什么有些企业能从快速成长的创业期安然（或经历阵痛）进入成熟期，有些企业却走向衰败或者停滞不前？

对于高成长创新型企业的研究始终是一个极具吸引力的领域。从理论上研究创业过程、新创企业生命周期、创业过程中所需的资源，了解创业过程有哪些相关的理论模型都具有重大的理论与现实意义。本章将从整体上为中小企业的创业过程给出一个大致的分析框架，对创业过程中的各阶段发展特点和注意事项进行简明扼要的介绍，从理论上对创业过程的一般规律进行梳理。

2.1 理解创业的一般过程

创业是一种复杂的社会现象。创业活动涉及新技术开发、产业化经营、资源的合理获取和有效利用以及其他一系列复杂的商业活动。因此，创业中涉及的经济现象不是孤立的，需要从整体上把握创业的过程。

2.1.1 理解创业过程的意义

创业过程指的是创业者发现和评估商机，并且将商机转化为创业者对新创企业进行成长管理的过程。在这一过程中，新创企业的组织创建和发展是主要企业管理的关键，新创时期的创业活动都是围绕着企业组织能够良好运行而进行的。这是理解创业活动的基本出发点。

创业管理和一般的战略管理、营销管理等企业职能管理有较大的区别——前者涵盖的时间更为漫长，涉及的因素也更为复杂，因而更具挑战性和诱惑性。无论是对于实业人员还是投资者，对创业过程的理解都具有重要的意义。

创业者在真正创业之前，必须对创业过程有清醒的认识，积极地面对创业过程中可能出现的困难和挑战，知难而行，方可提高创业成功的概率。

对于投资高新技术产业并期望获得良好回报的投资者来说，同样需要对创业过程的漫长与艰巨性有完整的把握和充分的准备，审慎地评估投资对象，选择投资战略，方有可能获得更高的投资回报。

2.1.2 创业过程的划分

完整的创业过程，通常按时间顺序划分为三个阶段：机会识别、创办新企业和新创企业的成长管理。在每一阶段，新创企业的发展都要经历不同的环境。根据每一阶段的不同情况，创业者需要选择应对的战略，实施可行的对策，推动新创企业向前发展。

为了更好地理解创业过程，本章将创业过程的各个阶段进行划分，在本书其他章节，还将对每一阶段的特点进行深入的介绍分析。创业的一般过程如图2-1所示。

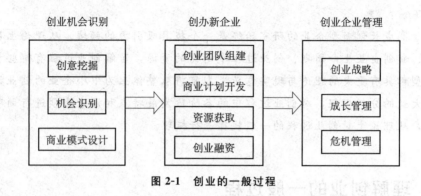

图 2-1 创业的一般过程

阶段一：创业机会识别

创业开始于商机的发现。面对众多看似有价值的创意（idea），从中发现真正具有商业价值和市场潜力的商机，进而寻找与商机相匹配的商业模式，需要审慎而独到的眼光，这是创业成功的基本保证。每一个创业者在创建企业之前，都应该准确把握机会识别的概念，熟悉机会识别的关键步骤，走好创业的第一步。在这一阶段，创业者尤其需要注意"创意"、"机会"和"商业模式"三个方面。

1. 创意

创意是创业者进入创业的起点。不是每一项创意都能成就一个企业，但每一个新创企业都起源于创意。创意也因此成为研究人员关注的对象。然而，实际中的创意纷乱繁杂，有着各样的表现方式：有的是一项尚停留在实验室中的研究成果，有的是一套全新的经营方案，有的甚至只是灵机一动的点子。

创意有一个共同的特点，就是较大的不确定性——市场前景未知，离新创企业的商业机会有很大的差距。但是，独具一格的创意，却能使创业者有如天助般迅速占领市场。

2. 机会

机会不同于创意，尽管在很多情况下机会与创意常常被混淆。从某种意义上说，机会是创意的一个"子集"。机会满足创意的诸多特征：来源广泛，具有较强的创新性，未来的发展带有很大的不确定性。但是，机会拥有大多数创意所不具备的一个重要特征：能满足顾客的某些需求，因而具备市场价值。因此，从众多创意中寻找值得关注的机会，是创业者作出创业选择，实施创业战略的第一步。

需要注意的是，并非所有的机会都能成为现实中的企业，如果它不能为投资者带来可接受的回报，那么没有被开发的价值。因而，甄别具有投资价值的商业机会意义非凡，需要独特的技能。识别和评价机会是创业者和投资者必备的素质之一。

3. 商业模式

当创业者瞄准某一商机之后，需要进一步构建与之相适应的商业模式。机会不能脱离必要的商业模式的支撑而独立存在。缺乏良好的商业模式，机会就不能实现其市场价值。成功的商业模式则是一座桥梁，富有市场潜在价值的商业机会将通过这一桥梁过渡为企业。良好的商业模式能够明确回答的核心问题是企业如何获取利润。不清晰或是方向错误的商业模式对创业者来说是失败的征兆，创业者应当尽快调整战略，明确方向，重新设计商业模式。

 专栏

分众传媒的创意和商业模式

2005年7月，创建不到4年的分众传媒在美国纳斯达克成功上市。这一切最初都来自那些安装在电梯旁边的小小的液晶屏，分众传媒的成功来源于它优秀的创意和商业模式。

早在2002年，从事广告业整整10年的江南春就发现，大多数广告效率越来越低。在经历了打广告就有效、花钱多广告就有效的初级阶段后，中国的广告创意水平在不断提高，然而越来越多的客户抱怨大量的广告投入并没有获得可观的回报。经过研究，江南春发现，问题的核心在于广告媒体的分众程度极差，大量的广告（70%～80%）消耗在错位的受众当中；同时，广告间的干扰度越来越大，单位广告的效果因此减弱；而且，当时的广告形式不强制——在大街上走，路过的站牌广告和车身广告不计其数，但是真正能让人记住的却很少。

江南春有了一个与这些传统的广告形式迥然不同的想法——把显示广告的液晶屏装到高档写字楼、大饭店的电梯旁，为了保证人们的眼睛被液晶屏吸引，还可以增加滚动字幕播报新闻。这样一来就可以很好地定位广告受众，解决广告投放的效率问题。在此之后，可以实现江南春想法的设备在中国台湾被研制出来。他开始与上海各大商厦、写字楼的物业公司谈判安装这种系统。在创业之初，说服物业公司是最困难的。主要原因是高档楼宇的租金非常贵，物业公司考虑的是那些大客户的利益，他们担心江南春的做法会招致客户的反感，说服工作进展缓慢，半年之后，才有三家同意安装。出乎物业意料的是，这种广告形式受到了租户的欢迎，液晶屏上的内容成功消解了人们在等待、乘坐电梯时的百无聊赖。很快，江南春和他所领导的分众传媒便把业务延展到了全国27个城市的高档商用楼宇。

当液晶屏开始受到高档楼宇租户的欢迎时，江南春的主要工作转到了说服广告客户上。他请专业的调查公司调查出各种详细的数据来说明这种广告形式的有效性。比起那些高档楼宇的物业公司，广告客户相对容易被说服，因为那些免费试用的客户发现这种形式确实促进了产品的销售。

分众商业模式的成功在于，它注意到了传统广告的回报越来越低，因而产生了具有创意的点子，并成功将创意转化为一种有价值的商业机会，并为这种机会建构了合适的商业模式。它所创造出的新型且更加有效的广告投放方式，同时满足了商家和受众的需求，在为商家创造收入的同时，自己也得到了利润。

由于分众成功的商业模式，它也得到了很多投资商的青睐。2004 年 11 月 16 日，分众传媒（中国）控股有限公司与美国高盛公司、英国 3i 公司及维众中国在人民大会堂召开新闻发布会，宣布高盛、3i 及维众中国共同投资 3 000 万美金入股分众传媒。分众此次不仅完成了第三轮融资，同时也创下了国内十几年来新媒体业融资的新纪录。2005 年 7 月，分众传媒在美国纳斯达克成功上市。

资料来源：江南春在清华大学经济管理学院的演讲；作者对早期参与投资分众传媒的创业投资机构的访谈；《中国企业家》2004 年第 5 期，分众：精确制导；其他媒体公开报道。

阶段二：创办新企业

创业者选择了商业机会，找到了与之匹配的商业模式后，就要考虑如何使商业机会成为现实中的企业。进入这个阶段，才是真正意义上创业的开始。创业者开始接触到新企业要面临的种种问题，其间可能经历无数烦琐的谈判，但是，创业者要建立一个能充分体现其商业机会、商业模式和市场价值的载体，以实现其创业价值。通常来说，创建一个新企业，要经历几个基本的步骤，掌握每一步的要领，熟悉每一步的谈判技巧，是每一个创业者必备的基本功。

1. 组建创业团队

良好的创业团队是创建新企业的基本前提。创业活动的复杂性，决定了所有的事务不可能由创业者个人包揽，要通过组建分工明确的创业团队来完成。创业团队的优劣，基本上决定了创业是否成功。这就不可避免地涉及两个层面的问题：创业团队成员在企业中是否有适当的角色定位，是否有基本素质和专业技能；创业团队是否能团结合作，优势互补，而这又取决于团队成员之间是否有一个统一的核心价值观，是否做到了责任和利益的合理分配。

2. 开发商业计划

成功的商业计划是创建新企业的良好开端。通过商业计划的开发，创业者开始正式面对组织创建中的诸多问题。商业计划是创业者对整个创业活动的理性分析、定位的结果。一份有效的商业计划可以对创业者的行动选择起到良好的指导作用，从而避免无谓的代价和资源的浪费。对于新创企业内部或是外部的利益相关者来说，商业计划也是一种明确而有效的沟通方式；对新创企业本身，商业计划可用于获取必要的资源，吸引企业发展亟须的融资，赢得政府相关部门的支持等。通过商业计划的开发，创业者对自身的优势和劣势，企业的战略发展定位有更清晰的审视，对企业未来的发展大有裨益。

商业计划的一个重要组成部分是对新创企业的核心产品或是技术作详细的阐述，对产品采用的盈利模式和市场前景作大致的规划，商业计划同时要介绍创业团队的组成、创业资源的整合问题，为吸引外部资金提供必要的书面材料；商业计划的另一个重要组成部分是新创企业的发展战略，企业在未来发展中可能遇到的问题以及应对方案。

3. 创业融资

融资是新创企业的首要问题。创业融资不同于一般的项目融资，新创企业的价值评估也不同于一般企业，因此需要一些独特的融资方式。创业企业的融资方式大致分为内源式和外源式两种。在不同阶段，创业者可以选择不同的融资方式，当然，针对不同的融资方式，融资策略亦有所不同，风险也不同。

创业初始，创业者更可能选择内源式融资，即在创业团队内部融资，如创业者个人投资、家庭成员投资，这种融资方式的优点是成本低、资金渠道简单、容易操作。缺点是融资量有限，特别是在企业需要大量资金支持的时候，过分依靠内源式融资可能导致新创企业资金流不畅，企业发展缓滞。外源式融资是指从企业外部获得资金，主要包括债务融资和股权融资。这种融资方式可以大大拓宽新创企业的融资范围，但是由于创业者必须与企业之外的投资者不断进行谈判，无疑增加了融资的成本，同时创业者必须适当放弃某些权益以获得这些资金。

 专栏

视美乐——大学生创业的先行者

视美乐的核心产品起源于清华大学创业计划大赛。1999年3月，在第二届清华大学创业计划大赛上，来自材料系三年级学生邱虹云的多媒体超大屏幕投影仪得到了与会投资者和实业人士的关注和认可。所谓多媒体超大屏幕投影仪，是一种集光学、电子学、机械等多领域专利合成技术的新型高技术产品。该产品可接收电视信号并可将图像直接清晰地投影在墙壁或幕布上，但价格却大大低于当时市场上的投影机价格。该成果最终获清华大学第二届学生创业大赛一等奖及首届全国大学生创业计划大赛金奖。

当时还是自动化系五年级学生、后来成为视美乐总经理的王科看到邱虹云的技术成果后，认为这一技术的潜在市场价值良好，于是说服邱虹云放弃将这一技术转让的打算，共同创办公司直接将产品推向市场。他们又找到有企业工作经验的清华经管学院在读MBA徐中，请他加盟创业。1999年4月，3个年轻人自筹资金50万元，于是北京视美乐科技发展有限公司宣告成立。当时，创业和风险投资在中国内地尚未流行，在校生创办企业更是绝无仅有,对此,校方和社会各界给予了大力支持。清华大学率先在中国高校中提出:允许一些自身条件优越的学生暂时中断学业创办企业。

但是,要将实验室中的技术成果转化为真正意义上的产品,仅有热情显然是远远不够的,如何获得早期投资是创业团队面临的首要问题。幸运的是,在视美乐公司的融资过程中,先后吸引到上海市第一百货商店股份公司(简称上海一百)和青岛澳柯玛集团的资金注入。1999年7月,上海一百宣布将按国际通行的风险投资模式向视美乐公司注资5 250万元,共同开发由清华大学学生邱虹云发明的超大屏幕投影仪,其中一期投资250万元,用于产品的中试;上海一百占视美乐公司的20%股份;二期拟投资5 000万元,用于产品的生产和市场推广等方面。这一投资计划被称为第一起国内上市公司参与风险投资的案例,当时立刻受到媒体的广泛关注,而上海一百的股价也迅速上涨。

2000年4月25日,视美乐公司的拳头产品——多媒体超大屏幕投影电视完成中试,进入大规模生产阶段;视美乐公司与其第一期投资方上海一百共同引入新的投资方——青岛澳柯玛集团,澳柯玛注资3 000万元,与视美乐公司共同创立新的公司——北京澳柯玛视美乐信息技术有限公司。新公司的股本结构是澳柯玛和视美乐的股份各占50%。

至此,视美乐这个大学生创业的先行者逐步走上了持续经营、稳步发展的正常轨道。当然,这仅仅是成功创业的开始。在视美乐的后续发展中,它的团队是否能解决企业日常经营管理的各种问题,能否与投资者一起创造辉煌进而收获成功,是所有热心中国高科技创业的人士所关注的问题。就视美乐本身而言,作为中国大学生创业的经典案例,视美乐开创了学生创办公司的先河,不论其成功与否都将在中国创业史上写上浓重的一笔。

资料来源:作者访谈创业者的一手资料。

阶段三:成长管理

建立新创企业并不等于创业获得成功。新创企业成长管理的意义并不低于新企业的创建。创业者常常需要审慎地把握企业的发展方向,有时甚至需要有如履薄冰的心态。但是,需要注意的是,新创企业的成长管理不同于一般的企业管理,它必须结合新创企业自身的特点,关注新创企业的独特问题。特别是,新创企业的快速成长性要求创业者以动态的观点看待新创企业在成长过程中所遇到的各种管理问题,并根据企业的发展阶段积极制定适宜的解决方案。

1. 新创企业的战略管理

企业战略是企业行动的纲领,是企业发展的方向性定位。因此,战略是企业管理的首要问题。新创企业的战略选择有其重要意义，选择持续技术开发占据技术前沿，抑或是选择市场开发争取市场份额，从根本上决定了企业发展的成败。新创企业战略管理的重点在于战略位置的确立与战略资源的获取。制定适合企业自身的战略定位对于企业的良性成长相当重要。新创企业要想在市场竞争中取胜，应该主要抓住自己和市场上已有企业的差异做文章，形成自己独特的竞争优势，发展核心竞争力。

2. 新创企业的成长管理

新创企业需要探寻合适的组织、流程和方法，有效地发现市场，较快地找到第一批客户，验证和完善其商业模式。在获得早期客户后，还要探索如何"跨越鸿沟"，争取满足更大众市场客户的需求，使其业务能够快速成长。创业企业在不同成长阶段，所面临的关键任务和挑战是不同的，创业企业需要培育相应的核心能力，其组织管理的方式也要适时进行调整。创业企业能否实现可持续成长，企业领导人是关键因素，创始人在企业成长不同阶段的角色必须适时转变。

3. 新创企业的危机管理

新创企业的管理者要常备危机意识。新创企业的发展面临着更多的不确定性，出现危机的可能性也大大高于一般企业。管理者需要时刻关注企业发展中出现的技术和市场危机、财务危机、人力资源危机等。危机不是一成不变的，采用适当的措施，可以将危机转化为企业发展的机遇。因此，创业者要积极把握新创企业发展中遇到的每一个危机，为企业的后续发展奠定基础。

被模仿竞争是新创企业在发展过程中普遍面临的挑战。随着创新困难程度和成本的逐渐下降，先行者的成功，往往吸引众多跟风创业者，市场上的模仿者或模仿先行者的产品，或模仿先行者的模式，更有甚者完全复制先行者的全套东西，如2010年前后的"真假开心网"事件。初创企业仿佛只有毫秒的瞬间来享受早期的成功，便要与模仿者迅速展开激烈竞争，并争夺顶尖人才。美国团购网站鼻祖Groupon在2008年发展起来之后，竞争者和模仿者快速跟进，短时间里，仅仅在美国，山寨者就多达500家。国内的Groupon模仿者们，诸如美团、拉手网、糯米等，也在2011年左右掀起了"千团大战"。2016年兴起的共享单车市场也印证了这一点。共享单车行业的门槛并不高，只要有钱，谁都可以复制，随着摩拜和ofo共享单车的推出，市场上迅速出现数十家模仿的创业公司，竞争激烈的共享单车把颜色都给用光了。但经过行业洗牌，众多追逐风口、有浓厚投机气息但又缺乏独特战略和核心资源能力的跟风创业者往往会被清理出局，市场上形成几家巨头竞争的格局。创业企业如何保持竞争优势的重要意义也就不言而喻。

专栏

"开心网"的兴衰

2008年,开心网仅有6个人的团队,他们在没有外部资源支持的情况下,打造出现象级的社交游戏"开心农场"而一夜爆红。"偷菜"的火爆程度丝毫不亚于当下流行的全民"王者荣耀"和"吃鸡"。为了防止自己的菜被偷,许多网民甚至废寝忘食,定好闹钟,半夜上线"摘菜"。开心网也因此汇聚上亿用户,一度跃居国内社交网站的头牌,成立两年便实现盈利,风光无限。

开心网高速成长,让国内另一家经营社交网站校内网(如今的人人网)的北京千橡互联科技发展有限公司(以下简称千橡互联公司)感到压力。2008年10月,千橡互联公司推出了与开心人公司的开心网(kaixin001.com)在中文名称、服务功能、网站布局、页面设置乃至域名等方面几乎完全相同的"开心网(kaixin.com)"。这个山寨开心网是由千橡互联公司花巨资购得kaixin.com域名后匆匆建起的。由于两家开心网一时难辨真假,"正牌"开心网注册用户上升趋势明显减缓,高达3 400万的用户被误导投奔"假开心网"。最后开心网通过法律诉讼使假开心网关闭,开心网虽然赢了官司但却输了市场。

随着模仿者的跟进,"偷菜"热潮退却,以及微博兴起、移动互联网时代来临,开心网也逐渐沉寂。2016年开心网被上市公司收购,最后转型成为一家手机游戏公司,创始人程炳皓离职并发表公开信,深度反思开心网在8年时间犯下的错误以及错失的机会。开心网为何会走到这一步?他认为,有部分原因来自自身的局限以及假开心网、微信、微博的竞争,但这都不是根本的原因。他认为的真正原因有两个,一是"偷菜停车"产品有生命周期;二是熟人社交不是刚需,无法成为支撑一个产品的最大支柱。虽然开心网在2008—2009年如日中天,但其实产品上潜伏着巨大危机。尽管如此,开心网原本仍有重现辉煌的可能,但却始终没有开辟出正确的道路。

2.2 新创企业的生命周期

创业生命周期理论认为新创企业是一个生命的有机体,因而是一个从诞生、成长、壮大、衰退直到死亡的过程。从最初创意的诞生到最终企业死亡的全部过程称为创业的生命周期。创业的生命周期分为种子期、初创期、发展期和成熟期。

创业的生命周期如图2-2所示。

1. 种子期

这一时期新创企业没成为现实,仍然是停留在创业者头脑中的创意或者机会,

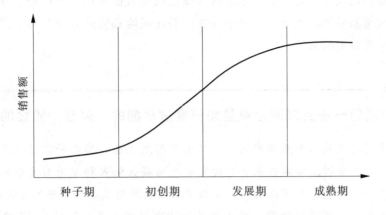

图 2-2　创业的生命周期

创业者殚精竭虑的是合理评价商业机会、构建独有的商业模式，招募合适的企业核心人员，获取足够的有形和无形资源。此时，企业的技术或某一高新技术产品正处于酝酿和发展阶段，还远远谈不上商品化和市场规模，更不涉及组织结构，企业只是几个志同道合的创业者组成创业团队，进行相关技术的研究开发和前期的准备活动。一旦时机成熟，创业者就可以正式创立企业。新企业的建立，标志着创业者成功地度过种子期。

2. 初创期

初创期是创业过程中的第一个富有挑战的时期。在这一阶段，新产品的雏形已经产生，组织结构初步形成。此时的组织结构简单，创业者必须处理几乎所有的事务。由于缺乏良好的运营机制和充裕的资金支持，大量的新创企业不能赢得足够的顾客以获得企业生存必需的现金流。当企业的资金枯竭时，创业者只能选择出售企业或者破产。只有那些在这一阶段赢得足够顾客的企业才能进入下一个阶段。

3. 发展期

经过初创期，步入发展期的创业者可能略微感到轻松。如果对这一阶段的发展掉以轻心，企业仍然可能遭受重大打击，甚至破产。处于这一阶段的企业初步摆脱了生存困扰，开始考虑盈利。此时的组织规模开始膨胀，创业者初步尝到了发展的甜头。下一步要持续创新，应对新出现的竞争者。面对层出不穷的问题，创业者需要考虑建立一套合理的管理制度来应对企业迅速的扩张。

4. 成熟期

随着企业逐步发展壮大，企业开始步入成熟期。企业的核心产品已在市场上占有较大份额，盈利剧增，技术风险、市场风险大大降低，管理风险增大。这一阶段的企业往往会出现阻碍创新的惰性和障碍。创业者需要考虑如何保持企业的竞争力，从公司战略的角度看,进行多元化经营管理是创业者面临的主要问题。尽管企业正如日中天般蓬勃发展,然而,经营中存在的潜在风险和管理者发生的失当举措,也会让企业呈现衰退的端倪。

 专栏

中国第一波互联网企业是如何度过早期的"烧钱"阶段的?

今天中国的互联网产业非常巨大,诞生了阿里巴巴、腾讯和百度等多家全球互联网巨头,并且中国互联网企业自身的发展也从模仿他人转变为自主创新。但从中国互联网产业的发展历史可以看出,早期中国互联网创业企业是很不容易的。例如,由于无法盈利和获得后续融资,当年被誉为"中国版亚马逊"的8848网站在2001年全球互联网泡沫破灭后不久就倒闭了。

2002年对中国的互联网产业来说意义非同小可。在长达三年的低迷之后,搜狐公司在第二季度的财务报告中公告实现盈利,这使搜狐成为中国门户网站中首家盈利的企业。随后,网易和新浪也迫不及待地在他们的季度财务报告中宣告盈利。这一年,不仅三个门户网站实现盈利,硅谷动力、e龙网、联众、腾讯、3721等非门户网站也各自宣布实现盈利。

长期以来,中国的互联网企业被调侃为"烧.com",纳斯达克市场上几只中国概念股的股价长期在1~2美元的低价位徘徊。与互联网企业低迷不振的情况相反的是,当时中国互联网产业的市场需求却呈现出不断扩大的发展趋势,根据中国互联网协会发布的数据,到2003年年底,中国的互联网用户已经达到了7 800万,相比2000年中国互联网三大门户在纳斯达克上市的时候,中国网民数取得了将近10倍的增长,越来越多的人热衷于在学习工作之余上网冲浪,网民对互联网的使用也显示出越来越实用化的特点。互联网行业的这些特点,促使互联网企业不得不重新整合资源,寻找适合中国互联网企业的发展模式。

老牌门户网站的转型有目共睹:新浪、搜狐、网易等寻找新的广告形式、收费项目、电子商务、购并联合计划、结盟传统企业等经营模式,开拓多元化的营收渠道。新浪转型的重要标志是新浪、阳光的携手,新浪一方面利用长期积累的品牌优势,继续扩大网络广告的市场份额,另一方面与实际产业有机结合,扩大广告外收入份额。网易走的则是网络游戏的路线,发展网易的在线游戏业务,网易也希望凭借其门户网站的号召力,在网游这一巨大的潜在市场中分一杯羹。

在大型门户网站转型之时,突破传统模式的网站开始闪亮登场,成为中国互联网行业的一批新星,如携程、盛大、百度等。它们不再借助新闻和社区概念起家,而是一开始就注重网站的实用价值,满足用户的潜在需求和服务功能,因而创立伊始就拥有一批潜在的用户,随着相继实现盈利,它们也似乎更加能够理直气壮地准备到境外上市,中国互联网已开始掀起了继三大门户网站之后的第二波上市热潮。

在经历了长达两年的烧钱—亏损—萧条的漫长冬季后，互联网的春天终于向人们露出一抹笑容。之后，中国的互联网产业开始进入新的快速发展期。

部分资料来源：综述——资本再宠互联网，巨大商机蕴育其中，http://tech.sina.com.cn/i/w/2003-12-12/1525267649.shtml。

2.3 创业中所需的资源

"巧妇难为无米之炊。"在创业过程之中，如果没有足够的创业资源，即使出现了大好的创业机会，创业者也难以迅速抓住并利用这个机会。优秀的创业者需要了解创业资源的重要作用，不断地开发和积累创业资源，善于借助企业内外部的力量对各种创业资源进行组织和整合。

2.3.1 创业资源

什么是创业资源？创业资源与企业管理所需要的资源有何不同？从管理学的角度讲，资源就是企业作为经济实体，在向社会提供产品或服务的过程中，所拥有或能够支配的能够实现公司战略的各种要素和要素组合。

在创业过程中，新创企业同样需要各种生产要素和支持条件，只有将这些要素和条件有效地进行组合，形成产品或服务，才能创造出新的价值。这些生产要素和支持条件就是创业资源的主要成分。创业资源是创业者在创业过程中必须时刻放在最重要位置，反复估量权衡的要件。

2.3.2 创业资源的种类

创业资源是新创企业成长过程中必需的资源，按照资源对企业成长的作用我们将其分为两大类，对于直接参与企业日常生产、经营活动的资源，我们称之为要素资源；未直接参与企业生产，但其存在可以极大地提高企业运营的有效性资源，则称之为环境资源。如表2-1所示。

2.3.3 创业资源的作用

创业者获取创业资源的最终目的是整合并利用这些资源抓住创业机会，提高创业绩效，获得创业的成功。无论是要素资源还是环境资源，无论它们是否直接参与企业的生产，它们的存在都会对创业绩效产生积极的影响。

1. 要素资源可以直接促进新创企业的成长

（1）场地资源。任何企业都要有生产和经营的场所，这是企业存在的首要条件之一。如为科技人员提供舒适的研究开发环境和高速网络通信系统，为市场人员提供便捷的商务中心和配套设施等，将有助于新创企业更快更好地成长。

表2-1　创业资源的具体内容

资源分类		资 源 内 容
要素资源	场地资源	场地内部的基础设施建设，便捷的计算机通信系统，良好的物业管理和商务中心，以及周边方便的交通和生活配套设施等
	资金资源	及时的银行贷款和风险投资，各种政策性的低息或无偿扶持基金，以及写字楼或者孵化器所提供的便宜的租金等
	人才资源	高级科技人才和管理人才的引进，高水平专家顾问队伍的建设，合格员工的聘用等
	管理资源	企业诊断、市场营销策划、制度化和正规化企业管理的咨询等
	科技资源	对口的研究所和高校科研力量的帮助，与企业产品相关的科技成果以及进行产品开发时所需要用到的专业化的科技试验平台等
环境资源	政策资源	允许个人从事科技创业活动，允许技术入股，支持海外与国内的高科技合作，为留学生回国创业解决户口、子女入学等后顾之忧，简化政府的办事手续等
	信息资源	及时的展览会宣传和推介信息，丰富的中介合作信息，良好的采购和销售渠道信息等
	文化资源	高科技企业之间相互学习和交流的文化氛围，相互合作和支持的文化氛围，以及相互追赶和超越的文化氛围等
	品牌资源	借助大学或优秀企业的品牌，借助科技园或孵化器的品牌，以及借助社会上有影响力的人士对企业的认可等

（2）资金资源。充足的资金有助于加速新创企业的发展。新创企业无论是进行产品研发还是生产销售，都需要大量的资金。然而众多创新企业由于自身特点，如前景不明、风险大、缺乏可抵押的固定资产等，往往难以从外部投资人或银行处筹措到充裕的资金，这也使资金资源成为企业发展可能面临的瓶颈。因此，如何有效地吸收资金资源是每个创业者都极为关注的问题。

（3）人才资源。人才对于新创企业的成长和发展已经越来越重要。事实上，当代企业管理中的人才已经由传统的"劳动力"概念转变为"人力资本"的概念。高素质人才的获取和开发，成了现代企业可持续发展的关键。对于高科技企业来说，因为其知识比重更大，人才资源则更为重要。

（4）管理资源。很多创业者管理能力不足。例如，高科技企业的创业者大多是科技人员出身，他们本身具备较强的科研能力，但是对企业管理知识往往有所欠缺，很多高科技创业企业都失败于管理不善,这意味着一套完整而高效的管理制度是新创企业的宝贵资源。当然,在企业缺乏这一资源时,专业的管理咨询策划将有助于提高新创企业的生产和运作效率。

(5) 科技资源。高科技新创企业主要是研发和生产科技产品,科技资源的重要性不言而喻。积极引进寻找有商业价值的科技成果,加强和高校科研院所的产学研合作,将有助于加快产品研制和成型的速度,缩短产品进入市场的时间,为企业的市场竞争提供有力支持。

2. 环境资源可以影响要素资源,并间接促进新创企业的成长

(1) 政策资源。从中国的创业环境来看,发展高科技创业需要制定相应的扶持政策,只有在政策允许和鼓励的条件下,新创企业才能获得更多的国内外人才、贷款和投资、具有明确产权关系的科技成果、各种服务和帮助以及场地优惠等。当然,政策资源是公共资源,所有同质的高科技企业都可以享受,但新创企业更应该重视政策资源。

(2) 信息资源。专业机构对于信息的搜集、处理和传递,可以为创业者制定研发、采购、生产和销售的决策提供指导和参考依据。对于高科技新创企业来说,由于竞争十分激烈,就更加需要丰富、及时、准确的信息,以争取到更多的要素资源。这种信息如果由创业者通过市场调研分析获得,成本可能过高。因此,常常由专业机构提供。

(3) 文化资源。文化资源是企业发展中重要的一环,对于新创企业来说,文化资源尤为珍贵。硅谷成功的一个很重要的原因便是那里的浓厚的文化氛围,如鼓励冒险,容忍失败等。文化,对于创业企业和创业者有着极大的精神激励作用,令新创企业以创业更强的动力和能力有效组合要素并创造价值。

(4) 品牌资源。创业企业所置身的环境也具有一定的品牌效应。例如,优秀的孵化器能为高科技创业企业提供品牌保证,这可以提高政府、投资商和其他企业对在孵企业质量及前景的信心和认可度,有助于新创企业获取资金、人才、科技、管理等资源。创业者要善于利用品牌资源,扩大新创企业和品牌之间的互动,以增强社会影响力。

 专栏

孵化器与创业资源的获取

经国家科委批准,1987年,中国第一家企业孵化器"武汉东湖新技术创业中心"正式宣告成立。1988年8月,中国政府决定开始实行"火炬计划"。在该计划中,国家把建立孵化器——科技创业服务中心列为重要的内容,在此后的几年里,得到全国各地的积极响应,西安、成都、天津、上海等地纷纷成立企业孵化器。中国创业孵化事业已发展了 30 年，中国的创业孵化体系已经成为国家创新系统的重要组成部分。

1993 年开始，国内开始对科技企业孵化器的发展经验感兴趣，一些大学开始酝酿建立大学科技园和科技企业孵化器，例如，1993 年 7 月清华大学提出了创建清华科技园的构想，1994 年 8 月清华大学组建了清华科技园发展中心，专门负责清华科技园的建设。清华科技园采用聚集、聚合、聚焦、聚变的"四聚"模式，推进产学研的结合，探索出了一条具有中国高校特色的自主创新之路。今天清华科技园已经是全球最有影响力的大学科技园之一。国内一批大学科技园的创建和发展，对促进大学科技成果转化，推进创新创业发挥了重要的作用。

中国企业孵化器的扶持对象非常明确，即科技创业企业和创业者，在实践中，孵化器主要解决的问题是科技创业的环境问题，即为创业者和新创企业提供各种必要的资源，尤其是环境资源。尤其在 20 世纪 90 年代后期，全世界范围的科技创业都已进入了高潮，而中国的大环境中依然还存在很多诸如政策、信息、文化、信誉等方面的制约，孵化器的重要性一下子显示出来，从而导致了 1999 年以后中国孵化器数量激增现象，虽然"互联网泡沫"沉重地打击了美国新型的营利性孵化器行业，但是中国的孵化器行业反而更加蓬勃，孵化器的建设热潮至今也未消退。

近年来，随着国家提出"大众创业、万众创新"政策，各种众创空间如雨后春笋般出现。众创空间本质上和孵化器相似，但可能更加重视早期的创意、创新向创业项目的孵化。一些机构还创建了不同类型的加速器，帮助创业者或创业企业加速推进创业项目。据科技部的统计信息显示，2016 年我国共有 4 298 家众创空间和 3 255 家孵化器，全年服务创业企业近 40 万家。

需要强调的是，不管是创业孵化器、众创空间还是创业加速器，要想真正有价值，其管理者一定要提高管理和服务创业者/创业企业的能力，否则只会变相成为房地产或空洞的"空间"。

2.4 精益创业的理念和思维

精益创业（lean startup）的概念最早由硅谷创业家 Eric Ries 在 2008 年提出，2011 年 8 月《精益创业》一书的出版让精益创业成为一种流行的创业模式，在产业界得到了广泛传播和实践。Eric Ries 在提出精益创业概念的时候，也受到了他的老师 Steve Garry Blank 在 2005 年出版的《四步创业法》中提出的"客户开发"理念的启发。

精益创业的核心思想是先在市场中投入一个最简化可行产品，然后通过不断的学习和有价值的用户反馈，对产品进行快速迭代优化，以期适应市场。精益创业的理念源于"精益生产"(lean production),代表了一种不断进行产品迭代创新的新方法。

精益创业可以分为探索和执行两个阶段。

(1)在探索阶段,企业进行"验证性学习",先向市场推出极简的原型产品,然后在不断地试验和学习中,以最小的成本和有效的方式验证产品是否符合用户需求,并迭代优化产品,灵活调整方向,最终确认客户。

(2)在执行阶段,企业逐渐将产品达到商业销售的要求,并建立公司,开始商业运作。在精益创业这种创业模式下,创业者不再严格执行商业计划书,也不再发布功能完备的产品样本,而是检验假设,把最简化可行产品展示给潜在客户,它注重实验而非精心策划,聆听用户反馈而非相信直觉,采用迭代设计而非事先进行详细设计的传统开发模式。具体如图2-3所示。

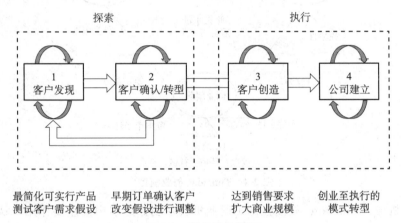

图2-3 精益创业模型

精益创业的理念广泛传播和实践的同时,与创业相关的第三方服务也在发生相匹配的变化,Github、亚马逊云服务、阿里云等大量开源软件和云服务商将各种原型软件产品开发的成本大大降低,互联网公司不再需要搭建昂贵的服务器和编写完整的程序,做硬件的企业除了也可以利用这些开源软件之外,还有大量的外包服务商可以协助其迅速完成原型产品的构建。此外,Y Combinator等专业的创业孵化器和创业加速器以及Angelist、Kickstarter等融资和众筹平台的大量涌现,都为精益创业的实践提供了非常好的条件。

2.5 三个重要的创业模型

在研究创业创新的过程中,学界总结出了许多相关的分析模型。采用模型对创业过程进行分析,对创业过程中的种种现象进行解释,可以抓住创业过程中最关键的特征,把握创业过程应当注意的最核心问题,从而对实际创业过程进行有效的指导。在众多模型中，Timmons 创业模型、Sahlman 创业模型可谓经典，各有所侧重。本书作者通过大量的调研和研究，总结提出了创业行动的集成模型。

2.5.1 Timmons 创业模型

Timmons 创业过程模型的核心思想在于，创业过程是一个高度的动态过程，其中商机、资源、创业团队是创业过程最重要的驱动因素，它们的存在和变化，决定了创业过程向什么方向发展；而这三个要素是动态演变的，创业领导人要努力寻求这三者之间的适合和平衡。如图 2-4 所示。

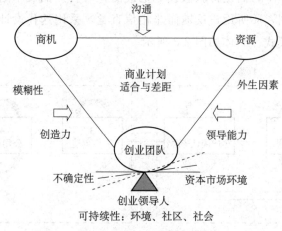

图 2-4 Timmons 创业模型

（1）机会。Timmons 教授强调了商业机会在创业过程中的重要作用，认为商机是创业成功的首要元素，特别是在企业的创立之初。真正的商机比团队的智慧和技能、可获取的资源都要重要得多，所以创业者应当投入大量的时间和精力寻找最佳的商机。

（2）资源。资源的多寡是相对的，Timmons 认为成功的创业企业更应着眼于最小化使用资源并控制资源，而不是贪图完全拥有资源。为了合理利用和控制资源，创业者要竭力设计精巧的创意、用尽谨慎的战略。

（3）团队。创业团队是创业企业的关键组成要素。事实上，在选择合适的投资项目时，吸引风险投资家们的往往是企业创业团队的卓越才能。

在创业过程中，创业领导人还必须关注环境、社区和社会，这样才能实现创业的可持续性。

2.5.2 Sahlman 创业模型

Sahlman 教授认为，在创业过程中，为了更好地开发商业机会，提升企业价值，创业者需要把握四个关键要素：人（people）、机会（opportunity）、外部环境（external context）以及创业者的交易行为（deal），如图 2-5 所示。

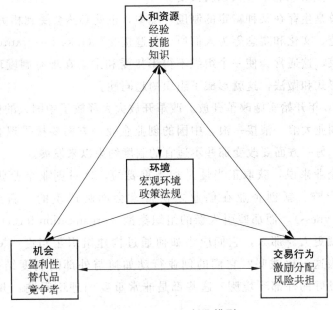

图 2-5 Sahlman 创业模型

（1）人。指为创业提供服务或资源的人员，包括经理、员工、律师、会计师、资金提供者、零件供应商等与新创业企业直接间接相关的人员。

（2）机会。指任何需要投入资源的活动，这种活动不单是企业亟待开发的技术、市场，也包括创业过程中所有需要创业者投入资源的事物。当然，投入资源是为了企业将来的盈利性。

（3）外部环境。指所有影响机会产出，又在管理的直接控制之外的因素，诸如银行利率水平，相关政策法规、宏观经济形势以及一些行业因素如替代品的威胁等。

（4）创业者的交易行为。指的是创业者与所有资源供应者之间的直接或间接的关系。

Sahlman 分析模型的核心思想是要素之间的适应性，也就是人、机会、交易行为以及外部环境能否协调整合，共同促进创业的成功。根据这一模型，较容易识别成功的创业——配置良好的人才资源，管理团队拥有所需要的知识和技能，拥有盈利前景良好的商业模式，容易获取高额利润又能防止其他人进入市场，市场环境良好，交易方式能够给所有的利益相关者以充分的激励等，这些要素使得新创企业能够有效组织内外部要素，朝着目标前进。

2.5.3 创业行动模型

对于任何一个组织来说，都至少面临两大挑战：一是如何提高组织的效率，以提高其竞争力；二是如何获取和管理组织的正当性（legitimacy，国内学术界也称之为"合法性"），使组织能够被大家所接受。

一个组织总是生存在某种特定的制度环境中，也就必然会受到相关的法律制度、社会及行业规范、文化和观念等为人们所"普遍接受"（take-for-granted）的社会事实的影响和约束，这通常会使一个组织不得不接受和采纳在现有制度环境中被认为具有正当性的形式和做法，这就形成了组织的趋同性。

中国从 1978 年开始实施改革开放。改革开放大大释放了中国人的创业精神，40 年来，中国的创业大浪一浪接一浪。中国的创业企业一方面要接受现有制度环境的约束以求生存，另一方面要改变那些不适宜的制度约束以来发展。

对于创业企业来说，获取正当性是相当重要的，这对创业企业获得外部资源有至关重要的影响。新创企业在创业之初常常会面临严重的"新进入者劣势"（liabilities of newness），而那些引入新的组织类型（organization form）的创业企业所面临的挑战就更大。那么，它们应当如何通过构建组织正当性（legitimacy）和组织能力来克服这一挑战呢？它们的创业行动如何与外部的制度结构共同演进，从而创造更为良好的外部环境呢？这些都是非常重要的理论问题，并且具有重要的现实意义。

Zhang and White（2016）在多案例研究的基础上，提出了创业企业获取正当性的三种战略（legitimacy-based strategies）：（1）杠杆（leveraging）：杠杆利用正当性的现有来源；（2）协调（aligning）：将创业行动与现有的制度规则和规范密切协调；（3）制定（enacting）：促使制度环境重新定义正当性。在此基础上，提出创业行动整合模型，不仅将正当性视为创业企业的重要资源，而且将创业企业获取正当性引入创业模型中，丰富了现有的创业和战略理论。如图 2-6 所示。

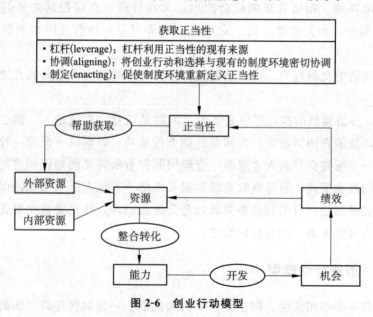

图 2-6　创业行动模型

专栏

克服"新进入者劣势":创业行动与中国民营光伏企业的崛起

张帏和 Steven White (2016) 结合创业与制度视角,通过多案例的研究设计,揭示了中国光伏产业的民营创业企业在国际跨国公司已占先机的背景下,如何通过建立自身的正当性,并有效整合与协同资源,创新组织方式,克服"新进入者劣势"(liabilities of newness),在2008年之前一跃成为全球光伏产业强有力竞争者的发展历程。

相对于光伏组件的组装生产而言,光伏电池生产所要求的技术复杂得多,这要求企业有高水平的技术能力,同时投资的资本也较大。在2004年前,光伏电池的生产仍然被普遍认为对发展中国家而言难度非常高。

事实上,我国于20世纪60年代就开始进行光伏电池的研发和小规模生产;1971年我国首次将太阳能电池应用于东方红二号卫星上;20世纪80年代中后期,我国政府引进了7条国外光伏电池生产线/关键设备,但到了2002年的时候,由于种种原因,这几家国有企业中只有两家继续生产。当时,中国太阳能光伏产业规模还非常小,技术水平明显落后于国际先进水平。而来自美欧日的跨国公司,如日本的夏普、京瓷和三菱,美国的Sun Power,英国的BP Solar,德国的Solar World和Q-cell,都有很强的实力,它们已垄断了海外的主要市场。一些国际巨头生产的组件早在20世纪90年代就开始进入中国市场。

然而,就在短短5年后的2007年,中国的光伏电池产量首次跃居世界第一,其绝大多数光伏产品销售到海外,在技术水平和成本方面具有很强的全球竞争力;其中,中国民营光伏企业占绝对主导地位。

这引发了作者的深度思考:21世纪之初,国内匮乏光伏产业发展的关键性资源(原材料、设备、技术和人才);由于当时光伏发电成本很高,国内光伏应用市场很小,且国内的市场已经被国有企业及跨国公司占据;海外市场基本上被美欧日的跨国公司垄断;在2008年前中国政府对光伏的商业发展支持甚少,因此,作为一种新的组织类型,中国民营企业在进入光伏产业时无疑面临严重的"新进入者劣势",它们为何能够在如此短的时间内创建并建立全球竞争力?

为此,作者查阅梳理了大量的行业和企业发展的历史资料,实地调研了多家企业(包括生产线),访谈创始人、企业高管、行业专家及政策制定参与者,多次参加国内和国际光伏行业的展览会和论坛,完成了数据收集;并在理论上将创业及战略研究和制度理论进行整合。2004年7月德国《可再生能源法》修订案出台,德国光伏市场出现爆发性成长,之后其他一些欧洲国家也出台了类似法规政策。作者以此为时点,将10家主要的中国民营光伏创业企业分成两组,进行了纵向的多案例对比研究。

研究表明,除了关键资源获取困难,缺乏正当性是中国民营光伏创业企业发展过程中面临的重大挑战。研究发现，早期的创业者投入大量的精力去建立正当性，不仅是为其创业企业本身，也是为中国民营光伏企业（新的组织类型）这个群体；由于早期进入者的创业行动影响和改变了制度环境，对后期进入者产生影响，两者的创业行动有很大差别。后期进入者可以利用由早期进入者建立起来的中国民营光伏企业这个新的组织类型的正当性，更容易、更便捷地获取外部资源。

早期进入者和后期进入者的共同努力，使中国民营光伏创业企业群体能够抓住2004年下半年后海外光伏市场快速增长所带来的机遇，迅速在国际市场上异军突起，在较短的时间内发展壮大为全球光伏产业最重要的参与者之一。

实证研究证明：建立正当性对创业企业具有重要性，特别是对属于新的组织类型的创业企业；同时，创业企业获取正当性，将极大助力创业所需资源的获取。研究发现：即使是属于同一种新的组织类型，不同创业者/创业企业的正当性的来源和程度相差很大；创业者针对不同的资源拥有者采取了不同的行动，因为后者常常有不同的正当性评价标准。研究进而提出了创业企业获取正当性的三种战略（legitimacy-based strategies）：(1) 杠杆（leveraging）：杠杆利用正当性的现有来源；(2) 协调（aligning）：将创业行动与现有的制度规则和规范密切协调；(3) 制定（enacting）：促使制度环境重新定义正当性。在此基础上，提出创业行动整合模型，不仅将正当性视为创业企业的重要资源，而且将创业企业获取正当性引入创业模型中，丰富了现有的创业和战略理论。

通过纵向两阶段的多案例对比研究，作者得出现有文献中所没有的发现：由于早期进入者的创业行动影响和改变了制度环境，为后期进入者创造了"搭便车"的条件，使得两者的创业行动产生很大差别。

研究揭示了中国民营光伏企业的创业战略与协同行为在中国光伏产业发展过程中的突出作用，颠覆了此前国际上认为中国光伏产业崛起主要靠政府扶持的主导性观点。

研究成果得到了国际学术界和产业界的重视。2002年诺贝尔环境奖（Alternative Nobel Prize）和2004年世界能源技术奖（World Technology Award for Energy）得主马丁·格林（Martin Green）教授很快主动来信祝贺，并在专业期刊 *PV Magazine* 2016年第6期上撰文深度引用，指出应当"改写历史书"（"revisiting history books"）。

该研究采用了制度环境与创业行动协同演化的分析办法，这对于理解新兴产业生态系统的演化有重要的方法论价值。通过制度环境与创业行动协同演化的分析办法，研究者可以结合一个国家/地区的制度和环境，深入探索在不同情境下的微观（企业）和宏观（产业）联结的本质，更好地理解新兴产业生态系统的演化；并可以在此基础上进行不同国家/地区新兴产业发展的比较研究。

该研究也有重要的政策启示：通过间接的政府支持，即政府允许创业者的进入、试验和探索，并通过市场提供间接支持，从而使创业者、新企业和新的组织类型能更容易获取关键性资源，从而实现其创业创新潜力，这是促进新企业和新产业兴起的一个简单而有效的政策。

本章小结

创业的一般过程是对创业管理活动的概括，本章对创业过程的组成和各阶段的不同特点进行了归纳，这有利于创业者或者投资者对于创业过程的复杂性和艰巨性的基本了解；本章还运用企业生命周期理论对创业过程进行了梳理，以加深读者对创业过程的认识。本章还阐释了创业过程中所需要的各种资源，这些资源是创业成长的各类生产要素和支持条件，在创业过程中，创业者要对创业资源进行组织和整合。本章还介绍了精益创业的理念和思维。最后，简要地介绍了三个重要的创业模型。

拓展阅读：恒基伟业有限公司

复习与讨论题

1. 创业过程通常由几个阶段组成，每个阶段创业者需要注意哪些主要问题？
2. 创业资源与一般企业所需要的资源有什么联系和区别？列举你觉得最重要的三项创业资源并予以解释。
3. 调研几个创业案例，用 Timmons 模型或者 Salhman 模型来解释这些新创企业的发展过程。
4. 对创业企业进行访谈，调研其创业过程中的主要创业行动，了解正当性对创业企业获取资源的影响，并调研创业企业是如何获取和管理正当性的。

参考文献

1. Burgelman, R. A. 2010. A process model of strategic business exit: implications for an evolutionary perspective on strategy. *Strategic Management Journal*, 17 (S1), 193-214.

2. Dimaggio, P. J., & Powell, W. W. 1983. The iron cage revisited: institutional isomorphism and collective rationality in organizational fields. *American Sociological Review*, 48 (2): 147-160.

3. Meyer, J. W., & Rowan, B. 1977. Institutionalized organizations: formal structure as myth and ceremony. *American Journal of Sociology*, 83 (2): 340-363.

4. Pryor, C., Webb, J. W., Ireland, R. D., & Ketchen, D. J. 2016. Toward an integration of the behavioral and cognitive influences on the entrepreneurship process. *Strategic Entrepreneurship Journal*, 10 (1), 21-42.

5. Sahlman, W. A., Stevenson, H. H., Roberts, M. J., & Bhide, A. V. 1999. The entrepreneurial venture (2nd Edition), Harvard Business School Publications.

6. Timmons, J. A. 2004. New Venture Creation—Entrepreneurship for 21st Century (6th Edition). Irwin McGraw-Hill.

7. Zhang, W., & White, S. 2016. Overcome the liability of newness: Entrepreneurial Action and the Emergence of China's Private Solar Photovoltaic Firms. *Research Policy*, 45 (3): 604-617.

8. [美] 埃里克·莱斯, 吴彤译. 精益创业 [M]. 北京: 中信出版社, 2012.

9. [美] 汤姆·科斯尼克, 等. 啮合前进: 测试商业模式潜力和规划创业成功之路 [M]. 张帏, 齐继国, 郑琦译. 北京: 中国人民大学出版社, 2016.

10. [美] 伊查克·爱迪思. 企业生命周期 [M]. 赵睿, 等译. 北京: 中国社会科学出版社, 1997.

11. 蔡莉, 单标安, 朱秀梅, 王倩. 创业研究回顾与资源视角下的研究框架构建——基于扎根思想的编码与提炼 [J]. 管理世界, 2011 (12): 160-169.

12. 杜运周, 任兵, 陈忠卫, 张玉利. 先动性、合法化与中小企业成长——一个中介模型及其启示 [J]. 管理世界, 2008 (12): 126-138.

13. 林嵩, 张帏, 姜彦福. 创业机会的特征与新创企业的战略选择——基于中国创业企业案例的探索性研究 [J]. 科学学研究. 2006 (2): 268-272.

14. 李新春, 何轩, 陈文婷. 战略创业与家族企业创业精神的传承——基于百年老字号李锦记的案例研究 [J]. 管理世界, 2008 (10): 127-140.

15. 马浩. 战略管理 [M]. 北京: 北京大学出版社, 2015.

16. 杨隽萍, 唐鲁滨, 于晓宇. 创业网络、创业学习与新创企业成长 [J]. 管理评论, 2013, 25 (1): 24-33.

17. 张帏. 中关村留学人员创业企业发展的瓶颈调研 [J]. 中国软科学. 2007 (8): 116-122.

18. 张帏, 成九雁, 高建, 石书德. 我国大学科技园最新发展动态、评价及建议——以中关村地区为例 [J]. 研究与发展管理, 2009 (1): 95-101.

综合案例

"阿狸"与梦之城公司的创建与成长[①]

2010年7月，于仁国在历经近一年的磨合后，正式加入北京梦之城文化有限公司（以下简称梦之城公司）的创业团队，担任总经理。"阿狸"是该公司的国内动漫品牌，它是只可爱、搞怪的狐狸，2009年年底在人人网、天涯等论坛网站的"粉丝"已超过50万。但是，当时梦之城公司的发展面临巨大的挑战：国内动漫市场匮乏成功先例；公司只有六七个人，招聘人员困难，留住员工不易；公司缺乏资金，只有个别业务有少量的现金流，公司难以获得银行贷款和外部股权融资，也难以从政府获得相关支持。于仁国为什么愿意放弃让常人羡慕的海外风险投资公司投资经理职位转而加入这个还处于"婴儿期"的创业企业？他又如何从一个风险投资经理转变成为创业经理人？他应当如何带领团队探索出合适的商业模式和创业战略？

"阿狸"诞生

20世纪90年代末，中国出现了动画热潮，众多的"70后"不仅喜欢自创动漫形象，更享受以动漫表达情感。国外动画作品总体上占据中国市场主流，"阿狸"则是为数不多有品牌的本土动漫形象之一。

1997年，"阿狸"的形象出现在"阿狸之父"徐瀚的课桌上。"'阿狸'最初的形象是一只猫"，徐瀚希望借此送一件礼物给女朋友，但是猫的卡通形象已经十分普遍，狐狸的动漫形象少有，徐瀚决定把它画成狐狸的形象。受到日本漫画的影响，最初的形象有些"混血"。徐瀚曾想将所画的卡通形象商业化，但是考虑到自己太年轻，加之国内动漫产业萧条便暂时放弃。

[①] 本案例是由清华经管学院张帏副教授、清华经管学院中国工商管理案例中心刘丽娟开发的《梦之城公司》创业和成长系列案例之一。本案例仅作为课堂讨论的材料，不表示企业成败及其管理措施的有效性。本案例版权归清华大学经济管理学院所有，如订阅或申请使用本案例请致电 8610-62789786，或访问中国工商管理案例中心主页：http://www.ecase.edu.cn。未经清华大学经济管理学院授权许可，禁止以任何方式复制、传播、使用本案例或者案例正文中的任何部分。

2016年5月20日，北京梦之城文化有限公司（以下简称梦之城公司）在新三板成功挂牌。

1998年,徐瀚从青岛毕业考入清华大学美术学院视觉传达系。2002年大学毕业时,他打算进入4A广告公司做设计师,这正是大多数设计专业学生的职业向往。只是一切并不如想象中顺利,由于缺乏经验,徐瀚只获得了网页制作的机会。2004年,他辞职,次年考取清华大学美术学院研究生。徐瀚的导师专注于"品牌"领域研究。他跟随导师进行品牌研究并参与工作室的工作,并感受到"好的设计,就是讲一个好的故事"。

2005年,徐瀚将自己所画的狐狸形象取名"阿狸",还为其定了生日:3月16日,双鱼座;只是在不经意间,"把尾巴画掉了"。"阿狸"——一只穿着白色短裤的、有点可爱、搞怪的红色狐狸形象(图2-7),成为所有故事的主线。

图 2-7　阿狸动漫形象

阿狸表情:发红包　　　阿狸表情:滑冰　　　阿狸动画片:石头森林

创作之初,"基本没有故事,想过改编别人的","没有灵魂,没有属于'阿狸'自己的个性,或者带有其他动漫形象的影子"。徐瀚感到这并不可行,便尝试将"阿狸"置身于生活情境中绘制故事情节,自然而然地进入"阿狸"的世界。

2006年是互联网的变革之年,Web2.0兴起,例如豆瓣网、奇虎、猫扑、土豆网、大旗网等,更多作者借助互联网自由地发表作品。"互联网给草根漫画家带来了机会,作品传到网上就可能被很多人关注。"徐瀚将"阿狸"漫画故事发表于猫扑、天涯等社区网站上。当时在"猫扑大杂烩"做运营编辑的王玲是"对接者"。王玲从新闻传播专科毕业后,在中国传媒大学完成艺术设计专业的本科学习。她以"水澜瑟(小水)"的网名通过QQ联系优秀作者使之保持较高的发稿频率,也会将优秀文章进行重点推介,以保持网站点击率和访问量。"阿狸"的故事发布后常被置顶或加上优先访问的标注,在不断追加和跟帖中,常有数千个回复。

2006年5月到2008年5月,王铃"跳槽"到华奥星空网站(该网站专注于第29届北京奥运会推广),中间一段时间没有和徐瀚他们联系。2007年下半年开始,王玲兼职负责"阿狸"在互联网的传播,包括协助徐瀚进行"阿狸"官网制作、QQ表情的制作与传播、"阿狸"在不同网站的日志更新以及MSN合作等,每周帮一次忙。

公司初创

徐瀚在研究生课程之余继续创作、构思动漫作品,并希望"阿狸"真正成为动漫品牌,但他并不擅长公司经营或寻找投资之类的商业运作。徐瀚说,曾有投资人想拿出20万元投资并占据80%的股份,但他因为不了解行规也不清楚该如何去沟通、表达,最终没有达成合作。

2006年,徐瀚在一次偶然的机会碰到了清华大学计算机专业本科毕业班同学曹毅。曹毅原本希望请徐瀚帮忙做些Flash动画,在看到"阿狸"的形象后,两人进行了深入交流。他们产生的共同想法是:米老鼠、Hello Kitty等知名动漫形象均源于美国或日本,能否借助互联网的力量将"阿狸"塑造成中国有影响力的动漫形象?徐瀚也感到自己与曹毅有很强的互补性:曹毅从市场的角度来看"阿狸",可以很好地进行市场判断和机会捕捉,自己从艺术的角度来看"阿狸",专注创作。二人决定一起创业。

创立公司的前提是需要资金投入。徐瀚与曹毅几乎倾尽所有。他们分别怀揣着2万元,在跑了若干家银行公司后,最终在北京郊区的一家农村商业合作社办理了公司银行账户。当时,公司只有名字,没有办公地点,没有员工。

接下来的问题是"阿狸"的形象推广。徐瀚尝试基于"阿狸"形象制作出QQ表情、魔法表情免费在网上发布,获得了不错的反响。在曹毅帮助公司获得十几万元的投资后,公司雇请了几位兼职人员,每天辅助创作一些"阿狸"的表情并且在社交网站上进行十分简单的推广。

但是,"阿狸"的形象并不能立刻带来效益,徐瀚和曹毅面临的是生存问题。在曹毅的支持下,徐瀚开始着手整理过去三年来所有的作品。

徐瀚赋予"阿狸"更丰富的精神世界,与一般幽默或儿童式动漫不同的是,徐瀚以罕见的手绘塑造"阿狸"的童话风格。这只狐狸不仅讲小孩子喜欢的故事,更传达出包含情感的普世价值,比如和妈妈的依依不舍、是否应该活在当下、时间与永恒等每个人在生活中都会遇到的问题。"阿狸"的受众年龄随之拓宽到10~30岁。

当徐瀚满心欢喜捧着书稿来到出版社,其热情被编辑扑灭。在出版社编辑看来,"阿狸"的故事是童话,受众不应当是大学生,而应该是年龄更低的少年儿童。面对出版社编辑的担心和疑虑,徐瀚坚持认为,"童话是一种生活态度"。

经过几个回合的谈判后，编辑答应先连载两期看看效果再说……

2007年后，"阿狸"的手绘故事在《女友》《漫友》等面向成年人的媒体中连载，效果还不错。2008年，徐瀚又为搜狗输入法定制了一套"阿狸"皮肤，颇受市场欢迎。

2009年2月14日情人节，第一个绘本《阿狸·梦之城堡》出版，当年获当当网、亚马逊本土动漫类图书销量冠军，持续在畅销榜54周，获得了当当网终身五星图书认证。2009年4月，徐瀚和曹毅终于拿到了10万美元的天使投资，成立了北京梦之城文化有限公司，其含义是动漫领域的城堡，城堡中可能有不同的动漫形象，"阿狸"是其中之一——因为他们还有更大的梦想。

有了启动资金和初期的市场反响，他们考虑的问题是：如何推动公司业务发展？如何使公司的产品有专业的品质？

他们决定邀请"小水"由兼职转为专职加盟，负责"阿狸"形象的传播与推广。由于2008年北京奥运会已经结束，"小水"在原来的公司工作比较清闲，没有什么挑战。她与家人、朋友商议，经过审慎考虑后，决定花1万～2年尝试参与这个创业，并正式加盟梦之城。

QQ表情一直"外包"制作，质量和时间很难控制，带有"阿狸"形象的QQ表情、QQ魔法表情、人人网的皮肤又很"火"。徐瀚决定把QQ表情转为自有运作。这家公司租下办公室，请来专职设计师。例如，为QQ做（表情）壁纸，每个月通常能够给梦之城带来2 000元收入，最多的时候有1万～2万元，于是徐瀚决定为此专门招一个设计师。

2009年7月，"阿狸"QQ表情超过100个。

2009年8月，"阿狸"活跃于近20个互动社区；到2009年年底，"阿狸"在人人网、天涯等论坛网站"粉丝"超过50万。

2010年年初，"阿狸"微博开通。

"阿狸"形象的互联网推广开始逐步为公司带来了实际的商业价值。2009年6月，上海一家企业申请获得"阿狸"形象授权，这家企业有生产能力，但他们不做品牌。梦之城公司经过简单研究后，同意授权。这个企业在第一年授权中给梦之城贡献了10多万元的收入。梦之城也在这个过程中学习到很多东西，包括如何授权和防伪。

梦之城也开始尝试自己做"阿狸"形象的毛绒玩具。他们选择了"趴趴狸"——"阿狸"趴在地上像毛毛虫一样蠕动前行。因为"趴趴狸"动漫形象一经推出便颇受网友欢迎，如果做成毛绒玩具，就可以让喜欢它的人们抱着玩耍或者摆放在房间里，这可以为梦之城公司带来收入。当时，做卡通形象毛绒公仔代工的工厂不少，一个成本大约15元，一次做500个，有的工厂就愿意生产。梦之城找到北京通州区的一家工厂，请他们基于"趴趴狸"做了第一批毛绒玩具,但质量参差不齐。梦之城公司通过网购和经销商两种方式进行销售,每个卖39元。这款产品初步得到市场的认可,到2010年6月底,一共卖了几千个。

但是,梦之城公司的收入来源还是极其有限,其创业战略和商业模式还亟须探索。更多的创业开拓举措需要资金支持,有限的融资用得很快,捉襟见肘的现金流,使梦之城公司境况一度极为窘迫。

于仁国初步接触"阿狸"

于仁国是在一次上海举办的动漫活动上,通过曹毅的引荐与徐瀚相识。于仁国出生在黑龙江省大庆市,于1996年考入清华物理系。他对互联网热衷,是水木清华BBS(网络论坛)的活跃分子,甚至在寒暑假与同学一起进行互联网开发。

2000年7月,于仁国本科毕业后加入香港电讯担任软件工程师。香港电讯在此前的3月份刚被香港盈科数码动力收购,于仁国加入时公司正处于整合阶段,也因此他有机会在基层的技术岗位得到更多历练。

后来,他回到北京,加入鼎新公司。加入鼎新公司之初正逢公司从中间件软件业务的困境中向外包业务转型,于仁国作为项目经理从培训、管理、市场拓展等方面参与管理工作。

为了寻求更大的发展空间,2004年于仁国考入清华经管学院,成为一名IMBA学生。

在此期间,于仁国没有明确的创业目标,但受到其父辈创业的影响,他对创业相关的课程和活动兴趣浓厚,他在张帏老师的带领下先后参加了国际创业计划大赛、首届清华—斯坦福学生交换项目(STEP);另外,他还获得清华经管学院提供的西班牙IE商学院(Instituto de Empresa)交换学习机会。在交换学习期间,他选修了多门与创业及家族企业相关的课程,这使他受益颇深。他在张帏老师指导下做毕业论文,对在纳斯达克上市的中国创业企业的特质进行了研究。

2006年,中国风险投资(VC)业快速发展,于仁国加入纪源资本成为一名投资经理。纪源资本(Capital,Granite Global Ventures,GGV)是一家专注于美国和亚洲地区扩展阶段企业的风险投资公司。作为美国硅谷最早投资中国企业的风险投资基金之一,纪源资本在中国市场投资过阿里巴巴、碧生源、去哪儿网、AAC声学科技、海辉科技、河马动画等项目。于仁国主要关注中国互联网、媒体等领域,参与了纪源资本在易才、一茶一坐、汇通天下、久娱、多玩游戏、优视动景以及7k7k的投资及管理。在纪源资本工作,带给于仁国全球化的视野;其间成功运作的案例及合伙人精神,使于仁国受益颇深。2009年年初,纪源资本所管理的人民币资金投资了一家动漫公司,于仁国协助进行市场分析,于仁国首次接触动漫领域,并从中获得经验。

与徐翰共同创业后不久,曹毅本科毕业了,加入联创策源创投基金,专注互联网、无线、新媒体等方面的早期投资,并参与了 UCWEB、网秦和微杂志的投资及管理。后来,曹毅加入 UCWEB 作为商务合作总监。2009 年,在纪源资本对 UCWEB 投资调研时,于仁国结识了曹毅,并成为很好的朋友。曹毅向于仁国提及"阿狸"。2009 年夏天,于仁国认识了徐翰。于仁国最初的判断很简单:徐翰是个人才,其以绘本形式讲述"阿狸"故事,有一定的市场美誉度。这家创业初期的公司远未及投资目标所应有的营业规模,但是于仁国开始关注"阿狸"。

在直觉中,"阿狸",这只穿着白色短裤的红色狐狸并不太引人注意,而一旦进入眼帘,这只红色的狐狸就变得突出,"后来不断看到'阿狸'的产品,看到它的虚拟形象"。于仁国感到"这个事是有得做的"。经过半年的了解,于仁国感觉梦之城公司的"坯子"很好。

但是,于仁国觉得动漫产业的"水很深":当时的国内动漫产业大环境不好;此前获得风险投资的国内动漫企业,大多经营不善甚至倒闭,以至于没有风险投资公司敢投资这个领域。

不过,此时的于仁国正重新考虑自己的未来……"做了四年的投资经理后,我面临选择。"在风险投资领域,从投资经理升至合伙人晋升路线漫长,往往只是极少数人的选择。是继续从事投资领域与朋友合作成立基金,加盟投资的公司做管理层,还是寻找其他机会?风险投资基金领域存在众多的机会,但是优秀的基金需要时间和信用的积累。加之,纪源资本往往瞄准那些有发展潜质的领域或扩张期的公司,并强调投资标的的"唯一性"以规避行业成长或市场竞争风险。于仁国逐步形成自己的风格……他并不打算拘泥于自己所关注的原有领域……"投资后要参与后续的服务,尽管财富上获得回报,但面对既有的商业模式,既有的市场环境……并不能融入自己对所经营事业的想法。"于仁国认为,在经营事业时,自由的诉求是更重要的。

于仁国曾想过瞄准移动互联网寻找创业机会,但是"这个领域对资源高度依赖,"一个是人才投入,即需要优秀的合作团队组合;另一个是钱财投入。"钱和人作为基础,可以快速地把其他的竞争对手逐出局。"在于仁国看来,在快速变化的移动互联网领域创业有些"九死一生"的意味,这并非他所喜欢的。

于仁国认为,"纯做动画有很多的挑战,通过电影抓取用户的能力远不够……但我仍看好动漫,特别是徐瀚及其创作的风格,公司又有自己的产品"……"动漫这个行业正属于黎明来临之前……我们创业是要提前五年。"

于仁国进一步了解"阿狸"团队

2009年6月,在接触"阿狸"的动漫形象后,于仁国与"阿狸"的团队成员进一步相互深入了解。动漫领域的创业者多数为"实战"出身,徐瀚是少有的在经历专业深造后纯粹从事动漫创作的创业者。他也感到徐瀚对"阿狸"创造思路的独特性。相对于"四格漫画"固定的以"起承转合"的节奏形成小的故事或者搞笑的情境,"阿狸"的绘本形式,唯美而亲切。"绘本风格本身是空缺的,几乎没有人从成人动漫绘本的角度进入这个领域。"徐瀚或许会赋予"阿狸"的未来以更多可能性。"徐瀚视觉传达和品牌管理的专业背景很有利,他对品牌和产品有周全的考虑,这对产品开发很有利。"于仁国说。

2009年,曹毅加入红杉资本任中国基金投资经理,将自己的事业方向完全转向风险投资领域,徐瀚正需要全面负责公司运营和拓展市场的合伙人。"我觉得这个位置一定要有很信赖的人、能力很强的人来做……我觉得于仁国是一个做事很靠谱的人,他对动漫很感兴趣……",加之于仁国在投资领域的背景,徐瀚对于仁国"比较认可"。

在创业团队中,"小水"王玲是徐瀚创业初期的得力"搭档",对"阿狸"故事有深刻理解,擅长在互联网"粉丝"运营中找到机会,有韧性。"即使在非常困难的时候,小水也能将事情处理稳妥。""小水"最初负责"阿狸"形象推广和部分的运营工作,表现出很强的执行力和应变力,但是规模化运营后,"阿狸"不仅是个动漫形象,还要以此开拓一番事业时,这不仅要求"小水"快速成长为创业伙伴,更"需要有个人将公司运营推向更高的平台",徐瀚说。

于仁国认为,如果自己正式加入"阿狸"团队,可以借助在海外VC做投资经理的经历从战略或市场拓展方面全面筹划公司发展,徐瀚专注于创意,"小水"负责运营、推广,这样的创业团队可以形成很好的互补性。大家不仅是创业,彼此更是"很信赖的朋友"。

加盟前的其他"尽职调查"和思考

市场分析

除了自身的因素,于仁国从政策、行业、市场需求、动漫行业相关的创意、制作、发行、衍生品等产业链因素对梦之城公司予以关注。

首先,2006年4月,《关于推动我国动漫产业发展的若干意见》发表,2009年,文化部发布《"十二五"时期文化倍增计划》,政策对动漫业扶持力度不断加码。从市场规模方面来说,中国动漫产业规模保持30%左右的增长率。普遍预期是,2015年动漫产业规模达到1 200亿元,占据GDP总额1%。

在市场受众群中,3~13岁少年儿童是传统动漫受众群;13~30岁人群大多属于"80后",每年创造的消费额可超过30亿元,成为动漫市场的主力军。加之,互联网、移动通信、媒体技术以及数字技术发展,使动漫产业在多种技术相互拉动中快速发展。

从创意方面来说,中国动漫形象往往源于古典名著或神话传说,受制于传统,或缺乏创新或因说教而缺乏号召力。中国古典名著中形象往往经日本、韩国、美国等故事改造,使动漫形象获得传播,如日本的《三国志》游戏、美国电影《功夫熊猫》等,但盗版和人才缺乏是影响中国动漫市场的干扰因素。

国内动漫的发行通常选择电视或者电影,传统的图书出版已不是动漫传播的首选,新媒体或者互联网则是动漫出版或内容传播的新领域。

从衍生品而言,中国卡通授权市场80%被国外卡通形象占据,中国本土的卡通形象市场占有率不足10%。若按照国际惯例,卡通形象本身收益和其周边产品收益比例为1:9,中国动漫授权业务市场规模超过6.6亿美元。

于仁国也对美日等国较为成熟的动漫产业发展模式较为关注。美国的动漫业形成动漫原创—剧本—制作—发行—后产品(主题公园、衍生品授权)的完整产业链,采用大投入、大制作、大产出、大运作的方式占领市场。日本动漫业采取"制作委员会"模式,制作委员会由多家企业根据具体的动画项目临时组建,负责项目论证、投资、策划、管理和商业合作组织,共同承担动画制作所需的全部资金。这样,日本动漫以动画、漫画、游戏三大行业为主体,借助电影、电视、出版、音像、电玩、网络、移动通信增值服务及衍生产品相互渗透融入,形成完整的产业链。

中国本土动漫厂商包括原创动力和奥飞动漫等,分别代表不同的发展模式。但是中国本土动漫往往依赖于政府补贴和出版发行。除了"原创动力"公司充分利用政府补贴和合理的成本控制从《喜羊羊与灰太狼》电视或电影发行及衍生品中获得收益,大多数国内动漫企业缺乏更持久的发展模式和发展动力。

竞争优势的思考

在于仁国看来,"阿狸"有如下优势:

首先,会讲故事是"阿狸"这一动漫形象最大的优势。徐瀚专门为"阿狸"设定了双面性格,使"阿狸"的形象更丰满、更人性化。尽管"阿狸"并不是一个完美的角色,很多"粉丝"会因"阿狸"和自己的心路历程相似而把它当作自己。这样,"阿狸"的受众可以覆盖从10岁到30岁的人群,尤其可以吸引各种城市女性白领。

其次,与"阿狸"同期活跃于互联网的动漫形象均推出QQ表情,但他们共同的缺点是缺乏绘本、动画、游戏、壁纸、周边产品等更多类型的推广形式,也没有实现与互联网原有传播的深度结合。而这些要素正是"阿狸"所具备的。

再者,虽然"阿狸"在推向市场时面临竞争,但徐瀚和几位圈中好友组成了"帝都动物园",其中包括狐狸("阿狸")、兔子("兔斯基")、熊猫("Nonopanda")、小野猪毛豆、"炮炮兵"、猫("皮揣子")等,各个动漫形象之间不存在竞争关系,而是需要更多受人欢迎的形象。

运营的思考

2009年,正逢梦之城公司创立不久后的困难期。"六七个人……基本上每个人拿着当时最低的工资……凭着大家喜欢,帮忙来做。"越是困难期,越要深入思考……"面向目标市场投资决策和产出的问题,需要考虑哪些事情可以先做,哪些可以稍后做。"

传统的动漫作品通常首先由杂志连载漫画,然后由出版社集结成册出版,或者动画企业和电视台推出动画片、电影,进行周边产品的开发。但这种模式制作成本高,需要政策扶植。"我们得看近一点,我们有什么……创业一年内需要做什么?产品怎么推广、公司怎么盈利?怎么一步步让更多人知道你?这都是需要考虑的。"……"十年后要做成什么样,要一步步来。"

正式加盟和最初的挑战

在通过曹毅认知"阿狸"后,于仁国与梦之城创业团队有更多交流。2010年2月开始,于仁国参与了梦之城公司的招人计划及培训。此后于仁国常常利用周末或者业余时间与徐瀚或者"阿狸"的运营团队共同工作、沟通。"这段时间非常重要,一边在纪源资本完成投资经理相关的工作交接,一边对人员、公司运营方面有更深入的思考和准备。"

2010年7月,于仁国正式从纪源资本离职,全职加入梦之城公司,担任总经理。他自己掏钱购买了公司的一部分原始股份,正式成为公司的合伙人之一。这时候,梦之城公司的团队成员一共有:3个核心创业团队成员(徐瀚、于仁国和王玲)、4个全职员工和2个兼职人员。在于仁国看来,"阿狸"基于互联网的全面推广已经开始……

按照于仁国投资项目的经验,团队和运营模式是判断公司成长性的必要因素。

梦之城公司的团队成员大多是"阿狸"的"粉丝",他们到梦之城公司工作或实习、兼职,最初主要是出于一种兴趣和帮忙的意愿,这对初创企业来说,当然是一件好事。不过,当六七个人的团队成员怀着"帮忙"心态时,并不能感到未来的前途。

2010年6月,于仁国找了两个MBA同学一起帮助梦之城公司做内训——安排团队成员开展周末农家"拓展"培训。在密集的培训项目及各项拓展任务中,这些成员感受到协作带来的快乐,似乎也更愿为团队共同目标而努力。然而,公司还是留不住人。7月,就有2个全职的员工离职;不过,好在其中一名兼职员工转为全职。

在运营方面，于仁国与徐瀚及团队成员尝试发掘可为公司发展提供支持的资源，特别是对梦之城这样的初创企业，找钱是极其重要的挑战。他们首先想到了地方政府的资助。因为动漫创意产业一直是各地政府积极扶持的产业。原创动力、湖南三辰等公司就曾获得政府的帮助。当然，一个现实问题是，在获得政府资助后，这些公司往往需要更多的资金投入以支撑后续发展。

每年9月份开始就是旺季，公司要提前铺货，因此需要流动资金。于仁国了解了各地政府的相关政策，开始按照相关流程写申请报告，报项目，到各地跑，但没有任何结果。因为很多地方政府2005—2006年开始扶持动漫产业，但这个产业一直没起来——伤了很多人的心。鉴于梦之城公司一时找不到合适的外部投资，于仁国与徐瀚的想法是，"粉丝"是当时"几乎全部家底"，以更低的成本，借助"阿狸"QQ表情，完善和推出更多的基于"阿狸"形象的产品，将虚拟世界的形象转化为产品。这正如Hello Kitty的运营模式。应该选哪个"阿狸"形象呢？首款成功的产品可能"一炮走红"，平庸的产品也可能不会在市场中泛起涟漪。于仁国与徐瀚、"小水"等团队成员进行讨论、交流，争论后的共识是：越受"粉丝"欢迎的或者点击量最高的，"胜算率"会越高。

当时，"趴趴狸"动漫形象在互联网中的"粉丝"较多，其毛绒玩具也初步得到市场认可，但质量参差不齐。于是，创业团队专门联络工厂生产人员一起核对、调整"趴趴狸"的形象。如此几番，"趴趴狸"的产品质量越来越稳定，越来越接近原来的生动形象。升级版的"趴趴狸"上线后得到了很好的市场反响。

随之而来的是，当时为推广品牌，于仁国、王玲为首的创业团队准备参加淘宝"聚划算"发起的团购活动，需要批量定制一大批毛绒玩具。由于这个活动所需玩具数量大，原有工厂无法满足供应需求，于仁国只好与几个同事南下，去广州、扬州、苏州等地实地考察，最终选择了苏州的一家工厂，终于赶制出五六千只毛绒玩具。

这些毛绒玩具当时都存放在"小水"家的客厅里，占得满满当当，网上有人下订单，"小水"就在家自己亲手包好，叫快递送出去。后来销售量越来越大，"趴趴狸"成了梦之城的明星产品，价格也从原先的39元/个上涨到49元/个，1年内销售了几万件。仓库也随之先迁移至办公室，后又搬至中关村附近专门租下的库房。

公司由于业务需要，招了10多个人。2010年12月初，货卖光了。

公司希望能够有更多的资金进行铺货。于仁国、徐瀚尝试申请银行贷款，但银行贷款的前提是有抵押/担保，梦之城公司为此吃了不少"闭门羹"。2011年年初，于仁国、徐瀚等公司高层只好自筹资50万元，先借给公司，以使公司初期发展有流动资金。同时，他们继续与民生银行、招商银行、中国银行等多家商业银行进一步接洽,最终于仁国与徐瀚以创始人连带担保的方式帮助梦之城公司从北京银行获得100万元贷款。在获得贷款后,于仁国加速了与更多合作伙伴的接洽。

"在一款产品畅销后,如何能做到更多款产品?"也就是说,如果一款产品能卖十几万元,借助于"粉丝"的力量,完全可能超过百万元。这样,实物产品就会带动更多的在线"粉丝",也可能意味着公司会走进下一个阶段。

在"趴趴狸"后,创业团队又按季节推出一些产品,例如笔记本、手套等。于仁国与徐瀚、"小水"保持密切沟通,他们坚持认为,"内容是绝对内核,否则营销做得再好,产品也将是昙花一现。"他们通过市场购买者不断清晰"阿狸"带给"粉丝"的内涵。一个例子是,虽然"阿狸"的忠诚"粉丝"以女性为主,但是在产品购买者中男性占到40%,这说明"阿狸"故事中唯美的爱情元素让"阿狸"产品成为恋人之间表达爱意的礼品。加之"阿狸"的产品单价一般只有几十元,这样完全可能提升用户的重复购买率。

于仁国称之为,从内容到产品的"正向循环",他也相信公司"越到后期阶段应该越有优势"。创业团队与供应商约定了"卖完再结款"的方式,随着"趴趴狸"销售量提升,初期的资金困境逐渐解决。于仁国逐渐从梦之城公司全局进行统筹,并进行更多类型的产品策划。"争取更多从'粉丝'转化为公司收益的机会,考虑公司现实和未来机会,更考虑公司发展所需的资金。"在这个过程中,于仁国已经由一个风险投资公司的投资经理逐渐转变为一个优秀的创业者。

2011年春天,梦之城公司决定进行A轮的创业融资。3月,于仁国开始与风险投资公司正式接洽。在于仁国看来,梦之城公司已经度过了最艰难的初创阶段,该准备快速发展的探索了。

案例思考题:

1. 于仁国为什么愿意放弃让常人羡慕的海外风险投资公司投资经理职位,在2010年加入梦之城公司的创业团队并担任总经理?如果你是于仁国,你会如何选择?
2. 于仁国选择加入梦之城之前着重考虑了什么因素?
3. 于仁国正式加盟梦之城公司后的半年内做的最重要的三件事是什么?他是如何从投资经理转变为创业企业的总经理的?
4. 作为一个动漫初创企业,梦之城公司采取了什么样的商业模式和创业战略?

附录

中国动漫业市场规模

中国主要动漫厂商

第2篇

创业机会和商业模式

第3章　创业机会

第4章　商业模式

创业机会

第 3 章

> 机不可失，时不再来。
>
> ——中国成语

学习目的

1. 掌握创业机会的概念，能解释为什么会出现创业机会；
2. 了解创业机会的期望价值，说明创业者如何识别创业机会，并进行决策；
3. 理解"机会之窗"的概念，能够分析"机会之窗"的迁移；
4. 了解机会评价的 Timmons 模型，能用模型对创业机会进行评估。

 引言

很多经历过"互联网泡沫"的人可能还能想起 1999 年的时候，北京一夜之间出现了很多网络创业企业，在网上销售的东西无奇不有。其中，有一家名叫"e 国"的网上购物企业，承诺 1 小时内将顾客在网上订购的货品送到顾客指定的地址，货品的价格非常有竞争力，一般和大型超市的价格相当。那年的秋天，北京的大学校园里常常会闪现身着红色"e 国"马甲的送货工人，给享受网络购物便捷的学生们送来方便面、火腿肠、矿泉水。即便是在深夜，"e 国"也尽力实现"1 小时送货"的承诺。而且，在他们促销的时候，还可能为购买额超过 10 元的顾客送来一听免费可乐。

似乎当年的 e 国创业者根本没有考虑配送成本的问题，而是在考虑如何让更多的人来 e 国网上买东西。很快，互联网的"冬天"来了，这个网站也就悄无声息了，尽管该创业企业曾经累计融资数千万美元。

但是，到了 2017 年，许多电商实现了 2 小时内送货，部分实现了 1 小时内送达。不知道当年的"e 国"创始人今天会有什么感慨和反思？

思考

1. 为什么像"e国"、8848等当年名噪一时的电子商务企业失败了,而当当、卓越能够生存至今,后起的淘宝、京东甚至成为行业巨头?

2. "e国"的问题仅仅是配送成本的问题吗?如果它当年没有配送的问题,它就能挺过网络创业的"冬天"吗?现在那些承诺两小时内送达的电商又是如何解决了成本问题的?

创业学科所研究的一个核心问题是:创业者如何识别、评估和开发创业机会?哪些因素会影响这一过程,以及如何影响?这被普遍认为是创业学科区别于其他管理学科的独特定位。

什么是创业机会?为什么会存在创业机会?如果理解"机会之窗"以及"机会之窗"的迁移?哪些创业机会可能更适合开发利用?创业者如何分析和评价创业机会?开发并利用创业机会的过程是什么?这些问题正是本章讨论的问题。

3.1 创业机会:概念和存在的原因

Timmons认为,创业过程的核心是创业机会问题,创业过程是由机会驱动的。技术进步、政府管制政策发生变化、国际化的发展……这些变化都会带来机会。

尽管以前关于机会的研究主要集中在产品市场上,但实际上机会也存在于要素市场,如发现了新的原材料。德鲁克指出,在产品市场的创业活动有三大类机会:

(1) 由于新技术的产生,创造新信息;

(2) 由于时间和空间的原因导致信息不对称而引起市场无效,利用市场失灵;

(3) 当政治、管制和人口统计特征发生重要变化,与资源利用相关的成本和利益便会发生转变,这些转变可能创造机会。

下面是中国过去20多年中先后出现的一些情况。

- 当只有少数国外公司生产微型电子计算机时,中国的电子企业将面临一个机会——生产计算机,联想抓住了新产品这个机会。
- 当百货商场还是家用电器的经销主渠道时,是否可以开连锁店,像超市一样卖电器,竞争的重要武器是低价格?国美电器抓住了新服务方式这个机会。
- 当人们开始在网络上浏览信息的时候,是否可以在网上提供新闻?新浪、搜狐做到了。
- 当普通中国人在买毛线织毛衣的时候,羊毛、羊绒开始成为织物原料的"新宠"。鄂尔多斯依靠羊毛衫、羊绒衫的生产,成为内蒙古的支柱企业。
- 互联网、物流和支付手段的发展,使电子商务在中国蓬勃发展。
- 微信在很短的时间内取代了短信。

这些新产品、新服务、新原材料和新的组织方式，就是创业机会吗？究竟什么是创业机会（entrepreneurial opportunity）？

3.1.1 创业机会的概念

创业机会是指在新的生产方式、新的产出或新的生产方式与产出之间的关系形成过程中，引进新的产品、服务、原材料和组织方式，得到比生产成本更高价值的情形（Casson，1982）。从这个概念可以知道，创业机会并不简单等同于新产品、新服务、新原材料和新的组织方式。换言之，创业机会就是通过把资源创造性地结合起来，迎合市场需求（或兴趣、愿望）并传递价值的可能性。因此，创业机会实际上是一个动态发展的概念，其中蕴含"原本模糊，但会随着时间的推移逐步明确起来"的意义。

机会的最初状态是"未精确定义的市场需求或未得到利用/未得到充分利用的资源和能力"（Kirzner，1973）。后者可能包括基本的技术，未找准市场的发明创造，或新产品服务的创意。潜在的消费者可能很清楚自己的需要、兴趣或问题，也可能不明确自己的需要。即使消费者不清楚他们想要什么，当创业者把新产品推荐给他们并向他们说明产品的好处时，他们也能够识别这个新产品给他们带来的价值。和有发展潜力的新能力或新技术一样，未得到充分利用的资源也有为潜在消费者创造和传递价值的可能性，尽管这种新价值的形式还不确定。例如，金属和玻璃的合成技术在没有已知明确的用途之前就已经发展起来了；新药品化合物在未知其有效的应用条件的时候就已经被创造出来了。

随着市场需求被创业者精确定义出来，未得到利用或充分利用的资源也被更精确地定义为潜在的用途，创业机会就从其最基本的形式中发展起来，形成了一个商业概念（business concept）。这一概念的核心观点是如何满足市场需求或如何利用资源。这一商业概念在创业者的开发下将变得更加复杂了，包括产品/服务概念（提供什么）、市场概念（提供给谁）、供应链/市场营销/经营概念（如何将产品/服务提供给市场）。

随着商业概念不断成熟，创业机会就发展成为商业模式（business model）。如果从市场需求角度出发，这个模型就要确认满足市场需求所需资源的类型和数量。如果从未充分利用的资源角度出发，这个模型则需要明确价值创造能力带给特定使用者的利益和价值。一个完整的商业模式不仅包括详细的和相互有差别的商业概念，还包括一个财务模型，用来估计所创造的价值以及这些价值如何在股东之间进行分配。随着进一步的发展，财务模型的详细程度和准确性逐渐得到提高，为以后编制现金流量表和识别影响现金流的主要风险因素提供基础。

于是，创业机会发展到其最复杂的形式，正式的现金流，活动日程安排和资源的需求都被添加到模型中来。这些附加物使商业概念变成了一个完整的商业计划。一些企业就是从不完整或不系统的商业计划中产生的，更有一些企业是在商业计划刚刚明确和细化后就创立了。

从创业机会的最初形式到商业机会和新企业的形成,理论上是一个有序的系统化过程。但在实践中,这一过程很少是有序或完全系统化的。在创业者的不断开发下,机会从一个简单的概念发展得越来越复杂。

3.1.2 创业机会存在的原因

在我们所处的经济环境中,为什么会不断出现创业机会?

1. 经验解释

一些创业学研究者对已有的机会进行分析,然后加以总结。这样的解释是经验主义的。例如,Case 对 500 家增长最快的企业调查指出,47%的企业认为机会来自工作活动,15%的企业认为机会来自对企业现有产品或服务的改进,11%的企业则认为机会来自识别出新的、未得到满足的细分市场。

也有学者看到创业者个人在激发创业机会方面的作用,例如,Burch 指出创业机会主要来自两个方面,一方面是个人内部(个人长年知识的积累),另一方面是外部环境(报纸、杂志、行会、政府、发明家、消费者和公司职员等)。

Timmons 给出了一个更全面的经验解释。他认为,在一个自由的企业系统中,当行业和市场中存在变化着的环境、混乱、混沌、矛盾、落后与领先、知识和信息的鸿沟,以及各种各样其他真空时,创业机会就会产生。他将引发和驱动创业机会产生的非连续性、不对称性和变化,总结为下列几种因素:法规的变化,巨大的行业变化,价值链和分销渠道的重构,知识产权的优势,现有的人员、资本和管理的使用不当,创业精神,市场领导者不能满足或漠视顾客的需要。Timmons 的解释来源于实践,列举了驱动机会产生的因素,从本质上来说,是描述性的结论,但并没有构成关于机会出现的严密的理论观点。

2. 福利经济学解释

Dean 和 Mcmullen 认为,福利经济学市场失灵理论可以较好地解释创业机会出现的原因。他们认为,在有创新精神的企业家和企业看来,阻止市场快速实现均衡的市场预测模式,即市场失灵(market failure),其中就蕴含着创业机会。根据均衡理论,完善的市场可以达到帕累托最优(Pareto optimality)。在帕累托有效的经济中,系统条件是稳定的,交易没有潜在收益,也就不存在创业机会。不能实现帕累托最优就是市场的失灵和失败,那么就存在创业机会以实现潜在的帕累托改进。导致市场失灵的主要原因——信息不完全,垄断力量,公共产品,外部性和政府不适当的干预——这些原因引起交易障碍,也正是创业机会存在的原因,是推动市场向帕累托最优状态发展的激励因素。

创业机会主要来源于下列四个方面。

第一,发现并利用信息。完全竞争模型假定信息是完全的,完全信息意味着买卖双方可以获得有关市场、资源和生产方法现在和未来的一切信息。在信息完全的情况下,企业家可以正确预测未来,如果他们可以适时调整计划,经济就不会发生失衡,市场在任何一个时点永远都能保持均衡状态,因此就没有创业机会出现。而现实是,信息是不完全的,特别是知识是不完全的,知识的不完全创造出创业机会。不同的人对创业机会的敏锐程度不同,拥有的时间和空间的知识不同,发现和利用机会的能力也不同。这些不同造成各人的信念不同。而且,技术、社会品位和政府管制措施都会因时而变,竞争环境也因此而改变。具备新信息、新知识的个人就可能成功地发现和利用机会。

第二,打破垄断。垄断者通过减少供应、提高价格的方式谋求最大利润,垄断必然带来供给不足,必然存在尚未被满足的需求。因此,因垄断而产生的帕累托无效中就蕴含了巨大的创业机会。在自然垄断的状态下,现有生产技术不足以保证小规模企业的生存,要实现创业机会就必须应用使小规模企业能更有效率进行生产的新技术。在政策性垄断的状态下,当政府管制政策发生重大变革时,就会产生很多机会。

第三,提高公共产品的私有化程度。公共产品的消费不具有排他性,因此会造成过度使用和对公共产品提供者的激励不足。为提高经济运行的效率,政府可以适当提高公共产品的私有化程度。这种变革必然带来新的机会。

第四,创造外部性的市场。外部性是市场失灵的重要原因。创业机会就来自整合这类资源建立新的产权制度,或发现新的降低与此有关的交易成本的方法。

3. 基于非均衡理论的解释

Dean 和 Mcmullen 对创业机会出现的解释根源于福利经济学,从本质上来说,这还是均衡理论框架下的解释。在这样的解释里,创业机会的出现是异数——只有当经济不均衡情况出现时,机会才会出现。

但是,现实中经济的不均衡是常态,创业机会的出现也是常态。那么,用市场失灵来解释机会出现,就有不够深入的嫌疑,应该用非均衡理论来解释创业机会的出现问题。

(1) 人们对资源价值的判断不同是创业机会出现的必要条件

Shane 非常强调在创业研究中采用非均衡的方法。应用到创业领域的非均衡理论要点是:

第一,现有的价格不能完全反映与资源有关的信息。均衡理论认为,在所有的社会成员的信息配合下,价格体系提供了一种将所有人的信息组合起来的手段,组合的方式与各自拥有的资源准确配合。然而,现实情况是,价格不能完善地反映进行资源配置所需要的所有信息。例如,价格不能反映出这样的信息——新技术如何改变未来的需求或未来的生产成本。现有的价格也不能反映出创业企业的成败信息。

只有当创业企业家参与了成功利用新技术的组织活动和市场交易后，价格才能反映这样的信息。

第二，未来的信息无法完全还原到现有的价格信息上。均衡理论假定所有的信息和市场参与者关于未来的期望可以还原反映到资源的现有价格竞价上，使基于现有价格的长期合同可以成立。但是，未来信息要还原成为现有的价格信息，未来的市场必须包括所有的商品和服务。然而，未来的市场不能包括创造性活动的市场，这是因为这些活动先天受到信息问题的困扰。人们没有办法将运气不好和工作不努力、活动质量低相互区分开来。结果，创造性活动的未来市场必然陷入道德风险和逆向选择的问题之中。进一步地，市场参与者不能在现阶段根本无法获得的信息（如在市场尚不存在的条件下了解未来需求的特征）基础上进行决策。

第三，创业决策并不都是最优决策。均衡理论假定所有的决策都是最优决策。当所有的决策必需信息都与价格相关时，决策就成为应用优化原则的技术性过程。但是，许多关于资源配置的重要决策都不是在给定的约束条件下最优化的结果。在创业决策中，不仅决策过程是创造性的过程，其中的约束条件本身也是由创业者决定的。

第四，价格不能实时反映资源的生产力，不能自动实现变更。均衡理论假设价格总是精确反映资源的生产力，而忽略了价格体系暂时的混乱情况。在均衡体系中，没有人能获得这样的信息，因为价格可以自动变化反映出供求关系的变动。事实上，价格不能自动实现转变，而是少数觉察到价格偏离资源生产力的创业者率先进行资源的买卖，从而带动整个经济的调整。

非均衡理论的根本含义在于，由于价格体系不能完全反映机会的存在状况，不同的人对资源的价值判断可能会有差异，可能背离资源的潜在价值（生产力），这种价格和价值的背离就是有利可图的机会，有先见之明的创业者就可以捕捉到这种机会。换言之，非均衡理论说明了创业机会出现的可能性——如果人们对资源的价值判断不同，创业机会就可能出现。正如 Kirzner 指出的，人与人之间存在信息和信念（价值判断）的差异，这是机会出现的必要条件。

（2）人们对资源的价值有不同判断的原因

为什么人们对资源的价值会有不同判断？有两个答案。第一个答案是 Kirzner 提出的。他认为，市场决策过程要求参与者猜测其他人的期望，人们的决策是建立在运气、直觉、探索和准确或不准确的信息基础之上的，这使决策常常不正确。由于决策并不总是正确的，这个过程就会导致错误，使资源的短缺、过剩和错误配置常常发生。那么就会出现一些对现有"错误"反应非常机敏的个人，他们可以在资源价格低的地方买进、重组，然后以高价格售出。

第二个答案是 Schumpeter 提出的。他认为，经济运行的常态是非均衡状态。技术、政治、社会、管制以及其他变革的类型源源不断地产生新信息，为了增加财富而使用资源的不同方式的信息。由于新信息使将财富转为更有价值的形式成为可能，它改变了资源的价值,因此也改变了资源的均衡价格。因为信息的分布是不完全的,所有的经济主体不能同时获得新信息。所以,有些人在其他人之前了解到关于资源、新发现或新市场的信息。先行获得信息的经济主体可以低于均衡价值的价格买到资源,然后重组、出售,赚取创业利润。

总之,由于运气、直觉和私人信息的不同,人的信念就不同,人们对市场清盘价格和未来创造新市场的可能性的推测都不同。这种信念的不同,造成买卖双方对资源的现时和未来的价值的不同判断,从而有人能够以高出或低于生产边际成本的价格进行产品和服务的交易。当有人推测一组资源没有达到"最佳使用"状态时(如,考虑到产出结果在另一个地方、另一个时间或另一种形式销售的价格,可以判断其中某种资源的价格偏低),创业活动就会发生。如果这样的推测是正确有效的,创业者就可以赚取创业利润;如果推测错误,创业者就会面临创业损失。

所以,创业机会出现,至少要求创业者与资源所有者和其他创业者的价值判断不同。因为如果资源所有者与创业者对资源生产力的判断一致,那么资源所有者就可以通过提高资源的定价分享创业利润,从而使创业者的利润趋于零。如果其他创业者也拥有同样的创业判断,就会产生竞争,直到创业利润消失。

4. 基于社会学理论的解释

现有对创业研究的理论相当多来自经济学。但是,一些基于社会学理论研究创业的学者指出,制度既会对创业者的机会识别产生重大影响,也会影响创业者如何去开发创业机会;反过来,创业者的创业行动可能对制度产生影响,包括产生新的商业实践、新的组织类型和新的制度结构(如 Tolbert,David 和 Sine,2011),出现所谓的制度创业(institutuial entrepreneurship)和制度创业者(institutuial entrepreneur)。在那些经济社会体制转型的国家和地区中,创业者和制度环境相互作用的现象较为普遍;在新兴产业孕育和兴起的发展演变过程中,上述现象也很普遍。这些方面的研究目前还很不够,值得大家进一步关注。

3.2 创业机会的期望价值:选择利于创业的机会

所有所谓的创业机会,最后都能得到开发吗?

迄今为止,现实情况和理论研究都说明,平均来看,创业者只开发那些期望价值较高的机会。有研究表明,当期望需求很大,产业利润边际很高,技术生命周期很年轻,该机会领域内的竞争强度不太低也不太高,资本成本低,从其他进入者那里可以进行学习时,机会得到开发就比较常见。

本节将从机会出现的产业、机会出现的时间和机会的类型三个方面讨论什么样的机会是期望价值高、利于创业的。

3.2.1 机会出现的产业

创业学的研究者在实证分析中发现了一个非常有趣的现象：不同产业内，创业企业取得成功的可能性不同。回想一下 20 世纪末风险投资对中国网络的热情，就可以体会到投资者的强烈倾向——认为中国创业者在某些产业内可能取得成功，而在另一些产业则不可能成功。这样的判断直接影响到创业者热衷于在哪些产业中寻求机会。可以想象，如果两位各方面条件相当的创业者，一位选择了适合创业的产业，一位选择了不适合创业的产业，结果当然大不相同。

有四个维度的因素影响产业，决定其是否适合创业企业的生存：知识因素（knowledge condition）、需求因素（demand condition）、产业生命周期（industry life cycles）和产业结构（industry structure）。

1. 产业的知识因素

产业的知识因素是指一个产业生产产品或提供服务所需要的知识情况，主要指生产过程的复杂程度、产业创造新知识的水平、创新单位的规模和不确定性的程度。例如，把制药工业与纺织工业进行比较，显然制药工业的生产过程更复杂，需要更多的投资才能产生新知识、需要更大的单位规模才能实施创新，而且不确定性也更高。

一般而言，适合创业企业生存的产业包括如下方面。
（1）研究与开发密集的产业更适合创业企业生存。
（2）技术创新的来源主要是公共部门而不是私人部门的产业更适合创业企业生存。
（3）较小规模的单位即可实施技术创新的产业更适合创业企业生存。

2. 产业的需求因素

影响创业企业生存情况的产业需求因素主要有三个：市场规模、市场成长性和市场的细分情况。
（1）市场规模。有研究表明，新企业在市场规模大的产业表现更好。原因在于市场规模大的产业，新企业更容易获得盈利。
（2）市场成长性。在快速成长的产业里的新企业表现比成长缓慢或萎缩的产业里的新企业更容易获得盈利。原因很简单，在快速成长的产业里，原有企业的生产服务能力不能完全满足市场的需要，新企业的发展空间比较大。
（3）市场的细分情况。市场细分明确的产业，新企业容易生存。因为新企业容易在细分后的市场中找到现有企业没有满足的"缝隙"，并以此为利基市场，从而得到发展。

3. 产业生命周期

从理论上来说,任何一个产业都和人一样存在产生、成熟、衰亡的周期过程,尽管有的产业生命周期比较长,因而我们并没有亲眼看见很多成熟产业的凋零过程。不过,了解产业生命周期的情况有利于我们了解创业企业适应生存的阶段。

(1) 很容易理解,产业成长期比产业衰老期更适宜创业企业的生存。而且,越是在产业发展初期,新企业越容易进入。

(2) 产业进入成熟期的标志是出现了通行标准。通行标准出现前比通行标准出现后更适宜创业企业的生存。

4. 产业结构

不同产业,结构也不同。有的产业比另一些产业更适合新企业生存。

(1) 资本密集程度。资本密集程度越高,新企业越不容易生存。
(2) 规模经济。一个产业的规模经济效应越显著,新企业越不容易生存。
(3) 产业集中程度。一个产业的市场份额越集中,新企业越不容易生存。
(4) 以中小企业为主的产业适合新企业的生存。

3.2.2 机会之窗

创业好比冲浪。优秀的冲浪者常常能够找到大浪,并站在大浪的"浪尖"引领浪潮。同样,创业者倘若希望抓住创业的"风口"创下一番伟业,就需要去分析创业浪潮起落背后的规律,并且牢牢抓住机会。这个"浪尖风口"就是所谓的"机会之窗"。

很多产业发展需要很长的时间酝酿,才能真正成为一个比较大的创业机会。不过,对于一个具体的创业机会,其存在的时间可能是短暂的。Timmons 在他的著作里描述了一般化市场上的"机会之窗"。一个市场不同时间阶段,其成长的速度是不同的。在市场快速发展的阶段,创业的机会随之增多;发展到一定阶段,形成一定结构后,机会之窗打开;市场发展成熟之后,机会之窗就开始关闭。见图 3-1。选

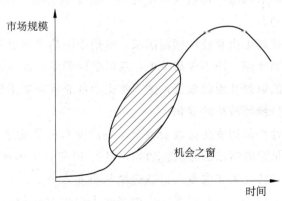

图 3-1 创业的机会之窗

择那些"机会之窗"存在的时间长一些的市场机会,创业企业可获利的时间也可长一些,取得成功的概率就大一些。这样的机会,其期望价值自然高一些。

 专栏

国产移动电话早期发展的机会之窗

以中国国产移动电话的发展为例。20世纪90年代中后期,当国外手机生产巨头摩托罗拉、诺基亚、爱立信等跨国公司大举进入中国市场后,高额的利润率和中国巨大的市场潜力使移动电话的"机会之窗"展现在中国企业家和创业者面前。当TCL、波导、海信等一批企业先后进入之后,经过几年的市场的快速扩张和激烈竞争,非智能手机的"机会之窗"逐渐闭拢。

1. 产生创业机会之窗的原因

从宏观的外部环境来说,外部变化会带来创业机会,主要包括四个方面的变化。

(1) 新技术的出现

例如,过去20年,中国的通信、互联网和交通方式的变化,改变了我们的生活、工作甚至是思维方式。

(2) 产业结构的变化

例如,20世纪70年代到90年代,计算机产业结构从垂直一体化到横向结构的演变,导致了一批老牌IT企业的消亡(如王安电脑、DEC公司),同时也诞生了一批新兴的IT巨头,这其中就包括微软、英特尔、思科公司等。

过去10多年来,中国电子商务的快速发展,使传统的零售百货业面临重大冲击,很多企业退出或被迫转型。

(3) 政策、管制的改变

如今,中国的经济发展面临越来越严峻的资源约束和生态环境压力,中国政府所提出的"建设资源节约型、环境友好型社会"有了更大的现实压力、更合理的具体制度安排和实施动力。

同样的,中国政府提出要建设创新国家,希望中国的发展更多依靠创新的驱动,更多依靠科技进步来实现,而不仅简单地依靠低廉的劳动力成本、资源投入和投资。国家实行了一系列的财政和税收政策,这当然也为创业者带来了机会。

(4) 社会、人口统计特征的变化

社会、人口统计特征的变化会改变整个市场改变对产品或服务的需求,同时需要相应更有效地满足顾客需求的方法。例如,过去40年,中国城乡结构发生了巨大变化,大批农业人口转化为非农业人口或进城从事非农业工作,这也为教育、房地产等行业带来了巨大机会。近些年来,中国老龄人口比重不断增加,未来较长时间内这个压力还会进一步增加。这些老年人如何能够实现老有所养、老有所学、老有所用和老有所乐？这是中国社会发展面临的一大挑战，同时也提供了大量的创业机会。

那么，为什么创业机会存在"机会之窗"的现象呢？原因主要有三点：

第一，一些因不均衡冲击产生的机会常常被其他冲击带来的新机会所取代，而现有机会就会消失。

第二，即使没有发生新的冲击，竞争也会耗尽机会的利润。带来机会的信息一开始不对称性显著，随着有关机会的信息逐步扩散，这种不对称性逐渐消失。当创业者开发机会时，他们将机会内容以及如何追求机会的信息传递给其他人。尽管这样的模仿一开始使机会得到承认，但也制造了竞争，使差异消失。当其他创业者进入到达一定比例，新进入者的收益超过成本，创业利润被越来越多的人分享时，人们追求机会的刺激就会减少。

第三，在机会开发的过程中，有关机会的信息在资源所有者之间扩散，资源所有者可以根据创业者提高资源价值的行动，提高资源的价格以分享一部分创业利润。总之，信息的扩散和利润诱惑的减少，将降低人们追求某具体机会的动力。

2. 决定机会之窗长短的因素

随着人们对资源的价值判断从不同发展到相同，创业机会所依赖的信息和判断的不对称逐渐消失，最终机会变得无利可图，整个机会之窗的发展过程是创业机会的生命周期。当然，不同的创业机会，其生命周期长短也不相同。有的机会昙花一现，有的机会持续时间可以长一些。具体到机会的开发利用时，创业者当然希望机会之窗存在的时间长一些，叫获利的时间也长一些。

这个周期的长短取决于许多因素。首先，限制其他创业者模仿的机制，如商业秘密、专利保护或垄断合同，这些都可以延长机会的生命。其次，减缓信息扩散的速度或他人在认识信息方面存在时滞，特别是如果时间能提供强化优势（如采取技术标准或存在学习曲线），也可以延长机会持续的时间。最后，如果其他人无法（因为各种隔离机制的作用）模仿、替代、交易或获得稀有的资源，也可以减少过剩，延长机会的持续时间。

3. 机会之窗的迁移

创业"机会之窗"是会迁移的，它会在不同的产业和不同的区域之间进行迁移。当然，不同的时代会有不同的机会——所谓"时过境迁"。

技术的发展和需求的变化会导致新兴产业的发展，新兴产业在快速发展阶段，会出现大量的创业机会。新兴产业在发展过程中，常常会在一些地区出现产业聚集，有的地区会发展为更加相互依赖与互动的产业集群（cluster）。

产业的发展通常存在产业的生命周期。当产业走向成熟阶段，这个产业中的创业机会就很少；当产业进入衰退期的时候，这个产业就会出现大量的企业退出。例如，150年前，钢铁是个新兴的产业，匹兹堡发展成"钢都"；100年前，汽车是个新兴的产业，底特律发展成"汽车城"。后来，由于相关产业进入衰退期，这些城市丧失了相应的竞争力，只能进行产业调整和转型。

在产业发展的过程中，存在着不同地区的竞争。有的地区由于出现新的优势，如新的技术或商业模式、土地和劳动力成本的优势、关键性的人才流动、制度环境的变化，这个地区可能后来居上，成为产业的"领头羊"，其所在的城市就有更多的相关创业机会，这就形成了产业集群的迁移。例如，1910年，纽约是美国绝对的电影中心，好莱坞只有一家邮局、一家报纸、一座旅馆和两个市场，居民数为500人；但是，从1921年开始，好莱坞及其所在加州的电影从业人数和机构数量均超过纽约，好莱坞取代纽约成为美国电影业中心。在20世纪50年代初的时候，如今的美国硅谷还是"大樱桃谷"，该地区的农业总产值超过其工业总产值；这个地区是伴随着过去几十年全球信息产业的快速发展而发展起来的。

 专栏

惠普公司的共同创始人帕卡德对不同时代"机会"的反思

惠普（HP）的共同创始人戴维·帕卡德在退休后写了一本回忆录：《惠普之道——比尔·休利特和我是如何创建公司的》。他在书的后记中写了一段非常有意思和有意义的话。帕卡德于1930年来到斯坦福大学上学，当时美国正好处于大萧条时期。在大学二年级学美国历史课的时候，他想：要是早出生100年就好了，那样就可以开发西部边疆了——跑马圈地；但20世纪30年代的时候，美国西部边疆已经全部被开发完毕，为此他"曾经哀叹晚生了100年"。几十年后，他反过来思考不同时代的机会，他说，人类继续在20世纪取得突破性的进展。实际上，他后来所从事的电子和信息行业所创造的价值，在很大意义上来说，比当年美国西部拓荒所创造的价值要大得多。

在同一个产业发展过程中，产业规模不断扩大，价值链需要不断延伸和完善，同时，规模经济导致专业化分工和模块化分工。这时候，"机会之窗"会在产业内部发生迁移。那么，该如何提前预测和判断"机会之窗"呢？其中核心的一点是寻找那些产业发展"瓶颈"的价值链环节。

 专栏

中国互联网产业第一波发展过程中的"机会之窗"迁移

1994年中国正式接入国际互联网，但当时中国国内还没有"互联网信息高速公路"。"互联网信息高速公路"的概念实际上是当年美国副总统戈尔于1993年才正式提出来的。

要发展互联网产业，首先得有互联网，所以，互联网基础设施建设是互联网产业早期一个非常重要的机会。1994年亚信创建，曾经有一段时间，中国互联网基础设施中的60%左右是亚信建设的。亚信被誉为中国早期互联网的"建筑师"，它于2000年在纳斯达克上市。

有了互联网"高速公路"后，大家如何上这个"高速公路"呢？这就需要互联网接入服务。当年，张树新在中关村大街上树了个很大的广告牌——"中国人离信息高速公路还有多远？向前1 500米！"实际上，前面1 500米就是她所创建的公司瀛海威——做互联网接入服务的。

那大家上互联网信息"高速公路"去干吗？人们总不能在"高速公路"上瞎逛吧！这时候，互联网的信息门户网站成为非常重要的机会。当年中国互联网出现了三大门户网站：新浪、搜狐和网易。这几个企业都于2000年在美国纳斯达克上市。

信息门户网站好比是高速公路边上的"大卖场"。逐渐地，互联网用户开始有新的需求，这时候陆续出现了各种B2B、B2C和C2C等更加专业的垂直门户网站——好比高速公路边上的"专卖店"。早期比较知名的创业企业有阿里巴巴、易趣网、搜房网、8848.com、当当网等。

随着互联网的各种网站的出现，信息也越来越多，如何准确、快速地找到所需要的信息就成了一个大问题。这时候，做搜索引擎服务的百度应运而生。随着信息搜索变得越来越重要，百度得以快速发展。百度于2005年在纳斯达克成功上市。

当然，在中国互联网产业发展过程中，既有成功的大明星企业，又有昙花一现的公司，更多的公司则是默默无闻，这其实也是任何一个产业发展的客观规律。

3.2.3 机会的类型

有研究表明，机会的类型也可能影响开发的过程和创业的成败。根据Getzels关于创造性的理论，可以按照机会的来源和发展程度对机会加以分类（见图3-2）。市场需求可能是可识别的（已知的）或未能识别的（未知的）；资源和能力可能是确定的或未确定的。确定的资源和能力包括一般的知识、人力资源、金融资源的情况了解或对自然资源（如产品/服务的技术条件）的情况了解。在这个矩阵中，市场需求表示存在的问题，资源和能力表示解决问题的方法。

矩阵左上方部分（机会类型Ⅰ）——市场需求未得识别且资源和能力不确定（问题及其解决方法都未知）——表现的是艺术家、梦想家、一些设计师和发明家的创造性。他们感兴趣的是将知识的发展推向一个新方向和使技术突破现有限制。

矩阵右上方部分（机会类型Ⅱ）——市场需求已识别但资源和能力不确定（问

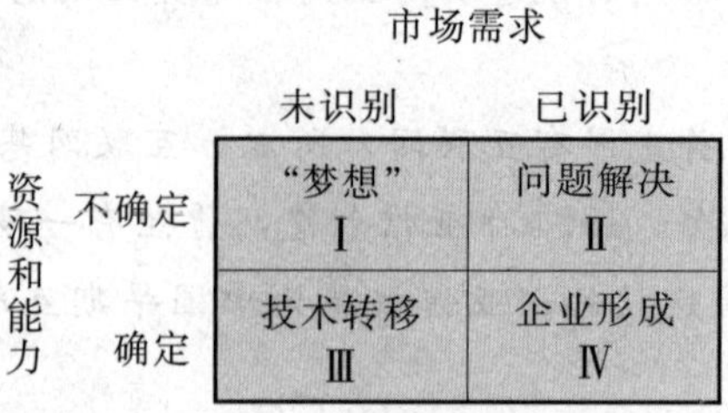

	市场需求	
	未识别	已识别
资源和能力 不确定	"梦想" I	问题解决 II
资源和能力 确定	技术转移 III	企业形成 IV

图 3-2 机会的类型

题已知但其解决方法仍未知）——描述了有条理的搜集信息并解决问题的情况。在这种情况下，机会开发的目标往往是设计一个具体的产品/服务以适应市场需求。

矩阵左下方部分（机会类型Ⅲ）——市场需求未得识别但资源和能力确定（问题未知但可获得解决方法）——包括我们常说的"技术转移"的挑战，如寻找应用领域和闲置的生产能力。这里的机会开发更多强调的是寻找应用的领域而不是产品/服务的开发。

矩阵右下方部分（机会类型Ⅳ）——市场需求已识别且资源和能力已确定（问题及其解决方法都已知）——这里机会的开发就是将市场需求与现有的资源匹配起来，形成可以创造并传递价值的新企业。

从理论上来说，这个矩阵描述了一个发展的过程：从问题和解决方法都未知（左上方部分）到已知问题或解决方法其中之一（右上方和左下方部分），再到两者都已知（右下方部分）。从理论上来说，在问题及其解决方法有一个未知或两者都未知的情况下形成的企业，其成功的概率比两者都已知的情况下形成的企业要小。

专栏

清华大学中国创业研究中心于2003年对中国成功的创业企业家进行了问卷调查，有60%的创业企业家对目前创业成功机会的事前判断是类型Ⅳ，有70%的创业企业家对目前创业成功机会的事后判断是类型Ⅳ。这说明成功的创业者更多地选择形成企业成功的概率最大的机会类型。而且，成功的创业者事后判断所选择创业机会属于类型Ⅳ的比例比事前判断要高。

3.3 创业机会评价

3.3.1 创业机会识别与开发的过程

国际学术界对创业机会有很多不同的观点。有的认为，机会是客观存在的，是被创业者发现的(如 Shane 和 Venkatraman,2000);有的认为是机会是被创业者通过社会构建的主观过程创造出来的(如 Alvarez 和 Barney,2007);有的认为,机会既不是被发现的也不是被创造的,而是客观存在的可能性被创业者创造性实现的结果(如 Ramoglou 和 Tsang,2016,2017)。

本书作者认为,从宏观上来说,创业机会的出现是一个相对客观存在的,特别是外部环境变化常常是创业机会出现的最重要源泉,所谓"无风不起浪,大风起大浪"。但是,对于具体每个(潜在的)创业者来说,他所认为的创业机会在进行正式评价和开发之前,其实仅仅是一个假设。同样一个所谓好的"创业机会",对某些人来说,最终成为实实在在的机会,获得很好的回报;对另外一些人来说,结果是"铩羽而归";对更多的人,可能仅仅是"黄粱美梦",因为他们从来没有尝试去实际开发这个机会,有的可能是因为缺乏勇气而放弃,有的可能是缺乏能力和资源而放弃。因此,对于具体某个创业者而言,真正意义上的创业机会是在他成功实现这个创业机会开发后的事后评价。

创业机会的识别和开发过程,与产品研究和开发过程很相似。不过产品研究和开发过程的结果是新产品,而成功的机会开发过程的结果是新企业的创立。机会开发过程包括机会的识别、评价和开发,机会评价贯穿了整个创业机会的识别和开发的过程(见图 3-3)。

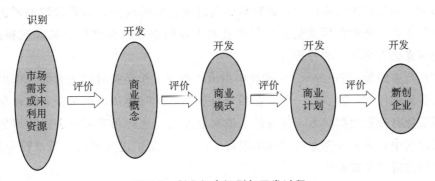

图 3-3 创业机会识别与开发过程

"评价"这个术语通常与一项判断联系在一起,这个判断决定了正在开发的机会是否能得到物力、财力支持以进入下一阶段的发展。在整个机会开发过程中,对机会进行评价的人主要是创业者(及创业团队)和投资人(天使投资人、风险投资家和股东)。在开发过程的不同阶段,创业者很可能会对这一机会进行多次评价,这些评价会使创业者识别出其他的新机会或调整其最初的看法。尽管这种评价可能是非正式的甚至是不系统的。创业者可以对推测的市场需求或资源(包括发明创造)进行非正式的研究,直到得出结论说,不需要对某一机会继续关注或应该对该可能性进行更深入的了解。但如果进一步深入的研究需要投入许多资源,机会评价工作就变得正式起来。一般来说,那些决定资源分配的人(投资人)会对创业企业的商业计划进行全面评价,进行尽职调查。

3.3.2 机会评价方法

1. 阶段性决策方法

得到普遍使用、可以适应很多情况的一种评价方法是阶段性决策方法。这一方法明确要求创业者在机会开发的每个阶段都要进行机会评价。一个机会是否能够通过每个阶段预先设置的"通过门槛",在很大程度上取决于创业者经常面对的约束或限制,如创业者的目标回报率、风险偏好、金融资源、个人责任心和个人目标等。虽然某个创业者可能会因为某个准则而放弃某机会,但它又会引起其他个人或团队的注意。

一项不能成功通过某一阶段的评价门槛进入下一阶段的机会,将被修订甚至被放弃。因此,通过循环反复的"识别—评价—开发"步骤,一个最初的商业概念或创意就会逐步完善起来。同时,评价过程使创业企业家在开发过程中的每一阶段都要放弃一些机会,一个明显的证据就是——我们认识到的社会需求和未利用资源的数量要远远超过成功形成的企业的数量。

2. 影响机会评价标准的四个重要因素

(1) 创业经历。一个人是否有实际的创业经历,这对其进行创业机会评价有重要的影响。例如首次创业的创业者容易出现过度自信的现象,而有过较大创业失败的经历创业者,通常在后续创业过程中会对可能的创业机会评价更加客观和谨慎,对风险因素会有更深入的分析。

(2) 行业经验。Timmons 在研究中指出,企业工作经验对创业者能否作出正确判断有要影响作用。特别是一个人在某个行业工作时间较长,他对行业的自身特点和发展变化有较强的洞察力,这有助于他对创业机会进行相对客观准确的评价。反之,在现实中,很多人创业者"这山望着那山高",匆忙进入新的领域或行业创业,常常最初碰得"头破血流"。

(3) 管理经验。进行机会识别和评价时,创业者的事前知识结构起到重要的影响作用。担任高级管理职务,意味着其可以掌握更多的决策经验和资源控制能力。因此,在机会评价标准的经验分析上,担任企业高层管理职务的创业者的意见比担任中层管理职务的创业者的意见更值得重视。

(4) 行业的新兴程度。行业越新,创业者先前经验的重要性通常越弱,甚至长期的经验反而可能成为一个负担。例如,在互联网等新兴产业领域,多位经验少甚至没有经验的人,创建出伟大的企业,如 Yahoo、Google、Facebook 等都是创始人在大学校园里开始草创的。

3. 机会评价标准

目前,并没有什么绝对权威的机会评价标准。创业机会能否从最初的市场需求和未利用资源的形态发展成为新企业，不仅涉及机会本身的情况，还要求机会能与创建新企业的其他力量（创业团队、投资人等）相协调。

一些风险投资公司在评估商业计划时制定了详细的指标，也提出一定的标准。但风险投资家在作出决策的时候，更多地依靠个人的商业感觉。而创业者的非正式评价基本就不依赖什么系统的指标体系。

下面介绍 Timmons 的机会评价框架。

3.3.3 Timmons 机会评价框架

Timmons 总结概括了一个评价创业机会的框架（表 3-1），其中涉及 8 大类 53 项指标。尽管 Timmons 也承认，现实中有成千上万适合创业者的特定机会，但未必能与这个评价框架相契合。在不同的国家和地区、不同的行业，其可操作的实际标准可能差别较大。不过，他的这个框架仍然是目前包含评价指标比较完全的一个体系，有参考价值。

表 3-1 Timmons 机会评价框架

行业与市场	1. 市场已被识别，可以带来持续收入 2. 顾客可以接受产品或服务，愿意为此付费 3. 产品的附加价值高 4. 产品对市场的影响力高 5. 将要开发的产品生命长久 6. 项目所在的行业是新兴行业，竞争不完善 7. 市场规模大，销售潜力达到 1 千万～10 亿元 8. 市场成长率在 30%～50%甚至更高 9. 现有厂商的生产能力几乎完全饱和 10. 在五年内能占据市场的领导地位，达到 20%以上 11. 拥有低成本的供货商，具有成本优势
经济因素	1. 达到盈亏平衡点所需要的时间在 1.5～2 年以下 2. 盈亏平衡点不会逐渐提高 3. 投资回报率在 25%以上 4. 项目对资金的要求不是很大，能够获得融资 5. 销售额的年增长率高于 15% 6. 有良好的现金流量，能占到销售额的 20%～30%甚至更高 7. 能获得持久的毛利，毛利率要达到 40%以上 8. 能获得持久的税后利润，税后利润率要超过 10% 9. 资产集中程度低 10. 运营资金不多，需求量是逐渐增加的 11. 研究开发工作对资金的要求不高
收获条件	1. 项目带来附加价值的具有较高的战略意义 2. 存在现有的或可预料的退出方式 3. 资本市场环境有利，可以实现资本的流动

续表

竞争优势	1. 固定成本和可变成本低 2. 对成本、价格和销售的控制较高 3. 已经获得或可以获得对专利所有权的保护 4. 竞争对手尚未觉醒，竞争较弱 5. 拥有专利或具有某种独占性 6. 拥有发展良好的网络关系，容易获得合同 7. 拥有杰出的关键人员和管理团队
管理团队	1. 创业者团队是一个优秀管理者的组合 2. 行业和技术经验达到了本行业内的最高水平 3. 管理团队的正直廉洁程度能达到最高水准 4. 管理团队知道自己缺乏哪方面的知识
致命缺陷	不存在任何致命缺陷
创业家的 个人标准	1. 个人目标与创业活动相符合 2. 创业家可以做到在有限的风险下实现成功 3. 创业家能接受薪水减少等损失 4. 创业家渴望进行创业这种生活方式，而不只是为了赚大钱 5. 创业家可以承受适当的风险 6. 创业家在压力下状态依然良好
理想与现实的 战略性差异	1. 理想与现实情况相吻合 2. 管理团队已经是最好的 3. 在客户服务管理方面有很好的服务理念 4. 所创办的事业顺应时代潮流 5. 所采取的技术具有突破性，不存在许多替代品或竞争对手 6. 具备灵活的适应能力，能快速地进行取舍 7. 始终在寻找新的机会 8. 定价与市场领先者几乎持平 9. 能够获得销售渠道，或已经拥有现成的网络 10. 能够允许失败

 专栏

Timmons 机会评价框架的中国实证研究

2002 年，姜彦福、邱琼采用对中国企业中高级管理者发放调查问卷的方式，将 Timmons 的机会评价框架进行了中国实证研究。在这个框架下提出了适合中国创业者进行非正式评价或投资人在进行尽职调查前快速评估创业机会的关键指标序列。

该研究结果说明：从指标大类的评价结果看，资深创业者对这些指标的认识更为全面，Timmons 机会评价框架更适用于创业者。在八类指标中，资深创业者凭借其创业活动的经验对"机会是否存在致命缺陷"更为重视，这反映出资深创业者与一般管理者的重要差异。在个人标准这一类指标上，两者表现出比较一致的认识，说明资深创业者与一般管理者都要求创业活动能与个人目标相吻合。

从单项指标序列的项数来看，资深创业者的重要单项指标序列中的项数比管理者的重要单项指标序列的项数多两项。这说明，资深创业者在评价机会时考虑的因素更多一些，对某些重要因素的强调程度也更深刻一些。

从单项指标序列的具体内容来看，资深创业者比管理者更重视创业团队的组成、经验和创业者个人承担压力的情况，更重视机会的经济价值（包括利润和成本情况）和战略意义，更重视机会不能存在任何致命的缺陷。尽管两者在行业与市场的大类因素上重视程度有差异，但对顾客的强调和重视程度还是比较一致的。

从研究分析的结果来看，中国创业者在进行机会评价时应该最重视人的因素。可以从下面5个方面去综合分析人的因素：创业者团队是否是一个优秀管理者的结合；是否拥有优秀的员工和管理团队；创业家在承担压力的状态下心态是否良好；行业和技术经验是否达到本行业内的最高水平；个人目标与创业活动是否相符合。机会本身的市场因素（顾客是否愿意接受该产品或服务）和经济因素（机会带来的附加价值具有较高的战略意义；能获得持久的税后利润，税后利润率要超过10%；固定成本和可变成本低）也很重要。而且，机会本身不能存在任何致命的缺陷。

3.4 创业机会识别与开发

3.4.1 创业机会识别与开发的三个过程

从理论上来说，机会识别与开发包含三个过程：感知、发现和创造。

1. 感知

感知是指感觉到或认识到市场需求和/或未得到充分利用的资源。每种机会——市场需求或未充分利用的资源——都有可能被一些人而不是另一些人识别。一些人对市场需求或问题很敏感，他们能够在自己所处的任何环境里不断认识到可能出现的新产品或解决问题的新方法。这种对问题或可能性的敏感能力，并不一定能发展成为解决这些问题的方法，因为并不是每一个善于提出问题的人都同样善于解决问题。另外一些人对于那些未得到利用或未得到充分利用的资源尤其敏感，如未开垦的荒地，闲置的生产能力，未加利用的技术或发明创造，未到期的金融资产等。但是，认识到这些未利用资源的人，并不一定能够指出这些资源应如何加以利用才能创造价值。发明家、科学家或其他人在构思新的产品或服务时并不考虑这些发明创造或新技术的市场接受程度和商业上的可行性。

2. 发现

发现是指识别或发现特定市场需求和专门资源间的配合。要感知到市场需求和资源的配合,前提条件是这些需求和资源可能在一个尚未运转的企业实现匹配。对已经匹配的市场需求和资源的感知,表现为探查并发现特定的地区和产品市场空间。根据 Kirzner 的理论,当创业者认为存在一个机会把现有的非最优配置的资源重新配置时,他们就会决定创建新的企业或开拓新的产品市场。Kirzner 提出:"市场参与者任何时候都会参与到非均衡的经济体系中去。"

3. 创造

创造是指以商业概念等形式创造一个独立的需求与资源间的新的配合。从逻辑上来说,创造商业概念紧随感知需求和资源之后,使市场需求和资源相匹配。但是创造不仅仅是感知和发现。商业概念创造包括资源的重组和重新定位,这是为了创造和传递比现有情况更多的价值。商业概念等形式的创造不仅是调整现有资源和市场需求的配合,还可能导致对现有企业进行重组或彻底的改革。创造性的机会识别活动通常与机会利用活动结合在一起,涉及人力、物力资源的投入。

3.4.2 创业机会的识别与开发:创业者与创业机会相互作用的过程

尽管发现机会是创业的必要条件,但它还不是充分条件。发现机会以后,潜在的创业者必须决定如何开发利用机会。关于发现了机会但没有创业成功这种情况的数据,确实难以收集,但现实是——并不是所有被发现的机会最后都得到了开发。

拓展阅读:创业的资源理论

不过,更应认识到的是,创业机会的识别、评价和利用是创业者个人的个性、能力、资源等情况与创业机会本身相互作用的过程。为什么某些人而不是另一些人会开发他们发现的机会?他们什么时候、以什么方式来开发这些机会?问题的答案是一个涉及机会的特点和个人的本质特征的函数。我们在第二节讨论创业机会的期望价值时,曾从机会本身研究影响创业的因素。下面我们将讨论创业者因素对机会利用的影响。

1. 关注创业者的能力和资源

在任何时点上都只有少数人能发现某个特定的机会。为什么是这些人而不是另一些人发现了某个特定的机会?过去的研究提出了两大类影响特定人发现特定机会的可能性的因素:拥有对识别机会很重要的信息;具备评估机会所必需的认识能力。而对机会的开发利用有影响的除了个人特征外,最重要的因素是创业者个人组织配置资源的能力。关于这些个人知识、能力、资源和资本的研究近年来得到了重视,并取得了相当的进展,使关于创业者的研究重心从个性特征转移到对能力和资源的分析上来。

2. 创业者的重要资源

人力资本。尽管有许多争议,但以往的经验研究还是倾向于支持在人力资本和创业活动之间存在正的关系。需要明确的是，个人的人力资本，即个人知识水平的提高不仅是正式教育（如大学教育）的结果，也是非正式教育（如工作经验和职业教育）的结果。工作经验、在工作中学习、非传统正式教育结构的专门课程训练，这些从理论上来说，都可以增强人力资本。经验研究显示，正式教育对于创业活动的影响，不如非正式教育的影响大。而创业者的工作经验、管理经验和以前的创业经验与创业活动显著相关。

专栏

2003年Davidsson和Honig在 *Journal of Business Venturing* 上发表了一篇关于人力资本和社会资本对创业活动的影响关系的论文，大样本的纵向研究证明：人力资本和创业机会的发现（以进行创业的可能性为指标）有正相关关系，人力资本和机会的成功利用（以完成的创业活动的频率和步伐为指标）有正相关关系。研究说明，由学校教育年限表示的人力资本与发现创业机会的显著正相关性比较小；由工作经验表示的人力资本对创业活动的影响是很小的正效应，不过这个指标没有统计显著性；最强的人力资本变量是创业经验，它与发现创业机会之间存在强正相关关系，而且统计检验显著。这意味着一般来说，在其他变量不变的情况下，有过创业经历的人更可能开始创业。对于机会的开发利用来说，人力资本的影响有所减弱，特别是正式教育对机会利用的关系很弱，只有管理经验和以前的创业经验的正相关性显著，并通过统计经验。不过，Davidsson和Honig的研究没有支持人力资本与创业成功（以实现首次销售和实现盈利为指标的创造一个可生存的企业实体）有正相关关系。

机会识别能力。历史上有许多这样的例子：技术发现创造者没有看到重要技术带来的商业机会（新的生产函数关系）。以前许多研究揭示了人们在识别这样的关系方面的能力差异。例如，认知科学的研究指出，人们将现有概念和信息整合成为新观念的能力是因人而异的。有研究指出，成功的创业者在其他人看到风险的情况下看到机会。而Baron的研究则发现，创业者比其他人更可能发现机会是因为他们更少进行反事实的思考（如在特定情况下，很少花时间和精力来设想"本应该如何如何"），更少对失去的机会表示遗憾，很少受无作为的惯性影响。Busenitz和Barney的研究指出，创业者进行决策的过程有异于常人，他们更多地进行探索性的决策，决策中有显然的偏向性。而这种具有非理性特征的决策模式有助于创业者在信息有限、资源有限、风险不确定的情况下迅速作出决策。

社会资本。社会资本涉及主体从社会结构、网络和成员关系中获取利益的能力。社会资本能成为有用的创业资源，原因之一在于，其可以将主体结合在一起增强组织内部的信任，并为了提供资源而对外部网络产生支持作用。原因之二在于，社会资本能为创业提供诸如信息等资源的联系，这是一种支持性（包含性的）的润滑剂。在 Granovetter 的经典著作中，他强调了维护一个为获得资源（关于潜在工作的信息）的弱关系的延伸网络的重要性。从创业者的角度来说，社会资本提供的是便于发现创业机会以及识别、收集和配置资源的网络。社会资本也通过提供和扩散关键信息以及其他一些重要资源对创业机会利用过程产生积极影响。尤其是在我国，社会网络作为一种特殊的创业资源，常常对创业机会获取和开发有重要影响。

在互联网时代，社会网络更加复杂。对此，罗家德指出，在复杂的经济社会网络中，弱关系比强关系更为重要，因为弱关系能够把不同的"圈子"连接起来，社会关系才得以形成一个大网，否则仅仅是一个个"孤岛"，这就形成"复杂网络中，强关系带来资源，弱关系带来机会"。

 专栏

什么是弱关系？

弱关系的概念与核心家庭的紧密联系是相对的。弱关系是指个体之间的松散关系，包括组织的成员关系、与政府机构的联系、企业网络以及与他人建立的友谊。弱关系在获得信息方面很有用。如果没有弱关系，就得不到信息；或即使得到信息，取得的成本也很高。创业者通过与个人或组织进行联系、发生交易，从而扩展了企业的发展空间。例如，为了学习最新的技术创新，新创立的企业就会与贸易组织成员建立弱关系。与弱关系相对的概念是强关系。典型的例子是，兄弟或父母帮助创业者开展创业活动，如从家庭关系中衍生的强关系，也可以提供资源，并且更方便联系。创业者的个人资源越多，对强关系的依赖越少，依靠弱关系越多。

 专栏

社会资本对机会识别与开发的影响

Cooper 和 Dunkelberg 发现，创业者常常从以前的相关行业开始创业。为了保密和保持对企业的控制，小企业习惯于依靠亲戚朋友的建议，因而企业的信息是有限的。社会资本可以加强信息流。社会资本中的弱关系可以帮助创业者在机会发现的过程中，接触到新的想法和世界观，使孕育中的新企业得到有帮助。想法、创新、机会、愿景和新的世界观丰富了创业机会，可以为创业者带来利益。社会资本中的强关系也对机会的发现过程有帮助。例如，在一个银行家的家庭中，用餐时间可能会讨论新的融资活动，在日常生活中发现潜在的机会。许多创业者是在家庭的强关系中识别创业机会的。

社会资本对机会开发和利用过程主要有三方面的影响。其一，社会资本能为创业者提供关键性的资源。Aldrich 等人在 1998 年的研究指出，社会关系的重要性在于提高自我肯定、提供个人网络和有价值的资源。Aldrich 和 Zimmer1986 年的研究发现，社会因素对于获得利用机会过程中的关键资源很重要。弱关系为个人提供了便于评估、采购和使用资源的网络，这对机会的开发很重要。例如，朋友或许可以带来某些资源，这些资源包括：传统的生产要素（如资本）；与天使投资人或风险投资家的关系；通过适当有效的网络发布关键的生产或营销信息。因此，如果妥善利用社会资本，就可以在信息不完全、市场不完善的环境（如新生的行业、产品、市场和技术）里得到资源。

其二，社会资本影响创业决策和资源的利用。创业者常常基于友谊或建议或弱关系作出决策，制定战略。创业者和创业团队也通过强关系发现机会，获得帮助。创业者的强连系还可以提高资源利用的效率。

其三，社会资本为新企业提供竞争优势。如果创业者具有特殊的社会关系，更容易取得其他企业或组织的信任，增强组织绩效。例如，当年的比尔·盖茨就因为特殊的家庭关系，得到了 IBM 公司的软件开发订单，尽管这不是微软成功的决定性的因素，但这样的社会资本的确降低了讨价还价的成本，促进了创业的成功。创业者拥有的企业网络关系，就是获得新资源、新市场、新产品的信息渠道。创立新企业要求在资本条件有限的情况下积累大量资源，而创业者广泛的社会联系可以使他们在资产很少的情况下，具有广泛的资源获取途径，从而积累起对创业活动十分必要的、有时甚至是稀有的资源。

 专栏

易净星的诞生：从创意走向技术、产品和创业

2014 年 5 月，在清华大学首届"校长杯"创新挑战赛决赛的展示现场，来自北京协和医学院—清华大学的研三学生肖鹏飞为评委们展示了其创新产品——易净星镀膜剂。该镀膜剂能有效解决玻璃雨天亲水、粘泥尘、粘油渍、冬天雪霜结冻以及玻璃老化等一系列问题。肖鹏飞的灵感来自一次常规的有机化学实验。在这次实验中，肖鹏飞发现留在烧杯壁上的保护基能够滴水不沾，而且因为试剂反应而停留在烧杯上的斑点也因此消失。肖鹏飞此刻敏锐地意识到自己发现了一种新型的清洁剂。通过查阅网上资料，肖鹏飞发现类似产品已应用在汽车行业，但还无法在国内找到相关产品。很快，肖鹏飞组织一个团队，研发适用于汽车的隐形镀膜材料。经过一年半的反复试验，一种新型的防水材料诞生了。无污染、低成本的隐形镀膜材料喷在汽车玻璃上，能起到防雨、防雾、自洁等功效，这将大大减少汽车清洗频率。

2014 年 3 月，肖鹏飞放弃了攻博等机会，正式创建北京易净星科技有限公司，并出任公司 CEO。尽管有着领先的技术优势，肖鹏飞和他的团队还是碰到了不少问题。肖鹏飞团队都是清一色的理工科背景，商业知识的缺乏成为其创业道路上不小的障碍；

另外，作为一个学生创业团队，社会经验和资源的缺乏也阻碍着企业的发展。

为了克服这些困难，他们寻求到了清华 X-lab 的帮助，并获得了早期的创业投资，之后还顺利入驻清华科技园的启迪之星孵化器。随着创业的推进，易净星公司针对不同的细分市场，推出不同的新产品，并逐渐打开市场。2015 年 6 月 30 日，北京股权交易中心（北京四板市场）设置的大学生创业板正式推出，北京易净星科技有限公司等十家大学生创业企业成为其首批挂牌企业。

2015 年年底，巴黎全球气候峰会召开，易净星科技凭借其先进的技术方案和成熟的解决思路，成为中国大陆唯一受邀的科技创新企业。

拓展阅读：
创业的组织活动

本章小结

创业过程的核心是创业机会，创业过程是由机会驱动的。如果从动态的角度来看，创业机会并不简单等同于新产品、新服务、新原材料和新的组织方式。创业机会是将资源创造性地整合，通过市场需求（或兴趣、愿望）分析预测，传递实现价值的可能性。经济的不均衡是常态，创业机会的存在也是常态。从非均衡理论的角度可以比较全面、深入地分析创业机会的存在。

实践证明，创业者只开发那些期望价值较高的机会。本章第二节从机会存在的产业、机会存在的时间和机会的类型三个方面讨论什么样的机会是期望价值高、利于创业的。创业机会能否从最初的市场需求和未利用资源的形态发展成为新企业，不仅涉及机会本身的情况，还要求机会能与创建新企业的其他力量（创业团队、投资人等）相协调。

为了分析、评价创业机会，本章第三节详细讨论了 Timmons 的评价框架，其中涉及八大类 53 项指标。现实中有成千上万适合创业者的特定机会，但未必都能与这个评价框架相契合。但 Timmons 的理论框架仍然是目前包含评价指标比较完全的一个体系。

不过，应该明确认识的是，创业机会的识别、评价和利用是创业者个人的个性、能力、资源等情况与创业机会本身相互作用的过程。本章第四节进一步讨论了创业机会识别与开发的过程。

思考题

1. 讨论创业机会的静态概念和动态概念的区别和联系。

2. 分析互联网创业浪潮中取得成功的一些创业者，探讨：(1) 他们曾经面临哪些主要的机会？请列举你认为最重要的 3 个。(2) 帮助他们取得创业成功的核心因素有哪些？(3) 他们之间共性的特点有哪些？

3. 在当前"大众创业、万众创新"新形势下，国家出台了一系列支持创新和创业的政策，请结合你感兴趣的领域或行业，分析其中会出现什么样的创业机会？你认为创业者需要在哪些方面做准备，才能抓住这样的创业机会？

参考文献

1. Alvarez, S. A., & Barney, J. B. 2007. Discovery and creation: Alternative theories of entrepreneurial action. *Strategic Entrepreneurship Journal*, 1: 11-26.

2. Alvarez, S. A., Barney, J. B., & Anderson, P. 2013. Forming and exploiting opportunities: The implications of discovery and creation processes for entrepreneurial and organizational research. *Organization Science*, 24: 301-317.

3. Ardichvili A, R. Cardozo., & S. Ray, 2003. A theory of entrepreneurial opportunity identification and development. *Journal of Business Venturing*, 18 (1): 105-123.

4. Baron, R. A. 2006. Opportunity recognition as pattern recognition: how entrepreneurs "connect the dots" to identify new business opportunities. *Academy of Management Perspectives*, 20 (1), 104-119.

5. Casson, M. 1982. The Entrepreneur: An Economic Theory. Martin Robertson, Oxford, UK.

6. Davidsson P., & B. Honig. 2003. The role of social and human capital among nascent entrepreneurs. *Journal of Business Venturing*, 18: 301-331.

7. Gaglio C. M., & J. A. Katz. 2001. The Psychological Basis of Opportunity Identification: Entrepreneurial Alertness. *Small Business Economics*, 16: 95-111.

8. Getzels, J. 1962. Creativity and Intelligence. Routledge, London.

9. Gruber, M., Macmillan, I. C., & Thompson, J. D. 2013. Escaping the prior knowledge corridor: what shapes the number and variety of market opportunities identified before market entry of technology start-ups?. *Organization Science*, 24 (1), 280-300.

10. Hmieleski, K. M., & Baron, R. A. 2010. Regulatory focus and new venture performance: a study of entrepreneurial opportunity exploitation under conditions of risk versus uncertainty. *Strategic Entrepreneurship Journal*, 2 (4), 285-299.

11. Kaish, S., & Gilad, B. 1991. Characteristics of opportunities search of entrepreneurs versus executives: sources, interest, and general alertness. *Journal of Business Venturing*, 6: 45-61.

12. Kirzner, I. M. 1973. Competition and Entrepreneurship. University of Chicago Press, Chicago, IL.

13. Kirzner, I. M. 1979. Perception, Opportunity and Profit. University of Chicago Press, Chicago, IL.

14. Ramoglou, S., & Tsang, E W K. 2016. A realist perspective of entrepreneurship: Opportunities as propensities. *Academy of Management Review*, 41 (3): 410-434.

15. Ramoglou S., & Tsang, E W K. 2017. In defense of common sense in entrepreneurship theory: Beyond philosophical extremities and linguistic abuses. *Academy of Management Review*, 42 (4): 736-744.

16. Schumpeter, J. 1934. Capitalism, Socialism, and Democracy. Harper & Row, New

York.

17. Shane, S. 1999. Prior knowledge and the discovery of entrepreneurial opportunities. *Organization Science*, 11 (4): 448-469.

18. Shane, S., & Venkataraman, S. 2000. The promise of entrepreneurship as a field of research. *Academic Management Review*, 25 (1): 217-226.

19. Sine, W., & David, R. 2010. Institutions and entrepreneurship. In: Sine, W., David, R. (Eds.), Institutions and Entrepreneurship (Research in the Sociology of Work vol. 21). Emerald Books, Bingley, UK, pp. 1-26.

20. Stevenson, H. H., Roberts, M. J., & Grousbeck, H. I. 1985. New Business Ventures and the Entrepreneur. Irwin, Homewood, IL.

21. Timmons J. A. 1999. New venture creation: Entrepreneurship for the 21st century. McGraw-Hill, 5.

22. Tolbert, P., David, R., & Sine, W. 2011. Studying choice and change: the intersection of institutional theory and entrepreneurship research. *Organization Science*, 22: 1332-1344.

23. Venkataraman, S. 1997. The distinctive domain of entrepreneurship research: an editor's perspective. In: Katz, J., & Brockhaus, R. (Eds.). *Advances in Entrepreneurship, Firm Emergence, and Growth*, 3: 119-138.

24. York, J. G., & Lenox, M. J. 2015. Exploring the sociocultural determinants of de novo versus dealio entry in emerging industries. *Strategic Management Journal*, 35 (13), 1930-1951.

25. [美] 戴维·帕卡德. 惠普之道：比尔·休利特和我是如何创建公司的 [M]. 刘易斯, 贾宗宜译. 北京：新华出版社，1995.

26. [美] 李钟文，威廉·米勒，玛格利特·韩柯克，亨利·罗文. 硅谷优势：创新与创业精神的栖息地 [M]. 北京：人民出版社，2002.

27. 姜彦福，邱琼. 创业机会评价重要指标序列的实证研究 [J]. 科学学研究，2004 (1): 59-63.

28. 罗家德. 复杂：信息时代的连接、机会与布局 [M]. 北京：中信出版社，2017.

29. 林强，姜彦福，张健. 创业理论及其架构分析 [J]. 经济研究，2001 (9): 85-94.

30. 林嵩，姜彦福，张帏. 创业机会识别：概念、过程、影响因素和分析架构 [J]. 科学学与科学技术管理. 2005 (6): 128-133.

31. 芮明杰主编. 产业经济学（第2版）[M]. 上海：上海财经大学出版社，2012.

32. 斯晓夫，王颂，傅颖. 创业机会从何而来：发现，构建还是发现＋构建？——创业机会的理论前沿研究 [J]. 管理世界，2016 (3): 115-127.

33. 唐靖，张帏，高建. 创业者在不同环境下的机会识别和决策行为研究 [J]. 科学学研究. 2007 (2): 328-333.

34. 王缉慈，等. 超越集群：中国产业集群的理论探索 [M]. 北京：科学出版社，2010.

35. 于晓宇. 创业失败研究评价与未来展望 [J]. 外国经济与管理. 2011 (9): 19-26.

36. 张健，姜彦福，林强. 创业理论研究与发展动态 [J]. 经济学动态，2003 (5): 71-74.

37. 张玉利，杨俊，任兵. 社会资本、先前经验与创业机会——一个交互效应模型及其启示 [J]. 管理世界，2008 (7): 91-102.

本章案例

米公益的创业机会识别与开发[①]

每天走3 000步就可以为福利院的孩子捐出一顿午餐,连续3天早起就可以为贫困山区的孩子捐出一个月的干净水——这是"米公益"创造的公益模式。上线仅仅两年,"米公益"就为中国近千家公益机构和数十个贫困县对接了千万元的公益捐赠,两位创始人王子、莫子皓也因此入选福布斯30位30岁以下的亚洲商业领袖。而他们的创业故事则要从2012年年底的一次烧烤摊夜宵说起。

2012年年底,一次偶然的机会,王子和好友莫子皓吃夜宵时谈到了两周前去外来务工子弟学校支教的经历。当时他想给孩子带一些水彩笔过去,却被领队制止了。他很不解:为什么有的人好心做公益却被拒绝?后来才得知,是因为过去太多人作了承诺却无法兑现,反而伤害了孩子。那么,为什么支教团可以忍心看着孩子们用没有颜色的水彩笔干画呢?领队说是他们没钱。那一次经历,让王子反思:一方面,身边遇到很多人,每每谈及公益都很愿意参与,但却无法坚持;另一方面,尽管职业公益人不少,但他们能够使用的资源又不多。同样做过志愿者的莫子皓也有这种感受,因为对一般人而言,做公益要么花钱,要么花大量时间,很难坚持。

经过研究,二人发现,做公益存在需求和供给不匹配的情况:对于一般人而言做公益本质上是为了获得付出感、成就感和幸福感,但旧有公益模式的门槛较高,不是捐钱就是要持续一整段时间,对大部分人来说太难坚持,自然就很难参与;另外,公益从业者大都专业于服务受助对象,缺少相应的能力、渠道和资源去募集大量资金。这里,供给、需求和能力的不匹配让公益行业的发展面临很多挑战。但在研究中,有一个令人欣喜的发现:对于企业而言(特别是上市公司和跨国企业),公益是一个必要的支出项。在2011年,全国全年捐赠额已经接近1 000亿元,数额不小。于是,一个想法应运而生:能不能企业出钱,普通人出力,公益机构只管落地执行呢?

两人一拍即合,提出了开发"米公益"模式和App的想法:把人们投身公益的热情变成一颗颗"虚拟大米",让"米粉"们在手机上完成日常、健康、简

[①] 本案例中的两位创业者于2017年4月入选福布斯"30 Under 30 Asia"榜单。

单、有趣的任务——出力，如跑步、学习、早起、读书等；捐赠企业获得公益宣传——出钱；公益组织获得资金资助并落地执行。通过搭建一个连接"米粉"、公益组织和捐赠企业三方的平台，匹配供需和能力，让每一方都能获益，让公益可持续。至于为什么是APP，王子回忆说："那时候移动互联网已经火了一阵了，越来越多的人有手机，所以我们必须要把服务嫁接到更有生产力的工具、潮流上；另外，我们当时上 App Store（苹果官方的应用商店）搜'公益'这个关键词，没有任何结果，就觉得这是一个机会，没想那么多，既然没有人做，就证明我们是第一个做的。"

接下去的2个月时间，王子和莫子皓先是"闭关"15天，完成了整个创业构想和产品原型的设计。之后得益于二人在大学时积累下的个人信誉和个人品牌，他们仅用一个月的时间就组建了一支15人的初创团队，汇聚了当时在校各个专业搞实践的"精英"。5个月后，"米公益"的demo版本和招商手册就制作出来了。

在创业初期，说服资金方是最困难的，因为对于大众而言，不出钱就可以做公益，谁都愿意；对于公益机构而言，不出力就可以筹到钱，显然也倍受欢迎；但对于一个企业而言，要相信一个初创公司，况且还是学生团队，能够帮他花好做公益的钱，这个太难了。于是想当然的"商业需求"在面市的第一个月就碰了壁：有人用App赚米，但没人为这些米"买单"，这个模式就转不起来……这是否意味着，米公益这类似"乌托邦"的公益模式不可行？最关键的时候，王子和莫子皓拿出了自己在大学时的10万元奖学金，咬牙自己做了"捐赠人"，也由此正式让平台运转了起来。王子后来回忆说："当时没有人相信我们，既然大家都不肯做第一个吃螃蟹的人，那我们就自己吃，还要吃得最香。"两个月以后，通过对熟人圈、校友网络的不断挖掘和公关，米公益才积累起了第一批信任这个新平台的捐赠人，尽管他们捐赠得不多，但却给了两位创始人和团队真实的希望。

截至2016年年底，经历了多次坎坷与命悬一线，成立四年的米公益，已经与上百家企业建立合作关系，每年创造着数千万次的公益参与。现在人们再去 App Store 搜索"公益"这个关键词，显示的结果已不下 100 款 App，与当初的"一无所有"相比，这个市场已经逐渐被打开。

资料来源：根据本书作者对"米公益"长期调研访谈内容整理。

思考题

1. 米公益创业机会来自何处？有什么特点？
2. 创业初期，米公益遇到最大的困难是什么？他们是如何克服的？
3. 通过对米公益模式的分析，你认为进行公益相关的创业最重要的是什么？

商业模式

第4章

> 虽然硅谷在技术创新方面闻名于世,但商业模式的创新同样是硅谷取得惊人经济成就的重要原因。
>
> ——迈克尔·内文斯

学习目的

1. 明确商业模式的概念和在创业过程中的重要作用;
2. 掌握商业模式合理性的基本检验方法;
3. 理解评价商业模式优劣的 3S 原则;
4. 了解商业模式演进和持续创新的一般规律;
5. 理解商业模式和创业战略的关系。

 引言

在 2000 年前后的互联网创业热潮中,"商业模式"是当时使用频率最高的词语之一。

网络泡沫破灭后,商业模式似乎一度被人们淡忘,但实际上它仍然是商业界非常重要的概念。一个直接的体现:在美国著名商学院的课堂中,商业模式是分析创业和企业商业运行时不曾遗漏的内容。只不过,分析的过程更加注重回归商业最基本要素:为顾客提供价值,为股东创造价值,为员工提供自我价值实现的机会和空间。

2004 年,Google 公司的成功上市和上市后的优秀表现,使人们更加深入地思考商业模式及其对创业成功的作用。

专栏

Google 的定向广告：基于搜索引擎的互联网广告业务

2004年，众多美国投资者讨论得最多的话题莫过于Google公司的上市和股价。2004年8月18日，Google通过拍卖方式最终确定85美元的首次公开发行（IPO）价格，并获得了美国证券交易委员会（SEC）的上市许可。8月19日，成立只有短短6年时间的Google公司正式挂牌纳斯达克，第一天股价大幅上涨，报收于100.34美元，股票易手量达到2 200多万股。通过IPO，Google公司共募集了14亿美元的资金，其市值高达230亿美元，创业投资公司得到了巨额投资回报，Google的近2 300名员工中有近1 000人因此一跃成为百万富翁。这些员工中有大批致力于提供最优算法的数学天才，因此硅谷里还盛传着这么一句话，"Google使历史上第一次有成批的数学家成为富翁。"这是继互联网泡沫破灭后，最大也是最成功的一个网络企业上市案例。

Google上市这一天，很多投资者都在怀疑，"Google的股价是不是高得太离谱了？"但是，上市后的Google股价依然保持强劲的上涨势头。当时，很多投资者同时持有雅虎和Google的股票，他们不断地通过比较两者的业务、业绩、潜力和股价来调整这两种股票持有量的比重。

2004年10月底，Google公司发布上市后的首次财务报告，即2004财年第三季度的财务情况，公司净利润达到5 200万美元，而上年同期净利润仅为2 040万美元，利润同比增长超过一倍。这样出色的业绩报告令Google的股价连续上涨，并达到186美元的高峰，其市值也飞涨至505.6亿美元，超出其竞争对手雅虎当时473.6亿美元的市值水平①。

那么，到底是什么原因让Google大获成功？在这里我们不妨简单回顾一下Google的发展历史。

1998年，斯坦福大学计算机系的两位博士生谢尔盖·布林和拉里·佩奇正式成立了Google公司，他们最初的想法是做世界上最好和最大的搜索引擎。当时，大多数搜索引擎依据的是关键词在网站上出现的频率来罗列搜索结果的，而布林和佩奇认为，更重要的因素应该是网页的相关程度和链接到该网页的其他网页数量。很快，Google凭借其良好的技术、简洁的网页界面和便利的使用，在用户中形成了良好的"口碑"，深受大批全球互联网用户的青睐。

反观其他同类型公司，当时很多网站的一个最重要的盈利模式是通过网络广告变现，但是网民们很不喜欢通栏广告，企业客户投放这种网络广告取得的效果也不尽如人意。Google发现了这个尚未被完好满足的需求后，于2002年2月借助

---

① 如今Google是市值最高的企业之一，而雅虎则日薄西山。2016年，雅虎的核心业务被出售，雅虎的网站也被改名，雅虎时代正式终结。

Adwords软件成功推出定向广告服务。它允许根据用户的搜索词激活相关页面的广告信息，广告显示在计算机屏幕上搜索结果的右方。广告商则根据用户点击广告链接的次数来向 Google 付费，这让广告商一目了然地看到广告的效果。

截至 2004 年年初，Google 公司的定向广告服务已经拥有超过 15 万名广告商，绝大多数客户都对此项服务给予极高的评价。2004 年，Google 升级了系统，改用 Adsense，这种系统使在非搜索网站上加入广告成为可能。举例来说，如果你从 newyorktimes.com 网站上阅读关于纽约马拉松比赛的信息，Adsense 便可以提供有关运动饮料、跑鞋或其他广告。广告业务成为驱动 Google 增长的巨大动力。

值得注意的是，虽然 Google 也在主页上刊登广告而获取收入，但它们并不是传统的通栏广告。Google 的广告是整个的文件，这样做的目的之一是保证立刻显示与搜索者兴趣相关的广告。给 Google 投资的风险投资家 Sequoia Capital 的合伙人迈克尔·莫里茨（Michael Moritz）对此评价道："这是一种纯粹的、直接的搜索。正如专门刊登财经、体育、女性或拍卖等内容的网站发展迅速一样，一两个专注于搜索的网站也会热门起来。"

2004 年 11 月，在斯坦福大学年度创业计划大赛的启动会上，主办方邀请到硅谷最著名的创业投资公司之一，也是 Google 的最大投资者——Kleiner Perkins Caufield & Byers（简称 KPCB）的合伙人维诺德·科斯拉[①]来演讲。他在回答 Google 的成功原因时表示："Google 创造了一种全新的商业模式，其中一点是，它使广告定向了，广告的效果更好。"

4.1 商业模式的概念

4.1.1 什么是商业模式？

咨询师 Mitchell 和 Coles（2004）对商业模式的定义是：一个组织在何时（when）、何地（where）、为何（why）、如何（how）和多大程度（how much）地为谁（who）提供什么样（what）的产品和服务（即"7W"），并开发资源以持续这种努力的组合。

哈佛商学院的教学参考资料中将商业模式定义为"企业盈利所需采用的核心业务决策与平衡"（Hamermesh, Marshall and Pirmohamed, 2002）。例如，Google 的商业模式便是让普通用户免费使用其搜索引擎，而通过定向广告从企业客户那里获得收益。

---

① 维诺德·科斯拉也是 SUN 公司的共同创始人。

最通俗的定义是：商业模式就是描述企业如何通过运作来实现其生存与发展的"故事"。在网络热潮时期，硅谷的许多创业者曾通过给投资者讲一个好的"故事"而获得了巨额融资。2005—2006年，基于web2.0的商业模式和创业案例又成为一个新"热点"。近年来，随着智能手机和移动互联网的普及，所谓O2O（Online To Offline）的商业模式一度非常火爆，它将线下的商务机会与互联网结合，让互联网成为线下交易的前台。

4.1.2 什么是好的商业模式？

商业模式的核心三要素是顾客、价值和利润。一个好的商业模式，必须回答以下三个基本问题：

（1）你的顾客是谁？

（2）你能为这些顾客提供什么（独特的）价值？

（3）你是否能以合理的价格为顾客提供这些价值，并从中获得合适的利润？

评价一个创业企业是否提出了真正具有创新性的商业模式，首先需要从逻辑上回答上述问题，尤其需要判断它能否为顾客、股东和员工，甚至其他利益相关者带来实际的价值和利益。总之，好的商业模式应当能够为多方创造价值，尽可能实现"多赢"。因此，魏炜和朱武祥提出，商业模式的本质就是"利益相关者的交易结构"。如果交易结构设计得不合理，显然这种商业模式是很难成功的。

从引言Google的案例中我们可以看出，Google的商业模式回答了有关顾客定位、价值创造、利润来源三个问题：

（1）准确的角色刻画：广告客户和普通网络用户。

（2）合理的动机：广告客户希望更好的广告效果，普通网络用户不希望网站上满眼是通栏广告。

（3）使人洞悉价值的故事情节：定向广告，实现更好的普通网络用户上网感受，更满意的广告客户投资效果，Google更好的收入来源。

一个成功的商业模式应该是对现有方法的有效改进或突破，即改变"7W"中的一个或者几个。通常，企业的业务价值链可以划分为两部分：（1）与生产相关的所有"后端"行为：产品设计、原材料采购、生产制造等；（2）与销售相关的所有"前端"行为：寻找并接近客户、交易谈判、分销产品或者提供服务。Magretta（2002）认为，所有新的商业模式是对存在于现有业务中的价值链的改变。一种新的商业模式的故事情节或经济逻辑，可能始于设计一种新产品，以满足一项尚未被完好满足的需求，如Google的搜索引擎和定向广告链接服务；也可能始于一个流程的创新——用更好的方法从事一种成熟产品或服务的生产、销售或分销，如eBay、Dell、沃尔玛。不过，现实中的商业模式创新也可能是源于这两部分不同环节的创新组合，如苹果公司的数字音乐播放器产品iPod+iTunes音乐在线商店的商业模式。一方面，iPod容量大，其时尚的外观设计迎合了年轻人的喜好，40G硬盘的标准配置可以容纳近 1 万首歌曲；另一方面，苹果的 iTunes 音乐在线商店把 iPod 和 99 美分音乐下载服务联系起来，其简单便捷赢得了大多数用户的青睐，并带动了苹果公司 iPod 音乐播放器的销售。2004 年 11 月，苹果公司还和 U2 乐队共同推出了 iPod＋U2 的合作联盟，为 iPod 产品进一步"摇旗呐喊"。

4.2 商业模式的作用

4.2.1 商业模式自身的商业价值和逻辑主线

在确立商业模式时，创业者会思考一系列的问题。如企业的收入来自谁？顾客看重的核心价值是什么？通过什么方式向顾客提供价值和筹集资金？企业是否拥有吸引和保留每一项收入来源的能力？在经营活动中可以扩展和利用的优势、能力、关系和知识有哪些？

一个好的商业模式本身具有非常重要的商业价值，具体包括以下几方面。

(1) 作为规划工具，商业模式的选择可以促使创业者缜密地思考市场需求、生产、分销、企业能力、成本结构等各方面的问题，将商业的所有元素协调成一个有效、契合的整体。

(2) 可以让顾客清晰了解企业可能提供的产品和服务，实现企业在顾客心目中的目标定位。

(3) 可以让企业员工全面理解企业的目标和价值所在，清楚地知道自己能做的贡献，从而调整自己的行动与企业目标的和谐。这一点在高新技术企业和知识型企业中尤为重要。

(4) 可以让股东更清晰、方便地判断企业的价值及其在市场中的地位变化。

沿着价值创造、价值传递、价值分享和收入获取这个逻辑主线（见图 4-1），商业模式可以帮助创业者（企业）更为深入地思考创业过程中的一些关键问题：

(1) 你的目标客户是谁？即：你为谁创造价值？

(2) 你的产品或服务能够为顾客解决什么问题？这个问题对顾客的重要性和紧迫性多大？即，你为顾客创造的价值是什么？这个价值有多大？

(3) 要实现为目标客户创造特定的价值，企业需要什么样的价值链？企业在价值链中处于什么样的位置？即：如何传递价值？

(4) 所创造的价值如何在客户、企业自身和供应商之间分配？谁是你的收费客户？如何从这些客户那里获得收入？获得多少收入？具体的支付方式是什么？为了获得这些收入，企业的成本结构是什么？企业的边际利润如何？随着企业业务的发展，收入结构、成本结构和边际利润可能发生什么变化？即：企业如何分享所创造的价值，获得收入，实现盈利？

让我们回顾一下 21 世纪初互联网泡沫破灭后在美国纳斯达克上市的中国创业企

图 4-1 商业模式的逻辑主线:价值的创造、传递、分享

业及其商业模式(表 4-1)。可以看出,这些上市的企业都有清晰可行的商业模式,基本上处于新兴的产业领域,其中相当多是互联网服务企业,如携程网、空中网等;同时也开始出现一些技术能力较强的企业,如中星微电子、百度、德信无线等。可见,经历了 21 世纪初互联网泡沫破灭后的纳斯达克,重新回归价值和理性。

表 4-1 2003—2005 年在纳斯达克上市的中国企业的商业模式

公司名	上市时间	主要业务(商业模式)
携程网	2003/12/09	在线旅游服务
掌上灵通	2004/03/04	无线短讯和铃声专业服务
Tom 在线	2004/03/10	无线服务
中芯国际	2004/03/17	芯片制造
空中网	2004/07/09	无线内容和无线应用服务
前程无忧网	2004/09/28	人才招聘网站
金融界	2004/10/15	金融信息产品和增值服务
e 龙	2004/10/29	在线旅行公司
华友世纪	2005/2/4	无线增值服务
德信无线	2005/5/7	手机设计整体解决方案
百度	2005/8/5	中文搜索引擎
中国医疗	2005/8/10	医疗设备
中星微电子	2005/11/15	数字多媒体芯片设计
奥瑞金	2005/11/9	农业高科技(种子开发和提供商)
珠海炬力	2005/11/30	多媒体芯片设计

4.2.2 商业模式在创业过程中的重要作用

通过图 4-2 的创业程序,可以直观地看出商业模式在整个创业过程中起着承前启后的作用。

创业的重要外在驱力是创业者发现创业机会,即未得到满足(或开发)的顾客需求,如果这种创业机会足够好,创业者可能愿意承担创业风险。发现了明确的创业机会的创业者,其创业的初衷往往非常简单明晰(当然,相当多的只能逐步清晰),这种清晰的创业目标,实际上就是创业者的愿景。

为了实现愿景,创业者(企业)需要为顾客提供具体的价值。按照重要程度,可以将其分为核心价值、重要价值和辅助价值。对于一个创业企业,要找到其具体的价值定位,即企业最希望为顾客提供什么价值;或者从顾客角度来说,顾客最有

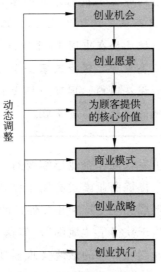

图 4-2　创业程序图

可能希望从企业那里得到什么价值（其他地方不能得到或者不容易得到，或需要更大的代价才能得到）。

Dorf 和 Byers（2005）将企业提供的核心价值划分为五类：产品、价格、渠道、服务和体验。表 4-2 对一些著名企业为顾客提供的最重要核心价值进行了分析和归类。

表 4-2　企业提供的核心价值：典型案例

企业提供的核心价值	国外案例	国内案例
产品	Intel（芯片）、Google（搜索引擎）	华为、腾讯、百度 清华同方威视（集装箱检测系统） 北大方正（激光照排系统）
价格	美国西南航空公司、沃尔玛	国美电器、二三线品牌国产手机
渠道	Amazon.com、eBay	阿里巴巴、新浪、搜狐
服务	IBM、联邦快递	海尔
体验	星巴克	海底捞火锅、盒马鲜生

当然，现在越来越多的企业在两个甚至多个维度提供核心价值，如小米在产品和价格两方面提供高性价比的产品，利用"粉丝经济"进行营销。

 专栏

美国西南航空公司（Southwest Airline）提供美国国内的航空服务，其最大的竞争优势是价格低，当然其服务也不错。作者曾亲身体验过西南航空公司的服务，印象深刻。有一次航班转机达拉斯，飞机快降落时，空姐即兴唱起了美国西部乡村歌曲，感谢并祝福旅客，所有的旅客都报以热烈的掌声。再如，清华同方威视的集装箱检测系统，拥有自主知识产权，产品性能好，价格也不高。截止到2004年年底，同方威视的集装箱检查系统已经在中国13个口岸海关投入运行，成为提高通关效率、打击走私偷运、维护经济秩序、保障国家安全的重要手段，并产生了良好的经济效益和社会效益；同方威视在国内、国际市场上具有很强的竞争力，已经在中国香港、澳大利亚、芬兰等地的竞标中屡屡获胜。

在确认了需要提供的价值后，创业企业还需要有一个商业模式来具体描述和刻画企业将如何实现创业愿景。提炼商业模式有助于创业者对企业运作所涉及的各种业务和要素进行周密考虑，形成相互支持和相互促进的有机整体。

创业者有了商业模式相当于获得了"地图"，但这还不够，到底怎么"走"，则需要一个创业战略来指导；而创业目标的最终实现需要靠良好的创业执行，因为创业征途中会遇到"险滩"甚至"悬崖"，需要创业者具有灵活的调整能力和适应能力。商业模式的设计必须考虑创业者（企业）的核心能力，否则会在执行过程中夭折。

2000年前后，商业模式是使用频率最高的词之一，遍地开花的"dot com"很好地体现了当时的创业热潮，但绝大部分的"dot com"最终却成为"dog com"，并没有创造真正的价值；近年来，"遍地开花"的基于O2O模式的创业，相当多也是以失败告终。很多创业者误以为，只要有一个好的创意和商业模式，他们就可以续写Hotmail、阿里巴巴、京东等这样的创业神奇；很多创业企业片面追求商业模式的新颖性，看似非常美妙实则涉及太多要素和产业，价值链过于冗长，创业者又缺乏自身的核心能力，无法满足商业本身的基本要求，最终使创业目标难以实现。因此，创业企业在形成自己的商业模式时，需要考虑是否拥有核心能力（或者能够创建核心能力）来实现价值和创业愿景（vision）。

显然，创业者在创业之初不可能掌握所有的信息，加上外部环境的不断变化，新的竞争对手不断出现，原有的行业巨头也在不断调整自己的策略并开辟新的商业领域。因此，商业模式的动态调整是必需的，包括重新评估创业机会，甚至可能需要放弃原先的创业设想。创业程序图中的各步骤都可能需要重复进行，以体现出动态调整的特征。

4.2.3 商业模式和创业战略的关系

在现实中，创业者常常犯的一个错误是把商业模式和创业战略混为一谈，误以为有了好的甚至创新性的商业模式，就有了好的创业战略。实际上，商业模式与战略既有区别又有联系。

Magretta（2002）指出，商业模式描述的是业务的各个部分是如何组合成为一个系统的。商业模式更多考察由建立和运营企业所必需的各个环节紧密构成的完整要素链。它往往起源于商业机会，考虑的主要是企业、顾客、股东等相关利益主体之间如何实现"共赢"。任何一个能长期存活下来的企业（乃至更广义的组织），都拥有合适的商业模式，哪怕简单到仅仅是一个系统中很微小的一部分。

创业战略则在于规划一条从创业机会、组织资源通向创业目标的道路，它必须充分考虑到竞争因素。迈克尔·波特在《什么是战略》这篇管理学经典论文中提出，"竞争战略就是创造差异性，即有目的地选择一整套不同的运营活动以创造一种独特的价值组合"，"战略的实质存在于运营活动中——选择不同于竞争对手的运营活动，或者不同于竞争对手的活动实施方式"。

同样的商业模式下，企业可以采取不同的竞争战略。例如，沃尔顿先生在1962年创建沃尔玛公司的时候，采用了折扣零售这种新潮的商业模式，但与采取该商业模式的其他企业不同，沃尔顿将沃尔玛店选址在郊区或偏僻小镇而不是大城市，沃尔玛销售品牌产品而不是非品牌产品。不同的创业战略导致了不同的结果，而今，当年的折扣店大多早已倒闭，沃尔玛却成长为零售业的"老大"。

可见，商业模式和创业战略在概念上有所区别，各有侧重，创业者构思出好的商业模式后，还需要进一步认真探索创业战略。但两者也有联系，它们都派生于共同的市场机会，服务于共同的企业目标。

🎯 专栏

在《日本还有竞争力吗？》这本专著中，波特教授等批评日本企业很少有战略："尽管在20世纪70年代和80年代，日本企业在全球引发了一场运营效益的革命"，但由于"大多数日本企业都相互模仿、相互抄袭，相互竞争的各方提供的产品种类、特色和服务几乎相同。它们都会利用所有的渠道，甚至连工厂的布置也完全相似"，这使相当多的日本企业从20世纪90年代开始逐步丧失国际竞争力。

这些年，国内一出现新的产品和服务，很多企业就竞相模仿，而且是比较盲目的模仿，缺乏对市场和自身能力的认真研究。这是非常值得警惕的。

对初创企业来说，相比于现有的成熟企业，它们通常更加缺乏资源和自主品牌，只有寻找一个新的定位才可能发挥或创造自己的竞争优势。由于出现技术的演进或技术革命、新的消费者（不同的消费心理）群体和新的市场需求等，常常会伴随着创业机会，而现有企业往往对此敏感性相对较差，或者由于现有业务的压力，不愿意迅速去开发新机会。如柯达公司是传统感光摄影技术企业的巨头，近些年遭遇了数码摄影技术革命的巨大冲击，却因固有业务的束缚，没有适时调整自己的方向，错过了许多机会。创业企业作为新的市场进入者，往往更容易发现新的竞争方式，

也更能灵活地抓住市场机会。Scott Shane教授从产业生命周期的角度研究创业机会时指出，当产业还处于年轻的阶段，尤其是还没有出现一个占统治地位的设计（dominant design）时，新创企业有更多的成功机会。但是，创业企业要至少在市场定位、产品种类、特征和服务、销售方式和渠道、生产过程的某个或者多个环节与众不同，才可能赢得独特的竞争地位。

例如，商务通的商业模式非常简单，可以总结为：为当年拥有手机的商务人士提供个人数据信息管理的产品，以满足其对更有效和体面地管理名片和电话号码的迫切需求。但当年商务通的成功，绝不仅仅依靠其商业模式，同样重要的还有其创业战略。

 专栏

商务通的商业模式与竞争战略

回顾1999年恒基伟业在创建一年之内所取得的巨大成功，我们不难发现，它的成功始于设计并成功推出的产品——商务通，它满足了当时拥有手机的商务人士的迫切需求。1998年左右，呼机开始普及，但市场上手机的价格高于5 000元，这在当时来说是比较奢侈的商品；由于当时手机主要的功能是打电话，其他功能很少或很弱，拥有手机的人面临的一个问题：如何更好地管理名片和电话号码？常常出现的尴尬场面是：商务人士们一手拿着高端的手机，一手却在忙乱地翻找着自己手抄的电话号码本——所谓"洋"与"土"的结合。

在商务通推出之前，类似产品主要瞄准学生市场，如快译通等；不过，类似商务通功能的产品在国内市场上并非完全没有，如摩托罗拉公司的"宝典"等，但由于它们在产品功能、市场定位、定价等方面的失误，并没有使PDA市场在中国启动。

相反，恒基伟业公司的主要创始人基于以前做代理的经验和自己对市场机会的洞察，对其推出的产品商务通进行了准确的定位，对相应后续的流程也进行了创新。具体操作如下。

第一，准确的技术定位和定价。恒基把"快捷和简便"作为产品最重要的性能，并且不断改进，使商务通在当时非常实用。而在价格方面，商务通定价为2 000元左右，能被当时拥有移动电话的绝大多数商业人士所接受。而此前的摩托罗拉公司的"宝典"定价接近3 000元，显然高于消费者的心理承受价位。

第二，品牌推广，独树一帜。恒基针对商务人士的生活习惯，最初在北京电视台每天晚上10:00以后的时间段做广告（这个时间以前通常被视为广告的"垃圾时间段"，但这恰恰是商务通的潜在消费群体的看电视时间），并请来当时红极一时的影星陈好作为形象代言人，后面又先后请李湘、濮存昕等明星助阵，对产品的具体功能和性能进行普及，吸引潜在用户。当"呼机、移动电话、商务通，一个都不能少"的广告语家喻户晓时,商务通几乎成为当时整个PDA产品的代名词,可以说,恒基伟业公司在商务通的品牌推广方面做得极为成功。

第三,销售网络。通过"小区域独家代理机制",恒基伟业公司在全国400多个县级以上城市布下了3 000多个销售点。根据恒基的机制,每个地区只设置一家代理商,代理商全权负责该地区产品的推广与销售,绝不允许跨地区销售,并严格执行总部确定的全国统一价格;总部和代理商之间有合理的利益共享。违反这个机制的代理商,会受到惩罚,严重的甚至可能被取消代理资格。

通过对以上案例进行分析,我们发现,商务通在商业模式上具备了一个好故事的三个要素:把顾客定位在拥有移动电话的商业人士;帮助他们更好地管理大量名片和电话号码;借助大量的广告宣传和密集的销售网络来与顾客沟通,使目标顾客认同商务通在商务中对管理电话号码等的作用。

在创业战略方面,商务通在技术定位、定价、品牌推广、销售等方面都非常成功。

当然,商务通当年成功的创业战略和运作,最终还要归功于其管理团队基于相关市场经验而形成的洞察力和良好的策划与执行能力。

无独有偶,互联网时代的小米公司在创业前5年取得巨大成功,其商业模式和竞争战略也非常有特色。

 专栏

小米初创阶段的商业模式

成立于2010年4月的小米公司,在短短4年多的时光里,从一个新创企业发展壮大为新的互联网巨头,其首创的用互联网模式开发手机操作系统以及"为发烧而生"的产品理念已深入人心。在2014年主要手机品牌国内市场中,小米手机以5%的市场份额首次超过苹果手机4.9%的份额。2014年底,以450亿美元的估值,小米一度成为当时全球价值最高的未上市科技公司。小米的成功离不开其独特的商业模式。

除去管理架构、合作伙伴、资源配置、营销方式等方面的成功和创新,"小米模式",即小米真正颠覆时代潮流、横空出世的最根本的商业模式才是我们本章研究的重点。

小米的商业模式,可以概括为硬件+软件+互联网服务。小米不仅向用户销售硬件,还提供软件和服务。小米战略的特点包括追求互联网入口价值、用户参与、互联网营销。综合来看,"小米模式"迅速走红的三个关键词分别是:口碑、粉丝和直销方式。图4-3为小米发展的核心要素(雷军手绘)。

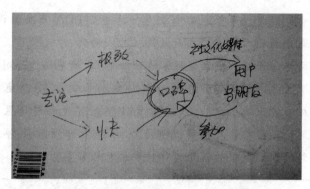

图 4-3 小米发展的核心要素（雷军手绘）

1. 口碑：高性价比的产品

小米最初的目标就是做让用户尖叫的产品——高配置、低价格、功能新颖，这些最终都会转换为用户的口碑。纵观小米产品，不论是软件还是硬件，无一不走口碑道路。

口碑的建立，需要软硬件产品的优质结合以及对客户需要的及时反馈。比如小米在手机上就突出其性能是当时最好的、最快的，价格是在同样配置中最低的。通过使用顶级的供应商及原材料，加强对供应商的质量管控，配合自己的系统使用，能够提供给客户与其他品牌的手机不一样的体验。即便存在一些体验上的小瑕疵，也能通过经常性迭代解决。用户口碑便慢慢积累起来。口碑的维护同样非常重要。小米全方位搭建了虚拟社区、微博官方账号、微信账号等社交平台，公司所有的员工都被要求关注社交平台上客户的声音和意见，也就是"舆情观察"。这有利于及时发现一些负面消息并采取补救措施避免可能给公司和品牌带来负面影响的事件，促使公司不断完善产品和服务。

2. 粉丝

"无米粉，不小米"——小米的口号真真切切反映了其粉丝经济的实质。

小米不但通过粉丝进行产品的销售，也通过这个渠道，让粉丝参与到公司的产品开发，甚至新产品路线图设定。小米联合创始人黎万强说："小米的出发点很简单，我们有一个极其清晰的定位，就是聚集这么多人的智慧做大家能够参与的一款手机，让用户参与到手机研发中。这种参与感是米粉推销小米、长期拥护小米很重要的动力。"在小米对于工程师有个很独特的业绩考核方法，就是粉丝的投票，哪个工程师、哪个功能是他们最喜欢的，相应的工程师就会得到"爆米花"奖励。雷军也说过，"我们的产品开发也会看粉丝们的需要，如果大家真的需要智能豆浆机，小米就会去做。"

在积累了一定规模的粉丝后，第二个阶段就是根据铁杆粉丝的需求设计相关产品，并进行小规模产品内测。小米在这一步做的就是预售工程机，让铁杆粉丝参与内测。第一批用户在使用工程机的过程中,会把意见反馈给小米的客服。小米客服再把意见反馈给设计部门,用户的意见直接可以影响产品的设计和性能,让产品快速完善。据黎万强透露,小米手机1/3的改进建议来自用户。

除了意见反馈以外,第一批工程机用户还起到口碑传播的作用。因为工程机投放市场数量有限,有一定的稀缺性,抢到的用户免不了要在微博或微信朋友圈上晒一下,每一次分享都相当于为产品做了一次广告。这样的话,第一批铁杆用户就好比小米手机洒下的点点星火,酝酿出燎原之势。

粉丝和口碑就这样成为了小米模式成功的关键因素。

3. 直销

小米公司创始人的创业基因为软件和互联网,因此他们一开始就选择了电子商务的方式,并采取了自建B2C商城,直接面向客户进行产品销售,同时也与部分第三方B2C电商平台有一定合作。这种以电子商务B2C直销为主,以一小部分和运营商的合约渠道销售为辅的直销模式做到了"轻资产、零库存",不仅缩短供应链、减少仓储物流、加快资金周转率,也使公司把精力高度集中在产品研发和用户服务上。

"口碑+粉丝+直销"是小米独特的商业模式,回归到传统的商业模式的框架和分析,就像本书中的理论框架所述,一个好的商业模式需要回答3个问题:谁是你的顾客?你能为这些顾客提供什么(独特)价值?你如何以合理的价格为顾客提供价值,并从中获得合适的利润?从这三点出发,我们可以发现,小米的主要顾客群体便是"粉丝",即首先甄选核心用户,再由粉丝用户圈层影响到普通用户,并不断把普通用户发展、扩展到粉丝用户圈层。而资深粉丝又可进阶到核心用户圈层。进一步,小米让核心用户优先、优惠甚至免费地提前参加早期的产品和服务使用和体验,收集其反馈意见改进产品(包括硬件、软件、服务)。小米的客户价值主张是通过提高产品价值和降低顾客成本,尽可能提高顾客的让渡价值。最后,小米凭借其降低成本以实施低价策略,不仅为顾客提供价值,还从中获取了合适的利润,主要包括:(1)小米运用高通的处理器,降低了研发成本和采购成本;(2)用户测试取代通信实验室,使其测试成本达到最低;(3)电商直销为主的销售模式大大降低成本;(4)口碑营销和互联网营销的方式降低广告方面的投入。

小米独特的商业模式和竞争战略,使小米快速成为行业价值链上的领导企业。

4.3 商业模式的评价

4.3.1 商业模式的合理性

商业模式合理是创业成功最基本的条件之一。

Hamermesh, Marshall and Pirmohamed (2002) 认为商业模式应当包括四个核心内容：收入来源、成本的主要构成、所需要的投资额、关键的成功要素。

收入来源形式有单一的收入、多种相互独立的收入、多种相互依存的收入、企业为招徕顾客而承担的主要亏损（loss leader）；具体收入模式的种类包括会员费（或订阅费）、基于使用量的收费（如移动电话短信、上网费）、基于广告的收入（如Yahoo!、新浪等）、授权费（如美国高通公司等）、交易佣金（如eBay）等。

成本的构成则包括固定成本、半可变成本（semi-variable）、可变成本和非再生成本（non-recurring）。在分析成本结构时，投资额可以用累积现金流图来体现，看看创业可能需要的最大投资额、何时企业能够实现首次盈亏平衡、何时能够收回所有投资。

为评价商业模式，最后还需要认真研究影响创业成败的关键要素，并进行敏感性分析。

商业模式是否具有合理性，是企业能否成功的基本条件。作者曾经阅读、评审过大量创业计划书，其中不少计划书的各种财务分析形式上似乎非常规范，分析得出的企业盈利前景似乎也非常好，但数据的可信还取决于其分析的假设是否正确。事实上，一些分析假设常常过于乐观，如（潜在）市场很大，高达数亿元，企业在何时可以拥有多少市场份额，相应实现多少的收入和利润。这其中暗含两个重要的假设：第一是市场可以有较快的增长速度；第二是企业能够抓住机会，在足够的资本支持和合适的成本情况下，获得相应的份额，获得相应的利润。然而这些假设能否站得住脚，往往有待商榷。

4.3.2 商业模式合理性的基本检验方法

一般而言，商业模式合理性的基本检验方法有两种。

1. 逻辑检验

从直觉的角度考虑故事的逻辑性，判断隐含的各种假设是否符合实际或在道理上说得通。如果商业模式所讲的故事没有意义，企业运营中必备的参与各方（顾客、供货商、分销商等）不会按照假设行动，则该商业模式不能通过逻辑检验。

 专栏

校园笔记本电脑信贷模式的失败

2003年的9月下旬，清华校园十食堂旁的小树林里非常热闹，北京某科技发展有限公司正在做大型的促销活动。他们在清华首先推出了"笔记本电脑分期付款高校巡展"。随着消费信贷的理念逐步被中国人所接受，尤其是住房和汽车信贷越来越普遍，该公司看好校园信贷需求，认为相当多的大学生希望拥有属于自己的笔记本电脑但又一时无力购买。为了开发市场，他们提出了 Ecampus 计划，其宣传口号是"信贷消费，时尚 e 派""校园信贷，成就未来"。

该公司的商业模式非常清晰：与某银行联手，为在校的大学生和教师提供购买笔记本的消费信贷，银行提供贷款，该公司提供信用担保。例如，某大学生在 2003 年通过 Ecampus 消费信贷，首付 20%，购买了一台价格为 10 000 元的 IBM 笔记本电脑，贷款期为 2 年，在购买的 2 年内，每个月按时支付本息；并在交纳首付款时一次性支付担保费，担保费按照贷款额的 1%～3%（根据申请者的资质而定）收取。公司给潜在的顾客提供了如下一个非常诱人的笔记本电脑信贷消费公式：

$$2003+2004+2005=首付 20\%，笔记本电脑轻松拥有$$

当然，并不是所有人都能随便申请。申请人必须满足一定条件，其中一条便是提供反担保人。当然，为了刺激消费，公司也做了很多努力去尽可能降低申请人的门槛。

他们在清华西区大食堂旁开了第一家 Ecampus 数码体验中心，实实在在来推动这项业务。他们的判断很明确：清华学生以理工科学生为主，他们对计算机比较热爱，因此在北京高校大学生中，他们的消费意愿相对较强，按时还贷的能力也比较乐观。

但事实并没有料想中的如意。开业之初，有很多同学来咨询，场面相当热闹；但慢慢地，这种热闹劲就冷却下来，一个月后便门可罗雀；开业 3 个月左右，Ecampus 清华大学数码体验中心被迫关门。

这个看似非常不错的创意和商业模式，为什么很快就失败了呢？

表面上看，这个商业模式具备了一个好"故事"必备的所有元素：

准确的角色刻画：在校大学生和教师（尤其是前者）；

合理的动机：希望拥有属于自己的笔记本电脑但又一时无力购买；

使人洞悉价值的故事情节：在校大学生和教师支付 20% 的首付，即可拥有笔记本电脑；公司为购买笔记本电脑的在校大学生和教师提供担保，收取担保费；银行为良好的顾客提供信贷，获得稳定的利息收入。

但是仔细分析，从中发现很多问题：

首先，清华大学的教师通常在院系里有配备的计算机可供使用，对自己出钱购买笔记本电脑的意愿显然不高；即便是要购买，也无须借助信贷，毕竟笔记本电脑不似房子、汽车那样需要大额投资。

其次，学生群体同样对私人笔记本电脑需求不大。清华的大学生通过公用设备上机非常方便；虽然拥有自己的笔记本很"酷"，但首付后，每个月要支付约 400 元的贷款，这对于穷学生来说是项不小的压力，还不如向亲朋好友一次性借钱买来，工作后，一次性还清。何况笔记本的折旧速度非常快，平时功课很忙，哪有时间去好好享用这个"时尚 e 派"呢？除非暑期，学生希望打工赚钱，这个时候，可能拥有一台笔记本很方便；但 Ecampus 业务推出的时间却是在新学期刚刚开始的 9 月份。

可见，Ecampus 大学生消费信贷的商业模式在经济逻辑上并不切实可行。

当时，笔者在大四本科生的课堂上，和同学一起讨论这个企业的业务，让同学来分析其商业模式可行性，并举手投票来判断 Ecampus 消费信贷在清华能否成功，绝大多数同学投了否决票。可见，想要进入大学校园市场，最重要的是要做好相关市场研究，了解清楚大学生的消费心理和实际的消费能力。

2. 数字检验

数字检验是指对市场的规模和盈利率、消费者的消费行为和心理、竞争者的战略和行动进行分析和假设，从而估计出关于成本、收入、利润等量化的数据，评价经济可行性。当测算得出的损益达不到要求时，则该商业模式不能通过数字检验。国内在线购物网站 eguo.com（e 国网）的失败就是一个可以利用数字检验的典型例子。

 专栏

e 国网的失败

1999 年，e 国网在北京创建。它是一个以经营日用品为主的网上超市，志在成为中国的在线沃尔玛。eguo.com 曾经多次进行大规模的海外创业融资。他们曾通过提出北京市区内一小时送货上门的承诺来争取顾客。为了解决配送难题，他们还筹建自有配送体系。以学生购物为例：当时住在清华大学 20 号楼的博士生网上购买了几十块钱的日常用品，eguo.com 送货汽车会直接送到学生宿舍楼里，并且赠送 2 小瓶可乐。通过这种方式，eguo.com 确实争取到了不少顾客，培养了年轻人网上购物的习惯，可是其经营却是不可持续的。因为杂货店的利润本身比较薄，沃尔玛在低价格之下能够盈利靠的是大批量；像 eguo.com 这样的在线零售模式，由于在营销、服务、配送及技术上的投入很高，一时很难达到沃尔玛那样的低价和大批量；作为顾客，又不愿意比去便利商店或者超市多花钱（中国的超市不同于美国的超市，非常方便，离居民的住所通常很近），何况最初的网民相当大的比重是在校大学生，他们的购买力也非常有限。因此，eguo.com 这样的在线零售商在相当长的时间内难以盈利，虽然它轰轰烈烈地开始，却只能以失败告终。几年后，其创始人反思道：e 国网用了一个创新的机制，卖了一个错误的产品。

在现实世界中，我们也常常发现：工程师着迷的技术并不等于顾客的需求，创业者或企业提供的新的商业模式、新的产品和服务，很可能并不是顾客的真正需要。

有的商业模式存在的缺陷较容易发现，带来的损失可能较小；而有的商业模式却在经过多方论证后仍然完美，但由于对未来变化的估计不足，从而导致了商业模式失效。"铱星计划"便是这样的一个例子。

 专栏

"铱星计划"的破产

铱星移动通信系统，是美国摩托罗拉公司设计的一款全球性卫星移动通信系统。"铱星计划"于1990年被提出，1996年开始试验发射（中国的火箭也曾参与了铱星的发射），1998年11月正式投入业务运营，耗资达50亿美元；1999年3月，铱星公司却正式宣布破产。为什么宏伟的铱星系统从正式投入使用到终止运营不足半年时间呢？究其根本，在于最初的商业模式在快速变化的外部环境中变得不适而没有及时调整。

在20世纪90年代初，移动通信需求迅速增长，全球卫星移动通信系统、地面移动通信系统和刚问世的同温层平台移动通信系统都无法满足这一需求。"铱星计划"的研制，似乎从技术性能、投入成本、顾客使用成本、投入运营的时间和未来发展角度来看都具有可行性。它与静止轨道卫星通信系统比较有两大优势：轨道低，传输速度快，信息损耗小，通信质量大大提高；不需要专门的地面接收站，每部卫星移动手持电话都可以与卫星连接，从而使地球上人迹罕至的不毛之地、通信落后的边远地区、自然灾害现场的通信都变得畅通无阻。

但是，在"铱星计划"筹建的近10年间，外部的技术和市场环境发生了巨大变化，尤其是地面移动通信发展迅猛，到1998年，地面移动通信的移动电话价格、款式和区域覆盖程度已经非常成熟，它夺走了"铱星计划"初期设定的主要目标市场。铱星移动电话的优势并不明显，对普通的商务旅行者和一般消费者来说更是竞争劣势明显，如移动电话个头笨重，运行不稳定，不能在室内和车内使用等；昂贵的价格更是致命的弱点。铱星公司宣布破产时，其通信网只有5.5万用户，而据估计，要实现盈亏平衡至少需要65万用户。另外，像"铱星计划"这样一个跨国家、跨组织、跨技术学科和跨产业的巨型、复杂的技术创新项目，在管理决策、市场运营上存在低效率和利益矛盾，因而难以对外部变化作出迅速的反应并及时调整目标市场，这也是导致其失败的重要原因。

商业模式创造过程无非是科学方法在管理上的应用——从一个假设开始，在实施过程中检验，需要先试探，并在必要时加以调整，然后再大规模推进。企业最终的成功往往有赖于管理层是否有能力在模式实施中对其进行调整，甚至进行全面改革。

4.3.3 商业模式评价的3S原则

对商业模式优劣评价有3个基本原则，简称3S原则。

(1) 简明（simple），指商业模式很容易被理解，容易沟通和传播。
(2) 可扩展（scalable），指一旦该商业模式被小范围尝试成功，它很容易被推广。
(3) 可持续（sustainable），指商业模式得到推广后，能够形成进入门槛，不会很容易被简单抄袭或模仿而导致被后来者很快追上。

阿里巴巴、腾讯、百度、小米、京东、分众传媒等都是符合这3S原则的典型成功创业案例。

4.3.4 国内成功的商业模式的常见类型

国内成功的商业模式类型可以概括为以下三种及其组合。
(1) 复制（replication），如：在创业之初，搜狐、新浪模仿雅虎，易趣模仿eBay，百度模仿Google；
(2) 替代（replacement），如：比亚迪创业之初做充电电池，一大批国内企业开发产品以替代进口，自主开发的服务替代海外的服务；
(3) 革命性创新（revolution），如：分众传媒率先推出的商业楼宇视频广告，小米公司"为发烧而生"的产品理念以及充分利用互联网社交媒体开展营销的方式，腾讯的微信。

一个商业模式想要最终走向成功，常常需要采取上述不同类型的组合。许多企业通过发展，从最初的模仿和替代走向创新。

4.4 商业模式的演进和持续创新

创新的商业模式的出现和普及，与整个社会的相关基础设施密切相关。例如，中国的电子商务在2000年前后就被寄予厚望，但当时国内物流配送体系还很不完善、社会的信任体系也面临很多挑战，很多新颖的创业想法一时难以实施。一些先锋的创业企业率先探索突破，如阿里巴巴创建支付宝，京东自建物流配送体系；同时，随着电子商务的蓬勃发展，更多的企业开始提供第三方服务，如一批专门的物流配送企业专注服务于电子商务。随着基础设施的完善，围绕电子商务的商业模式创新也不断涌现，出现了一批优秀的创业企业。

创新的商业模式的出现和普及，还与具体的技术创新及其应用范围密切相关。例如，共享单车的早期雏形在国内大城市早就有了，但一直很不成功，其中一个关键性的原因是支付手段的问题；但随着移动互联网的迅猛发展和手机支付方式的成熟，这个问题迎刃而解，为共享单车的崛起创造了条件。

创业企业在创业和成长过程中，其商业模式需要持续的演进和创新，这需要企业关注自身的资源和能力，也需要关注外部创业环境的变化。

4.4.1 商业模式：从模糊到清晰

企业在创建之初，其市场定位和商业模式往往并不明晰，甚至相当模糊，有的可能仅仅是个设想，但随着商业的具体运作开展，创业者逐渐形成清晰的市场定位和商业模式。达到这个状态，创业者们可能需要经历非常辛苦的探索，乃至痛苦的失败。

商业模式的好坏及其可实施性与企业的资源和能力密切相关。所以商业模式从模糊到清晰是一种模式设计与企业资源能力更加匹配的过程。伴随着创业企业的成长，其拥有的资源能力在不断地积累，商业模式的改进空间也在逐渐拓宽，企业可以向着更加优秀的模式演进。当然，这个过程应该是螺旋式上升的，会伴随着一次次的试错，而不是一蹴而就。随着时间推移，当创业企业所处环境出现重大变化的时候，如相关技术的重大突破、相关政策法规的重大变化、行业结构的改变、消费者偏好的改变、竞争者情况改变等，企业原有的商业模式可能不再具有竞争优势，这就需要企业的及时调整。尤其是在中国这个经济和社会快速发展转轨的国度，外部环境变化对企业适应力有着更高的要求。

在技术和信息方面，自 20 世纪 90 年代中后期以来，由于互联网的出现和迅猛发展，关于产品、价格方面的信息搜寻成本大大降低，企业信息更加公开，货比三家成为可能，市场力量也从卖方转向买方。网络作为一种无时空限制的新媒介，催生了许多新业务，也结束了许多业务，从而改变了行业结构和收入在企业间的分配。另外，由于思想的传播异常迅速，当市场上出现一个好的商业模式后，很快就被仿效。而且，一个市场迟早会出现饱和，用户消费观念也会发生变化，企业的增长会因此而减速，收益会达到递减点。因此，企业的商业模式并不是也不可能一成不变，它需要在实际运作中不断演变和调整。

 专栏

亚信在商业模式上的四次调整

1994 年，由田溯宁、丁健等几名中国留学生在美国达拉斯创建了一家互联网公司——亚信。亚信最初的商业模式是提供信息服务，当时也争取到了包括道琼斯在内的一些信息服务商作为用户，但不久就发现其业务难以深入开展。原因在于，第一，当时中国还没有互联网（Internet），亚信收集的美国信息只能打印后寄到中国；第二，没有 Internet，中国的信息收集非常困难，要读所有的报纸，进行信息筛选，然后录入，因而时效性大打折扣。

1995 年，在发现中国缺少互联网的痛点之后，田溯宁、丁健等亚信公司的主要创始人改变了原有的商业模式思路，选择回国创业，希望能率先将 Internet 网络技术引入中国，他们利用承接一个国外大公司转包订单的机会进入了中国 Internet 网络集成服务市场，并最终成为中国 Internet 骨干网的重要建设者。

1998年后，亚信发现了在已有的系统集成业务基础上开发软件业务的巨大潜力，于是大力发展软件业务。

2002年，根据市场形势的变化和企业的核心能力，亚信提出了全电信业务模式，进一步进行业务转型，获得了巨大的成功。

4.4.2 商业模式：从"复制"到"本土化"

在市场经济发达的国家和地区，其产品和服务通常处于相对成熟的领先地位，也存在很多比较成功的商业模式，值得我们借鉴参考。越来越多在海外学习和工作的华人，希望发挥其信息和商业体验方面的优势，抓住国内的市场空缺机会，回国创业，有的已经获得了很大的成功，如搜狐的张朝阳、百度的李彦宏等。

一些留学生回国创业之初，希望最先把国外成功的商业模式以最快的速度拿到中国"复制"，但往往会面临"水土不服"的问题。其原因在于，国内外的商业基础设施（包括"软""硬"环境）和消费者的需求差别很大。少数"复制"成功者，也绝非简单地"全盘复制"，他们的商业模式通常有一个从"复制"到"本土化"的过程。例如，易趣最初的创业就是模仿 eBay 的商业模式，但在执行过程中，发现中国的商业基础设施及信用环境与美国大不相同，因此根据我国的实际情况，eBay 进行了许多调整和尝试，终于获得成功。

 专栏

易趣的探索：对 eBay 商业模式的模仿与调整

1995年9月创办的 eBay 一直是 C2C 领域的开拓者，主要的商业模式是建设一个网上交易的技术平台和社区，利用这一不受时空限制的平台吸引买家和卖家进入社区进行交易。传统的商业交易过程包括商品的信息发布、采购、仓储、配送和支付等，而在网上 C2C 模式中，采购、仓储、配送等由卖家处理，验货、支付等交给买家完成。1999年8月成立的易趣是这种模式的学习者，并在具体运作过程中进行了"本土化"调整。

eBay 模式的有效实施需要两个关键条件：网络技术的易用性和交易双方的可信度。目前，美国建立在信用卡使用基础上的诚信体系已经十分完善，而我国在这方面还刚刚起步。易趣不仅要不断完善企业的技术平台，更要努力营建网络交易的诚信环境。对此，易趣提供移动电话、E-mail、信用卡、身份证、地址五种会员认证方式来确认买家和卖家的身份，并推出"易付通"服务、个人信用评定体系。"易付通"服务是在交易过程中，买家先将钱打入易趣特设的账户，钱一到位，易趣立即通知卖家发货，买家收到货并验货合格后，易趣才把钱支付给卖家。这种过程控制的方法有助于市场开拓。个人信用评定体系指买家和卖家对双方交易的过程和结果在网上发表评论，易趣以此为参考并通过评分指标体系为用户的诚信度评级。

在收费方式上，eBay 对卖家收取商品登录费、技术服务增值费和每件商品交易完成后 4% 左右的交易佣金。可能出于不便掌握交易是否真正达成和影响人气等考虑，易趣仅对每件商品收取 1～8 元的登录费，不收佣金。eBay 拥有 7 万多家核心大卖家，借此支撑企业的业务规模和利润。易趣也提供了此类 B2C 的服务，吸引众多厂商和销售商进驻打造其在线营销渠道。

尽管易趣主要模仿 eBay 的商业模式，但也曾出现过摇摆，一度曾希望自身成为"eBay 平台加 Dell 直销"模式的公司，为此公司购并了上海移动电话销售网 5291，将企业的服务定位于网上浏览、电话服务加人工配送。后来，易趣又收购了虎嘉网和中原标局。但最终易趣发现，跟随 eBay 的商业模式更稳妥，于是公司又将 5291 剥离，将虎嘉网和中原标局融合到模仿 eBay 打造的商业模式中。2003 年 6 月，易趣被 eBay 完全并购，成为 eBay 的中国子公司①。

在企业展开全球化经营的过程中，对商业模式的复制同样需要考虑消费文化上的差异，并进行必要而谨慎的调整。例如，星巴克的主席霍华德·舒尔茨最初只想在美国设店重现意大利的浓咖啡体验，因而他对任何破坏这种纯正体验的细节都异常敏感。他在各个方面都力图体现意大利的咖啡风情：扩音器里只能播放意大利歌剧，侍者必须打领结，咖啡馆里没有椅子，只有供人倚靠的吧台。舒尔茨还发誓永远不供应脱脂牛奶，他甚至觉得提到这个词就意味着背叛。菜单上都是意大利文，装修也极尽意大利风格。然而，他和他的同事们慢慢认识到，意大利咖啡吧的许多细节在美国的西雅图并不适合。顾客们抱怨歌剧，员工们抱怨领结，人们想要椅子以便坐下来看报纸。因此星巴克创业者们开始根据顾客的需求调整咖啡馆——增加了椅子，改变了音乐，脱脂牛奶也上了菜单。舒尔茨谨慎地进行了调整，以便在"本土化"的同时并不丧失原有的核心价值。渐渐地，一种美国版的意大利咖啡吧出现了。

另一个例子是沃尔玛。沃尔玛在刚进入阿根廷时也遭遇过失败，因为超市里没有阿根廷人喜欢的肉类、当地妇女常用的化妆品，也没有 220 伏标准电压的电器。他们在碰壁后，发现了这些需求差异，及时进行了必要的业务调整。

4.4.3 商业模式的创新和持续创新

如前文所述，整体的外部环境、客户的需求等因素都在不断地变化，所以一个商业模式酝酿出来后，需要进行创新，以便更好地满足客户需求。

以星巴克为例：

---

① 易趣被 eBay 完全并购后，在发展战略上出现了重大失误，后来在中国发展不顺利。

围绕核心产品咖啡，星巴克延伸出了一些新的相关产品如咖啡冰激凌、茶饮品；咖啡本身也进行浓、淡口味的细化；除了在美国出售咖啡，还在全球许多国家和地区都设立了咖啡店，服务对象从喜爱喝咖啡的美国人扩展到风俗、偏好大不相同的其他民族；创立之初至今，星巴克已经从卖咖啡升级到了卖咖啡文化。通过对不同模式的反复探索，星巴克将其价值定位在完美的服务体验上，而不是上等的咖啡。

 专栏

星巴克的商业模式

2003年星巴克的销售额达到41亿美元，连续多年的年销售额增长速度一直在20%以上。股价自1992年公开募股升值了30多倍，截至2003年12月31日，在全球开店数达7 427家，人们在美国几乎所有的机场候机厅和会议中心内，以及各城市中心都可以看到星巴克门店。为何一家小小的咖啡公司能够如此成功？为何人们愿意涌进星巴克，花数美元买一杯以前只需50美分的咖啡？当众多行业和众多企业采用低价格手段进行竞争时，星巴克为何既索取高价又能保持高速增长呢？

我们可以说，星巴克是体验营销的成功典范。因为它十分明确，在当时的环境下，仅靠卖优质咖啡的模式已经不再适用。它将自己定位于人们在家庭和单位之外的"第三空间"，它不是卖咖啡，也不是饭馆，而是提供一种体验和塑造一种咖啡文化。为此，星巴克实施了全面的战略，咖啡店无论从店堂布置、背景音乐、服务内容和咖啡本身都经过精心雕琢，顾客在这里可以得到轻松舒适的感官享受，比如按照自己的要求配置的上等美味咖啡、优美的背景音乐、柔软的座椅、咖啡香和咝咝的蒸气。董事长霍华德•舒尔茨说："我们不是提供服务的咖啡公司，我们是提供咖啡的服务公司。"每周有2 500万人拜访星巴克，星巴克发现，美国人喜欢高档次的消费，便致力于满足他们这种需求。在高速增长过程中，星巴克不断增强公司的能力：聘用新的管理团队，建设大的咖啡烘焙厂，帮助咖啡种植者提高咖啡质量。星巴克不授权经营，舒尔茨说，"我绝不会为了更容易地挣钱而失去对咖啡店的控制"。在保持核心理念一致的前提下，星巴克还不断增添新的特色饮品，如咖啡冰激凌、茶饮品等，丰富顾客的选择，满足更多的需求。

星巴克公司在咖啡业务方面取得的良好业绩证明了其商业模式是成功的，而其商业模式是不断探索和调整之后的结果。当然，这并不表示星巴克公司什么都是成功的。事实上，它在扩张过程中也曾出现过一些小败笔，如1999年星巴克和时代公司联手推出一本咖啡杂志《Joe》，只发行了3期便草草收尾；1999年6月30日舒尔茨宣布开辟互联网业务，出售厨具，第二天股票应声下跌28%；1998年开了5家小餐馆，现在早已杳无踪迹。这些尝试表明，企业在发展过程中，不断思考商业模式的合理性是十分必要的。

Mitchell 和 Coles（2004）的研究结果表明：与专注于降低成本的方式相比，通过改善商业模式对提高企业在行业中的地位效果更为显著。例如，HP 收购 Compaq，通过规模效应降低成本加强了企业竞争力；Dell 与行业创新巨人 EMC 战略合作，进军企业级的计算机存储市场，取得了良好的业绩。

外部环境的变化（包括技术、市场、竞争对手、政府管制、社会人口统计特征等），导致企业的商业机会发生变化；与此同时，企业自身核心能力也在变化。企业可能实现的商业目标在不断变化，企业的使命和商业模式也需要不断调整，"与时俱进"地进行持续创新。商业巨头 IBM 从 1911 年创建至今的 100 多年间，其商业模式便经历了四次转型和创新。

创新理论大师熊彼特认为，创业者的核心作用在于实现生产要素的新组合；创新主要表现在以下五个方面：开发新的产品，开发新的生产程序，采用新的组织方式，开辟新的市场，采用新的原材料。公司的具体商业模式的演进、商业模式的根本性变化，乃至整个公司"定义"的根本性改变，也可以从这五个方面来分析。以 Intel 公司为例，从 1968 年公司创建到 20 世纪末，Intel 公司的"定义"进行了多次重大变化，从一个存储器公司，演变成微处理器公司，进而演变为 Internet 基础架构公司。

 专栏

IBM——不断演进的商业模式

IBM 公司，即国际商业机器公司，1911 年创立于美国，是全球最大的信息技术和业务解决方案公司，拥有全球雇员 30 多万人，业务遍及 160 多个国家和地区。IBM 曾因主导计算机和服务器的生产，而被称为"蓝色巨人"。然而，由于新技术革命和社会变迁导致商业机会的巨变，"蓝色巨人"成长和基业长青的道路并不平坦，每次新的商业模式演进都伴随着艰辛与挑战。

1. 用技术和产品引领 20 世纪的计算市场

IBM 创立之初的主要产品包括员工计时系统、磅秤、自动切肉机。后来，公司发明了穿孔卡片数据处理设备，并在电子计算机发明之前一直占据商业（包括军用）计算市场。"二战"期间，IBM 为海军建了 Harvard Mark I，这是美国的第一个大规模的自动数码电脑。后来，其穿孔卡片计算系统在计算机曼哈顿计划中发挥了关键作用。20 世纪 50 年代，IBM 成为美国空军自动防御系统计算机的主要承包商。20 世纪 60～80 年代是 IBM 的黄金时期，在这 20 年中，它通过自己卓越的数据处理能力帮助"哥伦比亚号"飞上太空，又帮助"阿波罗"飞船登上了月球。当然，它最为重要的贡献是创立了沿用至今的个人计算机（PC）标准，并借此成为计算机产业长期的领导者。同时，它还长期主导着大型机、超级计算机（主要代表有深蓝和蓝色基因）、UNIX 和服务器的发展。另外，它也基本主导了软件行业，直到微软崛起。

到目前为止，IBM 是世界上拥有专利最多的公司之一，它的重要发明包括硬盘技术、扫描隧道显微镜技术、铜布线技术和原子蚀刻技术等。有人评价说，IBM 从技术和产品上定义了 20 世纪。

2. 从大型计算机到个人计算机的普及：IBM 面临的巨大挑战

很多人说，计算机行业前 30 年的历史就是 IBM 的历史。但到了 20 世纪 80 年代末期，随着微软、康柏等竞争对手相继崛起，IBM 在操作系统、个人计算机等主要业务上接连失败，公司开始受困于严重的业务下滑；到了 90 年代，计算机已经经历了两次重大转变：从最初的巨型科研机器变成专业人士的职业工具，再变成普通大众的生活必备品，计算机行业的格局发生了翻天覆地的变化。之前，IBM 用尖端技术统治着高利润的商业计算市场，此时，它却不得不在利润越来越薄的个人计算机市场与 Dell 等主要靠营销而不是技术创新起家的后起之秀竞争。

另外，IBM 还被管理结构的重担压得透不过气来，它花了二三十年的时间在主要国家都建立了分公司，这些分公司都是相对独立的 IBM 小王国（比如说 IBM 德国、IBM 法国、IBM 日本），都有自己的后台机制、人力资源部、财务部、处理各种业务流程和业务部门等。这有益于培养本地人才和了解本土市场，但从成本和效益上来看，并非最佳做法。

1992 年，IBM 宣布了 50 年来第一次大裁员；1993 年，公司宣布了成立以来的第一次亏损；随后，IBM 的股价崩溃，公司年度亏损超过 80 亿美元，百年老店 IBM 走到了破产的边缘。

3. 巨亏后从产品向服务转型

1993 年 4 月，IBM 从外部"空降"郭士纳（Gerstner）担任 CEO。当时，IT 产业中有两种发展路线，一种是以大众商品化为主，通过在消费端不断发掘新的利润区域来发展，这部分市场总量大，但利润率低，技术门槛也较低；另一种是走高价值路线，在软、硬件和服务领域为客户提供高价值的产品和解决方案，这部分市场总量较小，但利润率高，且技术门槛非常高。

经过反复权衡，IBM 认为自己最大的优势在于技术竞争力，它决定把消费品市场留给 Dell 和 HP，向高利润率和高附加值的技术服务领域转型。郭士纳提出，IBM 为客户提供的价值在于其所提供的端到端的解决方案，即用"交钥匙"的模式帮助客户解决业务问题。从 1993 年开始，IBM 开始推行这种创建统一、整合型技术服务公司的战略。

转型花了 IBM 十年左右的时间。期间，IBM 先后卖掉了打印机、硬盘和个人电脑等与公司新定位不相符合的部门，并收购了一些软件和服务咨询提供商。同时，

IBM 逐步打破各国分公司之间相对独立的疆域分割，按功能将业务模块进行集中。

郭士纳成功领导 IBM 公司实现了转型，IBM 重新获得了市场竞争力。

4. 新世纪的转型之路荆棘丛生：走向云服务

一直以来，IBM 都是大量企业和政府机构 IT 基础设施的主要供应商，但由于更多公司转向使用云服务来替代传统 IT 基础设施，IBM 的这部分业务收入出现持续下滑。所以，该公司从十几年前就开始谋划转型。正式转型的节点是 2005 年 IBM 将 PC 业务以 17.5 亿美元的价格卖给联想。

2013 年以来，IBM 又先后投资数十亿美元用于云计算基础设施以及软件部署规划。2013 年 6 月，IBM 斥资 20 亿美元收购云计算基础设施提供商 SoftLayer；2014 年年初，IBM 宣布进一步投资 12 亿美元，在全球新建 15 个数据中心。但是，IBM 的转型结果并不那么可喜，在云服务领域，IBM 已落后于微软、Google、亚马逊；此外，转型并没有给 IBM 的业绩带来多大改善。由于转型过程中出现了不少困难，IBM 又多次被迫裁员。

或许，IBM 需要的是彻底的云转型。正如 IBM 全球董事长、总裁兼 CEO 罗瑞兰所说，"云"不仅意味着技术的变革，更重要的是代表了商业模式的变革。尤其在公有云和未来以混合云为主导的云计算时代，交付模式的改变也意味着服务内涵的改变。过去在以产品和方案为核心的交付模式下，服务意味着与客户高频度的接触，代表着厂商个性化的技术和经验输出；服务也意味着与客户长达数年期的合同，由此带来的稳定收入甚至可以帮助 IBM 抵抗 2008 年全球金融危机以来的市场大势。20 亿美元收购的 Softlayer 是 IBM 云转型的基石，而投资 10 亿美元建设的 PaaS 平台 BlueMix 则成为 IBM 云转型的核心；也就是说，Softlayer 和 BlueMix 关系到 IBM 云转型的成败，甚至是"IBM 即服务"战略的成败。

5. 认知计算：开启商业新时代

在这个被称为"数字转型"的时代，IBM 与大多数公司一样在以数字的方式进行再造，在云端、大数据和移动等方面做了很多工作。但是，数字化这一理念在不断地改变，不断地创新。IBM 已经为自己和这个行业的发展描绘出新的前进方向。IBM 认为，当所有公司都实现数字化转型后，公司需要具备的差异化的优势就是认知计算。正如罗瑞兰在 2016 年 10 月所预言的，人类在 5 年内将进入认知时代。

认知计算系统是应用了认知计算技术的应用系统。具体地说，认知计算系统能够通过感知和互动理解世界，使用假设和论证进行推理，以及向专家和通过数据进行学习，它将认知技术应用到具体应用、产品与运营中，从而帮助用户创造新的价值，IBM Watson 就是认知计算系统的一个杰出代表。

Watson 背后的核心支撑技术已经涵盖了如排序学习、逻辑推理、递归神经网络等来自 5 个不同领域的技术，包括大数据分析、人工智能、认知体验、认知知识、计算基础架构。对于企业而言，认知计算的应用可以有多种形式，除了直接通过云服务调用Watson API进行开发，企业还可以在此基础上定制自己的认知系统，也就是让IBM提供针对特定应用场景的认知算法，然后结合自己的数据，实现应用和商业模式的创新。

将Watson作为基于云的API平台对外开放，正是IBM为构建认知计算生态系统而作出的重大决策，这样每一个人都能将Watson的强大能力加到他们的应用中，这有助于推动Watson得到更加广泛的应用，并且加速创新。根据IBM提供的资料，现在有36个国家、17个行业的客户都在使用认知技术；全球超过7.7万名开发者在使用Watson Developer Cloud平台来进行商业创新；有超过350名生态系统合作伙伴及既有企业内部的创新团队，正在构建基于认知技术的应用、产品和服务，其中100家企业已将产品推向市场。

所谓"世易时移，变法宜矣"。几乎没有一个企业的商业模式是永恒不变的，即使它当年是多么的成功。面对如今IT界技术与服务浪潮的巨变，昔日的"蓝色巨人"尚在探索新的发展模式。在科技浪潮下，市场永远属于那些敏锐执着的逐浪儿们。

最后，值得一提的是，新技术和新的经营方式意味着对许多行业传统规则的挑战，在互联网第一波浪潮的冲击下，互联网公司重写了媒体、图书、音乐、航空旅游业、外贸等的发展规则。尽管2000年纳斯达克经历了崩盘，但几年后，随着相关基础设施的不断完善，人们对互联网的认识更加深入，商业模式的实质和作用得到了更深刻的理解，各大门户网站、搜索引擎、电子商务网站等开始找到了真正的盈利模式。本章开篇提到的Google公司的巨大成功便是一个很好的例子。

如今，互联网和移动互联网已经深入人心，深刻改变并将进一步改变我们的生活和工作方式，新兴的人工智能也正在走进现实，未来的商业模式将会更加丰富多彩，对创业和企业成长发挥着重要的作用。

本章小结

商业模式是创业中非常重要的一个概念。本章首先介绍了商业模式的概念，探讨了商业模式的核心三要素，即顾客定位、价值创造和利润来源；其次分析了商业模式自身的商业价值和商业模式在创业过程中的重要作用，并探讨了商业模式和战略的关系；再次介绍了商业模式合理性的两种基本检验方法，即逻辑检验和数字检验；提出了评价商业模式的3S原则；最后分析了商业模式的演进和持续创新，指出创业企业的商业模式存在着一个从模糊到清晰的过程，即使是复制国外或其他地区成功的商业模式，也需要进行合理的"本土化"，并指出任何一个企业，都必须适时地对其商业模式进行持续的创新，才能实现长盛不衰。

复习与讨论题

1. 基于商业模式的核心三要素，对近 3 年来在纳斯达克和深圳创业板成功上市的代表性中国企业的商业模式分别进行具体分析。

2. 结合你感兴趣的行业，搜寻过去几年失败的 1～2 家典型创业企业案例并进行分析，探讨该企业在商业模式上的缺陷。

3. 对中国开展共享单车业务的不同创业企业的商业模式和竞争战略进行比较分析，并预测各自的发展前景。

4. 与不同创业阶段的创业者进行交流，了解其商业模式是如何形成和调整的。

参考文献

1. Amit, R., & Zott, C. 2001. Value creation in e-business. *Strategic Management Journal*, 22 (6/7): 493-520.

2. Andries, P., Debackere, K., & van Looy, B. 2013. Simultaneous experimentation as a learning strategy: Business model development under uncertainty. *Strategic Entrepreneurship Journal*, 7 (4), 288-310.

3. Chesbrough H. 2010. Business Model Innovation: Opportunities and Barriers. *Long Range Planning*, 43 (2/3): 354-363.

4. Chesbrough, H., & Rosenbloom, R. S. 2002. The role of the business model in capturing value from innovation: evidence from xerox corporation's technology spin-off companies. *Social Science Electronic Publishing*, 11 (3): 529-555.

5. Dorf, R., & Byers, T. 2005. Technology Ventures. McGraw-Hill.

6. George, G., & Bock, A. J. 2011. The business model in practice and its implications for entrepreneurship research. *Entrepreneurship Theory & Practice*, 35 (1): 83-111.

7. Johnson, M. W., & Christensen, C. M. 2008. Reinventing your business model. *Harvard Business Review*, 35 (12): 52-60.

8. Mitchell, D. W., & Coles, C. B. 2003. Business model innovation. *Executive Excellence*, 20 (4): 18-24.

9. Mitchell, D. W., & Coles, C. B. 2004. The ultimate competitive advantage of continuing business model innovation. *Journal of Business Strategy*, 24 (5): 15-21.

10. Note on Business Model Analysis for the Entrepreneur HBS 9-802-048.

11. Zott, C., & Amit, R. 2008. The fit between product market strategy and business model: implications for firm performance. *Strategic Management Journal*, 29 (1): 1-26.

12. Zott, C., & Amit, R. 2007. Business model design and the performance of entrepreneurial firms. *Organization Science*, 18 (2): 181-199.

13. Magretta, J. 商业计划缘何重要？[J]. 哈佛商业评论（中文版），2002 (9)，56-63.

14. [美] 汤姆·科斯尼克，[瑞典] 莉娜·拉姆菲尔特，[瑞典] 乔纳斯·谢尔贝里. 啮合创业：在斯坦福学创业规划 [M]. 张帏，齐继国，郑琦译. 北京：中国人民大学出版社，2016.

15. [美]李钟文，米勒，玛格利特，罗文等. 硅谷优势——创新与创业精神的栖息地 [M]. 北京：人民出版社，2002.

16. [美]迈克尔·波特，竹内广高，等. 日本还有竞争力吗 [M]. 陈小悦，等译. 北京：中信出版社，2002.

17. 魏炜，朱武祥. 发现商业模式 [M]. 北京：机械工业出版社，2008.

18. 张帏，冷艳，王璐. 我国生物制药创业企业商业模式创新及案例研究 [M]. 创新与创业管理（第4辑）. 北京：清华大学出版社，2009：83-93.

部分案例资料来源

1. 并非偶然的"暴发" [J]. 中国企业家，2000（12）.

2. 邵亦波走进新时代. IT经理世界 [J]. 第99期，2004-04-20.

3. 是什么让铱星陨落——"铱星计划"失败案例 [N]. 中国经营报，2003-08-20.

4. 星巴克：活力无限. 财富（中文版），2004（5）.

5. 钱颖一对话IBM女掌门罗睿兰（Ginni Rometty）：人类五年内进入认知时代 [J]. 清华管理评论，2016，(12)：8-13.

6. 连续14季营收下滑，IBM转型阵痛变长痛 [N/OL]. 北京商报，http：//www.chinanews.com/it/2015/10-21/7580301.shtml.

7. 此服务非彼服务，"IBM即服务"面临挑战 [N/OL]. 天极网，http：//news.yesky.com/prnews/317/36574317.shtml.

8. 认知计算：开启商业新时代 [EB/OL]. 至顶网，http：//m.zhiding.cn/article/3072805.htm.

9. 李锋. 粉丝驱动的直销模式研究——以小米公司为例 [D]. 厦门大学，2014.

10. 雷军手绘小米商业模式 [EB/OL]. http：//www.iceo.com.cn/renwu2013/2014/0411/286754.shtml.

11. 雷军：小米未必赢，"小米模式"一定赢 [N]. 中国经营报，2015-01-05，E06版.

12. 专访小米总裁林斌：猪如何飞上天？[N]. 华尔街日报（中文版），2014-04-28.

13. 用一张图解读小米公司的商业模式 [EB/OL]. http：//www.huxiu.com/article/28961/1.html.

14. 商业案例分析之"小米"手机的成功之道 [EB/OL]. http：//www.sootoo.com/content/275017.shtml.

本章案例

iPod：帮助苹果电脑公司走向苹果公司的"桥梁"[①]

一、iPod 的成功

2004年12月6日，苹果公司股价为64美元/股，而年初苹果公司的股价仅为21.28美元/股。苹果公司之所以能够取得这样的好成绩，要归功于其酷劲十足的 iPod 数字音乐播放器。自2001年10月23日苹果推出首款 iPod，到2003年4月28日第三代 iPod 问世，再到迷你 iPod 兼音乐播放和照片浏览功能为一体的 iPod Photo，苹果 iPod 播放器引领的音乐旋风愈刮愈烈。在2004财年第四季度，苹果 iPod 销量达200万台，比2003年同期增长了5倍。苹果公司管理层表示，iPod 占美国整个音乐播放器零售市场65%的份额，占硬驱音乐播放器市场90%的份额。

iPod 在3年多的时间里，从一种普通的音乐播放器几乎成了一种文化象征，"精致""高雅""酷""自由"等符号在它的公众形象中占据了巨大分量。任何一个竞争对手都不能低估苹果公司固有的"至酷"因素。"至酷"的形象常常是一个渴望创新的企业可望而不可即的目标，但是苹果公司成功凭借卓越的产品性能、独特的设计、专门的销售手段，又一次在 iPod 上实现了这一目标，被广大音乐爱好者视为偶像的公司 CEO 史蒂夫·乔布斯甚至也成为支撑这一亮点的坚实"脊柱"。

二、发现商机

苹果公司在音乐商业领域的成功与其说是一个意外，不如说是苹果公司有非常强的把握消费者需求的洞察力和强烈的创新意识。20世纪90年代，当学生们开始将喜爱的歌曲刻录成光盘的时候，Mac（麦金托什）计算机却没有光盘刻

[①] 作为教学案例，本案例的分析时点为2005年年初。

注：由于 iPod 的巨大成功，2007年1月9日，苹果电脑公司更名为苹果公司，此举揭开了苹果的崭新一页：消费电子产品融合成为公司新战略中的重点，而个人电脑产品退居其次。也正是在2007年，公司首次推出了 iPhone。但在本案例文字中，苹果电脑公司直接简称为苹果公司。

录机。意识到这个失误之后,乔布斯命令苹果公司的技术人员开发 iTunes 程序,帮助客户管理他们与日俱增的音乐收藏。这同时促成了 iPod 播放器构想的诞生:如果人们想将大量的音乐保留在个人计算机上,他们就会想要一个可以随身携带的便携装置。尽管这样的装置当时已经存在,如 Walkman、MP3 等,但是它们大多只能容纳几十首歌,难以满足年轻消费者的需求。当时,东芝公司正在制造一种能够容纳数千首歌曲的微型 1.8 英寸磁盘驱动器,而其他制造商因其造价高昂望而却步。正好,苹果公司得知 PortalPlayer 公司有一种技术能充当这种便携播放装置的内核,便迅速签订了一项购买这种驱动器的独家协议,从而在高容量音乐播放器领域获得了 18 个月的先发优势。同时,苹果公司的工程师们倾注了大量的时间和心血设计友好的用户界面和优雅的外观,并简化了与 Mac 计算机上的音乐库同步的过程。2001 年 10 月 iPod 音乐播放器面市,尽管 40G 硬盘可容纳近 1 万首歌的 iPod 399 美元的定价引来争议,产品仍然获得畅销。

三、创新的商业模式

iPod 的巨大成功在很大程度上要归功于苹果的 iTunes 音乐在线商店(iTunes Music Store)。此前,唱片公司和网上零售商一直未找到销售音乐的最佳方式,消费者不得不选择文件共享服务来获得免费音乐。但是,乔布斯认为,如果有一种简便而人们又负担得起的下载方式的话,80% 的消费者都会支付音乐下载费用。乔布斯最终促成华纳音乐集团等 5 家主要唱片公司与之达成共识,从而打造了一项合法的音乐下载业务。所有歌曲的价格均为 99 美分,不许设立苛刻条件限制歌迷把歌曲复制到 CD 上、存储到便携式播放器上或与少数同伴分享。苹果公司自 2003 年 4 月发布网上音乐商店以来,在美国已经销售了 7 000 万首歌曲,占据了美国合法音乐下载市场 70% 的份额。苹果公司的音乐商店提供用户友好界面和易用软件,同时兼容微软的视窗以及 Mac 操作系统,因其简单便捷而赢得了大多数用户的青睐,满足了 iPod 数字音乐播放器强劲的歌曲需求,反过来带动了苹果公司的 iPod 音乐播放器的销售。目前,iPod 是唯一能够播放从 iTunes 音乐商店购得歌曲的便携设备。

苹果对产品或技术的很多细节都申请专利,从而保护其操作系统和硬件的独特性与新颖性。例如,关于 iPod+iTunes 商业模式的 DRM 专利就为对付 Real Player 等潜在"蚕食"其数码音乐市场的公司提供了一定程度的法律手段。

苹果在数字娱乐领域的策略其实并非只有"iPod+iTunes"的组合。它一方面以 iPod 及其他设备大举进军消费市场,另一方面又大力提升 Mac 机在由音乐、视频、摄影和其他媒体构成的网络中的核心地位。与其他计算机制造商相比,把计算机带入图形时代的"苹果",其战略显然是尽量使消费者把计算机当做一个娱乐中心而不只是一个办公工具。这一战略不仅可以刺激消费者对苹果计算机的需求，更可以促进其数字照相机、数字摄像机和 MP3 随身听等附加设备的销售。

2002 年，苹果公司为 Windows 个人计算机开发出了 iTunes 音乐自动点唱机软件，购买 iPod 的 Windows 用户可以付费从苹果 iTunes 音乐商店下载音乐，从而把 iTunes 音乐商店服务的应用范围拓展到使用微软 Windows 操作系统的个人计算机领域，这种个人计算机占据了 95％的市场份额。据估计，有 60％ 的 iPod 购买者为 Windows 用户。苹果公司不仅提供了 Windows 版本的 iTunes，还让 Rio 和 Nomad 捆绑或者兼容了这个软件。2004 年，苹果公司已与惠普公司建立了战略合作关系，每年将使 iTunes 在线音乐商店软件登上 900 万台个人计算机，并将惠普公司的营销力量用于 iPod 播放器的销售。惠普的加入将扩大 iPod 的流通渠道，大大促进音乐服务走向普通用户。美国在线将 iTunes 定为其 2 600 万用户的唯一音乐商店。百事可乐北美公司将做一个超级杯广告，大张旗鼓地宣传拥有 1 亿首歌曲的 iTunes 在线音乐商店的赠品。

苹果公司的零售商店使顾客可以直接体验苹果公司的各种新产品。2001 年，当整个个人计算机产业都在专心于加强在线销售以降低成本时，乔布斯已经开始开设时髦的零售商店，而且都位于租金昂贵的地段，比如处于硅谷中心的 Palo Alto 城市的市中心、旧金山的市中心、芝加哥的 Magnificent Mile 和东京的银座地区等。苹果公司的商店风格简朴，店内展示了一些苹果计算机和 iPod，店堂内设置简单、清晰的提示路牌引导顾客。产品被井然有序地陈列在枫木桌子上，购买者可以舒适地试用各种产品，与这些产品形成良好互动。精通 Mac 计算机的销售人员随时等候回答各种问题。这些零售商店在 2003 年第 3 季度实现了盈利。专家评价道："与苹果计算机公司一样，其商店也处处体现着信息、互动和便利。"

四、日益激烈的竞争

数字音乐播放器市场起步不久，市面上播放器的价格居高不下，兼容性差。苹果公司暂时在该市场也许是占有绝对优势，但是该市场发展迅猛，市场格局也是瞬息万变。

消费者对苹果公司抱怨最多的是从 iTunes 音乐商店购买的音乐仅能在 iPod 上播放。苹果公司一直拒绝向其他在线音乐服务或设备制造商提供许可。消费者希望有一个通用音乐标准。微软宣布开展名为"尽情播放"的营销活动，该活动的主要目的就是要寻找 iPod 最明显的缺陷，向消费者保证所有标注"尽情播放"字样的音频或视频重放设备都可以播放从微软购买或得到 Janus 数字权利管理技术许可的内容文件。

目前，已经有众多竞争者推出了在价格、性能、外观或操作等方面具备一定优势的播放器产品，如 Creative、Dell、索尼、Rio Carbon 等。苹果公司的 iTunes 网上音乐商店只销售 AAC 格式的歌曲，该编码格式为 iPod 播放器独有；而按照微软公司的 WMA 编码格式的网上音乐商店（如 MSN Music、Napster、Virgin、RealPlayer Store）正在逐渐发展壮大。

今后，一些公司可能会在移动电话领域展开竞争。三星已经宣布了一款集成一个 1 英寸硬盘驱动器且具有类似于迷你 iPod 功能的移动电话。苹果公司与摩托罗拉公司也签署协议，允许摩托罗拉在移动电话中安装 iTunes 音乐软件，同时承认移动电话可能会成为音乐播放设备。

五、未来的战略选择

随着播放器领域竞争的加剧，苹果公司作为一家立足于自主研发和自成体系发展了几十年的公司，必须学习如何平衡"专有"和"开放"。尽管"iPod＋iTunes"这一模式的商业前景在未来几年内仍将大行其道，但到目前为止，无疑它仍然是一个相对封闭的世界。

在历史上，苹果公司是个人计算机革命的关键参与者，它是最初的革命者和"领头羊"；但它在过去选择了自成体系、特立独行的"封闭式"发展道路，它可以向用户提供"最完整的解决方案"——它几乎生产所有的组件：硬件、软件、内容和服务。但这既是它最大的优势，也是其"软肋"所在，结果便是导致苹果公司在计算机领域丧失了"领头羊"的地位，甚至一度陷入挣扎的"泥潭"。今天，这家以创新著称的公司在令人惋惜地失去了太多的机会之后，又再次崛起。

在体验经济的大潮流下，数字娱乐领域的大众消费市场潜力巨大，它将成为真正值得苹果公司深入关注与持久依赖的未来出路——尽管这一转变可能历时长久，尽管它在企业级市场上也仍然会继续向前。

微软的 Office 软件已经在企业的办公室里占据了统治地位，今天的苹果公司则希望在工作之外、办公室之外的领域成为一枝独秀——"办公室之外的，苹果公司全包了！"也许这将是苹果公司的标志性转折点：从一家传统的计算机厂商一步步转型为一家消费类电子产品与数字娱乐产品的提供商。那么，苹果公司能否真正实现这一目标呢？

思考题

1. iPod 的商机来自何处？
2. 苹果公司 iPod 的商业模式有什么特点？
3. 2004 年年底，iPod 面临的挑战是什么？苹果公司如何进一步强化其在数字音乐播放器市场上的竞争优势?如何平衡"专有"和"开放"?

4. 如何分析苹果公司的长期战略定位及其转型?

案例资料来源

1. 雾灵. 苹果在音乐市场风头正劲是卫冕还是沦陷?计算机产品与流通,it.sohu.com,2004-12-27.

2. 苹果公司的新赌注. 商业周刊(中文版),2004(3).

3. 购买指南. 商业周刊(中文版),2004(12).

第3篇

创办新企业

第5章 创业者与创业团队

第6章 商业计划

第7章 创业融资

创业者与创业团队

知人者,智也。自知者,明也。胜人者,有力也。自胜者,强也。知足者,富也。强行者,有志也。不失其所者,久也。死而不忘者,寿也。

——老子

学习目的

1. 了解创业者普遍具有的性格和心理特质;
2. 了解创业者性格和心理特征与创业成败的紧密联系;
3. 了解创业者通常应当具有的个人能力;
4. 了解创业团队组建的基本原则;
5. 了解创业团队的股权分配和激励。

 引言

十五年磨一剑,出鞘必锋芒

中文在线的创始人童之磊用15年的专注和坚持换来了事业的成功,中文在线于2015年1月在深交所创业板上市并成为国内"数字出版第一股"。在创业之初,一位出版社的社长曾向当时24岁的童之磊提出质疑,"5000年——24年,你凭什么改变人类的阅读习惯?!"面对无数质疑,他从未怀疑过自己和自己做"数字出版"的梦想。2000年5月,中文在线宣布成立,当时恰好遇到纳斯达克互联网泡沫破灭,原先热情似火的风险投资人变得冷若冰霜,拒绝投资。在公司马上进入弹尽粮绝的境地时,童之磊自掏腰包、四处借钱甚至在外打工以维持公司的正常运转。2001年,童之磊以中文在线并入泰德集团为前提,答应泰德集团董事长出任泰德总裁。

在泰德工作的 3 年期间，数字出版梦从未在童之磊内心消失过。2004 年，童之磊最终决定"赎回"自己的公司，带领团队回到清华科技园二次创业，带着梦想再次出发。"在创业路上，我其实无数次濒临绝境，筋疲力尽，但是只要想到这个伟大的梦想，我就觉得自己浑身充满力量。"即使在事业最低迷的时候，童之磊也从未对未来失去信心，他认为正是那些惨淡的时光给了他足够的反思与成长的机会。在坚持创业的 15 年后，童之磊最终在深圳交易所敲响了开市钟，中文在线成为了一家上市公司。

童之磊将中文在线的成功经验总结为：走对路（战略）、找对人（团队）、做对事（执行），并靠创业者的坚持取得成功。

资料来源：童之磊本人在清华大学研究生精品课程《创业机会识别与商业计划》课堂上的演讲分享。

根据清华大学中国创业研究中心历年发布的《全球创业观察中国报告》，中国属于创业活动比较活跃的国家。然而，真正能够让企业存活并取得成功的创业者却凤毛麟角。如何成为成功的创业者，如何组建和激励创业团队，是所有创业者都关心的话题。

5.1 创业者心理及性格特质

创业行为的主体是创业者，创业者的概念最早源于法文"entreprendre"，意思是"去执行"。[①] 后来，创业者主要指从事组织、管理商业及承担商业风险的个体。近些年来，创业者的内涵和外延不断扩大。我们认为，创业者是具有开拓精神和商业头脑的发明者或开创者，他们能够识别机会，并把这些机会转化为商业化创意；他们付出努力，投入资金、经验和技术，承担实现创业目标过程中遇到的各种风险，追求创业成功的回报。目前学界达成了一个共识：成功的创业者，其创业目的并非纯粹地追求物质财富的最大化，而是为社会提供性价比最高的产品或服务，在物质财富增长的同时最大限度地以精神财富回馈社会。

创业者的经历、生存环境等背景差异较大，创业动机、个性特征也各不相同，一般具有独到之处，或是技术大牛，或是有其他为人称道的才能，但往往也都有各自的弱点。事实上，成功创业者身上具有一定共性，他们一般会具备下述五个方面的心理及性格特征。

---

① Donald F. Kuratko, Richard M. Hodgetts, Entrepreneurship Theory, Process and Practice six Edition. THOMSOM learning press.

5.1.1 胸有抱负、目标明确

1. 愿景

成功的创业者明确自己的目标，并且能够随着长期的战略导向不断地调整并选择更高难度的目标（Litzinger，1965）。他们对企业的未来有一个愿景。如苹果计算机的史蒂夫·乔布斯就希望他的企业能够提供所有人都能使用的计算机，不论在校的学生还是商业人士。这种计算机不仅是一台机器，还是学习与沟通的媒介和工具，应该成为个人生活中不可缺少的部分。这个愿景一度帮助苹果计算机成为计算机行业的领导者。然而并不是所有的创业者都能在创业之初就预先设定好了企业愿景，更常见的情况是，往往随着时间的流逝，创业者才逐渐意识到他们的企业是什么、应该是什么以及将成为什么，到这时企业的愿景才得以明确。

 专栏

扎克伯格的创业心路历程

2015年10月24日，Facebook创始人、CEO扎克伯格应邀在清华大学经济管理学院发表中文演讲，用三个故事分享了自己创业的心路历程。

扎克伯格的第一个故事是"使命"，他表示，他之所以创立Facebook，是因为当时的互联网上基本什么都有，唯独缺乏关注人类联系的服务。他创立Facebook，正是出于要把人们联系在一起的这一使命。

扎克伯格的第二个故事是"用心"，他表示有了使命，只需要用心往前走就行了。Facebook在成长的路上也曾遭受很多质疑，然而到今天已经有15亿人在用Facebook，扎克伯格称："我们能继续是因为我们用心。"

第三个故事是"向前看"。扎克伯格表示很喜欢马云的一句话："和15年前比，我们很大；但和15年后比，我们还是个婴儿。"他说，当你了解越多，你会觉得要做的事情就更多。

2. 机会和目标导向

优秀的创业者不仅对成功有清晰的认识，而且有成熟的心态。他们关注的是机会而不是资源、结构或战略。他们从一个机会起步，通过对机会的理解来指导其他重要的事项。在追逐机会时，他们一般以"跳一跳就够着"的目标为导向。这种较高但能达到的目标使他们能够集中精力、剔除其他的机会，适时拒绝。目标导向能够帮助他们清晰地定义各种行动的优先权，同时提供一种具有可操作性的判别业绩好坏的尺度。

专栏

2001年，当武平博士带着几位同事在美国加州创立展讯的时候，世界手机核心芯片市场格局已经基本成型，以TI、高通为代表的国际厂商的长期垄断极大地提高了市场准入门槛。但展讯却决定从手机的基带芯片和协议栈软件入手，直接切入手机的核心技术地带。2001年7月，展讯在上海成立分部时，他们先从2.5G的GPRS手机基带芯片做起。2002年，GPRS芯片研发成功。到了2003年的四五月份，展讯的2.5G芯片已经做得非常成熟。依靠开发市场上主流的GSM/GPRS芯片，展讯解决了自己的生存问题。但是，展讯很快面临着一个关于3G的艰难抉择：下一步到底是做国际上主流的WCDMA芯片，还是要上马当时前景并不明朗的TD-SCDMA芯片？考虑再三，展讯选择了TD-SCDMA，理由很简单：如果这个时候做WCDMA，展讯只能跟在TI、高通的后面，没有多少赶超的机会；更为重要的是，展讯的创业团队有很强的产业报国理念，当时TD-SCDMA是中国提出并且被国际电联批准三大国际3G标准之一，但是它在产业化进程中面临很多的挑战和困难，其中关键的困难之一是当时一直没有开发出基于TD-SCDMA标准的手机芯片，如果这个关键环节能够解决，TD-SCDMA产业化的进程将可能大大加速，而当时TD-SCDMA芯片只有三四家国内企业和合资公司在做，展讯后来居上的机会更大一些，因此，展讯下决心在此领域探出一条路。最后的结果也是如此，展讯成为了全球第一家开发出TD-SCDMA手机基带芯片的厂商。不过，由于3G牌照一直拖到2009年年初才正式发放，展讯也为此承担了很大的政策不确定性风险。

资料来源：展讯创始人武平、陈大同分别在清华大学经济管理学院的演讲，《IT经理世界》第231期：展讯的平衡术。

5.1.2 富有创新、自我激励

1. 原创性与独立性

创业者一般被认为是独立且自恃的创新者。大多数的研究者均赞同这样的观点：创业者是高效率的创新者，他们积极地寻求和实现首创性。创业者愿意在有失败风险的活动中承担个人责任，喜欢那些能够清晰反映个人影响力的场合。在解决问题或填补空白时，创业者喜欢采取原创性的动作。这是创业者表现自我的一种天性。

对独立的渴望是创业者的另一驱动力。许多创业者在创业之前曾经在其他机构就职，他们向往采取自己的方式来做自己想做的事。

专栏

吉利集团的创始人李书福似乎不像企业家而更像一个革命者。他曾"口出狂言",想造两万元的轿车。无论在哪里,李书福都给人豪气冲天的感觉,他有独立的思想,不轻易受外界左右。吉利集团诞生于中国股份制的发源地浙江台州。早在1994年李书福就想生产汽车,但是,由于当时产业政策不允许而没法涉入这一领域。直到1998年争取到了小型客车生产许可证,李书福才真正开始建厂、进设备,从而开始了吉利的汽车产业。李书福从来没有停止过为研制、开发、生产经济型轿车而努力。目前吉利集团已连续4年跨入我国汽车产业十强,拥有近500家4S店和近600家服务站,成为在市场上有影响力的汽车生产厂商。

2. 自我激励

很多国外学者如 Gartner,Bird 和 Starr(1992)、Begleyand Boyd(1987)、Carland(1991)、Lachman(1980)、Ray(1981)、Schere(1982)等都认为,创业者比一般的管理者具有更高的成就动机,这种成就动机往往会影响创业的决策和所创企业的存续能力(Waddell,1983)。这样,创业者一般都会具有强烈的成就需求和自我驱动。这些内在驱动因素包括:强烈的竞争欲、超越自我设定的标准、追逐并达到挑战性的目标等。

 专栏

1994年,在中国人对互联网知之甚少的情况下,田溯宁和丁健等带着把Internet引入中国的梦想,在美国创建了亚信。创建之初定位于 Internet 内容提供商,后来亚信经过多次战略转型,最后务实地定位于为中国互联网建立、维护、运营、完善及通信基础设施提供全面解决方案及软件产品的技术提供商。尽管公司业务与设立初衷有明显差别,但创业者强烈的使命感、不断超越自我设定的标准,一直是企业顺利转型并获得成功的重要动力。

5.1.3 自信乐观、百折不挠

1. 自信与理性

成功的创业者一般都充满自信、乐观开朗、不易为困难所胁迫。他们认为没有解决不了的问题,只是需要花费时间去研究分析而已。即使遇到重大的困难,创业者也不对自己的能力表示怀疑,不认为事业会被命运、运气或类似的力量所左右。

他们相信成功与失败都源于自己，自己的态度和行动可以影响甚至改变事情的结果。成功的创业者还能够在自信的同时保持清醒，他们不会无休止地攻克一个困难和障碍以至于延误商业行动。如果某个任务极其简单或发觉不可完成，创业者会迅速放弃。此外，尽管创业者一般都很有主见，但是在处理做与不做的问题时，他们往往会采取十分现实的方法，并且积极寻求各种渠道的帮助以迅速解决问题。

 专栏

在创业过程中，北京视美乐科技发展有限公司创始人之一的王科经历了许多挫折、失败、痛苦甚至绝望。在开发初期，曾经有一次机器中涉及一个非球面镜的问题，关于6次曲线的计算，当时他们请教了清华大学精密仪器系的教授，被告知这个类似问题主要用于军事科学，曾在20世纪70年代被苏联一位科学家解决过，这位科学家也因此获得了斯大林奖。针对此难题，他们请教了国内知名的研究专家和做了几十年光学仪器工作的老师傅，最终在几位老专家的上百页计算稿中得出了数据。为了测试技术指数，他们开了三套模具，用坏了一麻袋玻璃，最后才使透镜的各种技术指数达到要求并实现稳定。终于，王科和他的团队成功地走出了创业的低谷，并两次在国内融资成功。

2. 百折不挠

创业成功的最终标志就是克服各种障碍和困难，达到目标。坚定不屈的意志和矢志不渝的精神，使创业者战胜看似不可逾越的困难。这些特征也可以弥补创业者个人能力的一些缺陷。

 专栏

曾任美国通用无线通信有限公司总经理的王维嘉说过："创业不同于科研，创业者首先要相信自己及自己所做的事，然后就是要不断听从自己心灵的呼唤而不能靠所谓的理性的指引，这有点儿像掷硬币，要一直掷下去直到自己想要的那一面出现为止。一旦开始了创业，就会上瘾。自从我开始创办美通公司，我就已经认定这辈子就只干这一件事了。即便有可能失败，我还会重新开始创业。创业，就像比尔·盖茨所说的那样，'是世界上最好的工作，给什么我也不换'。"

3. 挑战不确定性

不确定是指由于缺乏足够的信息，人们对事物的认识不够十分明确（Budner,

1962)，挑战不确定性就是要在模糊的情景中作出积极的反应。Macdonald（1970）发现在完成模糊的任务时，对高度不确定性的承受能力与实现绩效之间存在正相关关系。创业企业面临各种各样的不确定性，挫折和意外不可避免，组织、结构和秩序的缺位，甚至需要面临企业破产和失业的威胁。成功的创业者往往在应对这种不确定性的过程中积累经验、激发斗志并最终茁壮成长。

4. 评估并理性承担风险

成功的创业者不是赌徒，相反，高成就的创业者倾向于中性风险。他们在挑战不确定性的时候还会理性地分析各种可能发生的情况，评估可以提高获胜可能性的合适方案，然后抓紧实施。他们会做各种可能有利于创业的事情，同时规避不必要的风险。创业者往往会采取相应的策略，让他人在获得收益权利的时候同时分担金融和商业风险。例如，创业者会劝说合伙人和投资者提供现金、说服债权人提供特殊条款、要求供应商预交商品。这样，对创业者往往能够将对普通商业人士来说是高风险的决策转化为中等风险的决策。

5. 从失败中学习，在困境中成长

创业者把失败当作一种学习经验。成功创业者往往都经历过失败与颓丧，然而，成功的创业者能够理性地面对这种困难。他们不会为此而灰心丧气、失去勇气或者意志消沉，而是会在困境中寻觅机会。大多数成功的创业者认为从早期的失败中学到的知识会比从早期的成功中获得的更多。

借鉴文学巨匠托尔斯泰在其名著《安娜·卡列尼娜》中的一句名言，"幸福的家庭是相似的，而不幸的家庭各有各的不幸！"有的投资人总结了一句创业界的名言："失败的企业大都是相似的，而成功的企业各有各的成功之道！"

🎯 专栏

没人能准确说出，美团网的创始人王兴到底启动过多少创业项目。

在刚刚回国、创办校内网之前的两年，王兴做过输入法、短网址、社交网站甚至地图，但如此频繁的更替、如此快速的迭代，唯一的解释就是，他有自己视为目标的模板，并在为此频繁试错。2005年年底，王兴创办校内网，2007年，他又一次启动了创业的脚步，创立类似Twitter的网站"饭否"，2009年，他又启动了类似校内网但范围更广的社交类网站"海内"。这之后到2010年创立美团之间短短的半年多时间，他又做过至少5个创业项目。王兴九败一胜的十年创业经历，印证了他自己所说的"纵情向前"，从不放弃、不断突破，失败了，大不了从头再来。此外，快速学习能力也是他成功的另一把利刃。他对于事业的执着与热情、对于互联网产业的洞悉和坚持以及创业团队的跟随，使美团一战功成。不怕失败，不断试错，保持

激情，坚持不懈，王兴创建的美团网在团购网站龙头老大的地位，无疑让我们看到了他跌宕起伏后的值得。

5.1.4 团队精神、善于学习

1. 团队合作

对独立和自治的渴求并不妨碍创业者组建成功的团队。成功的创业者往往都是团队工作方式的倡导者。作为 CEO 或者最高决策人，创业者应该体现出团队领袖所应具备的果敢和坚毅，并表现礼贤下士、不谋小利的气度，团结每个成员，保持在团队中的核心地位。作为团队中的其他成员，如技术总监或财务主管，创业者应该有平和的心态看待权利与得失，以团队和企业利益的最大化为目标，努力发挥自己的才能并充分尊重团队领袖和其他成员。

2. 快速学习、兼听众长

成功的创业者一般都具有很强的学习能力，他不仅能够快速学习和掌握所需的各种背景知识，还能够从其他团队成员、顾问、员工、投资者甚至是竞争对手那里学习到各种经验和策略。他们在坚持自己主见的同时，还能够积极地向外寻求反馈并利用这些反馈，作为克服困难、避免挫折并取得成功的重要途径。

5.1.5 诚实正直、精力充沛

1. 诚实可靠

俗话说"诚信招财"，诚实可靠是保证个人成功和良好商业关系的一种黏结剂，并使这种关系弥久常新。投资者、合伙人、顾客及债权人非常在意创业者这方面的历史记录。诚实可靠还有助于建立和维持商业信任与信用关系，特别是对小型企业的创业者。

 专栏

1995 年，格力的董事长朱江洪到意大利考察，遇到一位客户抱怨空调的噪音太大，要求退货，工作人员打开机器一看，原来是空调里面的一块小海绵没有贴好，这让格力的董事长意识到了质量控制的重要性。尽管当时的空调市场处于供不应求的状态，但是朱江洪还是下令开始整顿格力产品的质量。格力在接下来颁布的"总裁十四条禁令"，对生产过程中容易发生问题的操作制定出苛刻的规定，任何员工只要违反其中的一条，一律予以辞退或开除。另外，为了控制零部件的产品质量，格力建立了行业独一无二的零部件筛选分厂，这个分厂对进厂的每一个零配件都要质量"过滤",连最小的电容都不漏过。朱江洪提出,"绝不把消费者当成产品质量的实验品。"为了警醒员工,他在质检部门的门口挂上一柄大锤,要求质检部门对于质量不合格的产品就要立即用大锤砸烂。1999年开始,格力投入百万元巨奖推行"零缺陷"工程,不久又引进"六西格玛管理法"。凭着坚实的质量保证,格力还在空调行业破天荒地提出"整机六年免费包修",这令许多空调品牌惊叹莫及。在某单交易中,格力出口美国的4万台格力空调仅有4台请求维修,万分之一的维修率令美国同行也忍不住赞叹。董明珠接任董事长后,继续坚持上述原则。

格力对消费者负责,严格控制质量的作风在业界和市场都赢得了广泛口碑,并最终帮助格力成长为国内顶尖的空调厂商。

2. 精力旺盛

繁杂的事务和极端不确定的环境,使创业者几乎需要"7×24"全天候地处理各种事务,承受巨大的生理和精神压力。这要求创业者有强健的体魄和饱满的精力。成功的创业者往往天生具备超人的精力,并且在创业过程中以积极的态度调理身体和精神,如精心控制饮食、定期参加体育锻炼、外出放松,等等。

◎ 专栏

美国国家创业指导基金会创办者史蒂夫·马若提(Steve Mariotti)列出12种被普遍认为是创业者需具备的素质,这些素质可以通过培养而建立起来。

适应能力:应付新情况的能力,并能创造性地找到解决问题的方法;

竞争性:愿意与其他人相互竞争;

自信:相信自己能做成计划中的事;

纪律:专注并坚持计划原则的能力;

动力:努力工作实现个人目标的渴望;

诚实:讲实话并以诚待人;

组织:有能力安排好自己的生活,并使任务和信息条理化;

毅力:拒绝放弃,愿意明确目标,并努力实现,哪怕有障碍;

说服力:劝服别人明白你的观点并使他们感兴趣;

冒险:有勇气面对失败;

理解:有倾听和同情他人的能力;

视野:能够在努力工作实现目标的同时,看清最终目标并知道努力方向。

资料来源:[美]史蒂夫·马若提.青年创业指南——建立和经营自己的公司[M].北京:经济日报出版社,2003:63.

专栏

美国的杰弗里·蒂蒙斯（Jeffry A. Timmons）和郝沃德·斯蒂芬森（Howard H. Stevenson）通过与60位具有实战经验的创业者进行交谈，会同学术界其他学者，按创业研究的时间顺序总结了29位学者关于创业者所具有的特殊品质。如表5-1所示。

表5-1 创业者特征

时间（年）	作者	特征
1848	Mill	承担风险
1917	Weber	正式权力源
1934	Schumpeter	革新，动机
1954	Sutton	渴望承担责任
1959	Hartman	正式权力源
1961	McClelland	承担风险，有现实成就的需要
1963	Davids	野心，渴望独立和担负责任，自信
1964	Pickle	驱动力/精神，人际关系，沟通能力，技术知识
1971	Palmer	风险评估
1971	Hornaday and Aboud	实现成就的需要，自主性，进取性，权力，认识，革新/独立
1973	Winder	对权力的需求
1974	Borland	内部控制中心
1974	Liles	实现成就的需求
1977	Gasse	个人价值导向
1978	Timmons	驱动力/自信，目标导向，承担适度风险，控制中心，创造性/革新
1980	Sexton	精力/雄心，主动撤回
1981	Welsh and White	控制的需求，责任追求，自信/驱动力，迎接挑战，适当承担风险
1982	Dunkelberg and Cooper	发展导向，独立导向，工艺导向
1982	Holy and Hellriegel	技术任务优先管理能力
1983	Pavettandlau	理念、人文和政治能力，熟悉特定领域里的技术
1985	MacMillan, Siegel, Subbanarisimha	熟悉市场，高强度工作能力，领导能力
1986	Lbrahim and Goodwin	有分权能力、处理顾客与员工关系的能力，人际交往技巧与控制着重要资源和相关技能的人组成网络
1987	Aldrich and Zimmber	希望看到公司从创立到不断壮大发展，能清楚地传达公司目标，有调动其他人统一行动的能力
1987	Hofer and Sandberg	具有可体现高度责任感和权威感的强有力管理技巧
1987	Schein	既是管理者更是专家

续表

时间（年）	作　者	特　征
1987	Timmons, Muzyka, Stevenson, Bygrave	在利用商机的过程中有识别和展望的能力
1989	Wheelen and Hunger	用各种计划、程序、预算、评估等来执行战略的能力
1992	Chandler and Jansen	自我评估以识别商机的能力
1992	McClelland, MabMillian, Scheinberg	高度个人主义，不易接近，避免不确定性，大丈夫气概

资料来源：[美]杰弗里·蒂蒙斯. 创业者[M]. 北京：华夏出版社，2002：7～8.

5.2 创业者应具备的个人能力[①]

在一个成功的创业企业中，其创始人既是好的创业者又是好的管理者。他们一般需要在销售、制造或技术、融资等不同领域工作数年，才能形成坚实的基础、广泛的管理技能和技术诀窍。不过，很难有一个创业者在各个领域都是专家。更多的情况是，创业者在某个领域具有优势，如具有很强的人员管理能力、概念化和创造性解决问题的技能或市场营销技能，但在其他领域并不突出。虽然难有普遍意义上的结论，但通常来说，一名优秀的创业者应该具备以下两大方面的能力：形成创业文化的技能以及某些方面的管理或技术才能。

5.2.1 建立创业文化的技能

创业的成功与否不仅取决于识别出良好的创业机会、获得关键性的创业资源（如核心技术的拥有者、创业起步的资金来源等），还取决于良好的创业文化。创业文化将深刻影响新创企业未来的人际交往、冲突管理、危机决策、战略战术决策制定。创业文化的诞生与成型，与企业创建者息息相关，他们的能力和处事方式决定了企业文化的方向和未来。以中国家电巨头海尔为例，如果没有张瑞敏创业之初的"砸冰箱事件"，也就不会有海尔产品以质量赢得市场的现在。

创业者必须明确公司需要完成的任务并积极对待，反应迅速并承担一定的风险。他们需要通过形成一致意见来建立一支自我激励、富有责任感的团队，在各种相互矛盾的要求和优先权之间寻找平衡，并能机智有效地处理各种矛盾。

1. 人际沟通和团队工作的技能

具体包括：（1）通过管理创造出有助于公司倡导先进的氛围，包括表扬表现优秀的员工并给予奖励，鼓励创新、开拓精神和谨慎冒险等；（2）理解任务之间的联

---

① [美]杰弗里·蒂蒙斯. 创业者. 北京：华夏出版社，2002.

系、领导者和跟随者之间的关系；（3）在合适的情况下起领导作用，包括愿意通过导向、建议及其他的类似方式积极管理、监督和控制其他人的活动。

2. 领导技能

优秀的创业者应该具备将混乱、含糊和不确定的事物清晰化的技能，能够合理定义各层级人员应具有什么责任和权力。另外，他们还能够以恰当方式激励大家完成跨部门的公司目标，而不仅是顾及各自部门的利益，避免"山头主义"思想。团队领袖的行为不应被其他团队成员看成处心积虑地扩张和保护个人的利益和特权，而会被看成是一项要真正明确角色、任务和责任的行动，目的是明确划分责任和合理审批。为了真正实现这个目的，团队领袖应该能够为了实现全局利益而放弃个人的特权。这种方法还需要选择合适的人员参与跨职能、跨部门的目标设定和决策过程，在不能顺利实现理想效果的时候仍然坚持，并达成一致。

3. 帮助、督导和矛盾管理技能

成功的创业者不仅富有创造力，还应具备处理矛盾冲突、形成一致意见、共享权力和信息等方面的技巧。他们能让别人打开心扉，而不是沉默不语；他们把问题摆上台面，而不是藏于心底；在与别人观点不同时不表现出戒备姿态。他们清楚高质量的决策需要快速流动的信息和知识，权限、逻辑和证据必须高于管理地位或形式上的等级划分。他们具有管理和解决矛盾的娴熟技巧，能够创造性地让潜在的敌对双方达成共同解决问题的共识，通过寻求观点上的一致性进行合作，而不是强调彼此间的不同，并能通过承担谈判者或辩护人的角色来推行各自的解决方案。创业者在此过程中也容易受到伤害，这常常表现为放弃权力和资源。相互妥协并不容易，起初这种方法会涉及更多创业团队人员，需要花较多时间并且通常不会立刻产生结果。他们看起来好像在管理上走了弯路，但通过激励、责任承诺和团队工作达成了共识，其收获也很大。

4. 团队工作和人员管理技能

在讨论创业文化时，必然离不开鼓励创造力和革新、有计划地冒险。创业者通过鼓励革新和有计划的冒险行为来建立企业信心，而不会对略微不理想的结果采取惩罚或批评的办法。他们鼓励团队成员反思自己所犯的错误，并鼓励他们解决自己的问题，以此来建立一种独立、创业者式的思维方式。这并非意味着他们采取的是"将其扔入狼群"式的锻炼方式。而是让同事把自己当作在需要时容易接近并愿意提供帮助的人，他们会提供必要的资源来帮助别人完成工作。即使知道他们不会总赢，在必要的情况下，他们会为了同事和下属而"投入战争"。能够把团队的其他成员或其他对公司有贡献的人塑造成英雄，让别人而不是自己成为关注的焦点，这种能力是一项十分关键的技巧。

专栏

海尔自创业初起,就把企业文化的大旗高高扬起。张瑞敏靠着他以及一代又一代海尔人创造出的生机勃勃、创新不止的企业文化,把一家濒临破产的小企业,成功地变成享有世界声誉的国际集团。在海尔,到处可见的一条标语让人印象深刻:"迅速反应,马上行动。"这是海尔要求每一位员工必须具备的工作作风。海尔的员工们都说,这八个字体现了海尔的市场观和服务观,也浓缩了海尔企业文化的力量。"人人是人才,赛马不相马",海尔在用人制度上的这一理念,为每个员工提供了创新的平台。"你能翻多大的跟头,我就给你搭多大的舞台。"张瑞敏这句掷地有声的承诺,实实在在地面向每一位员工。"公开、公平、公正"成为海尔文化在用人观上最珍贵的 6 个字。海尔员工人手一本《海尔企业文化手册》,仔细读一读这本充满着时代内涵的海尔"全书",可以体味到东方文化的亲情与和睦,也能体味出其中融进的西方先进管理经验与思想。张瑞敏用他独特的文化感染力,创造了一个叫响了"中国制造"的国际化企业,创造了全新的海尔文化,也带出了一批具有炽热民族情感的海尔人,这是海尔的骄傲,也是中国的骄傲。

5.2.2 管理或技术才能

管理或技术才能可以基本划分为两大跨职能领域(行政管理和法律税收)以及四大关键职能领域(市场营销、金融、生产运营以及财务)。每个企业所特有的技术、技能也是包含在其中的必要内容。

1. 行政管理

(1) 解决问题。预见潜在问题的能力;收集相关事实,分析引起问题的真正原因,并制订有效的行动计划来解决,彻底研究特定问题的细节并坚持到底的能力。

(2) 沟通。能用口头及书面的形式与媒体、大众、顾客、同事和下属进行清楚而有效的沟通的能力。

(3) 计划。设定现实并可以达到的目标,识别获取目标时的障碍,并制订详细的行动计划来达到那些目标的能力;系统地安排个人时间的能力。

(4) 决策。在必须作出决策时,能够对不完整的数据进行分析并据此作出决策的能力。

(5) 项目管理。在面临问题和成本/质量约束条件时,具有组织项目小组、设定项目目标、定义项目任务并监督任务完成情况的技能。

(6) 谈判。进行卓有成效的谈判,在给予价值和接受价值之间进行快速平衡的能力。能够辨别清楚哪种关系是一次性的、哪种关系是需要长期维持的。

（7）管理外部专业人才。能够雇用、管理和指导合适的法律、财务、银行、会计、咨询和其他必要的外部顾问的能力。

（8）人事管理。建立员工聘用、考核、培训和激励制度并执行的能力。

 专栏

1971年，出身于美国海军陆战队的弗雷德·史密斯（Fred Smith）退役后创办了联邦快递公司。目前公司已经建立了全球领先的快速交付网络，业务遍及全球211个国家，拥有超过660架货机及约9.5万辆货车，并且在全球聘用超过21.5万名员工和独立承包商，每天平均处理500万件货品，在《财富》杂志2002年全球500强中排名第246位。弗雷德·史密斯创造性的举动开创了隔夜交货的速递方式，因此被誉为"创造了一个新行业的人"。

在弗雷德·史密斯看来，一名成功的企业家要能够与员工顺畅地交流。联邦快递的成功源于其管理，秘诀是万事以"人"为本，强调沟通。弗雷德·史密斯指出："我可不想让员工整天盘算着怎样做最少的工作而又不被解雇。我希望他们想的是怎样尽全力把工作做得最好，能达到这一目的的关键是沟通和反馈。员工们想知道公司对自己的期望和自己应该怎样去做。因此我们制定了许多奖励计划和内部提升机会。这些事情都很简单，只是为了告诉员工他们干得不错。同时也要与员工沟通，并且保证他们理解所从事工作的意义。"

弗雷德·史密斯非常重视公司的人事管理，密切关注员工的发展。那些自信能做好工作的员工通常都能成为杰出的经理。在联邦快递内部，原来从事卸货员、机械维护员、货件分发员、速递业务员、司机以及检查员工作，由于表现出色被提拔为管理层的员工比比皆是。1976年以兼职形式加入公司的戴维·罗伯特，由于热情肯干、全心投入的精神而不断被提升，至今已是美国总公司操作部的高级副总裁。

改编自：财富这样创造，http://www.jnbiz.com/new/ReadNews.asp。

---

2. 法律和税收

（1）公司法和证券法。熟悉各种商业相关法规，包括各种组织形式以及公司管理者、股东和董事的权力及义务；熟悉与证券有关的各种法规，并熟悉各种证券的优势及劣势。

（2）合同法。熟悉合同程序和政府要求以及商业合同、许可协议、租赁协议和其他协议，特别是聘用协议和控制股东及创始人授予权的协议。

（3）有关专利和所有者权利的法律。为专利应用做准备并进行相应修订的技能，能够判定出哪些专利、商标、版权或特许信息索赔具有多大的获胜把握，熟悉索赔要求；对知识股权同样如此。

(4) 税法。熟悉国家各种税法及税收优惠政策，包括对特定组织形式、利润和其他社会保障计划等的特殊要求。

(5) 破产法。了解破产法、选择权以及创始人、公司官员和董事的可恕、不可恕责任。

3. 市场营销

(1) 市场研究和评估。知道怎样设计和实施调研，能够找出行业信息和竞争者信息并给予解释，具备分析并解释市场调研结果的能力。熟悉调查问卷的设计和取样技术对创业者而言，至关重要的便是"知道竞争优势在哪里，商机在哪里，以及看到顾客需求的能力"。

(2) 市场营销计划。能够对总体销售、广告和促销程序进行计划并确定有效的分销商体系或销售代表体系，同时建立这些体系。

(3) 产品定价。确定具有竞争力的定价和利润结构，并按照价格给产品定位，采用可使利润最大化的定价原则。

(4) 销售管理。组织、监督并激励销售队伍的能力，能够通过分析销售区域和销售潜力并管理销售队伍使市场份额最大化。

(5) 服务管理。能够识别顾客对特定产品的服务需求，能恰当处理顾客意见，创造和管理一个有效的服务组织。

(6) 产品管理。能够把市场信息、获悉的需求状况、研究开发以及广告推广等融合成一项合理的产品计划，并理解市场渗透战略和保证产品盈亏平衡等技能。

(7) 新产品开发计划。具有引进新产品的技能，包括对新产品的市场测试、原型测试、价格/销售/交易的开发以及分销计划。

专栏

宗庆后仅用10多年时间，就把一个靠借款10多万元创业的校办工厂培育成年销售收入近百亿的企业娃哈哈集团，创造了当代中国企业发展史上的奇迹，获选"2002十大经济人物"。娃哈哈的成功处处体现了宗庆后卓越的市场营销能力。

宗庆后对市场定位具有很强的感悟力。他认为，定位并不是在产品的开发阶段就可以完成的，定位将贯穿营销的整个过程。比如他发现，城市儿童的生活条件越好反而食欲越差，于是将儿童营养液的卖点准确无误地定位在"全面促进儿童食欲"，并运用"实证广告"和"儿歌广告"，结果一炮打响，赚得创业成功的第一桶金。

娃哈哈的成功之处还在于独特而高效的"联销体"营销网络：娃哈哈的一级经销商每年年底必须将该年销售额的10%作为保证金一次性打到娃哈哈账户，娃哈哈为此支付高于或相当于银行存款的利息,此后每月进货前经销商必须结清货款娃哈哈才予发货。公司对经销商实行返利激励和间接激励相结合的全面激励制度,每年为经销商提供一定比例的促销费用,并派出销售人员帮助经销商做好市场。总而言之,娃哈哈的营销秘诀在于既保持对经销商的控制力又通过切实可行的措施让营销环节中的每一个人都有钱赚。

娃哈哈在销售管理上采取"中央集权式"的管理模式。娃哈哈的所有分厂和销售分公司都不具备独立法人资格,既无经营权,也无资金控制权。所有的资金、分配权利全部都集中在总公司手中。另外,娃哈哈也对经销商进行严格的绩效考核,一是始终采取保证金制度,坚持先款后货的原则;二是要求经销商一心一意做娃哈哈,不得做别的同类品牌;三是对窜货砸价等违规者处罚决不手软。

改编自:关于宗庆后的经营思想,http://www.zjwater.com/anlie/view.asp。

---

4. 生产运营

(1) 生产管理。具有生产产品所必需的有关生产过程、设备、人力和空间的知识,以及在规定的时间、成本和质量条件约束下制造出产品的生产管理技能。

(2) 库存控制。熟悉进行控制半成品和成品材料库存的技术。

(3) 成本分析和控制。能够计算出劳动成本和原材料成本,开发出标准成本体系,进行误差分析,并能计算出必需的劳动量和管理/控制成本。

(4) 质量控制。能够建立起检验体系和标准,实现对原材料、半成品和成品的有效质量控制,为不断进行的质量改进提供基准点。

(5) 生产日程表和生产流。能够分析工作流,并能计划和管理生产过程;能够管理工作流,并能计算出销售水平增长情况下的生产日程表和生产流。

(6) 购买。能够识别出合适的供货来源,能够和供应商谈判并签订合同,能够管理进入库存的来料流并熟悉订货数量及可得的折扣利益。

(7) 工作评估。能够分析出工人的生产率以及所需的额外帮助,能够计算聘用临时工或长期工可节省的成本数。

5. 财务

(1) 筹集资金。能够决定采用何种方式顺利的获取创立企业和发展企业的资金;能够预测资金的需求并能做好预算;熟悉正式或非正式的短期及长期融资资金来源和融资工具。

(2) 管理现金流。能够预测现金需求,建立现金控制,管理公司的现金状况;并能判断所需的资本量、现金用完的时间和阶段以及达到盈亏平衡点的时间和阶段。

(3) 信用和托收。能够制定信用政策和筛选标准,并对应收款和应付账款按期分类。理解托收代理的用处以及何时开始采取法律行动。

(4) 短期融资方式。知道如何通过应付账款的管理来融资，同时清楚过渡期融资方式的应用，如银行贷款、代理融通、抵押销售票据或合同、提货单和银行承兑等；熟悉财务报表和预算/利润规划。

(5) 公开发行和私募资金。能够制订商业计划并形成融资的说明书。熟悉公募和私募发行股票的相关法律规定；具有管理股东关系以及同潜在融资来源谈判的能力。

(6) 簿记、会计和控制。在公司成立之初即公司发展时，能够确定合适的簿记系统和会计系统，包括各种分类账、会计账目以及可能需要的保险。

(7) 其他的特定技能。能够阅读和制作损益表、资产负债表；能够进行现金流分析和规划，包括盈亏平衡点分析、毛利分析、资产负债表管理等。

6. 技术管理

每个企业具有的独特技术技能。如果创业企业以技术为核心，则创业者往往还应该是技术的掌握人。如果在创业团队人员中还有专门的核心技术骨干，则创业团队的领袖至少应该了解该技术，并能够在对外谈判、商务宣传中准确、清晰地描述该技术。

专栏

用友总裁王文京1983年从江西财经学院毕业，同年分配到国务院机关事务管理局财务司工作。他在国管局主要做了两件事：一是起草了中央国家机关行政会计制度，这个制度一直沿用到20世纪90年代；二是负责实施了中央国家机关行政会计电算化工作。1985年，王文京和苏启强几个人主动找领导建议在整个中央国家机关财务部门进行会计电算化工作。从项目规划、硬件选型到软件合作单位选择，组织研发、鉴定，推广到100多个单位，历时2年多。做完会计电算化工作，王文京感到财务软件在中国大有前途，加上当时北京市鼓励专业人员到中关村创办科技企业，1988年他从机关辞职，与苏启强合伙创办用友公司。公司的产品开发用了约两年的时间。1990年，用友的90版账务软件和UFO财务报表软件一经推出就在市场站稳了脚跟，奠定了公司发展的基础。

学财务出身的王文京亲自负责软件设计构思，他强调实用性和操作的简捷，而不是追求技术。实用性、先进性和可靠性的设计理念契合了使用者的需求，为财务软件在中国的传播和广泛推广奠定了基础。1990年4月，用友财务软件通过财政部评审。1991年，用友软件已经成长为财务软件领域的领先品牌。王文京的技术把关，使用友从最初的DOS版、网络版，到Windows平台，一直占据着行业领先地位。2001年5月18日王文京控股55.2%的用友软件在上海证券交易所挂牌，顷刻间他的个人身价飙升到6.02亿美元。2001年，用友软件股份有限公司总收入4 000

万美元，盈利 840 万美元。王文京本人也当选为 2001 年度"CCTV 中国经济年度人物"以及 2003 年度"中国数字人物"。

资料来源：王文京. http://www.starinfo.net.cn/computer/importperson/wwj.htm。

然而，并非所有的创业者都熟悉上述所有领域。他们应该通过自身学习实践或寻找合伙人、咨询顾问等方式来获取这些技能。不过，我们也必须清楚地认识到，虽然律师、会计师等许多杰出的顾问会给创业者带来极大的好处，但也可能因为职业特点塑造其处事风格而不能为建议对象提供最好的商务判断。比如在许多情况下，律师所做的判断是基于力求提供不会有任何失误的保守性判断的基础之上，因此属于风险规避型。

 专栏

影响创业成功的 15 个因素，如表 5-2 所示。

（1）资金：有适当资金的创业比没有适当资金的创业更容易成功。

（2）良好的簿记与财务控制：没有适当保持记录和缺乏适当财务控制的公司更容易失败。

（3）产业经验：由没有产业经验的人管理的公司比有产业经验的人管理的公司更容易失败。

（4）管理经验：由没有管理经验的人管理的公司比有管理经验的人管理的公司更容易失败。

（5）规划：没有特别规划的创业公司比有特别规划的创业公司更容易失败。

（6）专业咨询：没有使用专业咨询的创业公司比使用专业咨询的创业公司更容易失败。

（7）教育：没有受过大专教育的创业者比受过大专教育的创业者更容易失败。

（8）员工：能吸引并保有良好素质员工的公司比无法吸引并保有良好素质员工的公司更容易成功。

（9）产品、服务的时机：选择太新或太旧的产品、服务比选择正在成长的产品、服务的公司更容易失败。

（10）整体环境的时机：在整体不景气时创业比整体景气时创业更容易失败。

（11）年纪：较年轻的创业者相对于年长者更容易失败。

（12）合伙人：一个人创业比一个团队创业更容易失败。

（13）父母：父母是经商者的创业者比父母不是经商者的创业者更容易成功。

（14）少数权益：创业者在公司的权益较少者比权益较多者更容易失败。

（15）营销技巧：没有营销技巧的创业者比有营销技巧者更容易失败。

表 5-2 创业成功因素

作者	1	2	3	4	5	6	7	8	9	10	11	12	13	14	15
Barsley	F	—	F	F	F	F	—								
Bruno	F	F	—	F	F				F	F	F				F
Cooper90	F	—	N	N	F	F	N		F	F	F	F		F	—
Cooper91	F	—	F	N		F	F		N	N	N	N	F	F	
Crawford	—		F		F	F			N	N					
D+B ST.	F	F	F	F	F				F						
Flahvin	F	F	F	F	F			F							
Gaskill	N	F	F	F	F	F	N			N					F
Hoad	—		F	N	N	F									
Kennedy	F		—	F	F					F					
Lauzen	F	F	—	F	F		F								
Mcqueen	F		F	F										F	
Reynolds87	F	F			F			N	F					—	N
Reynolds89	F	F			F		N	N	F		N	F			
Sage			F		F		F								
Sommers				F	F										
Thompson	N		F	F		F									F
Vesper	F	F	F	F	N	F	F		F	F		F			F
Wight	F	F		F	F										
Wood	—	F	F	F		F									
F 总计	14	10	10	14	11	9	6	5	6	5	1	3	1	2	5
N 总计	2	0	1	3	2	0	3	2	1	3	3	1	0	0	1
总计	4	10	9	3	7	11	11	13	13	12	16	16	19	18	14

注：F 代表造成失败的因素；N 代表不是造成失败的因素；—代表未被提及对成功或失败造成影响。

资料来源：Lussier, R. N., Startup Business Advice from Business Owners to would-be Entrepreneurs, *S. A. M. Advanced Management Journal*, Cincinnati, Winter 1995.

5.3 创业团队的组建

5.3.1 创业团队的定义

不同学者对团队（team）给出的定义有所差异。Alder 和 Hackman（1987）认为，团队由一些因任务而相互依存、相互作用的个体组成，团队总是置身于一个更大的社会组织系统中，每个团队成员认可自己归属于该团队，外部人员也视这些个体为该团队的一员。Harper 认为团队是指因组织中的正式关系而使各成员联合起来形成的，在行为上有彼此影响的交互作用，在心理上能充分意识到其他成员的存在并有彼此相互归属的感受和协作精神的集体。按照 Katzenbach 和 Smith（1993）的定义，"团队由少数人员组成，这些人具有相互补充的技能，为达到共同的目的和组织绩效目标，他们使用相同的方法并且相互承担责任"。"相互补充的技能"是指三方面的技能：技术或职能的专长、解决问题和制定决策的技能，以及处理人际关系的技能。所谓"共同的目的和组织绩效目标"是指共同的目的可以使团队具有较好的状态和动力机制，而特定的绩效目标则是共同目的的重要组成部分。"相同的方法"是指团队需要发展出一个共同的实现其目的的手段。"相互承担责任"的核心是"对构成团队成员基础的两个关键方面，我们对自己和其他人作出承诺：承担义务并相互信任。"他们认为，应注重团队基本结构的构造，一个有效运作的团队及一个成熟的团队必须具有良好的构造，这种构造主要体现在技能、使命和承担责任方面。

创业团队（entrepreneurial team）是一种特殊团队，也是一个十分重要而又容易引起混淆的概念。Kamm，Shuman（1990）对创业团队给出以下定义："创业团队是指两个或两个以上的个人参与企业创立的过程并投入相同比例的资金。"[①] 这个定义着重于创业团队的创建和所有权的两方面特性。从我国国内高科技创业的过程来看，创业团队成员彼此之间出资的比率由于个人经济状况的差异并不相同，依据我国台湾地区的产业环境状况，郭洮村（1998）对创业团队的定义稍做修正，认为创业团队是指两个或两个以上的人，他们共同参与创立企业的过程并投入资金。[②] Ensley 和 Banks（1992）以及 Gartner，Shaver，Gatewood 和 Katz（1994）延伸了 Kamm，Shuman，Seeger 和 Nurick（1990）对创业团队的定义，使其"包含了对战略选择有直接影响的个人"，也就是说董事会尤其是占有一定股权的风险投资人皆包含其定义之中。综上所述，只要符合上述三项要素中的其中两项即可被认定为创业团队的一分子。

以上关于创业团队的定义仅仅是把创业团队的组成成员加以识别，并没有就创业团队成立的目的和组织形式加以说明，而这两点恰恰是与其他一般团队有明显区别的特征。综合各学者的观点，我们认为可以从两个层面理解创业团队。狭义的创业团队是指有着共同目的、共享创业收益、共担创业风险的一群经营新成立的营利性组织的人，即企业的共同创始人，他们提供一种新的产品或服务，为社会提供新增价值。表 5-3 列出了 Intel、微软、Apple、Yahoo、Google 这些公司的共同创始人，这些 IT 巨头企业的共同创始人数目均为 2 个，这应当不是巧合。很显然，企业的共同创始人不能太多，2~3 人较为适宜和相对稳定，最好不要超过 5 人，因为创始人太多，一方面，新创企业的沟通协调成本高，不利于快速、灵活决策；另一方面，也可能造成股权太早过于分散，这对企业长期发展不利。而如果创始人只有一

[①] Kamm J. B., Shuman J. C., Seeger J. A., and Nurick A. J. Entrepreneurial Teams in New Venture Creation: A Research Agenda. Entrepreneurship Theory & Practice, 1990, 14（4）：7~17.

[②] 王柏胜，温肇东. 创业团队文献回顾. 台北，2001.

个人,由于一个人的能力、经验和精力有限,他很难应对办企业的方方面面,特别是技术创业企业;同时一个人承担的压力也会太大。

表 5-3　Intel、微软、苹果、Yahoo、Google 公司的共同创始人

公司	共同创始人
Intel	罗伯特·诺依斯、戈登·摩尔
苹果	史蒂夫·乔布斯、史蒂夫·沃兹尼亚克
微软	保罗·艾伦、比尔·盖茨
Yahoo	杨致远、戴维·费勒
Google	谢尔盖·布林、拉里·佩奇

相对广义的创业团队是指共同创始人和早期重要员工。一个经典的案例是:安迪·格鲁夫作为 Intel 公司的第一个员工,他与诺依斯、摩尔两位公司共同创始人一起成为公司的核心,后来他先后担任了公司的总裁、CEO 和董事长,为公司成长为全球 IT 巨人立下了汗马功劳。

更加广义的创业团队不仅包含共同创始人和早期重要员工,还包括与创业过程有关的各种利益相关者,如风险投资商、供应商、专家咨询群体等。他们在新创企业成长过程的某几个阶段中起着至关重要的作用,同时也为社会提供了一定的新增价值。

5.3.2　创业团队的重要性

团队和一般意义上的工作群体不同。工作群体的成员虽然彼此相互熟悉,认同对方是其所在整体的一员,在工作中有一定的相互影响,但各工作成员之间相对独立地完成分配任务(Schein,1980)。作为一个团队,它除了具有工作群体的某些特征之外,还包括团队成员彼此协作以完成任务,每个人对共同绩效目标的达成都负有责任,而在群体中,群体的绩效可以认为是单个个体绩效之和。此外团队较之群体,其在信息共享、角色定位、参与决策等方面也更进一步(Katzenbach, Smith, 1993)。Adair(1986)指出,团队和群体之间最重要的区别在于:在一个团队中,个人所做的贡献是互补的;而在群体中,成员之间的工作在很大程度上是可以互换的。所以,团队存在于一定的组织之中,但由于团队自身文化价值观、凝聚力等因素的影响又使团队超越于个人、组织之外。

许多研究和实践都证明了团队工作方式能够有效提高企业绩效。Robbins(1996)认为在企业中采用团队形式至少有以下几方面的作用:(1)促进团结和合作,提高员工的士气,增加满意感;(2)使管理者有时间进行战略性的思考,而把许多细节问题留给团队自身解决;(3)提高决策的速度,因为团队成员离具体问题较近,所以团队决策的速度比较迅速;(4)促进成员队伍的多样化;(5)提高团队和组织的绩效。

越来越多的证据表明，一个好的管理团队对于风险企业的成功起着举足轻重的作用，是企业通向成功的桥梁。新型风险企业的发展潜力（以及其打破创始人的自有资源限制，从私人投资者和风险资本支持者手中吸引资本的能力）与企业管理团队的素质之间有着十分密切的联系。

新创立的公司既可能是一个仅仅为创始人提供一种替代就业方式、为几个家人和几个外人提供就业机会的公司，也可能是一个具有较高发展潜力的公司。两者之间的主要不同点之一在于是否存在一支高素质的管理团队。一个团队的营造者能够创建出一个组织或一个公司，而且是一个能够创造重要价值并有收益选择权的公司。当然，并不是说没有团队的风险企业注定会失败，但要建立一个没有团队却具有高成长潜力的风险企业是极其困难的。

一项关于"128公路100强"（是指波士顿市郊地区沿着128公路，包括新型风险企业在内的顶级公司）的调查得出了下列统计结果：这些企业成立5年的平均年销售额达到1 600万美元，6~10年的平均年销售额达到4 900万美元，而那些更为成熟的企业则可达到几亿美元。这100家企业中70%有数位创始人。调查的86家中38%的企业有3位以上的创始人，17%的企业创始人在4位以上，9%的在5位以上，还有一家公司是由一个8人的团队创建的。

通常，如何组建一个优秀的团队是创业过程中面临的最大挑战。成功投资Google的KPCB合伙人约翰·多尔曾经非常尖锐地指出，"当今的世界充斥着丰富的技术、大量的创业者和充裕的创业资本，但真正缺乏的是出色的团队。"柳传志先生和他的同事们将联想公司20多年来成功创业发展的基础管理总结为管理三要素：建班子、定战略、带队伍。其中最基础的事情就是建班子，即组建管理团队。他们认为如果这个问题解决不好，那么其他两个要素就会形同虚设。2007年6月6日，柳传志先生在清华大学经济管理学院演讲时，进一步阐述了建班子的三个目的：一是保证公司有一个坚强的意志统一的领导核心，实现群策群力；二是能够提高管理层威信；三是有利于公司"一把手"的自律。

那么创业团队的组建原则是什么？如何组建好的创业团队？

5.3.3 创业团队的组建方式

没有一种现成的、共同的团队组建方式。实际上，有多少家具有团队的企业就有多少种建立团队的方式。而且企业合伙人走到一起的方式也是多种多样。一些团队的成立往往是机缘巧合，或者是因为来自同一个地区，或是因为兴趣相同，或是因为在一起工作。也许所谓的志趣相同其实就是都想创办一家企业，或者也有可能是这些人对某一特定的市场需求作出了相同的预测并有了一致的意向。另外一些团队是由几个老朋友组成的，比如大学室友或同学就很容易成为日后的合伙人。

在组建团队时必须对自身、对方和你们将要从事的事业有清醒的认识。首先创业者必须认识到自身的优势和局限：你的性格和能力适合承担什么样的工作？你掌握哪些资源？你不擅长或不喜欢做什么？然后，创业者必须对你们将要开办的公司和将要从事的事业进行分析：我们的主要业务是什么？我们想成为一家怎样的公司？我们通过什么取得利润？我们如何使自己的竞争力得到持续改进？最重要的，要做到以上这些，我们需要具备怎样的能力和资源？最后，你或许会列出一个清单，公司在走向成功的过程中所需的哪些能力和资源是你自己不具备的？其中有哪些是能够通过组建团队弥补的？你认识谁具备这些能力或资源？你是否会考虑邀请他加入公司？只有经过这样的思考，创业者才能更清楚自己需要找什么样的人一起创业，以及能找到什么样的人加入。这其实就是创业者组建团队的最基本思路。当然，实际操作起来会复杂得多。

通过对大量团队形成方式的调查，我们发现这些千变万化的组成方式中蕴含着一些共同之处，可以将其总结为以下四点。

1. 相似性

相似性是指团队成员在一些性格特征和创业动机上的相似，尤其是价值观和信念方面的相似。创业是一个充满艰辛和风险的过程，会经历各种各样的挫折和诱惑，而创业团队能否在面对困难时通力合作、同舟共济，将很大程度上决定创业的成败。另外，当创业取得一定成绩之后，所有团队成员能否依然保持继续奋斗的激情，也关系到企业最终能达到的高度

通常，有相同经历或曾一起共事的人往往能相互信任，并且在价值观和思维方式上有一定相似性。实际上，也有很多创业发起人选择在此前已经建立良好工作关系的人作为创业伙伴，他们彼此之间有较深的了解和信任，这种选择有助于团队的相对稳定。因为创业过程常常会遇到很多困难和矛盾，企业创始人之间可能在一些大大小小的决策问题上出现分歧，如果没有良好的了解和信任，创业团队很容易为此散伙。由于主观上个人的喜好和客观上社会网络资源的有限，许多创业者常常倾向于选择那些背景、教育和经历都与自己非常接近的合作创业者，或者干脆完全就是老乡、大学或中学同学等。这样做也许在许多方面来得更容易，但不可能最大化地获得新创企业所需的人力资源；而且，处理不好，很容易进入"误区"，如义气为重，缺乏制度建设和执行。

2. 互补性

互补性是指团队成员在性格、能力和背景上的互补。团队成员之间可以有一定的交叉，但又要尽量避免过多的重叠。从一般意义上来讲，一个新创企业的团队是由它的创始人组织的。而创始人不可能也没有必要对企业经营中所有的方面都精通，他可能在某些方面存在不足之处，比如营销或财务，那就有必要利用其他团队成员或是外部资源来弥补。故如果团队成员能为创始人起到补充和平衡的作用，并且相互之间也能互补协调，则这样的团队对企业才会作出很大的贡献。

🎯 **专栏**

亚信公司的田溯宁是一个很有激情的人，而丁健则颇为稳重。在遇到问题的时候，田溯宁是吹冲锋号的人，而丁健则能较为冷静地思考一下冲锋的方式：是单刀直入还是迂回包抄？两人的默契配合使亚信公司创立不久就取得了较大的成功。

UT斯达康的两位创始人的组合也充分说明了这一点。陆弘亮擅长管理，对市场的直觉极为精道，运作资本的能力更是拿手好戏，这些优点都是吴鹰所羡慕的。吴鹰曾坦言"UT斯达康创立至今，资金从未出现问题，与他的努力分不开"。有过创建三家公司经历的陆弘亮，对硅谷的创新机制和运作模式自然也心领神会。反过来，生于北京，兼得中美文化熏陶的吴鹰则敢于异想天开，擅长交际，口才超人，沟通能力强，在政府、行业的关系网中游刃有余，又通晓技术，是一个嗜才如命的人。吴鹰的优点也是陆弘亮所欣赏的。难得的是平时在许多事情上，两人思维也很默契。

3. 渐进性

并不是所有的新创企业创立之时都要配备完整的团队。团队的组建不一定要一步到位，而可以采取"按需组建、试用磨合"的方式。在正式吸收新成员之前，各团队成员之间最好留有相当一段时间来相互了解和磨合。在发展过程中，创业团队应该清晰企业需要有哪些专业技术、技能和特长？需要进行哪些关键工作，采取何种行动？成功的必要条件是什么？公司的竞争力突出表现在哪里？需要有些什么样的外部资源？企业现有的空缺大小及其严重程度如何？企业能负担的极限是多少？企业能否通过增加新董事或寻找外部咨询顾问来获得所需的专业技能？这些问题决定了在创业的不同阶段面临不同的任务，而对完成任务的团队成员各方面的才能也有不同要求，可以逐渐地补充团队成员并日益完善。

4. 动态性

一开始就拥有一支成功、不变的创业团队是每个创业企业的梦想。然而这种可能性微乎其微。即使新创企业成功地存活下来，其团队成员在前几年的流动率也会非常高。在创业企业发展过程中，由于团队成员有更好的发展机会，或者团队成员能力已经不能满足企业需求，团队成员也需要主动或被动调整。在团队组建的时候就应该预见到这种可能的变动，并制定大家一致认同的团队成员流动规则。这种规则首先应该体现公司利益至上的原则，每个团队成员都认可这样的观点：当自己能力不再能支撑公司发展需求的时候，可以让位于更适合的人才。此外，这种原则也应体现公平性，充分肯定原团队成员的贡献。承认其股份、任命有相应级别的"虚职"以及合理的经济补偿都是安置团队成员退出的有效方式。团队组建的时候应该有较为明晰的股权分配制度，而且应该尽可能地预留一些股份，一部分用来在一定时间内（如1年或3年）根据团队成员的贡献大小再次分配；另外一部分预留给未来的团队成员和重要的员工。

专栏

在这个方面，联想集团的一些成功做法值得借鉴：(1) 换人的前提和目的明确，原有的团队成员由于年龄过大或者能力难以适应企业的发展，企业需要吸引或提拔其他人担任相应的职务；(2) 进行坦诚的沟通，"把话放在桌面上谈"；(3) 承认其过去的贡献，给离位者一个"降落伞"，最好是"金色降落伞"，使其安全"降落"。当然，如果企业成长到一定程度，有的创业者可能就是偏爱做技术开发，他没有兴趣或能力管理一个大的部门或团队，可以保留其头衔和待遇，但安排他做个人喜欢做的事情。

但是，实际情况可能远没有这么简单。我们经常听到创业者的抱怨："我知道自己需要什么样的能力，但我认识的人并没有人具备这种能力，或者我无法吸引他们加入。"找不到合适的人来组建团队，这可能是大多数创业者都会遇到的问题。这时候，或许你必须对自己的要求做一个折中。为了及时组建团队以免延误商机，你可能不得不接受一个并不是最合适的人加入你的团队。此时你最需要考虑的问题是：什么样的人是可以接受的？而什么样的人我是一定不能让他加入团队的？因为，没有合适人选的后果可能只是你的公司无法迅速达到预定的发展目标，而引入一个不合适的人可能使企业陷入长期而烦人的冲突、争权夺利中而无法自拔，这些问题即使不会摧毁一个企业，也必定会严重损害其发展潜力。

具有以下特征的人往往不是组建创业团队的合适人选。

（1）长远目标分歧。很难想象一个和你长远目标完全不一致的人能够成为称职的创业伙伴。创业是充满艰辛和风险的，很多成功创业企业都是靠着核心成员的信心和坚持度过了最艰难的时期。惠普公司创始人比尔·休伊特曾说："正是因为我和戴维（惠普公司另一创始人）都对惠普应该成为什么样的公司抱有同样坚定的信念，我们相互扶持，度过了'二战'后（军事订单大量减少）那段公司最艰难的岁月。"实际上，对公司的长远发展目标不一致的人很难成为成功的创业伙伴，而更糟糕的是，你发现你的合伙人甚至对公司的长远发展目标完全没有兴趣。

（2）投机。投机者充斥在各种各样的创业企业中。他们通常会许诺强大的社会网络、出色的营销能力或别的令人心动的东西。但实际上，他们总认为正是自己在公司初创期投入的那一点资金或能力使公司生存下来。而投资者也通常喜欢在公司发展初见眉目后就要求分红或其他股东权益。有时候，出于资金需求的考虑，吸引投机者进入公司并非完全不可以。但无论如何不要让他们成为公司的主要股东或重要管理者。

（3）完美主义。实践证明，完美主义是创业家的敌人。创业过程中最大的挑战就是在瞬息万变的市场中抓住公司发展的机会，这要求创业者有更加果断的决策和更加迅速的行动。而把事情做到完美通常需要付出相当多的时间与成本，当你把一切都准备好时，机会早就被更敏捷的竞争者抓住了。实际上，完美主义者往往逃避风险，而创业最激动人心的地方便是通过寻找机会并妥善管理风险而获得成功。如果你的团队中不幸混入了一个完美主义者，很可能，他会认为在充满风险的市场上再也找不到比把钱存入银行更"完美"的投资机会了。

（4）极端独立。创业者需要有很强的判断力和决断能力，但当这种能力发展到极端，就成了一个致命的问题。对于创业者而言，听取别人意见是重要的，那些幻想完全依靠自己取得成功，甚至羞于寻求帮助的人通常外强中干毫无建树。当然，一个极端独立的创业伙伴通常也很难倾听和接受团队中其他人的意见。

（5）平等主义。很多成功的大公司都把平等作为自己的企业文化大肆标榜，但我保证这些公司在创业初期绝对不是如此。毕竟，你不能奢望一家创业企业拥有和IBM一样完善的治理结构。恰恰相反，一定程度的专制能够帮助创业企业更加灵活地筛选和把握稍纵即逝的市场机会。所以请小心，别让一个平等主义者混入你的团队，他们通常要求平等的股权分配和平等的决策权力，这对于创业企业是极端危险的。

（6）追求所谓"梦幻组合"。创业团队的组建应该从实际出发，基于需求去整合资源。一个通常的误区是片面追求"梦幻组合"或者"豪华团队"，这样的创业团队通常难于管理，最终会出现严重问题，亿唐（etang.com）就是一个典型的失败案例。

🎯 专栏

1999年，亿唐公司在互联网创业高潮时期创建。公司发起人很快搭起了一个由5个哈佛MBA和2个芝加哥大学MBA组成的"梦幻团队"。凭借诱人的创业方案，亿唐从两家著名美国投资商手中获得了两期共5 000万美元的创业投资。然而，创业者始终提不出一个清晰的商业模式，企业"烧钱"速度令人吃惊；最终，创业团队解体，企业破产，而投资者此时才真正认清创业团队的创业承诺和真实能力。

综上所述，创业团队的组建关系到公司的存亡成败，创业领导人对待这个问题必须慎之又慎。神州亿品传媒集团的共同创始人、CEO李峰博士认为：核心团队成员应当独当一面、专长互补、雅量容人；组织一个优秀的核心创业团队，要力争：（1）团队整体配备平衡（2）经验和专业技能的平衡（3）既有善于内部协调的人，又有善于处理外部关系的人。

创业团队组建初步完成后，团队需要在创业过程中建立良好的工作关系，这要求：(1) 团队成员有较为清晰的角色安排，并在创业过程中进一步明晰；(2) 关注公平；(3) 有效的沟通。

 专栏

中星微的创业团队

1999年，邓中翰等人发起成立中星微电子公司。公司有4位共同创始人，除了邓中翰外，还有张辉、金兆玮、杨晓东。创始人中有两位伯克利大学的电子工程博士、一位斯坦福大学的电子工程博士；他们都有在国际著名IT公司工作的经历，如IBM、惠普、英特尔等；他们还有在硅谷创办公司的经历。邓中翰在国内上大学时候，就曾经获得全国大学生"挑战杯"科技作品竞赛一等奖；在美国伯克利大学读书的时候，他用5年的时间就修完了跨学科的两个硕士和一个博士学位，创造了该校的历史记录；毕业后，他先加入IBM，后又到硅谷创业。张辉和邓中翰是大学同学，在伯克利大学攻读博士时，又同在一个课题组；杨晓东和邓中翰等人一起在硅谷创建过Pixim公司，做芯片设计。优秀的专业背景、较为丰富的工作和创业经历以及他们已建立起来的良好工作关系，为他们共同创办芯片设计公司去参与国际化竞争奠定了很好的基础。

那么，为什么这几位创始人能够走到一起回国创业？张辉博士曾经在一次论坛中回忆自己的这次创业抉择，认为这主要有三个原因：一是对邓中翰本人的信任，包括前面在一起学习研究建立的默契，二是产业报国的决心，三是他们认为其掌握的多媒体芯片技术大有用武之地，机遇非常大。所以他当即拍板，赶紧回国创业。也正是这些原因，使得他们能够在公司最困难的时候保持团结。

4位创始人在公司的基本分工是，邓中翰任公司董事长兼总裁，全面负责公司发展，并负责为公司寻找投资和机会；张辉负责公司的员工招聘；金兆玮负责公司的市场开拓，特别是国际市场开拓；杨晓东负责公司产品的研发。另外，主要创始人都具体参与公司的产品研发，并承担对新招聘员工进行产品研发培训的职责。

5.3.4 成功团队的理念

很多创业失败的经验告诉我们，并非一群掌握领先技术或具备相关技能、有高学历的人聚在一起就能组建一支成功的团队。单个团队成员本身也许都很优秀，甚至可能对团队运作的程序也颇有了解，然而一旦真正成为团队一员时，他们可能会发现自己难以克服自私、利己的心理，无法成功地融入团队。实践表明，能够促使团队成功的理念和态度并无定式，但却具备一些共同点。

1. 凝聚力

团队所有成员都认同整个团队是一股密切联系而又缺一不可的力量，唯有公司整体的成功才能使团队中的每一个人获益。团队中任何个人都不可能离开公司的整体利益而单独地获益；同理，任何个人的损失也将损害整个企业的利益，从而影响每一个成员的利益。

2. 合作精神

成功的创业公司最显著的特点是拥有一支能整体协同配合的团队，而不仅仅是培养一两个杰出的人物。团队成员注重互相配合，减轻他人的工作负担并提高整体的效率。他们注重在创业者和关键成员中培养核心人物，并通过奖酬制度进行有效的激励。

3. 完整性

完成任务的一个重要前提是能够保证工作质量、员工健康或其他相关利益不被侵犯。要在权衡利弊之后进行合理的选择，不能仅仅从个人功利出发，或者简单地从部门需要的角度来衡量。

4. 长远目标

创业企业的兴衰存亡往往取决于其团队的敬业精神。在敬业的团队中，其成员都认同企业的长远目标，而不会指望一夜暴富。企业在他们眼里是一场将持续5年、7年甚至是10年以上的愉快经历，他们不断奋斗直至取得最后的胜利。

5. 对收获的看法

收获成功是创办企业的目标。这意味着最终取得的资本收益是衡量成功程度的标准，而非每月的薪水、办公室的地理位置和规模或什么型号的车等，如"波导"的徐冠华和他的团队在创业的十年间一直没有分红，创业者甚至一直没拥有私家车。

6. 致力于价值创造

团队成员都致力于价值创造，大家想尽各种办法来把蛋糕做大，以使所有人都能从中获利。例如为顾客提供更多的价值，帮助供应商也能从团队的成功中分一杯羹，以及使团队的赞助者和持股人获得更大盈利等。

7. 平等中的不平等

在成功的新创企业中，简单的民主和盲目的平均主义并不合时宜，公司所关注的是如何选定能胜任关键工作的适当人选及其应担任的职责。公司总裁应负责制定基本的行为准则并决定企业环境、企业文化。公司的股票在创始人或总裁以及主要经理人之间并不是平均分配。在企业中分配股票时不对职责的重要程度加以区分，通常创始人或总裁能够分得较多数目的股票。不能简单追求所谓的平等，将会对企业今后的经营产生巨大的负面影响。

8. 公正性

对关键员工奖酬以及职工持股计划的设计应与个人在一段时期内的贡献、工作业绩和工作成果挂钩。由于事前难以对贡献大小进行精确估计，难免出现意外和不公平的情况，因此要随时作相应的增减调整。

9. 共同分享收获

尽管法律或道德都没有规定创业者在创业成功期间必须公平公正地分配所获利益，但多数的成功创业者还是会这样做。他们通常会把盈利中的10%～20%留出来分配给关键员工。

5.4 创业团队的股权分配和激励

链接：在线课程

5.4.1 创业团队的股权分配

创业企业的股权分配是一个非常重要的问题。一些企业在创业之初，内部没有进行清晰的股权分配；等到企业开始做大的时候，他们发现这时候股权分配难度非常大。企业创始人没有股份或者非常少，是一些大学、科研院所企业难以做大的重要原因；而企业内部缺乏清晰的股权分配也是一些发展相当不错的民营企业走向解体最重要的原因。

因此，在创业之初，创业团队成员（以及核心利益相关者）之间应当签订合适的初始合约，这对新创企业的产权保护非常重要。

签订股权分配合约的目标是：(1) 提高当前的治理效率，特别是决策效率，以便及时抓住商机，把事情做起来；(2) 为企业未来的发展，奠定一个初步的、良好的治理基础。

股权分配的核心问题是：剩余索取权和控制权的配置。

企业共同创始人之间股权分配的基本依据是每个创始人对创业企业的贡献度、重要性和他所承担风险的程度（包括创业所放弃的机会成本和创业资金投入等）。国内创业中常见可行的做法是，创业发起人如果的确有能力和威望成为创业团队核心，创业之初，他通常拿较多的股份，其他创始人按照其重要性和加入团队的早晚分配相应的其他股份。这种模式可定义为"雁行股权结构模式"。在这种模式下，创业发起人在企业多轮融资后仍可能持有较大额度的股份，从而保证对他产生足够的激励，并且创业发起人仍然对企业的发展重大决策有重要的影响力。

那么，在一个创业团队中，某个共同创始人凭什么在创业企业中拥有相对集中的股权和最大的"话语权"呢？很显然，这个要成为"核心"的创业者，必须拥有良好的能力和素质；更为重要的是，他要想"服众"，就必须多付出，例如，他是创业企业最初商业模式、技术的核心拥有者、早期客户的开发者、早期资金的全部或者主要投入者。

如果核心创业者没有足够的资金创业，必须得到其他合伙人的投资才能创业，并可能因此丧失控股权，怎么办？一种可行的办法是，一开始，注册资本可以考虑少些，并且自己尽可能出资，其他合伙人的股权投资少些，创业发起人尽可能争取拥有较大的股权，同时企业可以向其他合伙人通过借款方式获得流动资金。如果还实在不好办，可以争取和其他合伙人签订股权回购协议，在企业发展到一定程度后，以事先规定的合适溢价回购（部分）企业股份。

不过，对于那些受到过硅谷创业文化熏陶的创业团队，其股份分配可能可以相对平均些。另外，以高成长为导向的创业企业特别是技术创业企业最好预留一部分股份以便吸引未来的重要员工。

5.4.2 创业团队的激励

创业者在创业过程中始终都需要考虑的一个问题是：如何更合理地激励创业团队？毕竟，取得合理的收益是创业收获的具体表征。能否解决好这个问题直接关系到创业企业的存亡。

关于创业团队的激励，不同类型的创业企业，在不同的发展阶段，采取的具体激励方式可能有很大的差别。但是，在管理实践中，激励存在一些一般原则："物质激励与精神激励相结合原则、正激励与负激励相结合原则、内在激励与外在激励相结合原则、按需激励原则、组织目标与个人目标相结合原则、严格管理与思想工作相结合原则"（陈国权，2006）。

对于高新技术创业企业，人力资本是其发展的关键要素，因此，激励必须重视这一点。在物质激励方面，对于核心技术人员和高层管理人员，应当重视股权和期权激励，这可以使他们的个人利益和企业发展息息相关；必要时还应当给予更大范围的员工股票期权。在精神激励方面，应当更多地为有能力的员工提供良好的成长"舞台"，使得他们的个人职业发展和企业的成长乃至中国的产业发展密切联系。那些与联想、华为、中兴通讯等当年的创业企业一起经历了"风风雨雨"走过来的早期员工，不但在物质方面得到较好的回报，而且在个人职业发展也取得很大的成功。

5.4.3 报酬制度一般原则

创业企业的报酬制度包括股票、薪金和补贴等经济报酬以及其他一些非经济报酬，如实现个人发展和个人目标、培养技能等。每个团队成员对报酬的理解各不相同，取决于个人不同的价值观、目标和愿望。有人会追求长期的资本收益，而另外一些人可能更偏向于短期的资金安全和短期收益。

新创企业团队的报酬制度应该能够激发促进管理团队的积极性，使他们更好地把握企业的商机。它必须贯穿于建立团队、增强创业氛围和培养团队有效性的整个过程中。比如，是否能吸引到高素质的团队成员并留住他们，这在很大程度上取决于给予他们的物质报酬和精神激励。团队成员的技能、经验、风险意识和对企业的关心等都是通过合理的报酬制度实现的。

在企业生命周期的各个阶段，给创业团队的报酬可以有所不同。像自我发展机会和自我实现机会等这样的无形报酬可以始终贯彻在企业的整个生命周期，而经济奖励在企业发展的不同阶段则可以采取不同的策略。

由于报酬对每个人都至关重要，而企业在早期阶段给付报酬的能力常常比较有限，因此我们要仔细而全面地考虑企业在整个生命周期的总体报酬制度，而且要确保企业具备长期支付报酬的能力，避免出现在员工贡献水平提高的情况下没钱给他们加薪，或在新员工加入的情况下不能支付报酬等情况。

外部环境亦会对新创企业奖励的报酬制度产生重要的影响。创业者要意识到企业和外部投资者之间的权益分配会影响到团队成员所能获得的权益份额。另外，企业对报酬的处理方式也会成为投资者和其他人判断该企业可信度高低的一个依据，因为这些人员会凭借企业的报酬制度来判断企业团队是否敬业。

5.4.4 合理分配报酬

1. 形成分享财富的理念

创业团队的分配的理念和价值观可以归结为一条简单的原则：同帮助企业创造价值和财富的人一起分享财富。明白了这个道理，创业者就不应该在持股比例上斤斤计较，因为零的51%还是零，关键在于如何把蛋糕做大。其次，吸引到风险投资的企业其最终目标往往是实现5~10倍于原始投资的报酬。企业就可以通过以IPO（首次公开发行）的方式高价出售，也可以力求高价出售给某家大公司。从美国创业企业IPO的经验来看，创始人一般可以获得100万~300万股，价值1 200万~4 500万美元。由此我们就很容易理解为何寻找好的创业机会、建立优秀创业团队并采取分散型持股方式实行财富共享远比拥有公司多少股权份额重要。另外，成功的创业者往往不只是创建一个企业，因此当前的企业可能并非其最后一家企业，最重要的事情是取得这次创业的成功。做到这一点之后，将来还会有很多商机。

2. 综合考虑企业与个人目标

如果一个企业不需要外部资本，就可以不考虑外部股东对报酬问题的态度或影响,不过还是需要考虑其他一些有关事宜。例如,如果一家企业的目标是在未来5~10年获得大量资本收益,那么就需要针对如何完成这一目标以及如何保持大家的长期敬业精神来达到这个目标等两个方面来制定报酬制度。

3. 规范制定报酬制度的程序

创业带头人要建立起一个氛围,让每一个团队成员都觉得自己的付出应该对得起所得的报酬。每一个关键团队成员都必须致力于寻找有关合理制定报酬制度的最佳方案,使它能够尽可能公平地反映每位团队成员的责任、风险和相对贡献。

4. 实施合理分配方案

关于如何分配的问题,目前还没有任何有效的公式可以套用,也没有简单而行之有效的答案。不过,创业企业可以从下述几个方面入手:(1)体现差异化。虽然民主方案可能行得通,但是与根据个人贡献价值不同而实行的差异化方案相比,它包含的风险和潜在的危险较大。一般情况下,不同的团队成员对企业作出的贡献总是不同的,因此合理的报酬制度应该反映出这种差异。(2)注重业绩。报酬应该是业绩而非努力程度的函数,而且该业绩应该是每个人在企业早期运作的整个过程所表现出来的业绩,而不仅仅是此过程中某一个阶段的业绩。有许多企业团队成员在企业成立几年内所做的贡献程度变化很大,但报酬却没有多大的变化,这种不合理的报酬制度将严重影响企业的团结和稳定。(3)充分考虑灵活性。各团队成员在某个既定时间段的贡献也有大小之分,而且会随着时间的流逝而发生变化。其业绩也可能同预期效果有很大出入。另外,团队成员很可能会由于种种原因而必须被替换,在此情况下就需要再另外招聘新成员加入到现有团队中来。灵活的报酬制度包括股票托管、提取一定份额的股票以备日后调整等,这些机制有助于让团队成员产生一种公平感。

5. 综合考虑分配时机和手段

报酬分配制度往往会在企业发展的第一阶段就被制定出来并加以实施,不过这还应该按个人在企业整个周期内的业绩来定。月薪、股票期权、红利和额外福利,可以用做反映业绩变化的措施。但是运用上述手段的能力,在一定程度上取决于企业发展的程度。以现金报酬为例,我们把现金作为报酬分给员工还是留着帮助企业发展,存在一个平衡问题。因此,在企业成立的初期阶段,薪金往往需要维持在较低的水平甚至不发薪金,其他红利和福利等则先不作考虑。薪金、红利和福利都要吞噬现金,而在企业盈利之前,现金往往优先用于支持企业的经营和发展。就算企业在获得盈利之后,现金的支付仍然会制约企业的成长。只有在企业顺利实现盈亏平衡后,薪金的提高才会促进企业的竞争力。至于红利和额外福利,可能还是保持在最低水平比较好,直至企业持续多年获利才可以考虑进一步加以提高。

6. 适时采用股票托管协议

一般来说,当一个创业企业的股票分配方案确定下来之后,团队成员的相对持股地位就比较稳定。即使有新成员或是外部投资者加入来削弱各个团队成员的持股比例,一般也不会对这种相对持股地位产生影响。不过,在创业初期可能会发生一些不确定情况,如拥有大量股份的某一团队成员可能会因为表现不佳而被早早地替换;某一位重要的团队成员有了更好的发展机会而退出企业;甚至是某个关键成员可能在事故中意外丧生。在任何一种可能发生的变故中,团队成员都可能需要改变各自所持股份的比例。

当遇到某位团队成员因为各种原因退出时,可能会弄不清其拥有的股份的哪一部分属于他自己赚的,哪一部分是由公司分配所得。在此情况下,企业可以将该团队成员认购的股份交由第三人托管,并在两到三年后交付给受让人。这一机制称为股票托管协议,它有助于培养员工为企业奉献的长期敬业精神,同时又为大家在合作不成功的情况下提供了文明而又不遗憾的分手方式。这类股票托管协议作为限制性条件附加在股票证明上,期限一般在 4 年以上。在这一时期,作为企业创始股东可以通过工作来赚取股份。如果他们在期满前离开公司,则要以原先认购时的价格(价格通常很低甚至是免费)把股票还给公司。这种情况下,持股人在离开企业时就不能拥有任何股份,当然也不会获得任何意外的资本收益。在其他一些情况下,企业创始人可以每年托管一部分股票,这样就算他们离开企业,也可以获得一部分股票。这种托管方式还可以采取在托管期限内逐年加权的办法,直至期满前最后一两年。另外还有其他限制性措施来保证:不管持股人是去是留,都可以由管理层和董事会对其股票加以控制和处理。实质上,股票托管协议这类机制可以让团队成员面对这样一个事实:这不是一项能让他们快速致富的活动。

5.4.5 股票期权计划与准股票期权计划

股票期权计划是美国等西方国家比较普遍采用的一种员工长期激励计划。在我国,由于法律法规上有一定障碍,创业企业还不能完全照搬西方的模式,但是可以采用相同的思路实施变通的股票期权计划。

1. 美国创业企业的股票期权计划

一般意义上的股票期权(stock option),是指其持有者有权在某一特定时间内以某一特定价格购买或出售某企业的股票。股票期权强调的是一种权利而不是义务,如果公司的经营状况良好,股价上涨,拥有该权利的公司高级管理人员可取得股票,从而获得股票市场价格与执行价格间的差额收益;如果股价下跌,持权人可以不行使权利。股票期权的激励机制主要是基于一种良性循环:授予股票期权—持有者努力工作—公司业绩提高—公司股票价格上扬—持有者行使期权获利丰—持有者更加努力工作。通过循环，使股票期权持有者与股东的目标函数趋于一致，是一种较为有效的长期激励机制。

1996年《财富》杂志评出的全球500家大工业企业中，有89%的企业已采用向其高级管理人员授予股票期权的薪酬制度。同时，股票期权数量在公司总股本中所占比例也在逐年上升，总体达10%，有些计算机公司甚至高达16%。1996年以后，这一比例仍在上升，而且扩大到中小型企业。据统计，1998年美国高级管理人员薪酬结构中，基本工资占36%，奖金占15%，股票期权占38%，其他收入占11%。

美国的股票期权计划主要分为两类：激励股票期权（incentive stock option）和非法定股票期权（non-qualified stock option），由于激励股票期权计划有更大的税收优惠，因此对激励对象（期权持有者）更具有吸引力。股票期权通常需要在授予期（vesting period，又称为等待期）结束后才能行权。股票期权的行使权将分几批授予期权激励对象，这个时间安排称为授予时间表（vesting schedule），时间表可以是匀速的，也可以是加速度的。一般而言，高级管理人员在获赠股票期权五年后才可以对所有的股票期权行权。

股票期权对于创业企业而言非常重要，"它能够为企业引来天才，为企业内已有的员工提供激励，并能够留住重要员工（Hellmann，2001）。"[①] 股票期权还是职业化（professionalization）的一种标志，它能够在企业所有者和员工之间形成正式的员工激励合约。Hellman的研究标明，接受了创业投资的企业采用股票期权计划的可能性是未接受创业投资的企业的2倍多。

专栏

1997年，美国Wyoming大学化学系的两位教授Keith Carron和Robert Corcoran通过申请小企业创新研究（Small Business Innovation Research，SBIR）以及小企业技术转换（Small Business Technology Transfer，SBTT）项目，从美国国家科学基金和美国卫生部获得370万美元的资助，并注册成立了CC技术公司（CC Technology），专门生产光谱器。最开始的时候，公司所有股份由三个创业者持有。随着公司的成长，公司专门引进了一位电子工程师来研发核心设备，随后公司又聘用了一名产品研发工程师，此时公司真正由科研资金支持的企业转换为一家真正商业化运作的企业。在研发生产过程中，公司又陆续聘用了4名专职员工和5名兼职员工，此时公司股东扩展到了7名，其中包括Wyoming大学的股份。公司发现如果继续支付高工资，则营运资金马上就会耗尽。于是，公司决定实施股票期权计划。公司给4名为公司作出突出贡献，并将继续在未来为公司带来价值的员工提供股票

[①] Thomas Hellmann and Manjupuri. Venture Capital and the Professionalization of Start-up Firms: Empirical Evidence. Working paper, 2001.

期权，他们在授予期（vesting period）结束之后能够成为公司的股东。这样做的结果是，员工认同公司未来的前景，同意在维持较低工资的前提下继续在公司工作。后来，公司还进一步扩大了股票期权的适用范围，包括一些核心的管理层。公司成功地通过激励性股票期权替代了现金激励，从而使"经常处在现金饥荒的"创业企业渡过了资金难关，并成功地吸引和留住了优秀人才。

资料来源：Keith Carron. Testimony of Keith Carron, Ph. D. On behalf of the University of Wyoming and CC Technology Presented to the U. S. Senate Committee on Small Business and Entrepreneurship on the topic of the FASB and Small Business Growth in Rural States. April, 2004.

2. 我国创业企业可参考的"准股票期权计划"

尽管股票期权在国外创业企业激励中起到了非常重要的作用，但迄今为止我国尚没有一部类似于美国国内税务法的国家法律涉及股票期权制度的基本框架和实施细则。现实情况是，各企业一般都参照《公司法》及证监会和地方政府下发的相关政策来制定股票期权实施方法，这往往面临股票来源、股票流通、税收优惠和内幕交易等方面的障碍。如股票来源方面，我国首次公开发行股票和增发新股方面都没有明确允许预留股份以实施股票期权激励计划，回购股票以获得库存股票的方式，也受到《公司法》中"公司不能收购本公司的股票"的限制，《公司法》还明确规定上市公司不能赠予股票。在这些限制下，我国创业企业要实施真正意义上的股票期权激励就有一定困难。此外，从创业团队到创业企业最终变成上市公司的成功创业企业比例非常低。因此，对于大多数创业团队来说，可以考虑借鉴股票期权激励的原理，实施各种形式的"准股票期权计划"。

对于新创企业来说，在团队组建之初，由于各成员在创业企业中的作用和贡献还无法比较准确地衡量，可以考虑采用"期股"的方式，即在成员进入创业团队的时候事先签署全体团队成员的内部协定，承诺团队成员在创业企业服务一定年限、作出一定贡献后能够得到一定数量的名义股份。在团队成员刚加入时，可以先兑现一部分股权，而剩余的股权则根据一定的规则评估成员的贡献后，在创业过程中按照事先约定的计划逐步释放给该团队成员。由于其股票的获取同团队成员为企业工作时间的长短和服务的绩效相关，因此我们可以将这种期股计划看作是准股票期权计划的一种。

在采用期股计划的时候，如果能够除了名义股份之外，在团队总股份中再预留一部分的股权作为机动股份，由某个个人（如 CEO）代持，则会得到更好的激励效果。例如，公司总股份中如果有 25% 给了天使投资者，则剩下 75% 股份中，团队成员名义股份总共占 55%，有 10% 留给未来的核心团队成员或技术人员，另有 10% 作为奖励股份由 CEO 代持，如果团队成员作出特别贡献可以进行奖励。

需要注意的是，在创业初期，创业企业一般以有限责任公司的形式存在，因而在实施期股计划的时候,名义股东及各股东的名义股份与公司章程中实际股东和股份往往并不一致,股东身份和股权的真正确认往往在必要的法律手续的变更之后才能实现。在这之前,名义股东身份及名义股份往往由各团队成员认可的书面协议加以明确和保证。因此,期股计划更适用于创业团队初创和创业企业成长初期。当企业成长到一定规模,甚至实现公开上市之后,就需要设计更规范的治理结构,并考虑更多的法律法规的限制。

 专栏

东方博远公司创立初期,团队内部就签署了协议,明确了每个团队成员的名义股份以及按服务时间逐步释放的原则。例如,技术总监名义股份为10%,则这些股份应该在3年工作之后,发挥相应作用之后才能够得到。一开始的时候他能够得到该名义股数的34%,以后每工作满一年的时候,能够得到另外的22%。如果工作满2年,那将得到的是$10\% \times (34\% + 22\% + 22\%) = 7.8\%$的股份,剩余2.2%将添加到由CEO代持的预留股份中。名义股份的具体调整在工商行政管理部门变更公司章程时得以实现。这种做法较好地实现了团队成员的持续激励,而且能够较好地解决团队成员中途离开公司所可能出现的问题。

5.4.6 团队成员绩效评价

在考虑创业团队激励和制定相应报酬的时候,需要对各团队成员的贡献大小进行衡量。各成员的贡献在性质、程度和时机上都会因人而异,故在进行绩效评价的时候可以重点考虑以下几个方面。

1. 创业思路

创业思路提出者的贡献应当予以充分考虑。尤其是提供对原型产品或服务极为重要的商业机密、特定技术,或是对产品、市场进行了调研的当事者。

2. 商业计划准备

制订一份优秀的商业计划往往需要花费很多的时间、资金和精力,因此商业计划书制定者的贡献也应该适当考虑。

3. 敬业精神和风险

一个把大部分个人资产投入企业的团队成员,不仅会在企业失败时要承担巨大的风险,还将牺牲一定的个人利益、投入大量的时间和精力并接受较低的报酬,因此应充分考虑员工的敬业精神和所承担的风险。

4. 工作技能、经验、业绩记录或社会关系

团队成员可能为企业带来工作技能、经验、良好的工作记录或是在营销、金融和技术等方面的社会关系。如果这些对于新创企业而言是至关重要的而且是来之不易的,那么就必须予以考虑。

5. 岗位职责

团队成员在不同的岗位上为企业做贡献,而岗位所需技能和工作强度各不相同,应该考虑为不同的岗位分配不同的权重。

在衡量每一位团队成员的贡献率时,需要充分考虑上面列举的各项因素,团队成员不仅要自己协商,达成对各项贡献价值的一致意见,而且还应该保持充分的灵活性,以适应今后的变化。

本章小结

本章阐述了创业者的定义及其演变过程,以期读者充分了解创业者在变化的环境中具有的个性特征及心理特征;本章介绍了创业者应具备的个人能力,重点考虑创建企业文化的能力以及管理和技术等方面的能力;本章给出了创业团队具有不同层面上的定义,新创企业在组建团队的时候应该注意补缺性、渐进性和动态性,并充分了解团队成功建设时需要具备的条件;本章分析了创业团队的股权分配和激励,探讨了在创业全过程中如何考虑对团队成员的激励、创业团队在不同阶段采取不同的激励手段和激励措施。

复习与讨论题

1. 如何理解创业者?你认为自己要成为成功的创业者,还需要在哪些方面锻炼和提高?
2. 举例说明创业者的个性特征和能力对企业的影响。
3. 你认为在创建创业团队的时候应该注意哪些方面的问题?如何解决团队成员的稳定性和流动性矛盾?
4. 当团队成员对企业目标的理解出现分歧时,如何保障团队的凝聚力?
5. 如何结合创业团队的实际设计合理的激励机制和报酬体系?

参考文献

1. Donald F. Kuratko, & Richard M. Hodgetts. Entrepreneurship Theory, Process and Practice (six Edition). Thomsom Learning Press.
2. Ensley, M. D., Pearson, A. W., & Amason, A. C. 2002. Understanding the Dynamics of New Venture Top Management Teams Cohesion, Conflict, and New Venture Performance.

Journal of Business Venturing, 17: 365-386.

3. Foo, M. D., Sin, H. P., & Yiong, L. P. 2006. Effects of Team Inputs and Intrateam Processes on Perceptions of Team Viability and Member Satisfaction in Nascent Ventures. *Strategic Management Journal*, 27: 389-399.

4. Hellmann, T., & Puri, M. 2002. Venture Capital and the Professionalization of Start-Up Firms: Empirical Evidence. *The Journal of Finance*, 57 (1): 169-197.

5. Jeffery S. McMullen, & Dean A. Shepherd. 2006. Entrepreneurial action and the role of uncertainty in the theory of the entrepreneur. The Academy of Management Review, 31 (1), 132-152.

6. Kamm, J. B., Shuman, J. C., Seeger J. A., & Nurick A. J. 1990. Entrepreneurial Teams in New Venture Creation: A Research Agenda. *Entrepreneurship Theory & Practice*, 14 (4): 7-17.

7. Shrader, R., & Siegel, D. S., 2007. Assessing the Relationship between Human Capital and Firm Performance: Evidence from Technology-Based New Ventures. *Entrepreneurship Theory and Practice*, 31: 893-908.

8. Howard H., Stevenson, Michael J., Rob, erts H., Grousbeck I. 新企业与创业家 [M]. 高建, 姜彦福, 雷家骕, 等译. 北京: 清华大学出版社, 2002.

9. Robert A. Baron, & Michael D. Ensley. 2006. Opportunity recognition as the detection of meaningful patterns: evidence from comparisons of novice and experienced entrepreneurs. Management Science, 52 (9), 1331-1344.

10. Roberts, P. W., & Sterling, A. D. 2012. Network progeny? prefounding social ties and the success of new entrants. Management Science, 58 (7), 1292-1304.

11. Stuart, T. E., & Ding, W. W. 2006. When do scientists become entrepreneurs? the social structural antecedents of commercial activity in the academic life sciences. American Journal Sociology, 112 (1), 97-144.

12. Zahra, S. A., Gedajlovic, E., Neubaum, D. O., & Shulman, J. M. 2009. A typology of social entrepreneurs: motives, search processes and ethical challenges. Journal of Business Venturing, 24 (5), 519-532.

13. Zott, C., & Huy, Q. N. 2007. How entrepreneurs use symbolic management to acquire resources. Administrative Science Quarterly, 52 (1), 70-105.

14. ［美］杰弗里·蒂蒙斯. 创业学（第6版）[M]. 北京: 人民邮电出版社, 2011.

15. 阿马尔·拜德. 创业者, 你必须问自己的三个问题 [J]. 哈佛商业评论（中文版）, 2003 (8): 76-87.

16. 王柏胜, 温肇东. 创业团队文献回顾 [R]. 台北, 2001.

17. 陈国权主编. 组织行为学 [M]. 北京: 清华大学出版社, 2006.

18. 石书德, 张帏, 高建. 新企业创业团队的治理机制与团队绩效的关系 [J]. 管理科学学报, 2016 (5): 14-27.

19. 石书德, 张帏, 高建. 影响新创企业绩效的创业团队因素研究 [J]. 管理工程学报, 2011 (4): 44-51.

20. 唐靖. 创业能力影响创业过程的实证研究 [D]. 北京：清华大学博士学位论文，2008.

21. 唐靖，姜彦福. 创业能力的概念发展及实证检验 [J]. 经济管理，2008（9）：51-55.

22. 唐靖，姜彦福. 创业能力概念的理论构建及实证检验 [J]. 科学学与科学技术管理，2008，29（8）：52-57.

23. 唐靖，姜彦福. 初生型创业者职业选择研究：基于自我效能的观点 [J]. 科学学与科学技术管理，2007，28（10）：180-185.

24. 张帏. 团队与制度：创业企业可持续发展的价值创造力 [J]. 清华管理评论，2012（3）：36-43.

25. 张帏. 创业团队的"新陈代谢"与创业企业治理的演进 [J]. 清华管理评论，2011（4）：108-114.

26. 张帏，陈琳纯. 创业者的人力资本和社会资本对创业过程的影响 [J]. 技术经济，2009（8）：22-27.

27. 张帏，叶雨明. 高科技创业团队的合作驱动因素研究 [J]. 技术经济，2012（7）：59-64.

第6章 商业计划

> 凡事预则立,不预则废。
>
> ——《礼记·中庸》

学习目的

1. 理解商业计划对创业者和创业过程的重要意义;
2. 掌握商业计划书的关键要素;
3. 了解商业计划书的主要内容;
4. 初步掌握撰写商业计划书的能力。

引言

对于多数人来说,在人生的实践中都会向前展望,思考在先。也许我们谁都不知道未来会是什么样子,但是,明天将有别于今天,今天也与昨天不同。对这些形形色色的差异进行计划,将有助于我们坚定地起步前行、进入未知的世界。

如果你是一个创业者,经营着新创企业,或正在为一个项目寻求融资,那么你就需要制定一份商业计划书。不管是筹集资金,还是要为创业企业或项目定位一个更加明确的中心,商业计划书如同旅行者手中的旅行图一样必不可少。商业计划书虽然不能为未来的世界提供正确或错误的答案,但是它能让你积极备战,应付未来,在奋进的征途上增加成功的机会。

用立体的大楼模型来描述商业计划可能更为准确。尽管你的"楼"可能与众不同,但制作过程仍要遵循一定的规则和格局。同样,它也不应该是平面图,里面只载有你希望看到的内容,它还必须能接纳其他人的视角,比如投资者,让他们能够看到自己所关心的东西。

在这一章,我们将探讨商业计划究竟是怎么回事,以及商业计划的重要意义;从创业者的角度介绍商业计划书的开发及其一般内容;章末的案例是一个商业计划的范本。

6.1 初步了解商业计划

有些时候,当谈到创业的商业计划时,会听到这样的话:"商业计划?不就是一个生动的故事吗?只要讲得好,自然就会有投资者往里面扔钱。"

6.1.1 什么是商业计划?

链接:在线课程

广义上的商业计划(business plan),主要是对企业活动进行详尽的、全方位的筹划,从企业内部的人员、制度、管理以及企业的产品、营销和市场等各个方面展开分析。本章所说的商业计划是狭义的,专指创业的商业计划。它是创业者或企业为了实现未来增长战略所制订的详细计划,主要用于向投资方和创业投资者说明公司未来发展战略与实施计划,展示自己实现战略和为投资者带来回报的能力,从而取得投资方或创业投资者的支持。

"生动的故事"只反映了商业计划的一个方面,它只强调了商业计划将创业企业推销给投资者的功能,忽略了商业计划的"计划"作用。换句话说,商业计划所讲述的"生动的故事",不只是要推销给投资者,而首先应该"打动"自己。好的商业计划书必须从三个方面考虑问题,即市场、投资者和创业者自身。

6.1.2 为什么要有商业计划?

在一些人的心目中,创业者是斗志昂扬和充满热情的志士。但记住,创业不是热情的冲动,而是理性的行为。创业者要对创业活动进行通盘的筹划和考虑,商业计划将有助于这一工作的完成。商业计划概念的内涵本身就表明,商业计划具有"计划"和"营销"两大功能。"计划"功能可以为即将进行的创业活动提供行动指南,而"营销功能"则可以从不同的受众那里获得必要的支持,尤其是创业融资的支持。

1. 创业融资

在商品经济社会中,资金是企业生存和发展的重要命脉。创业活动同样离不开资金的支持,但由于创业企业缺少经营经历和资信证明,相对一般企业更难从传统渠道获得融资。此时,对于正在寻求创业融资的创业者来说,商业计划书就如同企业的电话卡。商业计划书的质量,往往决定着创业融资的成败。

在金融投资领域有句名言:"寻找资金没有窍门,唯有好的想法、好的技术、好的管理、好的市场。"一份优秀的商业计划正是创业者吸引融资的"敲门砖"和"通行证"。可以通过商业计划向投资者展示企业的市场潜力、团队、竞争能力和盈利前景,有助于说服投资者和取得投资。在视美乐创业案例中,邱虹云等3人与30多家企业进行了投资谈判,通过优秀的商业计划展示了产品概念的独特性、创业者的清华背景、踏实的商业计划书以及当时良好的市场环境。另外，由于还得到了清华兴业投资顾问公司的协助，在创业团队组成的两个月后，就顺利获得了风险投资。

2. 认识自己

编写商业计划的过程也是企业认识自己的过程。通过对商业计划中各个部分的分析，可以从商业模式、市场、管理、财务、营销等各个方面更加深入地了解企业的优势和劣势。"知己知彼，百战不殆"，商业计划使创意不再虚无缥缈，它将为创业的成功提供强有力的保证。

3. 战略思考

商业计划建立在详尽的分析基础之上，这不仅可以大大节省时间和减轻以后的压力，还有助于战略思考，为企业的战略决策提供依据和保障。同时，商业计划勾画出了创业的蓝图，有了这份详细的旅行图，创业的旅程将更加安全，即使受到干扰或挫折，也不至于乱了创业活动的节奏和进程，从而减少失误。

4. 创建和凝聚团队

新东方的俞敏洪在谈到创业团队时就曾说："团队的每个成员都是一粒珍珠，珍珠只有串起来才更有价值。"创业同样需要团队的努力，仅仅靠个人是很难取得创业成功的。一般来说，创业团队的创建是在商业计划写作之前的事，创业团队本身就是商业计划的重点内容之一。但是，一份有效的商业计划，可以吸引潜在的创业团队成员，发挥"诱饵"的作用。而且，商业计划还为创业团队指明了今后努力的方向，可以就商业计划的具体安排与团队成员沟通，同时商业计划还明确了每个成员的作用和责任。作为串起"珍珠"的那根线，商业计划是创业团队沟通的"语言"和凝聚团队力量的重要手段。

5. 取得政府和相关机构支持

在我国，大量的创业活动离不开政府和相关机构的支持。政府每年都会在科技资金等方面选择一些潜力项目并提供支持。创业者要取得政府的支持，必须借助公共关系和完整的商业计划，展现创业活动所具有的积极的社会意义，让政府机构充分了解创业思路和所需要的具体支持。国内以前常常用可行性报告和项目论证书代替和行使这一作用。

 专栏

著名的创业投资家、仙童半导体公司的共同创始人、KPCB公司的创始合伙人尤金·克莱纳（EugeneKleiner）告诫创业者："在商业计划书的第一稿中，你完全不必想着怎么获得资金。应将计划过程用于判断企业是否会如你想象的那样好。问问自己是否真的愿意在一生中花上 5 年的时间来做这件事，你要记住，这会占用你人生黄金阶段时间的 10%，因此你要严肃地考虑创业经历究竟是否值得。"克莱纳还认为："即使你拥有所需的资金，你也应该写一份商业计划书。计划书可以表明你将如何运营你的企业。如果没有商业计划书，你将不知道企业会向何处去，也无法衡量企业的发展进度。有些情况下，在完成商业计划书后，你可能会改变企业的运营方式，甚至放弃在此时进入某个领域的计划。"①

Delmar 和 Shane（2003）对瑞典随机抽取的 223 家新创企业样本最初 9 个月的发展情况进行了跟踪调研，其实证研究表明，商业计划书的开发通过帮助创业者决策、平衡创业资源的供需、将抽象的目标变成具体的原则步骤，明显降低了新创企业解散的可能性、加速了其产品开发和组织形成。因此，商业计划书的开发应当成为创建新企业的重要步骤。

6.1.3 商业计划的类型

希望你不会有这种错误的认识，那就是认为只有一种商业计划书才是最完美和最理想的。其实，尽管商业计划的写作存在一定的规范，但是，就好像没有一种"管理模式"能普遍适用于世界上所有的公司一样，也没有一种商业计划能够适用所有的创业企业。不同行业、不同环境、不同受众、不同目标、不同条件等各种因素的存在表明，要根据自身的具体情况来制定有效的商业计划书。

比如，创业企业可能处于不同的创业阶段，那么商业计划也就要有不同的侧重点。如果企业处于种子期，就需要突出核心技术；如果处在成长期和发展阶段，就要对市场定位和市场营销方面有所侧重；而对成熟公司内部进行的公司创业，商业计划要注重与整体战略的协调；等等。又比如，商业计划面对着不同的受众或读者，要对受众关注的问题进行重点描述。

1. 吸引风险投资商的商业计划

如果商业计划主要是面对风险投资商，那么，商业计划就要对产业和市场、产品和技术、风险和盈利、管理和组织及竞争战略等问题进行重点描述，并对资金需求、资金使用、回报和退出措施等加以说明，力求吸引投资者的眼球。在所有受众中，投资者是最重要的，在后文对商业计划的说明中，我们也将着重对这类商业计划进行说明。

---

① ［美］朗达·艾布拉姆斯（Rhonda Abrams）. 成功的商业计划 [M]. 第 4 版. 张帏，等译. 北京：中国人民大学出版社，2005.

2. 吸引合伙人的商业计划

这一类型的商业计划在内容上和第一种类似。不同点在于，还要明确说明合伙人的出资方式以及利益分享机制，对需要双方共同探讨的问题，商业计划也应留有适当的弹性和余地可供变通。

3. 获取政府或公共部门支持的商业计划

在这一类型商业计划中，要对创业活动的经济和社会意义加以说明，这是政府或公共部门较为看重的。同时，对于希望给予的具体支持也应尽可能详细说明。

除此之外，商业计划的受众还包括创业企业的其他合作伙伴，如供应商、承销商等。

6.2　如何制定商业计划书

据统计，每100份商业计划中，只有5份被可能的未来投资者读过；在大约每1 000份商业计划中，平均只有6份最终获得创业投资的资助。如此低的通过率可能会令人失望，但是作为创业者不应该因此而泄气，要仔细研究那些最终胜出的优秀商业计划是如何被制订出来的。

在创建新公司前，创业者到底是撰写一个非常详细的商业计划还是相对简洁的商业计划呢？这一点可以因人而异。例如，1968年，诺依斯和摩尔离开仙童半导体去创建Intel公司时候，其商业计划书的长度不到一页，尽管创始人本人对此也不满意[①]，但由于创业者有很强的技术和管理经验，他们在业界有很好的声誉，加上其创业的目标明确，因此，两位创始人很快就获得了创业投资。对于那些相对缺乏经验的创业者，在创业前认真做好商业计划，这对其创业决策和创业后的企业发展会更加重要。

不过，有一点非常明确：商业计划书是个实时文件，它必须随着企业的发展不断进行完善和修改，甚至完全的颠覆。这需要创业者在创业过程中对商机的变化具有敏锐的判断、对其资源和能力有更清楚的认识。

6.2.1　制定商业计划书的步骤

制定商业计划书的创业者在事后总会跟看过牙医的病人一样，着重于谈论痛苦而不是结果。确实，商业计划书的制定并不是件浪漫的事，但是，磨刀不误砍柴工，既然打算制定一份优秀的商业计划书，那就必须做好思想准备，准备好将要花费的

---

① 作者在硅谷参观Intel公司博物馆时，有幸看到了这些材料。

时间、耐心和思考，准备好不断的辩论，并做好进行长时间研究、写作和编辑的准备。尽管有些咨询机构或者融资中介公司可以帮助创业者撰写商业计划书，但是他们的主要作用只能是辅助创业者完善商业计划书，而不是取代创业领导人在商业计划书开发过程中的创造性工作。作为创业者，你必须保证你和你的团队全身心地参与到整个制定过程中。

第一步：将商业计划构想细化。创业团队需要对创业活动进行总体的规划，明确企业的竞争对手、客户、技术和企业的盈利模式等内容。

第二步：市场调研。此时，创业团队需要对企业所处的行业、环境和政策背景进行调研，需要就企业的竞争对手情况展开细致的研究，需要就客户展开调研，调研的细致准确将为下一步的工作奠定扎实的基础。

第三步：商业计划书写作。这一步建立在前面工作的基础上，要根据企业的构想和市场情况，制定出明确的目标、市场和竞争战略，拟定实施战略的具体措施，并说明企业团队的执行能力，再对公司的未来做一份完整的财务分析。在此基础上构成商业计划书的基本框架。具体的内容及其写作将在后面介绍。

第四步：商业计划书的检查和调整。在商业计划书写完之后，最好采用模拟辩论的方式，从商业计划中发现存在的问题。另外，当局者迷，最好再求助于融资顾问或其他有经验的创业者，就商业计划能否对投资者关心的问题作出清楚的说明，准确回答投资者的疑问。如果不能，就要作出相应的改进。

第五步：商业计划书的推介。商业计划书初步完成后，创业者需要向潜在投资者和合作者去推介。创业投资机构通常每年都会收到大量的商业计划书，其中只有一小部分能够得到进一步洽谈的机会，而真正能得到投资者青睐的少之又少。可见商业计划书的推介非常重要。

在商业计划书的推介中，创业者常常需要利用各种机会向投资者进行言简意赅的"电梯间"陈述。创业者可以通过以下四个问题来阐述：（1）做什么？（2）解决什么问题？（3）与其他同类产品或服务有何区别？（4）为什么值得该投资者关注？

创业者通过推介商业计划，可以进一步疏理自己的创业思路；通过认真倾听潜在投资者或合作者的建议和批评，促进商业计划的完善和改进；同时，在此过程中，创业者可以判断投资者或合作者的实力、水平、风格和双方合作的可能性。

创业者也应当从积极的方面来看待投资者的拒绝。当年 Hotmail 的两位创始人的商业计划就遭到数十位投资者的否定，但正是这些拒绝和反馈建议促使他们不断完善自己的创意，最终他们获得了创业投资，并创业成功。

6.2.2 商业计划书的六大要素

无论从哪种渠道融资，投资者都会从以下 6 个方面对企业的商业计划进行审视：商业模式、市场、产品（服务）、竞争、管理团队和行动。它们构成了商业计划书的六大基本要素。

1. 商业模式

通过商业计划书展现商业模式，让投资者了解企业是如何赚钱的。商业模式一般贯穿在整个商业计划书中，它决定了创业企业的运作，关系到企业的发展战略。投资者特别关注商业模式是否蕴含着巨大的利益，是否对现有的和潜在的利益进行重新组合和再分配。因此，除了要向投资者阐明选择的商业模式，还要让投资者确信商业模式能够获得成功，能够随着市场和自身条件的变化进行创新等。

2. 市场

商业计划书还要向投资者提供对目标市场的深入分析和理解。因为对于投资者来说，最关心的还是产品（服务）有没有市场，市场容量有多大，顾客为什么要买产品（服务）。要打消投资者的顾虑，要在商业计划中对消费者购买本企业产品（服务）的行为进行细致的分析，说明经济、地理、职业和心理等因素如何影响消费者行为，并通过营销计划说明企业将如何通过广告、促销和公关等营销手段来达到预期的销售目标。总之，不仅要让投资者相信企业产品（服务）具有广阔的市场前景，而且要提供充分的证据向投资者证明，企业的预测和目标是可信的，不是盲目乐观的。

3. 产品（服务）

在商业计划书中，还要提供产品（服务）的所有相关细节，包括企业所实施的所有调查。还须向投资者说明产品（服务）所处的发展阶段，它的独特性，企业销售产品的策略，企业的目标顾客，产品的生产成本和售价，企业开发新产品或新服务的计划，等等。应该努力让投资者相信，企业的产品会在市场上产生重要的甚至革命性的影响，同时也要使他们相信，商业计划提供的证据是真实可信的，最终让投资者认识到，投资这个产品（服务）是值得的。

4. 竞争

在商业计划书中还必须就竞争对手的情况展开细致的分析，向投资者清楚地阐述如下几个主要问题：现有的和潜在的竞争对手有哪些？产品是如何实现其价值的？竞争对手的产品与计划书中产品相比，有哪些相同点和不同点？竞争对手所采用的营销策略是什么？各竞争对手的销售业绩和市场份额如何？相对于竞争者企业具有哪些优势？顾客为什么偏爱企业的产品和服务？企业如何应对潜在竞争对手的挑战？总之，商业计划书要使投资者相信，企业不仅是行业中的有力竞争者，而且将来还会是确定行业标准的领先者，企业的竞争战略完全能够应对即将面临的竞争。

5. 管理团队

很多时候，投资者对创业团队的关注甚至超过产品（服务）本身，因为他们深知，要把一个好的商机转化为一个成功的风险企业，关键要有一支强有力的管理队伍。因此，在商业计划中，要向投资者完全地展现企业的管理团队，描述一下整个管理队伍及其职责，分别介绍每位管理人员的特殊才能、特点和造诣，细致描述每个管理者能够对公司作出的贡献，并明确企业的管理目标和组织机构。要让投资者对企业的管理团队充满信心，相信企业的管理队伍是刚好适合创业企业的"梦之队"。

6. 行动

再好的理念，也只有通过行动才能实现。行动的无懈可击才可能赢得投资者的青睐，商业计划书应该有清晰的企业设计、生产和运营计划，切实可行的企业营销计划和准确的财务计划。企业将如何把产品推向市场？如何设计生产线，如何组装产品？需要哪些原料？企业拥有哪些生产资源，还需要哪些生产资源？生产和设备的成本是多少，如何定价？所有这些问题，要在商业计划中说清楚。

6.2.3 商业计划书的基本要求

每个创业投资机构每月会收到数以百计的商业计划书，每个投资者常常每天阅读几份甚至几十份商业计划书，而其中大多数都被无情地扔进了废纸篓。要想让企业的商业计划书引起投资者的关注，首先就要了解商业计划书写作的基本要求，不犯基本的错误，在此基础上再把商业计划做得更加出色。

1. 力求准确

向投资者全面披露与企业有关的信息，无论是优势还是困难都要讲到位，体现出与投资合作的诚意，隐瞒实情、过分乐观甚至夸大其词往往会适得其反。

2. 简明扼要

投资者都是非常繁忙的，所以商业计划书首先要简洁，能够一句话表述清楚的就一个字也不要多加，最好开门见山，直书主题，让投资者觉得阅读每一句都是有意义的。许多创业者常犯的毛病是把商业计划书写得像一部企业管理大全，面面俱到，忽视了应有的侧重点。商业计划在30~50页为佳，太短或太长都不好。

3. 条理清晰

商业计划书看起来似乎是很高深很复杂的东西。实际上，无论创业企业是做高科技还是传统产业，投资者真正关心的问题都是一样的：做的是什么产品？怎么赚钱？能赚多少钱？为什么？在开发商业计划书之前，要能够清晰地就这几个问题解释清楚：商业机会、所需要的资源、把握这一机会的进程、风险和预期回报。上述商业计划书的六大要素有助于进行这方面的思考。

4. 注意语言

良好的语言水平并不能挽救创业企业不成熟的创业理念，但是一个好的创业理念却可能因为语言水平不高而导致融资的最终失败。因此，需要对商业计划书的语言进行锤炼，一方面商业计划不是学术论文，应该力求语言生动；另一方面，要让读者容易理解商业计划书的内容，所以应尽量避免使用过多的专业词汇。

5. 强调可信性

商业计划描画的前景可能很动人，但要真正打动投资者，还要让他确信这幅图景是可实现的。要做到这一点，需要在商业计划书写作之前进行充分认真的市场调研，通过调研了解顾客、竞争对手、市场前景等问题，然后在调研数据的基础上进行财务方面的分析，来说明企业将获得的收益。在商业计划书中，数据越充分越翔实，就越容易让投资者相信预测是可信的。

6.3 商业计划书的主要内容

商业计划书必须提出一个具有市场前景的产品（服务），并围绕着该产品（服务）完成一份完整、具体、深入的商业计划，要描述公司的创业机会，并提出行动建议。后面我们将展示一个完整的商业计划书和完成一个商业计划的过程。不过，由于商业计划设计的内容极其宽泛，在书中不可能也不会着重于其中的细节问题，比如解释名词、细分市场等，这些问题都不是本章乃至本书的主旨，可以通过其他方法了解。

6.3.1 商业计划书的结构与格式

各类商业计划书的结构和格式会很不相同。但事实上仍然有章可循。大多数商业计划在基本内容方面有极大的相似性，在写作上也存在着一定的规范、结构和格式。可以根据适合企业的"表达"方式写作商业计划，不必拘泥于固定的格式，商业计划应当能够包括以下几个部分：（1）封面或封页；（2）内容索引和目录；（3）摘要；（4）企业介绍；（5）产品（服务）；（6）技术；（7）管理团队和组织；（8）市场分析；（9）营销计划；（10）生产计划；（11）财务计划；（12）风险管理；（13）退出策略。可以有所侧重，后面将择其要点进行说明。

6.3.2 商业计划书摘要

商业计划书摘要式称执行总结是投资者阅读时首先要看的内容。如果摘要不能立刻引起投资兴趣，后面的部分写得再精彩也没有用。投资者往往通过摘要就很快地判断出创业企业是否值得投资。

1. 摘要的作用

如果说商业计划是叩开创业投资公司大门的敲门砖，是通向融资之路的铺路石，那么，商业计划书的摘要可以喻为点燃投资者投资意向的火种，是吸引投资者进一步阅读商业计划书全文的灯塔。摘要浓缩了整个商业计划书的精华，反映了商业计划书的全貌，是商业计划书的核心所在。如果能让投资者在阅读摘要后继续读下去，那么，离融资的成功就近了一步。

2. 摘要应该表达的内容

通过摘要，首先能够使投资者马上理解商业计划的基本观点，快速掌握商业计划的重点，然后作出是否愿意花时间继续读下去的决定。摘要的主要目的是刺激投资者的阅读欲望，让他在看到商业计划书后有一种相见恨晚、爱不释手的感觉。因此在写摘要时必须充满激情，满怀信心，全部正面阐述，向投资者充分展示创业企业所具有的优势，造出一种朝气蓬勃、蒸蒸日上的气势，并让投资者充分相信创业者的能力和判断。

摘要部分应该重点向投资者传达五点信息：(1)创业企业的理念是正确的，创业企业在产品、服务或技术等方面具有竞争对手所没有的独特性；(2)商业机会和发展战略是有科学根据和经过充分考虑的；(3)企业有管理能力，企业团队是一个坚强有力的领导班子和执行队伍；(4)创业者清楚地知道进入市场的最佳时机，知道如何进入市场，并且预料到什么时间该适当地退出市场；(5)企业的财务分析是实际的，投资者不会把钱扔到水里。如果能简洁清楚地阐述这些内容，投资者将会更有兴趣读完整篇商业计划书，甚至高兴地把钱投入该项目。

3. 撰写摘要的注意事项

摘要如此重要，就不能有丝毫的怠慢，还要对以下的事项加倍注意。

(1) 最好在最后完成商业计划书的摘要部分。这样，在动笔写摘要之前，对整个商业计划会有更清晰准确的理解。在完成对整个商业计划书的主体的抛光润色后，再反复阅读主体部分，从中提炼出整个计划书的精华，最后再动笔写摘要。写完后，要请融资顾问检查过目，并提出修改意见，根据反应考虑如何改写，直到可以马上打动相关人为止。

(2) 商业计划的摘要部分要有针对性。因此，在撰写摘要时，要常常问自己："谁会读我的计划？"一般来说，不同投资者的兴趣和背景是完全不同的，他们看商业计划书的侧重点也各不相同。比如，银行类投资者通常对企业以前的成功业绩感兴趣，而投资公司则通常对新技术感兴趣。所以要先对投资者做一番调查研究，在摘要部分突出投资者最感兴趣的方面。由于一项投资通常要由几个人共同做决定，因此，在调查投资者情况时要对整个投资机构有一个较为全面的了解，尤其是对有决策权的人要格外关注。

（3）语言仍然是要强调的内容。撰写商业计划摘要时一定要文笔生动，风格要开门见山，夺人眼目，这样可以立即抓住重点。摘要一般只需一两页即可，切忌烦琐冗长，行文含蓄晦涩，让人难以琢磨。

（4）在写作全部完成之后，要反复检查直到确切无误为止，如果因为一两个错别字而失去重要的机会，会令人后悔不已。

6.3.3 企业简介

通过企业简介，可以让投资者对创业企业有一个初步的了解。当然创业企业有可能仅仅是一个美妙的产品（服务）创意，此时，把创业企业的简单情况作一番介绍是有益的，包括创业团队的组成和经历、创意的产生和商业前景等。如果企业已经建立，那么在这一部分中，应向投资者尽可能简明扼要又全面到位地介绍企业情况，给投资者以尽可能多的企业及所在行业的信息。总之，企业简介应能够描述出企业的发展历史、现在的情况和未来的规划。具体而言，主要可以从以下几个方面加以阐述。

1. 一般描述

主要包括创业企业情况概述、名称、地址和联系方法等内容。

2. 业务性质

简单介绍公司所从事的主要业务，应尽可能通过短短几句话使投资者了解创业企业的产品（服务），并对相应的产品（服务）作简要描述。

3. 业务发展历史

主要介绍创业企业经历的各个重要阶段，比如创意的产生，何时开始生产产品或提供服务的，何时开始销售的，企业现在所处的发展阶段，等等。但这部分的介绍要简短切题，不要过长，具体的细节问题可在和投资者的面谈中再详细说明。

4. 业务展望

按时间顺序描述创业企业的未来业务发展计划，并指出关键的发展阶段。如可以这样描述："本企业未来五年将致力于生产销售目前这两种主要产品，但在第三年将引入另一种同类产品。"

5. 公司组织结构

简要说明企业的所有制性质和附属关系，比如是股份制还是合伙制，并简要介绍公司的组织结构图。

6. 营销

简要描述产品销售过程和分销渠道，重点说明产品是如何到达最终消费者手中的。

7. 供应商

主要介绍企业生产所需原材料及必要零部件供应商。一般可以用表格形式列出3～4家（以后可能需要列出全部供应商）最大的供应商及其供应的材料或零部件名称。风险投资人通常会给名单中的部分或全部供应商打电话以确认该名单的真实性。

8. 专利与商标

本部分要对企业持有或将要申请的专利和商标进行详细描述。通过对专利与商标的描述，可以体现自己企业的独特性。也可以列出企业的专利和商标清单，让风险投资人自己来判断这种独特性。

6.3.4 产品（服务）

在企业简介之后，还要将企业的产品（服务）创意向风险投资者进行重点介绍。投资者在评估风险投资项目时，不仅需要知道创业企业生产和出售什么产品（服务），还要对产品（服务）能否适应市场的要求作出评估，这些结果可以对投资者的投资决策产生关键影响。需要向投资者重点展示的内容包括：产品的名称、特征及性能用途；产品的研究开发过程和研发计划；产品所处的生命周期的阶段；产品的市场前景和竞争力如何，等等。

1. 简单介绍

要对企业的产品（服务）进行简要的介绍，描述产品（服务）的名称、特征及其功能，替代产品（服务），竞争对手提供的产品（服务）等。有时候提供的可能不止一种产品，这时需要把讨论集中在最重要的产品上，对其他产品只需进行总体上的介绍。

2. 产品（服务）的价格

应该对产品（服务）的价格、价格形成基础、毛利及利润总额等进行说明，不仅要让投资者确信产品的最终形成价格在逻辑上是合理的，还要让投资者清楚地明白：第一，产品是市场能够接受的，有很强的市场竞争力；第二，如果投资于该产品，投资者能够从中获得巨大的利益。这是投资者重点关注的内容之一，他们会提出很多甚至很尖刻的问题，因此产品定价要充分考虑所有影响因素，能够对投资者的问题有所准备。如果创业企业有好几种产品（服务），那么最好分开进行单独地描述。

3. 产品（服务）的独特性

投资者选择投资，是因为企业所具有的独特性。企业的独特性可以表现在很多方面，比如技术，管理队伍，产品（服务）等。实际上，有些创业者会在商业计划书摘要或在商业计划书中专辟一节对独特性进行描述。

为突出产品（服务）的独特性，让投资者对创业企业充满信心，必须能够证明产品（服务）具有创新性，并能指出这种创新的意义及其带来的优势和价值。比如，跟竞争对手的产品（服务）相比，跟市场上的替代产品相比，企业的产品（服务）有哪些优势？产品功能是否更新，能给顾客带来额外的价值？企业技术是否可以更新，能降低产品（服务）的生产成本？等等。

4. 顾客或买主

要对产品（服务）的主要买主或顾客进行详细说明。比如，哪些人会使用该产品（服务）？他们使用该产品（服务）的目的是什么？为什么他们会购买本企业的产品（服务）？是因为价格还是因为其他方面的考虑？可以用直观的图表将公司顾客的构成和分布表示出来。

6.3.5 技术和研发

关于技术和研究的说明并不是所有的商业计划书都必须具有的，这取决于企业业务的性质。如果创业企业是一个高新技术创业企业，商业计划书就需要对技术及研发进行特别的说明，主要介绍研发的投入和要实现的目标。由于投资者更关心的是利润，而不是研发本身，因此还要说明企业有能力将研发结果转化为市场产品并从中获得利润。可以从以下方面阐述。

1. 未来的技术发展趋势

要根据市场上现有产品的不足，结合产品技术发展的趋势，简单明晰地描绘出未来市场上的产品发展趋势和需要在哪些现有技术上进行改善或突破。

2. 公司的技术研发力量

要向投资者充分地展示企业研发队伍的实力。可以列出技术骨干的背景、经历和成果以及创业企业已有的研发成果等，力求让投资者确信，企业的技术研发队伍具有足够的实力把握市场上产品技术发展的脉搏，能够迎合顾客的需要开发新产品、开拓新市场，能够保证公司未来竞争发展对技术研发的需要。

3. 研发计划

要向投资者说明,为推出产品和服务企业需要进行的研发计划,包括企业研究开发新产品的成本预算、时间进度、产品的技术改进或更新换代计划及其成本预算等内容。让投资者确信,他们今天的投资是有价值的。

4. 知识产权保护

还要说明企业将采取哪些措施来保护知识产权,这些内容更多是技术性的,可以求助于咨询顾问完成这一部分。

由于技术研发是公司未来发展的重要推动力,对于上述各项内容,要在仔细评估自己实力的基础上,给出详细说明。

6.3.6 管理团队和组织

常常听到投资者说:"人是创业中最重要的因素"。人的素质是投资者在决定风险投资时考虑的首要因素。有过这样的投资信念——"一流的管理团队+二流的产品(服务)"大于"二流的管理团队+一流的产品(服务)"。这些都说明管理团队的素质是决定创业融资能否成功的关键因素之一。在商业计划中,要对管理团队进行特别的关注,并能清楚地阐述以下四类问题:第一类是创业企业中的关键管理角色和担任这些角色的人员的情况;第二类是创业所需要的支持和服务,主要是咨询顾问方面的支持;第三类是创业企业对管理团队的激励约束机制;第四类是创业企业的组织结构和组织模式。在一些商业计划中,管理团队是通过"组织计划"的方式体现的。

1. 管理层的展示

首先要对企业的关键人物进行介绍,也就是所说的管理团队。有时候也可以适当介绍关键员工,但不要过于琐细,因为投资者不会关注一个没有影响力的成员。应展示的情况包括:

(1)列出组成管理团队的关键人员的名单和基本信息,包括每个成员的教育背景、工作经历、工作业绩、商业技能、领导能力和个人品质等,并说明在这些成员之间,责任是如何划分的。

(2)通过简历形式列出团队成员的创业经历和在管理方面的业绩与成就,证明这些关键成员是成功人士,充分向投资者展示他们完成自身角色的能力。不过,除了要展示优点外,还要适当提及弱点,这可以让投资者感到更为真诚可信。

(3)通过表格或图表的形式,向投资者展示管理团队在个人知识结构、经验结构、能力结构、动力结构、年龄结构方面的互补性,让投资者感到企业团队不仅人才济济,而且结构合理,在产品设计与开发、财务管理、市场营销等各方面均具有独当一面的能力,足以保证公司以后成长发展的需要。

(4)展示管理团队的优秀品质和职业道德,比如团队成员之间的团结和相互支持、爱岗、敬业、勤奋和他们对企业的忠诚度等。在一些商业计划书中会看到这样的声明:"管理层成员都不曾受到犯罪指控,各成员及其所从事过的业务未曾破产,其个人资信报告也能证明每位成员都有着良好的信用评级,也不曾有过拖欠债务的记录。"通过这种方式,可以向投资者证明自己和团队其他成员都非常"干净"。

2. 创业所需要的支持和服务

要提及企业的关键性顾问,因为很少有人拥有开创一个新事业所需要的所有经验和技巧。如果企业拥有财务、公共关系、管理机构和其他方面的顾问在传递着企业的专业化信息,别忘了提醒投资者。这些顾问的良好名誉对创业企业而言,是一笔宝贵的财富。所以应在商业计划中列出创业企业需要的支持和服务,列出创业企业咨询顾问的名单,列出为企业提供服务的会计师、律师、金融专家及其他相关人士的基本情况、背景资料以及他们将提供的支持和服务。

3. 激励约束机制

创业企业所采取的激励约束机制也是投资者所关心的问题,这里的激励约束机制不仅仅是针对管理层的。在商业计划中应该对相关内容进行列示,比如要对企业的基本薪酬制度进行描述,要以清晰的数据向投资者展示对管理层的股票期权计划和对员工的持股计划,还要就职务升迁、培训和企业文化等方面对激励约束机制进行阐述。通过求助于企业咨询顾问,可以更圆满地解决这些问题。总之,要让投资者确信,激励约束机制能够保证管理队伍以充分的热情来实现预定的目标。

4. 组织模式和组织结构

最后,你需要向投资者展示企业的组织结构,附上企业的组织结构图,让投资者有依据来考察组织结构和模式是否合理;还需要说明企业的性质和所属关系,比如是独资还是合伙的;另外,对董事会的设置、规模和成员背景,也要进行相应的说明,并阐述其权利和义务。

6.3.7 市场分析

市场分析是企业编制商业计划的依据,要在充分调研的基础上,对整个产业以及竞争状况进行充分详尽的分析,并在此基础上逐渐形成对企业目标市场的清晰认识,从而可以为制定企业战略提供依据。商业计划书的两大功能——"计划"功能和"营销"功能——都要以市场分析为基础。市场分析常常被认为是商业计划最重要的部分,是不无道理的。因此对于这部分内容的思考必须清楚,否则商业计划很可能经不起投资者的推敲和市场的检验。可以从以下三个方面进行阐述：整个市场的大小和市场走势，创业企业的目标顾客群体，企业面临的竞争态势。有些商业计划书的市场分析部分还对企业预期达到的销售业绩进行描述，我们将销售业绩预期放到了营销计划部分。

1. 产业分析

产业分析的重点是向投资者介绍市场的前景。投资者不会依据一个简单的数字就作出投资的计划。创业企业只有对将要进入的行业和市场进行充分分析，才能准确地估计出产品（服务）所具有的真正潜力，才有助于投资者作出正确的判断。具体包括：

（1）需要向投资者展示进入的行业或市场的发展情况，包括产业的发展历史、现状和未来发展趋势。产业分析要重点说明影响行业发展的关键性因素，包括诸如技术进步、宏观环境、政府政策、社会文化、市场需求等方面的因素，结合这些因素来说明行业发展趋势。

（2）要用具体的数据说明整个市场的状况，包括现状和对未来的预期。需要展示的数据有：行业的销售量和对未来五年销售量的预期，行业的总收入和对未来五年总收入的预期，行业的平均回报率和对未来五年平均回报率的预期，等等。有些数据必须通过实地调研才能得到，有很多可以利用的资源：①行业刊物，包括现有的报纸、期刊、市场研究、专论等；②贸易团体和政府机构，比如统计局、专利局或者当地的商会；③商业机构和专业服务，比如银行、数据库、研究机构、互联网等。

（3）展示在市场上所有经济主体的经营概况，包括竞争者、供应商、销售渠道和顾客等，揭示这些市场主体之间的经济关系。

2. 目标顾客

商业计划应清楚地告诉投资者企业的产品（服务）将"卖给谁"，说清楚产品（服务）现在的顾客和潜在的顾客。换句话说，确定"目标市场"，这是制订营销计划的依据。需要说明的是，"目标市场"不等于进入市场——不管这个市场是已有的还是有待开发的，而且，预期中的目标市场一般只是其中的份额而已。具体包括：

（1）需要对企业即将进入的市场进行细分。有关市场细分的技术细节不在本书中详述，有关内容可以查阅专门的营销教材，也可以求助于营销专家。

（2）企业需进行准确的市场定位，根据产品（服务）的特性和企业的情况在细分市场中选择一个或几个目标市场，结合企业的目标、产品、优势、劣势、竞争者的战略等因素说明为何选择这种市场定位，顾客为什么会愿意并购买企业的产品（服务）等。

（3）用实际数据向投资者展示企业目标市场的大小及其走势，结合目标市场的每个细分市场进行说明。需要注意，目标市场不要太小，否则创业投资者会对产品（服务）的市场前景产生疑虑，因为一般来说，企业价值的巨大增长往往只有在行业或市场潜力同等巨大时才有可能取得。如果企业已经掌握了一些订单或合作意向书，可以直接出示给投资者，因为这些材料会有力地证明产品的市场前景。

3. 竞争分析

对竞争产品和竞争对手进行描述和分析，也是制定竞争战略的基础。包括：

（1）列出所有竞争对手，用数据说明这些竞争对手所占有的市场份额、年销售量和销售金额等。比如："×××公司，资产总额为7.9亿美元，该公司有一个部门向本行业生产销售中低端产品，该部门1998年的销售额约为2 800万美元，占有14％左右的市场份额。"当然，也可能没有竞争对手，但需说明不存在竞争对手的原因，比如拥有专利权或者是市场先入者，而且要对潜在的替代产品和竞争对手进行预期。

（2）要进行竞争能力调查，了解竞争对手的优势和劣势。竞争力调查包括：将产品的质量和价格与市场上的其他产品进行比较评价，将产品性能和其他产品进行比较，还要将企业的生产水平和经营特点与竞争对手进行比较——包括这些企业的生产规模、产量、设备、技术力量、销售利润、价格、竞争战略、推销方式和售后服务等方面的特点。

（3）将竞争的范围缩小，锁定1～3个主要的竞争对手，与竞争对手进行比较，充分掌握企业自身的优势和劣势。可以通过图表的形式，按照竞争力调查中列示的主要内容进行描述和比较。要让创业投资者确信，创业企业的竞争战略是合理的，创业企业具有足够的竞争优势应对市场竞争。

6.3.8 营销计划

营销计划也是商业计划中不可或缺的重要组成部分。它的作用在于让投资者相信创业企业的盈利能力，同时还可以为企业未来的营销活动提供指导。前面介绍的"市场分析"为营销计划的编制提供了依据。实际上，在一个独立的完整的营销计划中，必须包括市场分析的内容，不少商业计划是将市场分析和营销计划融为一体。

在竞争分析的基础上向投资者说明企业用于应付竞争的各种战略，包括总体营销战略、产品战略、定价战略、销售渠道战略、分销、促销和广告战略，然后再结合市场分析确定企业销售目标，最后说明将采取怎样的措施实施这些战略。

1. 总体营销战略

在完成具体战略的写作后再写这部分。总体营销战略应该分成三部分。第一部分，结合前面的市场竞争分析说明企业的定位，突出说明企业的自身特色。第二部分是对四个具体战略的提炼——在市场营销中称为"4P"，通过各个具体战略来展现创业企业如何展示自身的特色给顾客。第三部分，可以对"4P"未能涵盖的内容进行说明，比如公关关系战略。注意，这里不要将注意力放在阐述具体营销战略上，而应着重向投资者灌输一种营销理念，而非具体策略。

2. 产品战略

产品是营销"4P"的第一要素，是通过产品（服务）满足顾客的需要并从中获取利润的重要方式。产品战略是整个营销战略的基础。与前文的"产品（服务）"部分相比，这部分着重关注产品战略的"营销"方面。

（1）要树立"大产品"的理念和产品的三个层次：在核心产品层次，能给顾客提供哪些最基本的效用和利益；在形式产品层次，提供给顾客何等质量、品牌、款式、包装和特色；在延伸产品层次，将给顾客提供哪些服务和其他附加利益？

（2）结合产品的生命周期向投资者说明产品处在引入期、成长期、成熟期和衰退期的哪一个阶段？在不同的阶段，企业将采取怎样的不同策略？一般，在引入期，企业需要侧重于市场占有率，让产品能迅速占领市场；在成长期，应该注重产品的改进和完善，提高服务质量，注重产品在顾客中的形象和口碑；到了成熟期，企业应该进一步地改进产品并提高质量，注意发现新的细分市场；力争扩大销售；衰退期来临前，企业应该及早做好准备，为新的市场开发新产品，或者干脆选择撤离该市场。

（3）向投资者说明企业的产品组合策略，主要是企业将经营的产品类别，有多少产品线，产品线内又有多少组产品项目，各种产品在功能、生产和销售方面的相互联系是否紧密，等等。在营销学中，这些被称为产品组合的宽度和深度。对产品组合的阐述要着重让投资者确信能够满足市场上的不同需要，同时也符合企业自身的效益。

（4）要展示给投资者品牌策略，它不仅涉及一些具体的外部形象设计和标识，在战略层次上，还要求如下思考：使用品牌的策略；使用何种品牌策略；个别品牌策略，统一品牌策略，分类品牌策略，延伸品牌策略还是多品牌策略？

（5）在产品战略中，还要对产品的开发进行相应的说明，重点是向投资者说明将采取怎样的新产品开发方式，要让他们相信，企业的开发策略是符合企业自身的实力和经济效益的。

（6）对产品的包装策略进行简要说明，包装的主要作用在于能够促进销售和对产品进行保护，目前企业通常采取四类包装策略：第一类是类似包装策略，比如百事可乐等很多饮料的包装；第二类叫组合包装策略，将多种相关联的产品组合包装在一起出售，比如颜料盒和颜料、洗浴用品包等产品；第三类策略叫赠品包装策略，比如一些美容杂志赠送护肤品；第四类称为可回收包装策略，最明显的例子就是酒瓶和易拉罐饮料产品。

通过这些说明，让投资者在心中树立起产品的立体形象，一个活生生的形象。其他的三个"P"都将在这个"P"的基础上起作用。

3. 定价战略

定价战略是营销计划乃至整个竞争战略中极为重要的组成部分。产品价格将会影响企业在市场上的竞争地位、企业的销售业绩和企业的经济效益。我们这里虽然将定价策略放在"营销计划"部分，但定价不仅仅是一种营销手段。

首先，应充分通盘考虑影响定价的因素，然后在此基础上确定产品的价格。这些因素可能相互交织在一起，包括：产品的价值和成本，竞争对手的定价策略，市场的供求状况和企业的财务利润目标。这里需要着重说明的是，企业的主要目标之一是说服投资者向创业企业投资，因此，定价能保证企业将获得令投资者满意的收益。

其次，对应需要重点考虑的不同价格影响因素，存在三种不同的定价方法。第一种是成本导向定价法，着重考虑在收回成本的基础上实现一定的目标利润，具体做法就是总成本加成定价，即根据利润目标确定一个加成率，加上单位成本率构成产品的价格。这种方法被广泛采用，需要注意的是根据市场和外界环境的变化对加成率进行适当调整。第二种是需求导向的定价方法，主要方法是先确定一个合理的满足需求的均衡中心价格，然后根据需求状况的变化用价格差进行灵活地调节。第三种是竞争导向的定价方法，主要做法是以锁定的目标竞争者的价格作为参考，再结合自身产品在成本、质量、性能、品牌、服务等方面的优劣势进行调整。

最后，需要考虑企业将采用哪种具体的定价策略，主要是向投资者说明，企业在向市场投放产品时将采取什么策略，是采用撇脂定价策略（高价）还是渗透定价策略（低价），以及为什么选用这种战略。选择的依据其实还是前面阐述的诸多影响因素，关键在于如何向投资者证明企业的选择是合理的。另外，还可以对一些具体的定价策略进行说明，包括折扣定价、地理定价和心理定价等手段。

4. 渠道战略

渠道战略说的是产品（服务）从创业企业转移到顾客手中的经过途径或通道，可以做一幅图，描绘出从产品（服务）到顾客之间的"通道"，让投资者更直观地了解到顾客购买产品（服务）的全过程，了解销售渠道。

需要说明的主要是两个问题：销售渠道的长度和宽度。关于长度，要说明在产品和顾客之间经过多少环节——有代理商、批发商，零售还是直销。结合创业企业、市场、产品的特征来说明作出这种选择的原因。关于宽度，要说明企业的市场销售窗口到底有多少，销售点的分布是怎样的以及为什么要这样做。

5. 促销战略

促销就是促进销售，作用在于企业和顾客之间的信息交流和对销售或购买行为的促进。主要分为促销战略和促销方式两个层面。

在战略层面上，需要从促销的目标、产品的性质、生命周期以及市场等角度进行思考。要清楚地说明向谁促销——中间商还是顾客？根据产品的性质、产品所处的生命周期阶段以及市场特征，应该采取怎样的促销方法才适合？等等。

在战略层面的基础上要说明促销的方式。是采取人员促销，还是求助于推销员或者营销机构；如果产品推销、市场开拓、信息沟通、市场调研或者提供咨询服务采取的是非人员促销方式，那么是否要做广告，用什么方式做广告，是否要做营业推广，如何做推广，是否要通过新闻宣传、展览会或者公益活动进行公关促销，等等。

6. 销售目标和战略实施

在前文的市场分析部分，就企业的目标市场的发展进行了预期。在此基础上，还要向投资者展示企业预期几年内的销售目标，这个目标应该符合市场和创业企业的实际。

在战略实施部分，需要说明将如何具体地实施上面提到的各个战略。首先要对战略思考的结果进行总结，通过图表或数据的形式向投资者直接展示这些结果。比如，产品线策略到底是什么？定价结果和价格结构如何？渠道的中间商和人员是如何安排的？促销活动如何开展？然后还要说明一些具体的措施，比如，已经和即将与哪些中间商或经销机构进行联系，彼此将如何合作？销售活动计划的时间表是怎样的？等等。让投资者确信整个商业计划已经就销售目标的实现进行了周密细致的安排和准备工作。在有的商业计划书中，实施部分是直接融入各分战略部分中进行说明的。

6.3.9 生产计划

在商业计划中，生产计划虽然不如很多其他部分那么夺目，但它的重要性是不言而喻的，它构成了财务计划的基础之一，是商业计划不可或缺的一部分。在这一部分，应尽可能地向投资者展示企业拥有和需要的生产资源，将怎样安排这些资源进行生产，以及生产目标是什么。

1. 生产资源

向投资者融资的行为本身就意味着创业需要一些资源，生产条件就是其中重要的部分。要向投资者列示已经拥有的资源，这些资源包括原料、厂房、设备、技术、团队和基础设施等。不过，有很多资源需要不断追加，因此，还要列出企业的生产资源需求计划，这些计划应包括的内容有：原料采购计划，劳动力和员工招聘计划，生产厂房和土地计划，生产设备和基础设施购置与改进计划以及总的资金需求计划。

关于原料采购，要说明供应商的情形，并结合生产周期拟定原材料的采购计划。关于人员，要说明需要招聘哪些人员以及人员的数量，还应就员工的薪酬安排作说明。对于生产厂房和土地，要说明企业现有的房地产或租用的办公室和工厂，并需要描述企业生产所需要的厂房面积和办公室安排。对于生产设备和设施，要详细介绍企业已有的主要设备，说明使用现有设备能达到的产值和产量，结合生产目标说明企业采购新设备的计划、设备采购周期以及设备改进等问题，同时还可以对水电供应、通信、道路等配套设施的情况做简单介绍。总的资金需求计划需要在上述计划的基础上确定下来，最好用明细表的形式向投资者展示。

2. 生产过程

在生产过程部分，应首先介绍企业的生产流程，在展示时最好有生产流程图作为辅助说明。在此基础上，集中说明生产的特征和影响生产的关键因素，重点回答下面几个问题：产品的生产过程及生产工艺是否复杂，是否成熟？员工是否需要具备一些特殊生产技能？哪几个生产环节最为关键？生产所需的零部件种类繁多还是只有少数几种？产品的实际附加值有多高？等等。此外，对于生产中存在的不确定因素，还应翔实细致地进行描述。所有这些说明可以让投资者对生产过程一目了然并抓住关键。

3. 生产目标

首先需要考虑产量目标，这是根据市场预期和企业实际确定的，市场预期揭示了目标市场的潜力，而企业的实际生产能力决定产品的产量，企业的销售能力又影响着产品的销量，应该综合所有因素分析产量。其次，要说明在成本控制上的目标和实施，展示产品成本的结构，并说明如何控制和管理存货，如何降低生产成本等问题。

6.3.10 财务计划

财务计划常常被认为是商业计划的核心和灵魂，投资者通过财务计划可以看到一个好的创意终将转化为盈利。前面所说的所有内容，到这里将演化为现实的盈利。商业计划书中的财务计划肩负两大使命：一方面，通过财务分析进行财务预测，说明融资需求，以此为依托谈判融资的具体事宜；另一方面，通过财务分析揭示的数据，向投资者展示创业企业未来的财务状况和获利能力。需要提醒的是，有关这部分的写作是相当专业的，写作者必须了解财务计划需要传递的一切信息，很多时候，财务计划是委托会计事务所完成的。

1. 财务报表

在财务计划的最后部分，需要向投资者提供一套财务报表，包括资产负债表、损益表和现金流量表。在制定报表之前，要充分设计、预测、评估和测算财务报表中包含的所有项目。

(1) 资产负债表。资产负债表给出了企业资产价值的轮廓，包括现金、应收账款、存货、机器设备、土地等；还揭示了公司所有的债务，包括应付账款、应付票据、应付税款和利息、应付薪水或工资等。资产和负债的差额就是企业资产的净值或权益额。

(2) 损益表。损益表需要结合营销计划进行。先根据销量预期和定价确定销售收入，而后要计算企业产品（服务）的销售成本和所有预计的固定间接费用；总收入减去总成本就是净收入或净亏损，还有利税等因素。

(3) 现金流量表。现金流量表揭示了企业财务状况的变动，主要记录由企业的经营活动、投资活动、筹资活动等造成的现金流量。现金流量总额是揭示企业经营业务是否成功的关键指标之一。

如果创业企业已经运营了一段时间，应该通过上面的三大财务报表揭示过去3年或经营期内的经营财务情况，这对投资者决策有很大的参考价值。

企业要根据生产经营计划、营销计划的分析和预测，结合市场分析和公司财务环境，做出未来3~5年的企业预计资产负债表、损益表和现金流量表。关于预测方法和预测依据在各种财务教程里面都有详细的介绍，关键是预测要尽量可信。在企业启动的前两年，我们建议给出以月度为基础的损益表和以季度为基础的资产负债表及现金流量表，其后只需提供年度报表即可。如果商业计划需要提供超过5年的财务预算，可根据需要酌情处理。

2. 财务预测

在编制财务报表的过程中，必须进行准确的财务预测，它是整个财务计划的基础，其重点是预测企业的资金需求和企业未来的盈利情况。

(1) 需要准确预期企业的资金需求情况，包括资金额、条件和需求的时间。最简单直接的做法是做一个财务预算，结合企业的生产经营计划和营销计划，对资金的使用安排进行列示。比如，在某时购买几套生产设备，需要多少资金？何时为企业产品进行促销活动，需要多少资金？每年为维持企业的经营和发展，需要多少资金？等等。最后加总可以得出总的资金需求。

(2) 还要对企业未来的盈利情况进行预期。需要预测的变量包括销售收入、销售成本及营业管理费用、财务费用和税收。其中，销售收入的预测也要结合营销计划进行，而对于成本和费用，对一些明确的成本和费用可以直接列出其数额，而对一些不明确的成本和费用可以对比经营历史或行业情况进行预测。在此基础上不难预测企业的预期盈利。

在创业融资实务中，财务规划的编制对于企业能否获得投资具有十分重要的影响。在进行财务预测时，务必保证财务分析部分与其他部分保持一致，必要时可以请专业顾问帮助编写或指导。清晰的、精确的、有逻辑和有根据的财务预测是赢得投资的最重要因素之一。

3. 融资计划

在资金需求的基础上可以发展出融资计划,这部分有很大的弹性,很多内容实际上需要在和投资者反复磋商后才能真正确定下来。融资计划主要用于回答以下问题:(1)预计的资金需求为多少?其中,创业者期望从创业投资者那里获得多少投资?(2)以什么样的融资方式实现?细节问题如何规定?(3)企业未来的资本结构如何安排?创业者和创业投资者双方对企业的所有权如何安排?(4)资金将如何使用?如何向投资者披露财务报告?财务报表编制种类及周期如何?(5)投资收益将如何安排?(6)投资者如何介入企业的经营管理活动,有哪些控制权和决策权?等等。

6.3.11 风险分析

创业的高风险是众所周知的,创业投资者在向创业企业投资前总是希望尽可能多地弄清企业可能面临的风险,风险的大小程度以及将如何降低或防范风险、增加收益等。成功地消除和减轻投资者的顾虑,将有助于获得投资者的青睐。在商业计划的各个部分中,对各种风险做了零星的介绍,但仍有必要在商业计划书中对创业的风险问题进行专门的说明。

1. 风险来源

首先要说明的是企业将面临的各种风险来源以及风险的大小程度。不同企业有各自不同的情形和各自不同的风险。这些风险可以分为机会风险、技术风险、市场风险、资金风险、管理风险、生产风险和环境风险等多个方面。具体体现在以下多个方面。

(1)经营期限短。这是大多数创业企业面临的一种情形。重点是企业刚刚成立,或者才组建不久。经营历史短实际是要与投资者重点讨论的主要风险问题,企业的各种风险几乎都与此有关。

(2)管理经验不足。管理团队很年轻,或者只能算是这个行业的新手,经历、能力等诸多因素将为投资者所关注。

(3)资源不足。创业企业如果不能获得一定的资源支持,那么可能会缺乏足够的资源来维持长久经营,这是一个需要提及的潜在风险。

(4)市场风险。市场环境的不确定性是投资者关注的又一个焦点。政府的行业政策到底怎样?市场需求会因为哪些因素而变动?这些因素能控制吗?竞争中会出现哪些不期的因素?诸如此类的问题,都要在商业计划书中作出明确的回答。

(5)生产风险。生产中也存在着很多不确定因素,尤其是新创企业。例如,创业活动是基于一项技术创新时,从技术、研发到最后产品出炉的整个过程中,就存在很多风险因素。

(6) 财务风险。对财务风险的说明可以作为对财务计划的一种补充。需要对财务风险进行细致分析。财务状况是否脆弱？现金流能否维持企业的正常经营和发展？企业的各项重要财务指标是否正常？

(7) 对核心人物的依赖。很多创业企业的价值是依附于企业的核心人物而存在的。这就得向投资者解释清楚，一个核心人物离开企业，将会给企业带来什么影响？企业核心人物如果离开，谁来替代他？

(8) 其他。必须指出企业可能出现问题的其他地方，尽可能客观地向投资者说明企业面临的风险因素。实际上，投资者往往都会希望企业站在投资者的角度，以投资者的身份来看待企业的经营情况。

注意，不要为了获得投资而故意人为地缩小或隐瞒风险因素，千万不要等投资者主动提出这些问题，因为这对融资是没有任何帮助的，相反只会令投资者对企业产生不信任。实事求是、诚实坦白的品质才是风险投资者十分赞赏的。

2. 风险控制

投资者会担心自己的投资是否会因为风险因素遭到损失，要想融资成功，就要说明企业将怎样对这些风险因素实施控制，证明创业企业具有较强的抗风险能力。在本书的"风险管理"部分，重点讲述有关风险控制手段的大部分内容，这里我们将不再针对各类风险进行具体说明。

6.3.12 退出策略

创业投资者通常对创业投资的退出策略极为关注。虽然决定是否投资的主要因素是创业机会、市场前景和团队等诸多因素，也尽管他们其实对投资退出的运作有着丰富的经验，但在商业计划中，最好考虑设计适当的退出路径。

常见的创业投资退出方式主要包括公开上市、兼并收购和回购等。创业企业应该对三种退出方式的可能性进行可信的预测，当然，任何一种可能性都要让投资者清楚投资的回报率。

(1) 公开上市。第一种可能的方式就是公开上市。上市后公众会购买企业股份，风险投资者持有的部分或全部股份就可以卖出。目前这条退出途径在国内因法律和股市不完全的因素而很不畅通。

(2) 兼并收购。可以把企业出售给大公司或者大集团。采用这种方式时，一定要提供几家对本企业感兴趣并有可能采取收购行动的大集团或大公司。

(3) 回购。最后一种方式是，可以给投资者提供一种"偿付安排"。在偿付安排中，投资者会要求企业根据预定的条件回购投资者手中的权益。

6.4 商业计划书中的一些常见问题

1. 执行总结太长

好的执行总结应当简明扼要、重点突出。"篇幅最多两页,最好是一页。清楚地讲出企业的目标,和你打算做些什么。不要试图在这里讲解细节问题。描述市场对产品的需求和产品到底是什么。说出企业主要负责人的资质条件。"(尤金·克莱纳)

2. 过分强调技术

技术创业者常常会花太多的篇幅去描述技术的特性,而对市场需求、投资者所关注的投资回报和风险分析过于简略,因而,商业计划书变成了技术可行性报告。

3. 缺乏市场分析和竞争对手分析

创业者缺乏市场调研和分析,或者不知道如何开展调研。因此,市场定位不清晰,创业者不太清楚谁最有可能成为企业最初的顾客,也不清楚自己的创业企业如何区别于竞争对手,有的甚至不知道市场上已经有很多企业在做类似的事情。

4. 过于乐观,对风险及相应对策考虑不足

由于市场分析不合理,加上创业者过于乐观,对风险及相应对策考虑不足。一些创业者无法在合理的假设前提下进行财务分析,商业计划书的财务分析常常显得过于乐观,造成后续财务安排不合理。很多创业机会受相关的国家政策影响很大,不同的政策从呼之欲出、到正式推出、再到实际落地执行推进速度快慢不同,有的创业者对国家的相关政策了解不够,对政策的推出或变化的预判不够,导致他们对创业的时机和节奏把握得不够好。例如,世界电信业在 2000 年前后掀起了 3G 狂潮,很多国内手机企业纷纷将 3G 作为一个发展目标,纷纷申请 3G 标准。不过,中国政府出于综合考虑,推迟 3G 牌照发放的时间。一些企业没有"熬"到发放的那一天就已经破产了。

本章小结

对创业者来说,商业计划在融资和计划方面具有重要的作用。本章向读者描述了商业计划的全貌。首先,创业者应了解商业计划的目标——融资和行动计划,对此,创业者不仅需要分析自己,还要关注读者——风险投资者;其次,结合对商业计划内容的揭示,本章说明了创业者该如何思考,商业计划的读者关心哪些内容,存在着哪些细节问题,如何写作,等等。另外,由于商业计划会涉及很多更专业的技术问题,读一些参考书是必要的。

复习与讨论题

1. 商业计划的构成框架及其关键要素包括哪些？
2. 对于不同发展阶段、不同行业的创业企业，商业计划在写作上应该有哪些侧重？
3. 阅读几个商业计划的案例，比较它们的异同，了解它们的不同侧重并理解其原因。

参考文献

1. Brinckmann, J., Grichnik, D., & Kapsa, D. 2010. Should entrepreneurs plan or just storm the castle? a meta-analysis on contextual factors impacting the business planning-performance relationship in small firms. Journal of Business Venturing, 25 (1), 24-40.

2. Chen, X. P., Yao, X., &Kotha, S. 2009. Entrepreneur passion and preparedness in business plan presentations: a persuasion analysis of venture capitalists' funding decisions. Academy of Management Journal, 52 (1), 199-214.

3. Delmar, F., & Shane, S. 2003. Does business planning facilitate the development of new ventures? *Strategic Management Journal*, 24 (12): 1165-1185.

4. Kaplan, S. N., Sensoy, B. A., & Strömberg, P. 2009. Should investors bet on the jockey or the horse? evidence from the evolution of firms from early business plans to public companies. Journal of Finance, 64 (1), 75-115.

5. Miller, M. 2001. Teach Yourself Business Plans In 24 Hours. Alpha Books.

6. Perry, S. C. 2010. The relationship between written business plans and the failure of small businesses in the U. S. Journal of Small Business Management, 39 (3), 201-208.

7. Sahlman, W., Stevenson, H. & Roberts, J. 1999. The Entrepreneurial Venture (2nd version). Harvard Business School Press.

8. [美] J. A. 蒂蒙斯. 周伟民译. 资源需求与商业计划 [M]. 北京：人民邮电出版社，2002.

9. [美] J. D. 瑞安（美）G. P. 希杜克. 薛菁睿译. 成功的创业计划 [M]. 北京：机械工业出版社，2004.

10. [美] 朗达·艾布拉姆斯（Rhonda Abrams）. 成功的商业计划（第4版）[M]. 张帏，等译. 北京：中国人民大学出版社，2005.

11. [美] 汤姆·科斯尼克，等. 啮合创业：在斯坦福学创业规划 [M]. 张帏，齐继国，郑琦译. 北京：中国人民大学出版社，2016.

12. [美] 约瑟夫·科万罗，布赖恩·黑兹尔格伦. 创业融资商业计划 [M]. 户才和译. 北京：经济日报出版社，2003.

13. [美] 鲍勃·亚当斯. 成功编制商务计划书 [M]. 张金成，葛晶，等译. 北京：电子工业出版社，2002.

本章案例

瑞福生物材料公司商业计划执行总结[①]

世界范围内,骨缺损类疾病主要通过自体骨移植和异体骨移植两种方法进行治疗。这两种治疗方案都有较为明显的不足:自体骨移植需要从他处(一般是髋部)移植健康骨骼,造成二次创伤,住院和恢复时间长;异体骨移植则可能因严重的排异反应造成治疗失败。于是,开发更安全、有效的骨缺损修复材料已经成为一个亟待解决的世界性医学问题,同时它也创造了一个技术壁垒较高的可观市场。

拓展阅读:
瑞福生物材料公司商业计划书

"瑞福(ReLive)生物材料公司"致力于研制人体各种组织器官的修复与替代的新型生物医用材料,提高相关疾病的诊疗水平,改善人类生活质量。我们的核心产品——纳米晶胶原基骨修复材料(简称纳米骨)正是一种近乎完美的骨缺损修复材料。

1.1 核心技术和产品——纳米晶胶原基骨修复材料

瑞福坚信"医疗以人为本"。依托清华大学材料系,在国家"863支持"之下,我们采用常温下自组装方法制备出的纳米晶磷酸钙/胶原复合的框架材料,具有自体骨中的周期性层状结构,可降解性和生物相容性极佳,为骨缺损,特别是大块骨缺损的修复找到了一种近于完美的解决方案。

2003年1月15日,瑞福纳米晶胶原基骨修复材料在北京东直门医院进行了首例临床试验,在经过1年零4个月、近300例的人体临床实验之后,获得了国家食品药品监督管理局的三类植入产品试生产注册证,成为我国首个可以在市场上公开销售和应用的纳米医药产品。到2004年3月底为止,瑞福科技所拥有的四项国家发明专利和一项美国专利均已被获准公开。

[①] 本商业计划曾经在2003年全球创业计划大赛(Global Start-up@Singapore Business Plan Competition)中进入决赛,并获得第4名的好成绩;在University of San Francisco举办的2004 USF国际商业计划大赛(2004 USF International Business Plan Competition)中获得了"最佳国际商业奖"(Best International Business Prize)。商业计划的主要完成人为马晨、张先涛等,指导教师为张帏。此处仅摘取执行总结部分。完整的商业计划请见拓展阅读部分。

1.2 市场机会

人工骨移植材料的市场销售额在以每年50%的速率递增。在美国，每年实施45万例骨移植手术，骨移植材料市场高达11亿美元。在欧洲，骨替代产品35%为合成材料，并且以每年13.7%的速率增长，2002年骨移植手术为285 000例，整个材料市场价值高达8亿美元。

据统计，目前中国有肢体不自由患者1 500万，每年新增骨缺损和骨损伤患者近300万。人工骨移植材料技术难度较高，过去由于国内缺乏相应的研究，骨移植材料70%～80%依靠进口，高昂的价格给病人带来了巨大的经济负担。瑞福纳米骨则将凭借技术和成本双重优势，有效填补国内在这方面的空白。

目前每一例骨修复手术，由于不同材料及技术和质量等不同，其费用大约在2 000元到20 000元之间，按年手术30万例计算，仅在国内，我们面对的就是一个年容量在20亿元左右的巨大市场。

1.3 公司战略

1.3.1 公司总体发展战略

瑞福立志成为世界领先的人体器官替代材料生产商。我们将分三个阶段来实现公司的目标。

第一阶段：核心团队筹资建立公司。该阶段公司和核心技术和管理团队将通过自筹资金的方式建立公司，并通过期权等方式获得清华大学的技术授权。

第二阶段：获得融资并规模化进入市场。该阶段瑞福的产品是纳米晶胶原基骨修复材料，也就是纳米骨。瑞福将在该阶段从研发和市场推广上完成产品的系列化，在品牌上，树立瑞福创新生命、高科技的企业形象，初步建立企业知名度。

第三阶段：致力于人工器官替代材料（如牙齿、心脑血管支架、人工肝等）的深度开发。该阶段公司将迅速成长为世界领先的人体医用替代材料生产商，并为投资者带来巨额回报。

1.3.2 市场战略

我们的阶段性市场目标是在第五年达到20%的国内市场占有率。

瑞福的目标客户是需要进行组织修复手术的骨科病患者，同时把各大医院视为战略合作伙伴。考虑到医用产品利润高、市场进入壁垒也高的现状，在初创期我们将采取独家代理销售的方式进行市场开拓。目前瑞福已经拥有优秀的合作伙伴——北京益而康公司（国内最大的医用产品销售渠道商）。

在产品定价方面，考虑到瑞福纳米骨的技术独创性和优越治疗性能，我们将采用"撇脂定价法"定位高端市场：全国范围内统一定价，零售价 800 元/克，出售给分销商的价格为 600 元/克。

1.3.3 技术战略

作为一家高技术创业企业，要想在激烈的市场竞争中保持不败的地位，产品的研发工作十分重要。瑞福公司的技术研发目前主要依托清华大学生物材料研究中心。我们与清华大学材料系生物材料专业实验室建立了长期稳定的技术合作关系，在技术上处于国内领先、国际一流的地位。另外，瑞福也将不断加强公司自身研发团队的实力。

1.4 创业团队与股权结构

1.4.1 创业团队

瑞福的 CEO 马先生拥有材料科学硕士学位，获得过两项国家发明专利授权，同时具有较强的商业背景，在 GE Edison Cup 等国际大赛中获奖。他对瑞福从事的事业充满激情，而其技术背景和较强的资源整合能力将有助于瑞福的事业发展。

我们的首席科学家，也是主要技术研发者则是在中国材料科学界享有盛誉的崔福斋教授。崔教授是清华大学生物材料实验室首席教授（主任），材料物理与化学专业博士生导师，美国麻省理工学院访问学者。他在医用生物材料、组织工程等领域的研究成果享有国际声誉。

瑞福的另外两位核心创业者则是具有 6 年生物医药行业销售经验的张先生（担任副总裁兼市场总监）和曾在世界顶级会计师事务所和投资银行长期供职的 Kwok 先生（担任财务总监），他们将用自己丰富的产业经验和社会资源帮助瑞福取得成功。

1.4.2 股权结构安排和融资方案

瑞福科技生物材料有限公司将是一家基于清华的科技成果，并吸引风险投资的新型高科技企业。创业团队拟自筹资金设立公司，同时清华大学以相关的专利技术和非专利技术成果入股。

公司将吸引风险投资 800 万元，出让 $a\%$ 左右的股份；另外，公司将通过高科技创业企业的绿色贷款通道向银行借款 100 万元。

1.5 财务与融资

通过测算，瑞福的投资回收期较短，在五年间内部收益率高达 284.99%。

第五年末的公司价值预计为 26 332 万元（参见表1）。另外，通过灵敏度分析发现，即使售价和销量发生较大的波动，我们的内部收益率仍然能够维持在一个相对较高的水平。

表1　瑞福公司主要财务指标简表

	第一年	第二年	第三年	第四年	第五年
净利润/万元	412	2 786	5 246	11 218	17 083
现金净流量/万元	27	2 175	5 386	11 271	16 046
资产净利率/%	26.02	63.35	49.94	49.08	41.50
净资产收益率/%	28.16	65.59	55.26	54.16	45.20
毛利率/%	84.08	85.88	86.87	87.86	88.65
销售利润率/%	45.73	61.90	58.29	62.32	63.27
安全边际率/%	53	71	78	83	84

1.6　相关风险分析（略）

思考题

1. 结合拓展阅读中的完整商业计划，你认为这个商业计划在总体结构上有哪些优缺点？

2. 如果你是风险投资家，看了这个商业计划书的执行总结，你愿意进一步了解这个创业团队吗？最终你有可能选择投资吗？为什么？

3. 如果你是创业团队核心成员，你会对这个商业计划书提出哪些修改建议？

第7章 创业融资

> （投资中）我所犯过的每一个错误，几乎都是选错了人，而不是选错了创意。
>
> ——著名创业投资家 Arthur Rock[①]

学习目的

1. 基于信息经济学的基本原理了解创业融资难的原因；
2. 了解影响创业企业资金需求的主要因素；
3. 了解创业融资的主要方式和融资路径；
4. 了解创业企业价值评估的影响因素、评估方法和策略；
5. 了解创业融资的策略和交易。

 引言

创业融资之苦

"这么好的项目，一上马就能有 7 000 万元的利润，同时还能给国家创造 3 000 多万元的税收，但如果仍然找不到资金，就有可能流产。"北京某公司总裁张天明向记者诉说他的融资之苦时，一脸的无奈。

张天明手握一个国内领先的高科技成果项目已历时两年。据他介绍，这个项目市场前景广阔，产品还未投产，就有来自新疆、广西以及台湾等省份的客户下了订单。规模生产需要大量资金支持，至少需要 3 亿元，可两年过去了，公司的融资却还没到位，眼下依然有 1.3 亿元的资金缺口没有着落。

为了筹钱，张天明和北京、天津、上海、深圳、香港、台湾等地的多位金融大

[①] Arthur Rock（阿瑟·洛克）被誉为"创业投资之父"，他帮助仙童半导体公司获得了创业融资，对 Intel、苹果电脑公司进行了早期的创业投资。

亨逐个谈判，最终都因为和投资方在控股权问题上出现较大分歧而不了了之。找风险投资不行，可以向银行贷款呀！其实，找银行贷款这条路张天明不是没想过，他一开始先找了银行，和多家商业银行进行了谈判，但因为公司是民营高科技企业，还存在产权界定、信誉度和没有能力取得巨额资金的抵押和担保等问题，他在多家商业银行屡屡碰壁，可以说，从银行取得贷款的希望甚是渺茫。眼下，他把该想的办法都想尽了，该托付的人都托了，融资问题仍没有解决。难道眼看着金娃娃死在手里不成？

资料来源：中国经济周刊，2004-07-08。

思考

1. 如果你是个投资者，你会如何判断这个高科技项目有多大的市场价值和盈利能力？
2. 如果你相信这个项目的潜力并有足够的资金，会毅然投入上亿元的资金吗？
3. 创业者张天明下一步该怎么办？
4. 如果你是个创业投资公司的负责人，在尽职调查后会作出什么样的投资决策？为什么？

7.1 创业融资难的原因和创业者的基本对策分析

创业者可能有好的技术或创意，并且愿意承担创业风险，同时，创业者常常缺少资本，希望获得外部融资，但是他们在融资过程中会面临很多挑战。

虽然我国各级政府出台了许多针对中小企业发展的优惠政策，但"融资难"仍然是制约广大中小企业生存和发展的"瓶颈"问题。有关调研表明，90%以上的中小企业认为他们面临的第一大难题是融资难；有的创业者甚至感慨："融资难，难于上青天。"

下面我们就创业融资难的原因进行一些理论上的分析和解释。

7.1.1 为什么创业企业常常难以获得债务融资：经典的理论解释

创业企业的特点——高经营风险、缺乏稳健的现金流、弱担保能力（缺乏担保资产），加上商业银行所强调的稳健的经营偏好，决定了创业企业通常难以获得银行的贷款。

创业企业的平均风险水平较高，即使是在创业活动相当活跃、融资渠道更为通畅的美国，新创企业的失败率也非常高。美国的一项长期研究表明：24%的创业企业在2年内失败，52%的创业企业在4年内失败，63%的创业企业在6年内失败[①]

---

① 转引自 *New Venrure Creation*（4th Edition），1994。

（如图 7-1 所示）。对于风险较高的创业企业贷款，商业银行自然要求更高的利率。但是，国内此前对贷款利率浮动范围的管制，使得许多中小企业贷款的利率水平不能抵偿其风险。由此，也就不难理解，为何商业银行纷纷远离这些高风险的中小企业贷款，转向资信较好的大型企业。

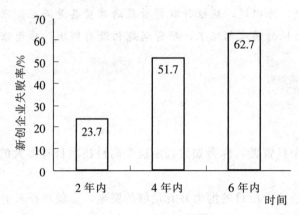

图 7-1 新创企业的失败率

资料来源：Jeffry A. Timmons. New Venture Creation (4th Edition). Irwin McGraw-Hill, 1994.

2004 年，中国人民银行加大了银行对中小企业贷款利率的浮动范围，宣布对银行发放贷款无上限的规定，但这些举措并没有有效解决中小企业"融资难"的问题。Stiglitz 和 Weiss（1981）在研究资本市场时发现，由于存在信息不完全和信息不对称，贷款人难以识别借款人的优劣，当贷款人遇到资金的超额需求时，如果简单地提高利率，很可能出现借款人群的逆向选择和借款后的道德风险。因此，贷款人出于风险和收益的权衡，并不完全依靠利率机制调节资本的供求关系，而是依靠信贷配给来实现均衡。利率与贷款人实际收益的关系见图 7-2，存在 r^* 使得贷款人实际收益最大。

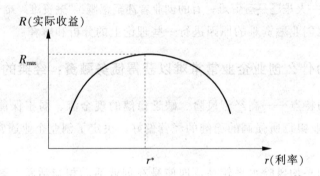

图 7-2 利率与贷款人实际收益的关系

因此，放宽银行对中小企业贷款利率的浮动范围措施尽管有积极的作用，但它仍然难以从根本上改变创业企业贷款难的问题。实际上，创业企业要获得贷款，通常还是被要求提供资产（不动产）抵押或有效担保。

专栏

1995年，亚信公司的创业团队核心成员田溯宁、丁健等人回国创业。公司的业务开展起来后，很快碰到了资金紧张的难题。他们想找银行贷款，但遭到拒绝，原因是亚信没有什么可以作为担保的资产。被逼无奈之下，田溯宁等人想将公司合同抵押给银行来贷款，没想到银行还是以没有固定资产担保为理由拒绝。没有雄厚的资本作为后盾，亚信常常面临这样的处境：用户拿着一个大单子对亚信说："你先垫款买设备，交了货，我再付账给你。"亚信同意还是不同意？如果不同意就意味着失去订单，因为用户能找到他方合作；如果同意，则占用资金太多，公司资金链难以为继。

7.1.2 为什么创业企业常常难以获得股权融资：经典的理论解释

通常，早期创业企业进行外部股权融资是非常艰难的。为什么呢？

首先，创业者和外部潜在的投资者之间常常存在严重的信息不对称。这主要表现为：创业者了然于心的创意、技术或者商业模式的情况对外部投资者来说，并不完全了解。而创业者常常由于担心自己泄漏过多项目机密，对投资者有所保留和隐瞒，使得投资者难以深入了解和判断该创业项目的好坏，从而对投资更加谨慎。

专栏

2012年5月初，海归博士刘自鸿拿着历尽艰辛筹来的400万人民币，在深圳留学生创业园租下一间不足百平方米的小办公室，成立了柔宇科技，开始了他的创业生涯，跟他一起的两位小伙伴是他清华兼斯坦福校友余晓军和魏鹏。2016年11月3日，柔宇科技宣布完成Pre—D轮5亿元融资，估值达到200亿元。然而，对天使投资人徐小平来说，这是个不小的痛苦：柔宇科技成立不过5个月时间，刘自鸿曾寻求过徐小平的投资，但后者一方面嫌其3 000万美金的A轮估值太贵，另一方面实在没看懂这个项目，便错失了投资的绝佳良机。但这也并不能怪徐小平。柔宇科技的创业技术太超前，很多信息还不能说，因为需要保密。在深圳的一个海归人才创业大赛上，刘自鸿当时展示的柔性电子墨水黑白显示屏仿佛把投资人带入一个科幻世界，而他宣称要把科幻变为科技和商业。其实很多投资人都看不懂，他们咨询显示面板行业的专家，得到的回答是："这就是一个科幻的东西，至少30年甚至50年之后再去看吧"。这让刘自鸿在创业之初的融资异常困难。

另外在创业项目的可行性、创业团队的素质和创业企业的财务状况等方面，创业者和外部投资者之间都可能存在严重的信息不对称，这使得创业融资市场上有可能出现所谓"柠檬效应"的现象①，导致整个创业融资市场崩溃或者市场萎缩。

其次，创业企业发展存在很多的不确定性。这使得投资者常常难以判断机会的真实价值和创业者把握机会的实际能力。即使投资者有意愿进行投资，双方也常常由于对企业的发展前景和盈利能力判断的不同，对企业价值的评估产生巨大分歧，最终无法达成投资协议。

Amit、Glosten 和 Muller（1990）从研究创业企业家的行为入手，分析创业企业家如何在接受创业投资和独立经营之间进行选择。他们在委托—代理的理论框架下分析创业投资家与创业企业家之间的关系，并建立了相关的模型，得出以下结论：(1)当创业企业家的能力为"共同知识"（common knowledge）时，所有风险厌恶的创业企业家都会选择风险中性的创业投资家的资金投入；(2)在信息不对称的情况下，由于逆向选择，能力不足的创业企业家最有可能获得创业投资，而能力更强的创业企业家一般保留有更高盈利前景的项目；(3)在信息不对称的情况下，如果创业企业家能够花费一些代价，主动传递可反映自己能力水平的信号，则他们可能以更高的价格转让股权，并获得更多的创业投资；而能力低的创业企业家通常不会主动提供信号，但其中总有一些能够获得投资。

7.1.3 创业融资难的其他原因：中国创业环境的自身因素

清华大学中国创业研究中心发布的《全球创业观察报告：中国 2002》的研究表明："按照创业环境和创业活跃程度对 GEM（全球创业观察）亚洲参与国家和地区分类，中国属于创业环境差，但是创业活动较为活跃的国家"。创业环境指标中包括了金融支持和为创业企业提供的金融和非金融服务的商务环境。我国创业活动活跃，创业融资需求自然大。该研究结果反映了我国创业融资需求和供给之间存在突出的矛盾。

《全球创业观察报告：中国 2002》的研究还表明："中国的创业机会多，创业动机强，但创业能力不足，亟须通过创业教育和实践智慧的积累提高创业能力。"缺乏有经验的创业者和投资者，目前国内支持创业的基础设施（包括融资、服务中介、法律和信用环境等）还不健全，这些因素更进一步加大了我国创业企业融资的难度。国内相当多的创业企业自身存在治理机制不规范、财务不透明等问题，这也是创业企业难以获得融资的关键原因。随着中国"大众创业、万众创新"政策日渐深入人心，创业环境会越来越好，创业融资的渠道越来越多；不过，创业融资难还是很普遍的现象。

---

① 柠檬效应（lemon effect）是指在信息不对称的情况下，往往好的商品遭受淘汰，而劣等品会逐渐占领市场，从而取代好的商品，导致市场中都是劣等品。这一概念最早由诺贝尔经济学奖得主乔治·阿克尔洛夫提出。

7.1.4 "创业融资难"问题的解决思路初步探讨

第一,创业者应当考虑能否通过自融资(包括自己出资、向亲朋好友筹集资本等)来先试探性启动项目,争取能够在一段时间内开发出初步的产品,或者通过探测市场,初步实现创意和商业模式。在初步成功后,再去找投资者融资,这远比有个创意就到处找投资者好得多,因为实际证据远比投影在屏幕上的幻灯片更具有说服力,同时这也能够使创业项目具有更高的市场价值。

第二,创业企业应当集中力量,争取在某一领域具有明显的产品和市场优势。

第三,要争取逐步形成良好的管理团队。

第四,创业企业应努力建立诚信。

第五,要建立良好的组织和治理结构。

 专栏

3721最初融资的痛苦

1998年年底,周鸿祎创建北京国风因特公司的时候,就曾经想到过要融资。

但那时候,周鸿祎处于"两无"状态:一是没有融资经历,有的只是从书本、杂志上得来的——看得到摸不着的"知识";二是当时国内还没有形成风险投资的大环境,虽然风险投资在美国已经风风火火,但在国内还没有成功的案例,因此,当时国内的风险投资还很少。

周鸿祎也曾经与国内的一些投资商进行过接触,在交流当中,他发现,双方对于Internet有着不同的理解。最初的融资想法和摸索给了周鸿祎两个启示:第一是要找国外的投资,他认为这不仅是钱的问题,还有观念和其他方面的东西;第二是当时国内的大环境,市场上还没有仅靠想法就能获得投资的案例,必须拿出产品来说话。

接下来的日子,周鸿祎和他的同伴们一心一意地投入产品的研究和开发当中。

几个月以后的1999年6月8日,周鸿祎带着他的3721.com和产品走到了世人面前。3721.com发布的第二天,周鸿祎就接到了IDGVC打来的电话。此后一段时间内,又有一些投资者主动联系他们。最终,周鸿祎选择了IDGVC作为投资者。IDGVC的这轮投资是3721.com进入快速发展阶段的关键一步。2004年1月,雅虎公司以1.2亿美元的价格收购了3721公司,周鸿祎则担任雅虎中国的总裁。

7.2 创业融资的资金需求

创业融资通常涉及三个基本的问题:(1)需要多少钱?(2)从哪里得到这些钱?

(3) 如何找钱及其融资时的制度安排？

本节先讨论第一个问题——创业企业的资金需求，这是一个看似简单实则需要非常认真分析才能回答的问题。创业者需要对其创业进行财务预测，对企业前2年左右的现金流进行估计，对第1年尤其是前6个月的现金流需要进行月度预测。本书第6章的"商业计划"已对此进行了一些探讨。本章就创业融资实践中的其他一些重要问题展开深入分析。

7.2.1 创业企业的发展速度和资金需求的关系

企业的资金需求通常和创业者所希望的企业发展速度有关。图 7-3 表示了两种不同的企业成长模式，曲线 A 表示高速成长模式，曲线 B 表示低速成长模式。显然两者的现金流也是不同的，见图 7-4。可以看出，A 情况下，企业需要的融资至少

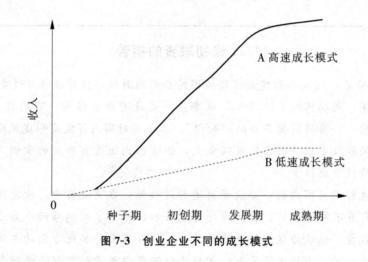

图 7-3 创业企业不同的成长模式

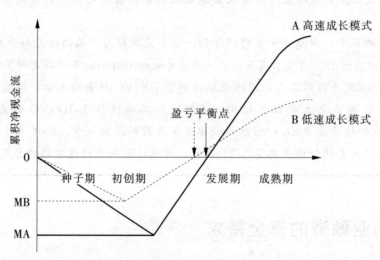

图 7-4 不同成长模式的创业企业所对应的净现金流图

为 MA，要高于在 B 情况下的融资 MB。两者实现正的现金流和达到盈亏平衡点的时间也不同。

不过，多数情况下，企业的发展速度并不是创业者能够真正准确预测的，甚至有时也不是他们能够控制的。例如，1998年年底，恒基伟业公司在市场上推出商务通产品，公司第一年的销售目标最初定在12万台；但商务通上市第一个季度后，由于市场策划推广工作做得很好，PDA市场开始迅速启动，市场的反馈大大超过预期，于是公司把全年的目标修改为20万台；但实际上，商务通上市第一年的总销售量达到了60万台，以至于公司在1999年中多次进行计划调整及相应配套工作的变动。当然，现实中，相当多创业企业的实际发展速度要低于甚至远低于创业者的自身期望和预期。

尽管如此，认真的分析和预测依然是融资所必须的"家庭作业"，有做家庭作业通常比没有做好得多，因为创业者能根据需要对市场的反馈和变化作出及时的反应，保持其灵活性。

7.2.2 创业企业融资时的谈判力量和资金紧张程度的关系

创业企业融资时的谈判力量与其资金紧张程度，即企业现金流能够维持多长时间是密切相关的，其关系示意图见图7-5。创业企业越不急于寻求资金，创业企业的谈判力量就可能相对越强，尤其是那些盈利且现金流稳健的企业。反之，如果创业企业面临短期内资金不到位就要破产的困境，那么，其谈判力量之弱也就不言而喻。一度非常成功的创业企业突然出现财务危机，甚至因此迅速破产的故事屡见不鲜。换言之，财务管理，尤其是现金流管理，是当前创业企业普遍面临的重要挑战。

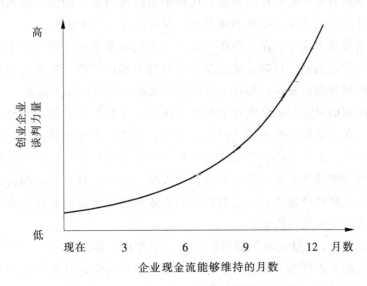

图 7-5 企业现金流能够维持的月数

资料来源：Jeffry A. Timmons New Venture Creation-Entrepreneurship for 21st Century (6h Edition). 等. Irwin McGraw-Hill, 2004.

7.2.3 不同轮次融资对应的主要风险和创业"里程碑"实现

创业过程的不同阶段,其对应的主要风险不同,见图 7-6;创业企业不同轮次的融资,所希望克服的主要风险也有所不同。

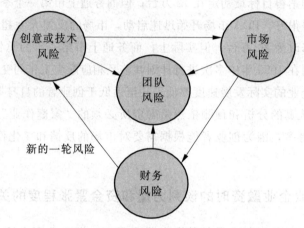

图 7-6 创业企业在不同阶段面临的主要风险

对于高新技术创业来说,创业之初,最突出的是创意和技术风险。当产品开发出来后,创业者马上就要面临"市场能否接受这个产品"的挑战,即市场风险。如果市场不接受这个产品,怎么办?如果市场接受这个产品,对产品进行更大范围的市场推广和销售,需要更大资金的投入,创业的财务(或者资本)风险也就接踵而至。此时,企业对专业化管理的要求也比初创阶段高得多,创业团队风险成为最突出的挑战,这要求创业团队能够不断完善,吸引优秀的人才加盟。

一旦市场接受了这个产品,潜在的进入该市场的竞争对手将大大增加,被模仿和竞争的风险随之加剧。这时,又需要企业对技术和产品进行更多的创新。创业的过程中,这些风险周而复始;但在不同阶段,关键的风险又有所侧重。

不过,所有的风险归根结底在于团队的风险,尤其是核心创业领导人的能力和理念的风险。在高新技术创业的过程中,国内存在的一个重要挑战是,技术的主要拥有者(科学家、工程师或者高校科研院所)常常占了很多股份,而在管理方面知之甚少,或对管理缺乏兴趣,但又不愿让别人参与具体管理;某些高校、科研院所对技术创业者的激励严重不足。这类创业的失败率已经被证明是相当高的,尽管它们在最初拥有较大的技术优势。

在创业融资中,"里程碑"的概念是非常重要的。伴随着重要"里程碑"的实现,创业企业的风险得到了相应的下降。以易趣公司为例,其创业融资的历史和各融资阶段对应的关键"里程碑"具体见表 7-1。

表 7-1 易趣的创业融资历史和发展过程中的关键"里程碑"

融资时间	融资额/美元	预期"里程碑"	本轮投资前企业价值/美元	资金来源
1999 年 8 月	40 万	推出网站、进入中国 C2C 拍卖网站市场	不详	IDG、万通国际、天使投资（主要是创业者的亲戚朋友）
1999 年 11 月	650 万	力争成为中国 C2C 拍卖网站市场的领导者	1 250 万	AsiaTech Ventures、J. H. Whitney & Co.、LLC 三家创业投资机构
2000 年 10 月	2 050 万	保持在国内行业中的领导者地位，进一步扩大市场份额，争取尽快获得收入	1 亿	EuropAtWeb、AsiaTech Ventures 等多家创业投资机构
2002 年 3 月	3 000 万	保持领先地位和快速增长态势，增加收入，并争取尽快实现盈利	7 000 万	eBay：作为战略投资者投资易趣
2003 年 6 月	eBay 完全并购易趣	保持在中国的领先地位，进一步增加收入和盈利能力	7 500 万左右	eBay 耗资近 1.5 亿美元完全并购了易趣，易趣成为 eBay 的全资中国子公司

资料来源：作者根据相关公开资料和相关访谈整理。

7.2.4 一次性融资与分阶段融资[①]

融资可分为一次性融资和分阶段融资。相当多的创业者，尤其是那些缺乏经验的创业者，在刚开始筹资时，常常期望一次性融到所需全部资金，但在现实中，他们常常会碰壁，甚至根本无法实现外部融资。那么作为创业者，应当如何看待一次性融资和分阶段融资呢？

创业企业的分阶段融资相当于投资者的分阶段投资。Sahlman（1990）认为分阶段投资是投资者用来控制代理成本的最重要机制。在创业投资中，投资者通常根据风险企业在各个阶段所取得的业绩，分阶段注入资金，且各阶段注入的资金只能维持企业发展到下一阶段。如果创业团队没有很好地使用资金，未取得预期的效果，则投资者有权放弃继续投资。当然，如果一家创业投资机构放弃继续投资，这就会给其他投资者传递一个很强的信号——该企业风险过大，导致风险企业很难从其他投资者那里继续获得投资。即使投资者不放弃投资，创业团队要想获得下一笔创业投资，他们可能将被惩罚性稀释股权。这种可信威胁大大减少了创业者继续运作一

[①] 参见张帏. 基于创业企业家人力资本特性的创业投资制度安排 [D]. 清华大学经济管理学院博士论文，2001 年 12 月.

个毫无前途的项目的风险,也使创业者在"烧钱"时更加谨慎。Gompers(1995)通过实证研究指出:通过分阶段投资,投资者可以搜集风险企业的有关信息,监控企业发展,定期重新评估风险企业的发展前景,并保留放弃项目的权利。

另外,创业者的人力资本具有逐步显现性,即随着时间的推进,创业者可能将企业的人力资本不断显现出来。更重要的是创业者有可能通过"干中学",不断提高企业的人力资本价值,并逐步将它转化和体现到创业企业的实际价值(指有形或无形资产)中,尤其是以创业企业发展过程中的某些"里程碑"的形式体现出来,如技术上获得专利认可、开发出样品、开始进行销售、首次实现盈亏平衡等。伴随着这些进程,创业者(或创业企业)有更多担保能力进行外部融资,创业企业的不确定性和风险大大减弱,与投资者合同的不完全性也在很大程度上减弱,投资者进行下一阶段投资的风险也就相应下降,他们在下一阶段投资所要求的风险补偿与投资回报率也相应减少。如果创业者的人力资本潜能在企业中已经得到较充分发挥且难以继续胜任,那么这时企业也就完全可以聘请职业经理进行经营(创业者应当获得的股份仍然保留)。反过来,如果创业企业由于种种原因发展不顺利,投资者根据自己的经验判断,有权及时放弃对企业的进一步投资,甚至提前要求企业破产清算,这样可以避免投资者遭受更大的损失,同时客观上也可以使创业者避免在一个发展前景不大的项目上投入更多人力资本。

因此,通过分阶段投资,投资者可以获得关于创业团队、技术和市场发展趋势以及投资项目本身更多的信息,并保留放弃(或继续)投资的选择权和(或)更换创业企业高层管理团队的权利;而创业者也可以避免因一次性融资金额过大而过早、过分被稀释股权(相应丧失控制权)。分阶段投资往往是投资者和创业者(或创业企业)之间的双边理性选择,并不仅是创业投资家的单边行为。

不过,如果创业企业已经探索出好的商业模式并成功实施,并且这种商业模式具有很强的可扩展性,一旦有大量资金投入即可快速发展以快速抢占商机,那么,这时候创业企业应当选择一次性较大融资。

一次性融资和分阶段融资的利弊对比具体见表 7-2 和表 7-3。

表 7-2 一次性融资的利弊

利	弊
可以更好地抓住市场机会,快速成长(当市场反馈比较清晰时,可以考虑采用)	通常极为困难
减少因多次融资所必需的精力,更加关注企业的业务	创业者的股权大幅度稀释,控制权有可能很快旁落他人
防止出现现金流枯竭,尤其是在还没有盈利或者在企业快速成长阶段	

表 7-3 分阶段多次融资的利弊

利	弊
融资难度相对小一些	每次融资需要花费创业者的精力和成本
创业者的股权不会大幅度稀释,并可以保持更多的控制权	一旦企业出现现金流枯竭,创业企业再去融资,会处于极为不利的地位,甚至导致企业很快倒闭

即使是分阶段融资,融资数量也是值得认真考虑的问题,并非越多越好,当然,太少也不好。创业者除了需要考虑企业的财务预测外,还要考虑市场融资时机、企业风险和股权稀释程度。另外,根据创业投资家的普遍经验,创业者常常对企业的财务预测过于乐观,实际上创业企业通常会花费更多的时间才能实现其既定的目标,因此创业企业融资时,最好融资额度比预计需求适当多点,以备不测,毕竟创业当中"现金为王(Cash is the King)"。

专栏

百度公司融资历史

百度公司创建于 1999 年 12 月。创业之初,公司的定位就是做最大、最好的中文因特网搜索引擎。在获得第一轮种子期的创业投资后,两位创办人就回国创业。2000 年 5 月,公司完成了搜索引擎测试,不久,百度的技术先后被硅谷动力、ChinaRen、21CN、搜狐、新浪等国内知名网站采用。2000 年 9 月,百度公司赢得 DFJ、IDG、Integrity Partners 和 Peninsula Capital 等四家创业投资机构 1 000 万美元的第二轮联合投资。2000 年 10 月,笔者去该公司调研,问公司的两位创办人李彦宏和徐勇:"为什么公司成立还不到一年,就要进行这么大规模的第二轮融资?"

回答是,百度在第一轮融资后发展非常顺利,技术产品顺利推出并已经被市场所接受,这是一个重要的"里程碑"。为了公司更好地发展,需要进行第二轮融资。他们从 2000 年 6 月份开始与投资方接触,到 9 月初资金全部到账,这个过程持续进行了 3 个多月,总的来说,还是非常顺利的。不过,通常每次融资的过程非常花费创业者精力,他们要找潜在的投资者,去接受投资者的详尽的尽职调查。百度这轮 1 000 万美元的创业融资,可以使得公司在未来 2～3 年内不必再为资金发愁,这样就可以全身心地投入公司的自身业务发展。另外,2000 年上半年纳斯达克的网络股价大跌,投资者对网络投资的信心受到很大的打击,创业者的融资难度大幅度增加,百度这轮 1 000 万美元的大笔融资,事后也被证明是明智之举。同时,这对当时只有 30 余名员工的百度公司来说是一笔丰足的粮草,让百度的员工和客户都吃了"定心丸"。

当问及这轮融资后企业的股权结构安排,即是否会让创业者的股权被过早、过度稀释,对百度的长期发展产生一些负面的影响时,两位创办人告诉作者:第二轮融资后,他们两人总股份还是最大的。

7.3 创业融资的主要方式和融资路径

7.3.1 创业融资的主要方式

融资方式分为内源式融资和外源式融资两种。内源式融资主要由留存收益和折旧构成。外源式融资主要分为：债务融资和股权融资，即创业者要么负债，要么放弃企业一部分股权以换取外部投资，或者两种方式兼而有之。具体分析如下。

1. 自融资

所谓自融资就是创业者自己出资或者从家庭、亲朋好友筹集资金，国外常常称之为 self-financing 或 bootstrap financing。绝大多数创业者靠自融资创建企业，因为专业的投资机构只对那些有可能高速成长的企业投资，因为只有这样投资者才能实现高回报。能够获得这种专业投资的，只占创业企业的极少部分。即使是在创业投资非常活跃的硅谷，创业者也常常需要靠自己的资金开始最初的创业，其中典型的创业公司就包括 Yahoo、eBay 等。国内更是如此了。例如用友创业，启动资金是借来的 5 万元，刚创业时，从银行贷款 10 万元。

自融资的好处是相对快速、灵活，投资者的自我激励和约束较大。但现实中的主要问题是：相当多的创业者缺乏自融资的能力和渠道；自融资通常难以满足创业企业快速发展的资金需求。

2. 天使投资

传统的天使投资指的是那些富有的个人对早期创业企业进行股权投资。

2009 年我国深圳创业板推出之前，很多专业的创业投资机构通常不太愿意投资早期项目，其中有两个重要原因。一是早期项目风险大，二是早期项目尽管投资额度小，但同样需要专业投资者去做尽职调查和投资后的参与管理，这对于管理上亿美元的大投资机构来说，成本上不合算。因此，天使投资者应运而生，它的出现可以说是对专业投资机构的一个重要补缺。

在美国硅谷，相当多的天使投资者是那些成功的创业企业家、创业投资家或者大公司的高层管理人员，他们不仅有一定的财富，还有经营理财或技术方面的专长，对市场、技术有很好的洞察力；他们中的部分人本身就曾是成功的创业者，十分了解创业企业的发展规律。他们能够在很多方面帮助创业者，如经营理念、关键人员的选聘以及下一步融资等。此外，他们对创业者的要求不像正规的风险投资机构那样苛刻，因而更受创业者的欢迎。例如，Google 在初创阶段获得了 SUN 公司的共同创始人 Andy Bechtolsheim 的 10 万美元天使投资。

在硅谷和波士顿等高科技创业非常活跃的地区，天使投资者相当活跃。并且，美国还成立了天使投资者联盟（Alliance of Angels）、天使网（The Angel Network）、天使投资者论坛（The Angel's Forum）、国际天使投资者协会（International Angel Investors Institution）、Garge.com等致力于天使投资的组织（参考：《硅谷优势》）。根据《全球创业观察报告》，仅1998年一年，美国新创企业就从非创业投资机构获得了560亿美元的投资，而当年美国创业投资总额仅为212亿美元。《全球创业观察2003中国及全球报告》发现，非正式投资是创业活动中非常重要的部分。在所研究的全球30多个国家和地区中，非正式投资的金额均大大超过正式的投资的金额。

在中国，20世纪90年代末，天使投资者就已经出现，参与者主要有对中国市场感兴趣的外国人和海外华侨、跨国公司在华机构的高层管理人员、国内成功的"掘金"者和民营企业家。典型的案例有：搜狐公司张朝阳博士从MIT斯隆管理学院的著名天使投资人爱德华·罗伯特教授和《数字化生存》的作者尼古拉·庞帝等3人那里共获得了22.5万美元的创业资本；美国华侨刘耀伦先生当年给了亚信公司最初创业的一笔50万美元天使投资；徐少春创建的金蝶软件科技（深圳）有限公司获得美籍华人赵西燕女士的天使投资；易趣的第一轮创业融资中有一部分也来自天使投资人；甄荣辉给前程无忧网提供了100万美元的天使投资，后来他甚至干脆放弃贝恩公司的合伙人位置出任前程无忧网CEO；原伯克利大学校长田长霖教授也对回国留学生创办的中星微电子进行了天使投资。这些投资都取得良好的投资回报。

随着时间的推移和创投市场的发展，我国涌现出越来越多的成功创业者，他们对中国创业和投资有着独到的切身体会，在企业成功上市或被大企业收购后，这些创业者都可能一跃成为拥有能力和财富的个人投资者。其中一部分人目前已经成为中国天使投资的积极参与者，中关村科技园等创业园区里甚至出现了各种天使投资联盟。这些天使投资人的参与进一步推动了中国的创业活动水平。当然，个人投资者的素质良莠不齐，他们中不乏急功近利者，眼界和素质都不高，创业者在选择天使投资人时，也须三思。

近年来，我国还出现了一些投资非常早期创业项目的专业投资机构，他们常常也被称为天使投资机构/基金，如创新工场、真格基金等；一些创客空间、孵化器也开展早期阶段的投资。其实，他们在运作模式上和传统意义上的创业投资机构区别不是很大。另外，随着互联网的发展，众筹（包括产品众筹和股权众筹）也开始成为一些创业企业融资的一种方式选择。

3. 创业投资

根据美国创业投资协会（NVCA）的定义，创业投资（venture capital）国内也叫"风险投资"，是由专业投资者投入到新兴的、快速成长的、有巨大竞争潜力的企业中的一种与管理相结合的资本。哈佛大学的William A. Sahlman（1994）对创业投资的定义则是"对具有高成长潜力的未上市企业的积极投资"。斯坦福大学的

Thomas F. Hellmann 教授将创业投资定义为"实行专业化管理、为新兴的以增长为诉求的未上市公司提供股权式融资的资本"(《硅谷优势》,p.276)。这些定义大同小异,实质是一致的。本文认为 Hellmann 教授的定义最为可取。在这个定义里,有三个方面值得注意:第一,创业投资是由专家管理资金。尽管创业投资家有时被说成是随心所欲的冒险者,但实际上,真正意义上的创业投资家应当是专家,他们代表一群投资者,以一种概念明确又结构化的方式进行投资。第二,创业投资家拥有股权式金融工具。尽管交易结构可能比较复杂,但有一个本质的特征,即创业投资家要直接分担他们所投资企业的商业风险。因此,创业投资虽然可能获得如媒体所报道的可观回报,但同时也得承担很大的风险。第三,创业投资家通常投资于新兴的公司,而且往往是那些尚未盈利、尚未销售产品,甚至还没有开发出产品的公司。然而,创业投资家并不投资于通常所说的"小企业"。实际上,他们只对那些增长潜力很大(但风险很高)的公司感兴趣。简而言之,创业投资家投资的是"襁褓中的巨人",而不是小企业(Hellmann,2000)。

整个创业投资过程可以分解成两个层面之间的关系,一是创业投资家(或机构)与被投资的创新型创业企业;二是创业投资家与出资者(见图 7-7)。创业投资家在其中扮演了一个新型金融中介的角色,一方面创业投资家为出资者和创业企业牵线搭桥,使财务资本和人力资本实现有效组合;另一方面创业投资家为出资者管理基金,筛选创业团队,进入创业企业的董事会,提供战略决策咨询等方面的增值服务,发挥自己完全不同于传统金融中介的独特作用,并有权分享相应的回报。

图 7-7 创业投资结构示意图

创业投资具有以下基本特点(成思危,1999):

(1)它是一种有风险的投资。由于创业投资主要是支持创新的技术与产品,技术、经济及市场的风险都相当大,其失败率相当高;但一旦成功,回报也甚高。

(2)它是一种投资组合。为了分散风险,创业投资通常投资于项目群,利用成功项目退出后所取得的高回报来抵偿失败项目的损失并取得收益。

(3)它是一种长期投资。创业投资一般要经过 3~7 年才能通过退出取得收益,而且在此期间通常还要不断地对有成功希望的项目进行增资。

(4)它是一种权益投资。创业投资是一种权益资本,而不是一种借贷资本,因此其着眼点并不在于其投资对象当前的盈亏,而在于其发展的前景和资产增值,以便能通过上市或出售而退出并取得高额回报。

(5)它是一种专业投资。创业投资家不仅向创业企业家提供资金,还提供所积累的学识、经验以及广泛的社会联系,并积极参与创业企业的经营管理,尽力帮助创业企业家取得成功。

由于高新技术企业与传统企业相比,具备高成长性,所以创业投资往往把高技术企业作为主要投资对象。在美国,70%以上的创业资本投资于高技术领域,从而对高技术产业化起到了极大的推动作用。由于高技术意味着高不确定性和高风险,创业投资可能面临高失败率。根据 Venture Economics（1988）统计：美国创业投资中 6.8%的项目的回报占总投资回报的 50%,而 34.5%的项目部分或者全部亏损,这说明创业投资中的项目回报的方差相当大。那么,一个理性的投资家将钱投资到这种成功概率很低的新兴企业的条件是什么？MIT 的金融学教授迈尔斯认为必须具备两个条件[①]：第一,一旦成功,就会带来极大的价值,同样重要的是创业投资有退出的途径,如企业最终能够上市,从而实现它的价值；第二,创业投资家要在投入大量资金之前,及时关掉失败的或成功希望不大的企业及时止损（而这恰恰是大企业在内部进行高技术投资时所遇到的难题：很难撤销失败的部门）。

美国是创业投资的发祥地。美国创业投资从 20 世纪 40 年代开始（1946 年世界上第一家创业投资公司——美国研究与开发公司（ARD）成立）,经历了 50 年代的成形、60 年代的成长、70 年代的衰退、80 年代的复苏、90 年代初的暂时低谷和 90 年代中后期的高速发展并达到最高峰；21 世纪初互联网泡沫后,创业投资进入低潮,2004 年后开始复苏,但很快 2008 年全球金融危机后再度进入低潮,近年来美国创业投资的再度复苏。尽管期间存在起伏,但总体上美国创业投资业是成功的。美国的创业投资业在不同时期分别培育造就了一批世界著名的公司,如数字设备公司、英特尔公司、苹果公司、联邦快递公司、微软公司、太阳微系统公司、网景公司、雅虎公司、Google、Facebook 等,也造就了一批创业企业家,如安迪·葛罗夫、史蒂夫·乔布斯、比尔·盖茨、斯科特·麦克尼利、吉姆·克拉克、杨致远、拉里·佩奇、扎克伯格等。几十年来,创业投资在促进美国高技术产业发展、提高经济增长速度、增强国际竞争力等方面发挥了重要作用。美国创业投资的一些重要的数据见表 7-4。

表 7-4 1980—2015 年美国创业投资情况

年份 \ 项目	承诺的创业资本增量/十亿美元	管理资本总额/十亿美元	创业投资额/十亿美元	创业投资所支持企业 IPO 总数/家
2015	28.2	165.3	59.0	77
2014	31.1	156.5	50.9	117
2013	17.8	192.9	30.3	81
2012	20.0	200.2	27.7	48
2011	19.1	199.3	30.0	50

---

① 转引自《探求智慧之旅——哈佛、MIT 著名经济学家访谈录》,p.267。

续表

项目 年份	承诺的创业资本增量/十亿美元	管理资本总额/十亿美元	创业投资额/十亿美元	创业投资所支持企业IPO总数/家
2010	13.3	184.7	23.5	67
2009	16.1	179.7	20.3	13
2008	25.1	206.3	30.4	7
2007	30.0	264.3	32.1	90
2006	31.1	288.9	27.9	67
2005	30.0	278.2	23.2	59
2004	17.6	271.1	22.9	81
2003	11.0	257.5	18.1	27
2002	9.1	258.5	21.4	22
2001	37.3	256.9	40.6	37
2000	105.4	228.2	105.9	199
1999	58.2	148.9	54.4	241
1998	30.4	90.8	21.2	73
1997	18.2	63.2	14.8	127
1996	11.6	48.2	11.5	260
1995	10.0	40.4	7.6	193
1994	7.8	35.3	4.1	156
1993	4.0	30.6	3.7	185
1992	5.2	29.4	3.5	138
1991	2.1	29.0	2.2	154
1990	3.4	30.5	2.8	70
1989	5.4	29.6	3.3	64
1988	4.7	26.2	3.3	54
1987	4.5	24.7	3.3	127
1986	3.8	21.4	3.0	153
1985	4.0	17.8	2.8	74
1984	3.2	14.4	3.0	83
1983	3.9	11.0	3.0	194
1982	1.7	7.4	1.6	39
1981	1.5	5.8	1.2	97
1980	2.1	3.7	0.6	60

数据来源：1980—2003年的数据来自NVCA Yearbook 2004；2003年之后的数据来自NVCA Yearbook 2016。

国内对创业投资的探索则开始于1985年成立的中国新技术创业投资公司（国内简称中创）。20世纪90年代初，广东、上海、江苏、浙江等省市的地方政府也组建了创业投资公司，但由于相关的制度不完善，这些公司发展并不顺利，其中中创于1997年破产整顿。1998年，民建中央在全国政协九届一次会议上提出了《关于加快发展我国创业投资事业》的"一号提案"。其后,在社会各界,尤其是政府的直接推动下,我国的创业投资事业得到了较快发展。1999年12月国家科技部、计委、经贸委、人民银行、财政部、税务总局、证监会七部委联合出台《关于建立风险投资机制的若干意见》,意见提出,通过"支持创业的投资制度创新"来构建中国的风险投资体制,标志着中国风险投资的政策法规实践步入了一个全面推进风险投资重创业重创新的体制建设的新阶段。之后,各地政府、上市公司等纷纷参与组建创业投资机构;国内的创业板市场也开始紧锣密鼓地筹备。但由于互联网泡沫破灭,2000—2001年,纳斯达克股市大跌,加上国内主板市场还存在很多问题,中国政府决定推迟创业板的推出。一度似乎热火朝天的国内创业投资很快进入低迷期。2004年5月,深交所成立了中小企业板块。2005—2006年,中国进行上市公司股权分置改革,以实现"全流通";一些本土创业投资机构由于其投资的创业企业成功上市而实现了丰厚回报,其示范效应给本土创投业以巨大的鼓舞。2009年10月,深圳创业板正式推出;之后,本土VC机构大量成立,一度出现明显的"泡沫"。

从20世纪90年代开始,一些国外创业投资机构开始尝试进入中国投资;90年代后期,特别是互联网泡沫期间,开始出现了比较典型的创业投资案例,如亚信、新浪、搜狐等。2001年12月11日,中国成为世界贸易组织(WTO)正式成员。海外VC看好我国的投资前景,纷纷入局;一些硅谷主流的创业投资机构还先后设立专门的中国基金,如红杉资本、KPCB等。那些有经验的海外VC对于中国创业投资产业的发展起了重要的推动作用。

随着中国创业和创业投资的发展,一批成功的创业者、在海外VC及早期本土VC工作过的投资人先后成立本土的VC机构,募集创业投资基金,在中国进行创业投资。如赛富基金、北极光创投、启明创投、凯旋创投等。

另外,一些大公司也成立创业投资基金,加入创业投资的行列。IDG和Intel Capital 20世纪90年代末就开始在中国尝试从事创业投资;国内的联想控股于2001年发起成立了联想投资;近年来,腾讯、阿里巴巴和百度也积极参与创业投资。

这些不同背景和类型的创业投资机构,在中国相互竞争,也相互合作。一大批中国创业企业在创业投资的帮助下实现了快速健康的发展。

目前,中国已成为世界第二大创业投资集聚地。不过,我国创业投资在创业投资体系建设和实际运作中也还存在一些问题,如一些地方政府过多直接参与创业投资,"遍地开花"的政府创业投资引导基金可能存在很多风险;国内上市虽然已经有渠道,但上市排队时间较长,不确定性较大,加大了创业投资的退出风险,也影响了投资者投资早期创业项目的积极性。

4. 其他融资方式

银行贷款也是创业企业非常重要的融资方式。另外,我国各级政府对创业的重要性认识越来越深入,出台了一系列针对创业和中小企业发展的优惠政策。中小企业担保基金、科技部中小企业创新基金、地方政府的留学生创业基金等，都可能成为创业企业的重要融资选择。

当然，如果创业企业能够争取到供应商的信贷支持、付款时间方面的优待等，实际上也可视为一种重要的融资方式。当创业企业成长到一定阶段，则可以考虑寻求上市获得融资。

 专栏

  1998年6月，韩颖女士离开惠普公司加盟成立仅仅4年多的亚信公司，担任首席财务总监。韩颖首先帮助亚信重新建立了财务部门，并且开始频繁地和银行接触。因为根据她的多年经验，她意识到，对亚信这样一家没有什么固定资产、收入不足2 000万美元并且没有一分钱利润的公司来说，如果找不到资金，就随时可能破产。最初，韩颖利用她个人在惠普公司工作时良好的记录使中国银行美国分行在1999年4月为公司贷款500万美元；并以允许银行在延期偿贷的情况下采取强硬措施为代价，亚信换取了较低的贷款利率。亚信公司随后用这些美元偿还了一部分公司拖欠美国设备供应商的资金。韩颖还使亚信的主要设备供应商思科公司同意把信贷额度放宽到500万美元，偿还周期延长到90天，从而为公司赢得了更多的生存空间。

5. 股权和债权融资的组合

  股权融资是需要出让创业者股权的，过多的股权融资会大大稀释创业者的股份，这将极大降低对创业者的激励，对创业者和创业企业来说并非好事。但创业企业在快速发展过程中常常需要流动资金和其他运营资本，如果企业能在赢得创业投资的基础上，进一步获得银行贷款，这将大大缓解创业企业的资金压力；而赢得创业投资，尤其是那些有声誉的创业投资公司的投资，常常能给创业企业带来好的声誉，使得银行更好地甄别创业企业，更有可能对这种创业企业提供贷款。因此，创业企业常常需要股权融资和债权融资的组合。

 专栏

港 湾 网 络

  李一男辞去华为公司副总裁的职位，于2000年10月创建了港湾网络公司，公司注册资本5 000万美元，大部分由李一男与天使投资者的个人投入，但是由于港湾网络从事的电信设备研发和制造，这是一个需要大量资金投入的行业。2001年5月，华平创业投资公司和上海实业旗下的龙科创投分别向港湾网络投资1 600万美元和300万美元。2002年5月，华平和龙科创投分别向港湾再次投资3 500万美元和500万美元，同时，还为港湾网络提供了3 500万美元的银行贷款担保。2003年底，港湾网络又获得德国投资与开发公司（DEG）和荷兰金融发展公司（FMO）2 000万美元的5年长期贷款。

6. 上市

通过首次公开发行（IPO）实现上市，是创业企业融资的一个重要途径。选择不同的上市地点有不同的要求，不同的优势。中国创业企业主要上市的地点选择有国内主板、深圳中小企业板、深圳创业板、美国纳斯达克和纽交所、香港主板、香港创业板、新加坡证券交易所等。

早年创业投资支持的创业企业通常选择海外上市，例如，新浪、搜狐、网易、亚信、携程等选择在美国NASDAQ上市，蒙牛、中讯、李宁、腾讯等在香港主板上市，金蝶软件、慧聪国际等选择在香港创业板上市，鹰牌陶瓷、龙旗控股则在新加坡证券交易所上市。2005年12月，无锡尚德在纽交所上市，成为第一个在纽交所上市的中国民营企业，之后有更多的中国创业企业在纽交所上市，包括阿里巴巴。

2004年5月，深圳中小企业板成立；2009年10月，首批28家创业企业在深圳创业板挂牌上市。近些年来，越来越多的创业企业选择在国内上市。

那么，对中国创业企业来说，到底寻求在海外上市好，还是在国内上市好呢？其实，两者各有利弊。在国内上市，市盈率相对高，企业对国内的环境相对比较熟悉；但是，企业在国内上市有收入和盈利的要求，上市需要排队，等待时间较长，并存在较多的不确定性。企业在海外上市，则大体正好相反。不过，对于那些市场主要在海外的企业，到海外资本市场上市对企业的品牌还是有帮助的。

7.3.2 创业融资的路径

本章第一节指出，外部投资者和创业者之间的严重信息不对称和创业企业发展的高不确定性，是导致创业融资难的主要原因。那么创业者如何使创业融资能够有一个更好的解决方案？接下来我们就创业融资的路径和策略进行分析和探讨。

由于创业企业在不同的发展阶段（这里将发展期细分为成长期的扩张期两个阶段），其风险和不确定性不同，因此，不同阶段创业融资的方式和策略也应当不同。

表7-5是硅谷典型创业企业（尤其是高科技创业企业）的融资路径。

表7-5 典型创业企业（尤其是高科技企业）的融资路径

企业成长阶段	主要融资渠道
种子期	自融资：创始人、家庭、信用卡短期透支等； 天使投资、众筹（包括产品众筹和股权众筹）； 创业投资
初创期	天使投资、创业投资、政府提供的资助、无息贷款或早期投资、众筹、大公司投资

续表

企业成长阶段	主要融资渠道
成长期	创业投资、大公司投资
扩张期	创业投资、上市或者被大企业收购、商业银行贷款等
成熟期	上市、商业银行贷款等

Inc. 杂志对 1996 年的"美国最快成长私人企业"500 强的创业资金来源进行了统计，其结果如图 7-8 所示。

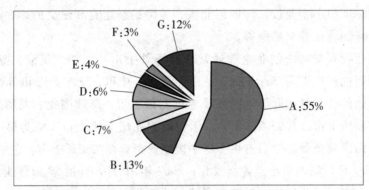

A:个人储蓄　　B:亲戚朋友　　C:银行贷款和抵押借款
D:个人信用卡　E:创业投资　　F:天使投资　　G:其他

图 7-8　创业资金的主要来源

 专栏

Google 的融资历史和发展过程中的关键"里程碑"

1995 年 3 月：Google 的两位创始人谢尔盖·布林和拉里·佩奇在斯坦福大学计算机博士候选人的春季聚会上首次见面。

1998 年 9 月 7 日：布林和佩奇正式创建 Google 公司，公司位于加州一个车库，有 4 名员工。他们共从家人、朋友和投资者处募集了 100 万美元，其中包括 SUN 公司的共同创始人 Andy Bechtolsheim 的 10 万美元天使投资。

1999 年 2—6 月：Google 得到 Sequoia Capital 和 Kleiner Perkins Caufield & Byers 两家风险投资基金的 2 500 万美元注资。

2000 年 5—6 月：Google 每天进行 1 800 万次查询，成为最大的互联网搜索引擎，雅虎选择 Google 作为默认的搜索结果供应商。

2001 年 3—4 月：当时担任 Novell 首席执行官和董事会主席的埃里克·施密特加入 Google，担任董事会主席，很快又被任命为首席执行官。

2002 年 3—4 月：Google 推出了 Google 新闻的测试版。

2002 年 9—10 月：Google 在全球推出了关键词广告，在英国、德国、法国和日本都能提供关键词广告服务。

2003年5—6月：Google推出AdSense，这一广告计划能按照网站内容做广告。

2004年2月：雅虎开始推出自己的搜索技术，淡出Google搜索技术。

2004年3月31日：Google宣布了免费电子邮件服务Gmail。

2004年8月18日：Google通过拍卖，最终确定了85美元的IPO价格，并获得了证券交易委员会的上市许可。

2004年8月19日：Google正式在纳斯达克开盘交易。

2003年12月，携程网在美国纳斯达克上市，创业投资支持的中国企业开始了新的一轮海外上市。接着，掌上灵通、Tom在线、中芯国际、盛大国际、空中网、前程无忧网、金融界、e龙、第九城市等2004年先后在美国上市（除中芯国际在纽约证券交易所上市外，其他均在纳斯达克上市）。2004年，中讯、蒙牛、李宁、腾讯等也在香港主板成功上市。2005年，百度在纳斯达克上市。2007年11月，阿里巴巴网络有限公司在香港主板上市；2012年6月，阿里巴巴网络有限公司通过私有化从香港主板退市；2014年9月，阿里巴巴集团在纽约证券交易所上市。这些创业投资支持的海外上市企业，其融资模式与硅谷典型创业企业之间存在很多的相似之处。以百度为例，表7-6列示了其创业融资的历史。

表7-6 百度创业融资的历史

项目	第一轮融资	第二轮融资	第三轮融资	上市融资
融资时间	2000年2月	2002年9月	2004年6月	2004年8月
融资额/万美元	120	1 000	1 500	10 910
投资机构	2家联合	4家联合	8家联合	在纳斯达克公开上市
领投机构	Integrity Partners, Peninsula Capital Partners	DFJ	DFJ和Google	—
本轮投资折合股数/万股	480	960	225	404
每股价值/美元	0.25	1.04	6.67	27.0
本轮投资折合股份/%	29.35	36.99	7.98	12.5
创业团队持股/万股	1 155	1 155	1 155	1 155－83＝1 072
创业团队股份/%	70.65	44.51	40.96	34.13
企业估值（投资后）/万美元	408.75	2 698.8	18 809.4	84 807

注：上市时，创始人出售了83万股。

相对于百度在上市前就已经实现盈利来说，京东则是长期亏损，先后进行了多轮股权融资，包括创业投资、PE以及大公司的战略投资，具体如下。

 专栏

京东的各轮股权融资

2007年8月，京东获得今日资本的1 000万美元的创业投资。

2009年1月，京东获得来自今日资本、雄牛资本以及亚洲著名投资银行家梁伯韬先生的私人公司共计2 100万美元的联合注资。这也是2008年金融危机爆发以来，中国电子商务企业获得的第一笔融资。

2010年1月27日，京东商城获得老虎基金C1轮投资，首期7 500万美元到账。

2010年12月3日，京东商城C1融资中的第二期金额为7 500万美元的资金到账。

2011年4月，京东宣布完成C2轮融资，投资方俄罗斯的DST、老虎基金等6家基金和一些社会知名人士融资金额总计15亿美元，其中11亿美元已经到账。

2012年10月，京东完成第六次股权融资，融资金额为3亿美元，该笔融资由加拿大安大略教师退休基金领投，京东的第三轮投资方老虎基金跟投，两者分别投资2.5亿美元和5 000万美元。

2013年2月，京东完成新一轮7亿美元融资，投资方包括加拿大安大略教师退休基金和沙特亿万富翁阿尔瓦利德王子控股的王国控股集团及公司一些主要股东跟投。

2014年1月30日，京东向美国证券交易委员会（SEC）承报了拟上市的F-1登记表格，美银美林和瑞银证券为主要承销商。

2014年3月10日，腾讯宣布，腾讯以约2.15亿美元收购京东3.5亿多股普通股股份，同时京东和腾讯还签署了电商总体战略合作协议，腾讯将旗下拍拍C2C、QQ网购等附属关联公司注册资本、资产、业务转移给京东。

2014年4月2日，京东集团正式进行分拆，其中包括两个子集团、一个子公司和一个事业部，涉及金融、拍拍及海外业务。具体的分拆方式是：京东集团下设京东商城集团、金融集团、子公司拍拍网和海外事业部，京东创始人刘强东担任京东集团CEO。

2014年5月22日，京东集团在美国纳斯达克挂牌上市（股票代码：JD）。

我们从京东的各轮融资可以看到，京东的融资数额巨大，是国内少见的，但是与京东创纪录的股权融资形成强烈反差的是，自2007年京东获得首轮股权融资以来，京东商城一直处于亏损状态。面对一个持续"烧钱"、长期亏损的电商，投资者们为何会对京东青睐有加、频频向其抛出橄榄枝呢？

2007年以前京东是盈利的，但是2007年后京东一直亏损，这是由于拓展新业务，如物流、信息系统投资、品类扩张、平台建设等，京东进行了大量的投资，这就是造成京东亏损的主要原因。但是京东一旦布局完成之后，它的盈利能力将会很强。确实，自2007年以来，京东商城销售额由2006年的8 000万元上升至2016年的10 000亿元。2016年，京东集团首次年度扭亏为盈，净利润为10亿元人民币。2016年，京东集团第一次进入了世界500强，排名366位。

作为国内最大的B2C电商，经过持续多年的规模扩张，京东已经远远地将其竞争对手甩在了身后。京东业务规模持续大幅扩张以及盈利前景的乐观预期，成为其吸引投资人的最大亮点。这也是为什么京东长期亏损但是可以不断获得巨额股权融资的原因。投资人和创业者都具有前瞻性的眼光和布局，才能有今天的京东集团。

当然，上面这些成功创业企业都是非常幸运的，尽管获得创业投资的中国企业数量在增加，但对绝大部分国内创业企业来说，融资路径并非如此。

根据"中国'200佳'高速成长中小企业"部分调研结果（2004）[①]，90%以上的中小企业认为第一大难题是融资难；中小企业的外源性融资中90%以上来自银行贷款；90%以上的小小企业认为，所有者投入和自身积累的内源性融资仍为企业资本的主要支撑；近90%的中小企业认同"股权融资"的方式，但它们普遍担心，作为最稀缺资源的股权过早过快地被稀释；它们更顾忌失去控制权，尤其是在所有权方面（即控股权）；在调研目标企业中，有90%以上的中小企业认为"风险投资"是最佳方式；90%以上的中小企业未对自身价值进行过商业评估。10多年过去了，目前国内中小企业融资难仍然是一个难题，但有一定改观，特别是那些优秀的创业企业，有相对更多的渠道获得天使投资和早期的创业投资。

陈晓红、刘剑（2003）对经济转轨时期我国中小企业融资结构与融资方式的演进做了较为深入的实证研究，表7-7是该研究对企业不同成长阶段的主要资金来源形式及其相应比重。

表7-7　我国中小企业不同成长阶段的主要资金来源形式及其比重　　　　%

企业成长阶段	主要资金来源形式及其比重					
0～1年	业主及所有者出资	66.3	政府投资（投资基金）	25.4	亲友借款	20.5
2～4年	企业留存收益再投资	58.2	业主及所有者出资	50.8	信用担保贷款	33.7
5年以上（含5年）	企业留存收益再投资	54.1	业主及所有者出资	41.0	信用担保贷款	39.3

资料来源：陈晓红、刘剑（2003），本书作者对此进行了整理。

从表7-7可以看出，对国内初创企业来说，最重要的创业资金来源是业主及所有

[①] 数据来源：《竞争力》，2004年第9期，16-17页。

者出资，这和国外的创业企业是完全一致的；对发展期创业企业来说，最重要的资金来源是企业留存收益再投资。由于该研究所调研的样本中50%来自湖南省中小企业，其地域代表性比较强，该研究有一定的局限性；不过，它还是基本反映了我国中小企业融资的情况，值得更多创业者在考虑融资时做参考。当然，对于北京、深圳、上海等机会型创业活动相对活跃、融资来源相对丰富的地区来说，可能情况会有所区别。

就创业企业的发展阶段与风险的关系而言，从总体上说，随着企业的发展，如果企业能够不断实现"里程碑"，则投资的风险会相应下降，见图7-9；创业企业处于不同发展阶段，其融资来源也不同，见图7-10。

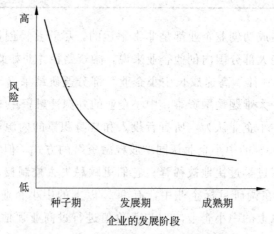

图7-9 创业企业的发展阶段与风险的关系

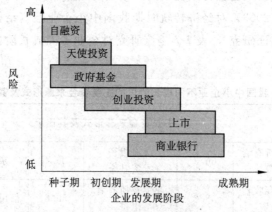

图7-10 创业企业不同发展阶段的融资来源和对应的风险

7.4 创业企业的价值评估

创业企业的价值评估是创业投资中最关键的问题之一。选择合适的创业企业价值评估方法是创业企业和创业投资机构之间谈判的重要基础之一。

创业企业，尤其是以高成长性为特点和目标的创业企业，其价值评估和普通企业的价值评估相比，具有较大的差别，这是因为：

（1）创业企业通常经营历史相对较短，缺乏评估所需要的历史信息；

（2）早期阶段的创业企业常常是不盈利的，即使是盈利的创业企业，其发展还是具有很大的不确定性；

（3）创业企业可能缺乏可比较的企业，尤其是对处于新兴行业或者采取全新商业模式的创业企业；

（4）创业企业，尤其是高新技术创业企业，其无形资产的比重相对比较大，人力资本是创业企业的重要资产，甚至是最核心的资产，而无形资产的评估本身较为困难。

因此，创业企业价值评估的难度相对较大，在评估过程中，评估参与者的主观判断因素也有很大影响。创业企业的价值评估既需要科学的方法，又需要参与者的"艺术"策略。

2001年和2002年暑期，作者两次在香港访谈了时仟霸菱投资集团（亚洲）执行董事、合伙人徐新女士，当时她指出，不少国内的创业者自己对企业的估值和市场评价有些脱节，一些创业者开价太高，导致难以融资；而不能及时融资常常使得那些处于快速成长阶段的创业企业丧失了市场良机。

下面我们分别从影响创业企业价值评估的供需因素、基本方法和估价策略三个方面对此进行分析。

7.4.1 影响创业企业价值评估的供需因素分析

1. 宏观因素

第一，外部宏观经济形势，包括国际宏观经济形势和中国自身经济发展的态势，尤其是后者。如果外部宏观经济形势比较好，投资者的投资意愿就比较高，创业企业更可能得到相对高的价值评估。

第二，一个国家和地区创业的活跃程度、创业企业发展的态势，以及相应创业企业对创业资本的需求程度。

第三，创业资本的供给。创业资本[①]的供给多，创业企业的外部融资自然相对容易，在进行外部股权融资时候企业的价值相对比较高；反之亦然。如果商业银行信贷的可得性比较高，创业企业对外部股权资本的需求也会相应减少。

是否有更多投资者加入中国的创业投资业，尤其是海外创业投资机构进入中国投资的活跃程度，是否有更多的国内外创业投资机构募集了更多的创业投资基金，

---

① 由于本节讨论创业企业价值评估，它必然与外部股权融资是密切相联系的，因此，本节所讨论的创业资本是外部股权投资资本，并主要讨论创业投资资本。

亦即 VC 机构手头的资金充裕度，都会对创业投资资本的供给产生影响。

创业投资资本的供给还会受到近期创业投资成功案例数量的影响。如果近期有较多的创业企业成功上市或者被兼并收购，创业投资商获得了高额回报，那么这必然会大大刺激投资者的投资意愿。

另外，创业资本的供给也会受到投资者对未来创业和创业投资的相关政策及市场趋势预期的影响。例如，2000 年前后，国内一直讨论和酝酿推出中国的创业板市场，国内很多大大小小的投资者和投机者对此充满了美好的"幻想"，因此，当时进入创业投资领域的机构就非常踊跃；但由于美国纳斯达克股市的"暴跌"、国外很多国家和地区的创业板不成功、国内主板市场还存在大量问题等，国内创业板市场一直没有推出，很多投资者和投机者进入创业投资领域的意愿随之大大下降。2002 年前后的创业企业，尤其是互联网领域的创业企业，很难获得外部融资；即使赢得创业投资，企业的价值也大大低于互联网投资高潮的 2000 年。因此，创业投资通过创业企业的上市或者被大企业并购的方式实现资本退出，其难易及溢价程度，会严重影响创业投资资本的供给。

 专栏

以易趣公司为例（参见前面的表 7-6），2000 年下半年，虽然易趣实现了其上一轮投资的"里程碑"目标，但是由于当时纳斯达克互联网泡沫已经开始破灭，纳斯达克指数大幅度下跌，创业融资的外部大环境明显变差，因此，易趣在进行新一轮融资时遇到了极大的困难。易趣拟进行的第三轮融资，其领投商是 EuropAtWeb，该公司原计划去纳斯达克上市，将募集的一部分基金用于投资易趣，促进其中国业务的开拓。但由于纳斯达克形势不好，EuropAtWeb 决定无限期推迟纳斯达克上市计划，因此，他们一度准备取消对易趣的投资。如果 EuropAtWeb 放弃投资，那么其他投资者极有可能也放弃投资。当时，易趣还没有收入，如果易趣不能继续获得创业投资，其结果必然是倒闭。因此，易趣的共同创始人邵亦波只好以"壮士断腕"的决心，果断将原先的企业估值减半，大幅减少本轮融资总额。他首先说服 EuropAtWeb 投资 500 万美元（原计划投资 2 000 万美元），接着说服其他几个投资机构同意继续跟投，易趣终于及时获得了 2 050 万美元的融资。邵亦波后来在清华大学经管学院演讲时回忆道，"如果没有这一轮融资，易趣恐怕早就倒闭了"。

由于易趣一直处于"烧钱"亏损阶段，外部融资形势还是不太好，亟需后续融资。易趣两位创始人均为哈佛商学院校友，他们通过校友的渠道，找到 eBay 的 CEO 惠特曼"师姐"，说服 eBay 对易趣进行战略投资。2002 年 3 月，易趣获得 eBay 的 3 000 万美元投资，但其本轮投资前的企业估值仅仅为 7 000 万美元，不如上一轮投资后的估值 1.205 亿美元。

第四，创业企业所在国家和地区的商业"基础设施"的完善程度，如法律、信用体系。这是决定创业投资系统风险的关键因素。

2. 微观因素

第一，作为创业资本需求方的创业企业对创业资本需求的迫切程度会对企业价值评估有很大影响。企业在其发展的不同阶段对资金有不同需求，如当新项目机会转瞬即逝时，企业可能迫切需要项目启动资金；当企业在产品被市场初步接受后，面临尽快扩大生产能力和市场份额的压力和动力，这时同样迫切需要资本的助力；创业企业融资最大的压力可能是出现在企业现金流枯竭的时候。

第二，作为创业资本供给方的创业投资商的声誉及其可能给创业企业带来的增值服务也会影响投资者的谈判力量，对创业企业最终的投资的股权分配产生重大影响。

第三，创业企业管理团队的经验和能力也将影响企业的价值评估。创业企业管理团队的经验越丰富、能力越强，则创业企业成功的概率越大，投资者的投资风险越小，企业的估价就越高。

第四，创业企业所在行业市场的潜在商业价值大小。潜在的市场越大，则企业的发展空间越大，企业的估价越高。

第五，创业企业的发展阶段及其相应的风险也对创业企业估值产生影响。创业投资机构对不同阶段的创业企业有不同的投资回报预期要求。越是早期的创业企业，其不确定性和风险越大，风险投资家要求的回报率也就越高。表7-8是美国创业投资业界对不同阶段投资的年投资回报率（IRR）要求，供参考。

表 7-8 不同投资阶段的年投资回报率要求

投资阶段	要求的年投资回报率/%
种子期（Startup）	50~70
第一期（First stage）	40~60
第二期（Second stage）	35~50
第三期（Third stage）	35~50
第四期（Fourth stage）	30~40
首次公开发行（IPO）	25~35

资料来源：Sahlman（1990）引用 Plummer（1987）的材料。

我国创业投资产业在发展过程中，相关的法律制度和政策环境还在不断建设和完善，因此，创业投资机构要求的投资回报率在不同时期可能与国外有所不同。例如，Zhang et al（2017）的实证研究发现：由于2009年新推出的深圳创业板对企业过去几年的收入和盈利要求相对门槛比较低，一大批创业企业满足上市的财务指标，因此，企业上市的竞争非常激烈；深圳创业板上市采取审批制，创业企业为了上市，常常愿意在Pre-IPO融资时给予有经验和资源的VC机构以明显的估值折扣，因此，一旦上市成功，VC机构很容易获得较高的投资回报率（IRR）。

另外，不同背景、不同规模的创业投资机构的投资回报率可能相差较大。例如，钱苹和张帏（2007）的实证研究发现：（1）国有创业投资机构退出项目的平均投资回报率显著低于非国有创业投资机构；（2）创业投资机构的资本规模与回报率呈显著负相关关系；（3）上海、深圳两地创业投资机构退出项目的回报率显著高于其他地区；（4）本土创业投资机构的从业时间、投资规模、投资周期、退出方式均与回报率没有显著相关关系。当然，这个结果在不同阶段可能会有差别。

7.4.2 创业企业价值评估的基本方法

1. 折现现金流方法

折现现金流方法也叫净现值（NPV）方法，即按一定的折现率将企业未来各年的净现金流量折现并累加的值。

早期创业企业发展速度通常不够稳定，因而创业企业的整体价值评估可以分为两个阶段：第一阶段为明确价值阶段，即对较早阶段的每年现金流都进行明确的预测；第二阶段为持续价值阶段，即对企业发展比较稳定的后一阶段，不必明确预测每年的现金流，只需要将后面的现金流用一个估计值来代替。划分这两个阶段的主要依据是企业的现金流增长是否趋于稳定。创业企业的评估价值就是这两个阶段所有现金流折现的总和。

采用折现现金流法，主要考虑三个因素：现金流、时间和风险。折现现金流法比较适用于有一定发展和盈利历史的企业。

2. 创业资本方法

创业资本方法（venture capital method）的主要思路如下：

（1）预测企业在未来一定年限后的税后净收入；

（2）选择合适的市盈率（P/E），这通常需要参考具有类似特征的企业的当前市盈率；

（3）计算企业未来的总价值；

（4）根据企业目前所处的发展阶段和投资者对其进行的风险判断，选择合适的内部收益率（IRR），并计算投资者现有投资额的未来期望价值；

（5）用投资者现有投资额的未来期望价值除以企业未来的总价值，求得投资者用该投资额投资企业时所占企业的股份。

具体公式如下：

$$\text{投资者的股份} = \frac{\text{投资者现有投资额的未来期望价值}}{\text{企业未来的总价值}} = \frac{(1+\text{IRR})^{\text{年数}} \times \text{投资额}}{\text{市盈率} \times (\text{最终年份的净收入})}$$

创业资本方法的优点是简单易懂，是创业投资机构对创业企业进行价值评估时常用的方法。

3. 其他方法

比较法也是投资者在进行创业企业估值的一种常用方法。所谓比较法即选择一个类似企业进行比较，大体评估企业的价值。

对一些互联网企业，投资人有时会根据用户数和单个用户价值进行创业企业的估值。

实物期权法也是一种重要的方法，但由于使用起来不太方便，在国内实际投资中尚不常用。

7.4.3 创业企业估价策略：动态调整

链接：在线课程

创业企业的价值评估和相应的谈判是创业投资中非常重要和敏感的环节，因为这关系到投资后双方在企业中占股。但是，由于创业企业发展历史短，具有高成长潜力和高不确定性，因此，对创业企业价值的评估实际上是一个非常困难的问题，甚至可以说很难准确定价（对早期创业企业的价值评估更准确地说是对创业企业家人力资本的"定价"）。

作者在对创业投资机构和创业企业的大量调研访谈过程中，发现以下现象：创业投资家比较看好某个创业企业，尤其看好其创业团队；同时创业者也比较看中创业投资机构的资金、声誉及投资后可能带来的增值服务；但是投资者与创业者对企业价值的评估相差很大，双方在股权谈判中分歧较大以至于难以达成协议，这是非常可惜的。即便双方勉强达成协议，这种"勉强"也很可能会影响投资后双方的合作与信任。那么，我们能否在理论上更好地解决这个"难题"呢？

1. 事前约定和事后重新评估风险企业价值[①]的可行性探讨

基于风险企业（指获得创业投资的创业企业，VC-backed company）实际绩效的价值重评估，就是基于风险企业的实际业绩调整创业企业家所持股权。风险企业的发展具有较高的不确定性，尤其是处于初创和发展阶段的企业。创业企业家的人力资本可以说是风险企业的核心资产，风险企业能否实现其商业计划中预先确定的目标，直接取决于创业企业家的能力和努力。因此，风险企业的发展绩效与创业企业家的能力和努力密切相关。

创业者尤其是初次创业的创业者的能力通常在投资前较难被观察到，也难以准确评价，甚至连 EN 可能也不知道自己有多大能力，而且人的很多能力是通过"干中学"和"用中学"培养起来的；创业者在企业经营过程中的努力水平也难以被观察（或投资者需要花费很大成本才能观察到）；即使创业者的能力和努力水平可以被

[①] 后来国内创业投资业界将这种方法俗称为：签订"对赌"投资协议。

观察到，也很难在法庭上被证实。但是风险企业的发展绩效是可以被观察的，也是可以被证实的，尤其是企业的财务指标和"里程碑"式的非财务指标。实际上，创业企业家的人力资本具有逐步显现性和巨大的能动性（张帏，2001），在创业企业家人力资本逐步显现的过程中，创业企业家承诺的可信性也在逐渐升级，创业投资合同的不完全性也相应减弱。

在以上对创业企业家人力资本特性分析的基础上，张帏（2001）提出，风险企业治理机制应当体现动态可调整性。这可以有效解决创业企业家的人力资本担保性不足和人力资本的重要性、巨大能动性和逐步显现性之间的矛盾，减少创业投资家投资后的风险。

因此，通过事前约定和事后基于企业绩效对风险企业的价值重新评估，能够更好地对其"定价"，同时也能够更好地激励创业企业家。所谓事前约定是指事前双方在投资合同中约定：基于风险企业在一定时期内的实际发展绩效，相应调整事前对创业企业的价值评估。实际上这一核心思想是要将事前的企业价值评估和事后的企业价值调整有机地结合起来。

采取事后对风险企业价值的重新评估措施可以较好实现以下作用：（1）减少由于投资前创业企业家能力难以识别造成逆向选择而给投资者带来的风险和损失，如由于信息不对称，投资前创业者可能会高估企业价值；（2）减少投资后创业企业家的道德风险，如"偷懒"或将个人利益置于企业利益之上的机会主义行为等。

专栏

作者于2001年夏天在香港调研访谈中国创业投资公司（ChinaVest）的合伙人、亚信公司的董事Patrick L. Keen先生时，曾专门就此问题向他请教。Keen先生的回答很干脆："If you can make the value, we will pay for you."（如果你能够创造出这个价值，那么我们将（基于事前投资协议约定）给予（创业团队）相应的回报）。

但是，这种方法也有其明显弊端。它很可能导致创业企业过分追求短期容易衡量的数量目标，如用户数、收入或盈利，而忽视企业的中长期目标和创业者的使命及愿景。这种方法对早期创业企业的成长尤为不利，因为早期阶段是创业企业进行产品/服务完善、商业模式和创业战略探索的关键时期，俗语言"慢工出细活"，这个阶段尤其需要慢中求细，慢中求精。因此，这种方法不能滥用。

2. 事前约定和事后重新评估风险企业价值的主要实施方法

根据风险企业的发展绩效，对创业企业（或创业企业家人力资本）价值进行事后重新评估的具体方法，主要有以下两种：一种是投资者的投资额不变，调整双方的股权比例；另一种是投资者的股份不变而调整其投资额（通过在同一轮投资中投资者分两次注入资金来实现）。如表 7-9 所示。

表 7-9　创业企业家基于风险企业实际业绩的回报

方法	企业实际业绩好	企业实际业绩不好
投资者的投资额不变	增加创业者的股份	减少创业者的股份
投资者的股份不变	增加投资者的实际投资额	减少投资者的实际投资额

对不同发展阶段的创业企业的事后绩效考核指标应有所不同：对种子期和初创期的企业，考核指标更适合选用"里程碑"式的非财务指标；对成长期和扩张期的企业，同时参考财务指标与非财务指标进行考核会更加准确。

（1）创业投资家的投资额不变，基于风险企业的实际绩效调整双方的股权比例

这在创业投资合同中常被称为"棘轮"条款（ratchet clause）。在投资之初，创业投资家和创业企业家先确定一个企业价值的基准，也就是确定了双方股份分配的基准。同时双方约定，将未来一定时期内（通常为1~2年）风险企业的实际绩效与创业者在商业计划书中预定的企业发展目标进行对比，如果目标按时完成，则创业者获得相应比例的股份，反之则相应减少其股份。

（2）创业投资家股份一定，但其实际投资额基于风险企业的实际绩效进行调整

这种情况下，创业投资家通常采取分阶段投资，双方事先约定好投资者在企业中最终拥有的股份，但创业投资家的实际投资额将基于风险企业的实际绩效进行调整。当然，在实际运作中，创业投资家可以设定一个总投资额上限，创业企业家也可以提出一个总投资额下限。

3. 事后考核的指标类型

事后考核时采取的是财务指标，可以选择的财务指标包括销售收入、净利润、EBIT（息税前利润）、EBITDA（息税、折旧、摊销前利润）等，评估时可以选择单个指标或多个指标组合（如销售收入和净利润、销售收入和EBIT、销售收入和EBITDA）。

对于处于发展期和扩张期的风险企业，采取财务指标进行事后考核可能相对比较合适，因为处于这些阶段的企业可能已经有一定的销售收入和利润。

对于处于种子期和初创期的风险企业，企业的产品可能还处于开发或试销阶段，采取纯粹的财务指标进行绩效考核不一定合适；尤其是新兴行业的企业，如几年前的门户网站，更不能用简单的财务指标进行绩效考核。这时候非财务指标，尤其是一些"里程碑"指标，如企业获得相关专利、开发出新产品的样品、开始有实际销售、首次实现盈利、电信企业获得入网证等，均可作为考核指标。

应当注意的是，根据事后风险企业的实际财务指标调整创业团队和VC的股份（或VC的投资额）时，考核期不应过长，通常1~2年比较合适。这主要是因为：

一方面，影响企业发展绩效的因素有很多，如果考核期太长，风险企业中老是存在调整股份的变数，不利于双方的相互合作与信任；另一方面，企业发展到一定阶段后，基数相对较大，企业要保持原有的发展速度相对也比较困难。

4. 国内外经验研究结果

Kaplan 和 Stromberg（2001）对美国 14 家创业投资机构所投资的 119 家（共 213 轮）风险企业进行研究发现：创业投资合同中常常规定，在企业发展绩效好的情况下，创业者和管理层将获得较多股权；而当企业发展绩效不好时，创业者和管理层的股权将相应下调。其统计结果为：创业者和管理层在不同业绩下将得到的股权的平均值之差为 8.8%，其中对接受第一轮创业投资的风险企业，这一差值为 12.6%。可见，由于企业发展的不确定性较高，管理团队相对不够完善、缺乏运营经验，早期阶段的风险企业更难达到其设定的"里程碑"的绩效指标。

张帏（2001）对活跃在大陆创业投资领域的 13 家海外创业投资机构和 22 家国内创业投资机构进行了实地访谈和问卷相结合的调研，其结果为：有 18 家至少采取过根据绩效事后调整股权这种方式的案例，占总数的 52%，其中有 10 家创业投资机构至少部分采取过上述方式，占总数的 29%。可见，有较大比例的创业投资机构采取过上述方式对创业企业家进行更强的激励和约束。同时我们发现，富有投资和管理经验的海外创业投资机构更多地采取了上述方式：13 家海外创业投资机构中有 10 家采取过这种方式。

在调研中，作者了解到其具体操作方式与论文前面的分析是一致的，即有两种做法：一是创业投资家的投资额不变，基于风险企业的实际绩效调整双方的股权比例；二是创业投资家股份一定，但其实际投资额将基于风险企业的实际绩效进行调整。其中第二种操作方式是与分阶段注入承诺资金的策略联合使用的。

上述具体措施主要在以下两种情况采用：一是双方在谈判中对企业价值评估分歧过大，难以达成一致，只能变通，否则就得放弃；二是创业投资家希望对创业企业家进行更好的激励和更严格的约束，同时创业企业家比较有信心，愿意接受这种方式。

作者在调研中了解到，越来越多的创业投资机构开始尝试基于风险企业实际业绩事后调整创业者股权的方式，如深圳市创新科技投资有限公司在 2001 年的投资中开始部分采取这种方式，到 2001 年年底为止已在 6 家风险企业中实施；此外，一些公司如 Softbank Venture Capital China（软银（中国）创业投资公司），在过去的投资中曾采取过上述方式，并表示以后会更多地采取。

作者在调研中了解到，早在 2000 年前后，一些创业投资机构在中国进行投资时就开始尝试采用事前约定和事后重新评估风险企业价值的方法；作者对亚信和金蝶两个企业的创业融资案例进行深入访谈调研和研究也证实了这一点。下面我们将通过金蝶公司创业融资时的企业估值进一步探讨创业投资过程中的风险企业价值评估，此部分分析基于作者对金蝶公司的主要创业者和创业投资家分别进行的访谈调研。亚信创业融资的案例见本章综合案例。

> **专栏**
>
> 金蝶公司于1998年4月和1999年1月两次从IDG公司和广东省科委合资的广东太平洋技术创业公司（简称GDPTV）融资2 000万人民币。
>
> 在金蝶公司关键的这一轮融资过程中，创业投资机构采用了分期注资的方式，并根据企业的实际销售额和利润指标来调整第二笔注资的额度。
>
> 1997年年底，GDPTV对金蝶开始考察，1998年初双方开始正式投资谈判。当时谈判非常艰难，核心的问题是企业的估价。但双方最终达成协议，GDPTV先投1 000万元，占金蝶12.5%的股份，并根据1998年企业的发展情况，确定第二笔投资额，最终占金蝶25%的股份。如果1998年金蝶达到合同规定的销售额和净利润指标，则GDPTV再投入1 000万元；如果未达到，则GDPTV按照比例相应减少投资额，但GDPTV在金蝶拥有的股权将仍然达到25%。
>
> 对此，GDPTV认为：当时GDPTV的基本想法是，看企业下一年发展，来确定创业者的价值，实际就是对首次融资企业中的企业家"定价"。时任GDPTV总经理的王树先生回忆道："根据企业未来一年的实际发展绩效来确定企业价值，这个想法在当时也是被逼出来的。因为如果企业能够实现预定的发展速度，则VC的投资风险基本控制住了。如果考察的时间太长，合同上难说清，而且企业发展大了，财务指标基数大，继续保持原来的发展速度相对困难较大。最终双方能达成协议，取决于资本市场的供求关系和双方的经验、感觉。"

作者还了解到，当时更多的创业投资机构开始尝试采取上述方法，如深圳市创新科技投资有限公司在2001年的投资中开始部分采取这种方式，到2001年年底为止已在6家风险企业中实施；此外，一些公司如Softbank Venture Capital China，在过去的投资中曾采取过上述方式，他们表示以后会更多地采取。

2002年，蒙牛从鼎晖等3家投资机构获得较大规模的创业融资，并与投资机构签订了所谓的"对赌"协议。后来，蒙牛实现了协议事前约定的目标，投资机构也兑现了其协议中的约定，核心创业者牛根生等获得了企业较大的股份。2004年6月，蒙牛在香港主板成功上市。这个成功案例被媒体披露后，被大量转载；之后，所谓"对赌"协议很快在国内创业投资实践中被普遍采用。但是，很多投资者和创业者并没有认真思考其利弊和适用范围，因此，实践中出现了不少问题，有不少失败案例。创业投资不是简单地"下赌注"，创业投资还是要回归其本质——投资有高成长潜力的创业企业，分担创业的高风险，为创业企业提供"增值服务"以帮助创业企业成长,分享创业成功后的高收益;如果投资者仅仅是希望把风险"压"在创业者头上,那么这种创业投资是很难成功的。

7.5 创业融资和创业投资的策略

7.5.1 创业企业在寻求创业投资前需要做的"家庭作业"

1. 了解影响创业投资决策的主要因素

创业者在寻求创业投资时,首先必须知道影响创业投资家投资决策的主要因素。芝加哥大学商学院教授 Steven N. Kaplan and Per Strömberg(2000)对美国创业投资的一项实证研究发现,创业投资家通常明确地考虑下面几个因素:机会的吸引力(指市场规模的大小)、战略、技术、顾客对产品或服务的采用情况、管理团队的竞争力、投资交易的条款;同时该研究还发现,在至少一半的投资中,投资者希望在所投资企业引入管理人员中发挥重要的作用;强有力的管理团队可以获得更好的投资合同,企业也更有可能上市。

科罗拉多大学教授 Dean A. Shepherd 等人(2000)基于产业组织战略理论,提出了影响创业投资家评价创业企业未来盈利能力的几个关键因素,包括进入新市场(或者新产业)的时机、影响成功的关键因素的稳定性、企业的领先时间(长短)、竞争对手、创业者(团队)培育市场的能力、与产业相关的竞争力(指创业者在相关产业的经验和知识);同时该研究指出,总体而言,创业投资家评价创业企业未来盈利能力的最重要指标是创业者与产业相关的竞争力。

通常创业投资机构都有自己的投资标准或者投资理念(当然有的只是机构用于自我标榜的)。许多创业投资机构会在其公司网站或者介绍材料上,介绍这方面情况,包括投资的行业领域、地域、投资额范围、所投资企业的发展阶段等;有的甚至还明确告知不投资的行业领域。

 专栏

IDGVC 的主要投资理念

产业方向

投资瞄准中国的高科技产业,尤其是国际互联网、信息服务、软件、通信、网络技术以及生物工程等领域。

投资对象

选择投资于其产品或服务具有最大市场增长潜力的高科技创业企业。

投资规模

对每一家企业的投资额通常在 50 万~500 万美元之间,并追加投资于业绩良好的已投企业中。

投资原则

全力以赴寻找的优秀投资对象是具备以下条件的创业企业：

- 拥有专有技术，并在快速增长的市场中具有强大的竞争力；
- 拥有一支在启动和经营高科技企业方面有优秀业绩的管理队伍；
- 具备保护措施的销售渠道；
- 企业具有稳步、迅速发展的潜力；
- 细致、可行的企业发展计划。

资料来源：http://www.idgvc.com.

2. 了解创业投资的一般决策程序

创业者必须知道创业投资机构的一般投资决策程序。表7-10是国外创业投资机构常用的创业投资决策程序。

表7-10 国外创业投资机构常用的创业投资决策程序

项目来源	项目评估	交易结构和谈判	投资后管理	投资退出和变现
商业计划的提交或相关网络推荐	初步评估商业计划；签订投资意向书或备忘录（投资要约后）；开展尽职调查；评估企业价值；评估关键风险和价值驱动因素：包括管理团队、目标市场、顾客、产品、技术、财务等。	提出初步的股权架构和企业价值；谈判；完成投资条款；合适的联合投资者和战略投资者；资金注入企业；创业投资机构的代表进入企业董事会。	创业投资机构参与企业董事会和企业管理；为企业提供增值服务：包括后续的融资、招聘管理人员、提供网络、项目专家等；基于双方特别协议，参与相关的运作。	管理退出，如：首次公开发行（IPO）、兼并收购（M&A）、股权转让；退出前和退出时的收益率（IRR）计算，并向投资者汇报。

资料来源：Paul Vega, Wei Zhang & Li-Choy Chong. Venture capital in China: Investment processes and decision making factors. Paper presented in 2004 China International Conference in Finance held in Shanghai, July 8-10, 2004, 基于论文作者的自身研究、访谈和对 Bygrave & Timmons (1992), Fried & Hisrich (1994), MacMillan et al. (1985), 和 Wright & Robbie (1998) 文献综述。

那么创业投资家如何在中国做投资决策呢？不同背景的投资机构有不同的决策风格。在中国的创业投资市场中，有本土的创业投资机构和海外的创业投资机构两种。表7-11总体上反映了这两种不同背景的创业投资机构的主要差别。总体上说，那些有投资经验的海外创业投资机构，在中国积极探索。而国内一些在创业投资业中长期耕耘准备的创业投资机构也非常认真，积累经验，进步明显。

2005年之后，中国创业投资界陆续开展出现了一些以华人团队为主募集的专门投资于中国市场的新VC基金，如北极光创投、启明创投、凯旋创投等。它们的身份（identity）具有双重性，因为其主要合伙人有在海外 VC 机构做创业投资，或者有成功创业并在海外上市的经历，这类机构通常先在海外募集美元基金，拥有外资 VC 的背景和相关的机制，具有海外 VC 的基因；同时，它们由华人创办，并开创自主品牌，有中国本土血液。

到目前为止，中国创业投资中主要的成功案例依旧来自海外创业投资机构的投资。当然，随着时间推移、政策的改善，本土创投机构的崛起，市场角逐情况也在不断发生变化。

创业企业在选择不同背景的投资者时，要注意各自的利弊。选择投资者与创业企业的长期发展目标有关，尤其是与未来上市地点的选择有关。

表 7-11　在中国投资的本土和海外创业投资机构的区别

特　点	本土创业投资机构（DVC）	典型的海外创业投资机构（FVC）
结构和团队	大多采取有限责任公司，国内注册部分本土民营的 VC 机构采取有限合伙制	有限合伙制 VC，离岸注册，一般合伙人积极管理投资
资本获得情况	主要来自政府或上市公司以及个人投资等	主要是海外养老金、保险公司等
团队的经验	有限，最初的投资者主要是政府官员或国有企业的经理	通常在其母公司所在国有一定的投资历史和声誉，职业化程度较高
VC 团队的来源	本土的团队，主要是中国人	早期通常是海外投资者和"海归"的华人相结合；现在大多以华人为主
投资大小	通常小于 500 万美元	相对比较高，通常 500 万～1 500 万美元，偶尔会更高
投资阶段	最初主要投资于相对早期企业，后面更多投资于相对成熟期企业	主要是成长期和扩张期企业
市场知识	较强的关系网络，但主要局限于本地	强调产业和特定领域的专门知识
项目的尽职调查	结构化程度还不够，自上而下的程序比较多	试图在中国尝试和测试其在海外的投资程序，自上而下和自下而上的程序相结合
所强调的对企业增值服务	关系、引荐和资本	正式的监督、引导和海外扩张的途径
资本可兑换（人民币和外币之间兑换）	不存在这个问题	资本回流母公司所在地还存在问题，常常采取离岸方式进行注册和退出；近年来一些海外 VC 也募集人民币基金
退出的途径	国内上市，国内股权转让，较少海外上市	海外上市；股权转让、兼并收购，优先海外的买主

资料来源：同表 7-10。

3. 创业企业寻求创业投资的主要步骤

创业企业寻求创业投资的主要步骤如图 7-11 所示。

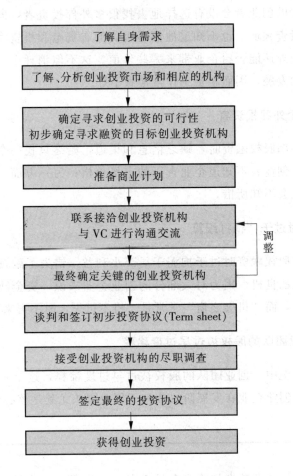

图 7-11 寻求创业投资的主要步骤

7.5.2 创业者在寻求创业投资时的常见"陷阱"

1. 高估价值，低估风险

创业者常常会过分高估创意或技术的作用和商业价值，低估其商业价值实现过程中的风险，这常常使得创业者难以获得投资。

试问，在 eBay 刚诞生 6 个月的时候，有哪个投资者会认为当时其创意就值 2 亿美元，并愿意据此评估价值进行投资呢？

2. 急于大笔融资

有些创业者希望一次性获得一大笔发展资金，这样就可以一劳永逸了，但现实的结果往往是四处碰壁。

3. 融资时"乱投医"

很多缺乏经验的创业者会没有选择地去找很多外部投资者,既不知道这些投资者的投资理念、投资领域,也不知道他们是否真的有资金和投资意愿,更不知道这些投资者除了资金外还能否给企业带来哪些价值。这不但消耗了大量精力,还耽误了企业自身业务的发展,因而融资工作常常做不好。

4. 只接洽一个外部投资者

有些创业者外部股权融资时,缺乏信息和渠道,始终只找一个投资者,这样的结果是:一方面,创业者不知道企业真正的市场价格;另一方面,一旦这个投资者不投资,创业者就会不知所措。

5. 融资谈判时过于"精打细算"

很多创业者在股权融资时过于拘泥于局部小利益,错失了融资的时机,结果也使企业失去了发展的良机。因为对大部分的创业企业来说,资金缺乏是制约企业快速成长的关键因素,而"机会之窗"常常是"机不可失,时不再来"。

6. 融资时创业团队的股权被过早过度稀释

在一些融资案例中,创业团队的股权被过早过度稀释,这给企业的后续发展带来严重问题,因为创业企业在发展阶段依赖于创业团队尤其是核心创业者的努力。

 专栏

在管理理层应该持有多少权益这个问题上,一些有经验的创业投资家认为,在经过多轮股权融资的稀释后,在 IPO 阶段,创始人最好应该持有 10% 左右的股份;有的则认为,在中国,核心创始人必须拥有更多的股份。只有创始人在公司中拥有足够数量的股份,创业者才会认为公司是自己的"孩子",自己应当是推动公司发展的人;同时,这也可以减少股市上出现敌意收购。必要时,公司甚至可以发行新的股票期权,使公司创始人能保持一定量股份。百度在纳斯达克 IPO 的时候,为了防止未来可能出现的"敌意收购",专门设计了所谓的"牛卡计划",将百度的流通股份分 A、B 类两种;所有原始股份为 B 类股,在投票权上,每 1 股 B 类股相当于 10 股 A 类股票的投票权。阿里巴巴、小米上市时也采取了类似方式。

7.5.3 创业投资家和创业者的投融资策略[①]

下面我们分别从创业投资家和创业者两个不同的角度来谈投融资策略。在对创业投资机构和创业企业调研，及亲自参与一些创业投资谈判的过程中，作者发现创业投资家和创业者常常在投资理念、价值评估、管理方式等方面存在较大的分歧，尽管双方都花费了大量时间，结果仍然是许多谈判的失败；即便投资到位，在企业后续的发展过程中，投资商与创业者之间仍可能矛盾重重。因此，作者认为：创业投资过程，实际上是创业投资家与创业企业之间的双向选择，是双方共同培育风险企业，追求最终高额回报的过程。要想使创业投资获得成功，任何一方都要了解对方的价值理念，进行良好的沟通，并通过一些具体的策略来实现。

1. 创业投资家投资策略

（1）项目筛选

创业投资机构大都有自己熟悉和专注的投资领域，并且通常喜欢在创业企业的某个（或某几个）特定阶段进行投资。在此基础上，创业投资家在具体分析某个创业企业是否值得投资时，往往主要考虑三个方面的问题：人、市场和技术。

第一，对人的考察。创业投资家会从不同角度考察主要创业者本身的个人素质，同时也会考察创业团队的整体水平。在我们调研金洪恩电脑公司赢得 Intel Capital 创业投资案例的过程中，我们就了解到，1998 年 Intel 想在国内多媒体教育软件行业中选择一家优秀的企业进行创业投资，Intel Capital 经过前期筛选后，把眼光放在金洪恩和另外一家国内著名的软件企业。但 Intel Capital 代表在与这两家企业接触过程中，颇有感慨：每次与他们洽谈时，金洪恩总是派包括总经理在内的 3 个核心创业者以一个团队的形象出现；而另外一家企业创始人兼 CEO 很少露脸，总是派一个代表与他们接触，且经常更换谈判代表，让人怀疑该企业是不是老有人跳槽。这也是 Intel 最终放弃另外一家企业而选择金洪恩的重要原因之一。

第二，创业投资家考虑的市场，一方面是技术和产品市场到底有多大；另一方面是所考察的创业企业有能力拥有多大相应市场占有率。以软件业几个典型的创业投资为例，1999 年 1 月获得 Intel Capital 投资的金洪恩电脑公司是国内家庭教育软件的领先企业，1998 年 5 月获得 IDG 投资的金碟软件是国内财务软件的著名企业；2000 年年初获得 Intel Capital、宏基、上海实业集团 3 家联合投资的复旦金仕达公司则是国内最大的金融证券软件企业之一。

第三，创业投资家将考虑创业企业所拥有的技术是否具有创新性，其技术设想成为实用产品的可能性大小等。如成立于 2000 年 1 月的北京百度在线技术公司，其

[①] 本部分参考作者在 2000 年中国软件行业风险投资研讨会主题报告（西安，2000 年 10 月）。

产品"中文姓名的计算机识别及检索方法"已于同年9月向国家专利局申请我国互联网领域的第一个技术专利，同时申请美国专利；2000年9月DFJ等4家创业投资公司联合向该公司注入二期投资。

(2) 投资方式

创业投资家通常采取分阶段投资方式，保留放弃或继续投资的权利，实际上他们相当于拥有一个"实物期权"。对于处于较早期的创业企业，创业投资家通常单独投资。对于需要资金量较大的处于快速发展期或上市前（Pre-IPO）融资的创业企业，创业投资家通常采取联合投资的方式，一方面分担风险，另一方面可以充分发挥多个创业投资家的不同作用。联合投资中，通常有一家机构作为领投商。例如，新浪在上市前获得的最后一笔6 000万美元的创业投资，戴尔电脑公司就担任领投商；百度的第二轮一共有4个投资者，DFJ为领投商。

(3) 尽职调查和签订投资协议

在决定是否投资之前，创业投资机构要对创业企业进行尽职调查。其核心内容是调查创业企业的商业计划书背后支撑的数据和信息的真实性和可靠性。

创业投资机构要求创业企业必须完成几件重要事情：第一，创业企业必须明晰产权，这是避免这些以人力资本为核心因素的高科技企业尤其是民营高科技企业内部未来发生冲突的关键问题所在。通常，投资商还可能要求创业企业给予重要骨干成员股权和（或）期权。值得注意的是，据作者了解：中关村有几家高科技企业在吸引创业投资过程中，由于原先内部股权不明晰，在明晰产权过程中，内部未能很好地沟通和妥协，结果融资未到公司就已散伙了。第二，创业企业必须建立规范的财务制度。在必要的时候，创业投资机构会聘请专业的会计师事务所对创业企业进行财务审计。第三，调查创业企业是否存在法律问题，包括知识产权问题等。

创业企业在发展过程中存在很大的不确定性，在市场、技术和管理团队等方面都可能存在较大的风险；而且创业投资家和创业者之间存在严重的信息不对称，双方在利益方面也不尽一致。因此，创业投资合同中必须有一套能够平衡协调创业投资机构和风险企业之间利益的机制。投资合同中最重要的是股权结构，可转换优先股是国外创业投资中最常用的融资工具。双方通过对创业企业价值的评估、谈判、决定各自所占股份，并形成一份全面的投资合同条款，主要包括投资数量、时间、投资方式、股权结构、企业经营范围和计划、实现投资回报方式等，并通常允许管理层在达到或超过经营目标后增加持有的股份，以激励创业团队。同时，创业投资机构还与创业企业中持股的骨干成员签订相应服务协议，有的甚至规定在什么情况下创业投资家有权撤换管理层而另换职业经理，在什么条件下创业投资家有权以原先价格回购管理层所持有的股份。

(4) 投资后的评估、监控及增值服务

创业投资家在投资后，会与风险企业保持紧密的联系，积极参与风险企业的经营决策。不过创业投资家一般不参与风险企业的日常经营管理，而主要通过一些绩效指标来判断企业的发展情况。通常通过定期审核企业的财务报表和经营报告，定期访问企业，担任企业董事会成员，对企业实施监控。一旦发现问题，及时进行干预，甚至更换企业的 CEO，直至停止投资或对企业进行清算。有的创业投资中，创业投资机构没有派代表担任风险企业的董事，但他们有权派代表列席董事会会议，在作重大投资决策尤其是超过一定额度的投资时，创业投资机构代表通常有一票否决权。

另外，创业投资家还会利用自己的网络关系为风险企业提供进入市场、进行后续融资等服务。

（5）退出

投资机构投资的退出方式主要是首次公开发行（IPO）、大企业兼并收购、经理层回购（MBO）等。这方面的文章较多，不再赘述。

值得注意的是，根据上市的规定：首次公开上市的企业，管理层股票在规定期限内不得转让，而创业投资机构要在风险企业上市的规定期限（通常 2 年）后才能逐渐出售所持有的股票；而创业企业被大企业兼并收购后，创业投资机构可以直接获得现金或者获得可在股市上直接流通变现的股票，可以更快套现。

2. 创业者吸引创业投资的策略

（1）创意变成具体技术或产品（至少是雏形），形成团队，而后寻求创业投资

我们接触到一些人，仅凭好的创意，就想找投资者。然而仅仅靠创意很难让人信服，这时候去吸引创业投资是非常困难的；即使得到了投资，创业者在其中拥有的股权利益也很低，过早被控股，这对于那些真正想去创业的人来说是很不利的。因此，决心去创业的人最好自己掏钱或找亲朋好友筹集一部分资金，将创意打造出一个具体技术或产品的雏形，并在这个过程寻找创业伙伴，形成一个团队，制订企业商业计划，之后再去吸引投资，则可信度将大大加强，得到创业投资的概率也就随之增加。需要注意的一点是，在一个好的团队中，除了技术人才、管理人才，还需要市场营销人才。对于早期的创业企业，创业者往往一人身兼数职，但随着企业的发展，必须引入相关的专门人才，才能增加企业成功的可能性。

（2）创业投资家的选择

经过大量的调研访谈，我们认为：寻求创业投资，一定要找合适的创业投资机构。

① 不同的创业阶段，选择不同的投资商

早期，创业者最好自筹资金。当企业要进一步发展但资金需求量仍不大时，可以找天使投资者。因为正规的创业投资机构管理的资金量较大，但人手欠缺，所以无法对较小投资额的业务投入精力，故对企业单个项目投资额有一定要求。天使投资者应运而生，填补了创业投资机构在这项业务上的空白，现已发展成为创业投资业中的重要力量。天使投资者通常不仅要有一定的财富，还要有经营理财或技术方

面的专长，对市场、技术有很好的洞察力。他们中的大部分人本身就是成功的创业者，十分了解创业企业的发展规律。他们能够在很多方面帮助创业者，如经营理念、关键人员的选聘以及下一步融资等。此外，他们对创业者的要求不像正规的创业投资机构那样苛刻，因而更受创业者的欢迎。如某创业团队由清华大学5名高年级博士生和一名MBA组成，经过一年多的创业准备，他们曾先后获得一位民营企业家和两位计算机业界知名人士的天使投资，注册了公司。原来创意很多，但几位天使投资者说服他们必须将业务聚焦，集中研究如何把某一项创新的服务（产品）推向市场；否则，什么事都想干，什么钱都想挣，届时肯定会失败。

当创业企业进入快速发展阶段，就应选择正式的创业投资机构。那么创业企业是选择战略投资者（主要是大企业及其所属的创业投资机构），独立的创业投资机构还是投资银行呢？大企业作为战略投资者通常能够为创业企业提供技术支持、协助市场开拓。2000年3月在美国纳斯达克上市的亚信公司和UT斯达康公司都曾得到Intel Capital的创业投资，它们在发展过程中也得到很多Intel Capital的技术指导。而纯粹的优秀创业投资机构有良好的培育创业企业的经验和声誉，并且有广泛的网络关系，这些机构能够及时发现创业企业成长中的问题，并利用自己的经验帮助创业企业解决这些问题。如帮助创业企业组建经营团队、制定战略规划等。而投资银行则能帮助创业企业走向规范化，更好地准备上市，并能帮助企业进行上市后的股票市场运作——尤其是帮助投资者更清晰地了解企业的价值。显然，多种类型的投资者组合对创业企业来说是最好的选择，因为不同的投资者能够为企业提供不同的帮助。

② 如何判断将要选择的创业投资家？

有经验的创业投资家能够帮助风险企业规范管理，甚至为企业推荐优秀的职业经理、系统分析员等；还有很重要的一点是帮助企业完善发展战略。创业企业应当借助创业投资改造、完善企业治理、规范企业的管理，完善企业战略。因此，创业企业应当寻求那些真正有可能提供增值服务的投资者。需要明确的一点是，找VC，不仅仅是找资金，更重要的是寻找帮助企业可持续发展的外部力量，具体判别标准如下。

第一，声誉的大小。优秀的创业投资家选择投资对象非常严格，好的创业投资家进入企业能给其他投资者和客户以充分的信心。如亚信和UT斯达康公司都得到Intel Capital等的创业投资。得到这些声名显赫的投资者的投资，企业就有可能站在巨人的肩膀上，更快更好地走向成功。

第二，投资者能提供什么增值服务。因为创业投资家不仅提供资金，也提供各种增值咨询服务和网络关系资源，这对创业企业而言非常重要。创业投资机构的已有投资组合（portfolio）是否与该创业企业有协同关系，也应当进入创业企业考量的范围。比如，专门投企业服务的VC，在一开始就可以帮助做企业服务的创业项目快速铺开客户，因为客户是共通的，或者这些客户存在上下游的关系。创业者关心的不仅是今天能得到多少资金,更关心是谁的资金。当年 YAHOO 刚创业时,仅有杨致远和戴维两个人。创业投资家给他们投入风险资本后,迅速帮助他们组建了 20 人左右的经营团队,并将原摩托罗拉高级副总裁蒂莫西·库格尔聘请来做 YAHOO 的董事长兼首席执行官。在库格尔的领导下,YAHOO 从单一的检索网站变成了门户网站,内容从电子邮箱、新闻、游戏、拍卖到电子商务,无所不有。几年后,YAHOO 每月吸引了全球近亿个用户,访问 YAHOO 成为人们生活的一部分。试想,如果没有创业投资家的帮助,凭当时杨致远和戴维刚出校园时的声望,YAHOO 如何能够吸引这么多优秀人才一起创业,并实现高速发展?

第三,创业投资者能否帮助创业企业获得下一批融资。创业企业进入快速发展阶段时,需要更多的资金支持。当创业企业需要新的资金时,一些小的创业投资机构一方面自己没有那么多资金再注入,另一方面没有能力凭借自己的声誉和网络关系帮助创业企业获得新的创业投资。这样创业企业要获得下一笔投资,又得到处找资金,十分辛苦;而且这样很容易使创业企业在发展过程中遇到财务危机,同时也会使企业由于融资心切,从而在与创业投资家谈判中处于非常不利的地位。

(3) 投资协议中的策略

创业投资合同谈判中最敏感的问题是双方对企业的价值评估及相应而来投资后的股权结构设计。一方面由于创业者拥有独一无二的人力资本,能为企业增值,对于企业的成功是至关重要的,可以说创业企业(尤其是初创企业)的大部分价值在创业者的"脑袋"里;然而另一方面,人力资本不具有担保性,当创业者必须从外部吸引创业投资时,人力资本的这种不可担保性会带来承诺是否可信的问题。许多创业者对自己企业的价值评价过高,有些对还在起步阶段的创意或技术开价几百万,这无疑会令投资者望而止步。

根据研究,我们认为,对创业企业而言,分阶段引入创业投资的方式更加有利于企业成长。一方面,前期引入的风险资金额度较少,可以避免过早地失去控股权;另一方面,随着时间推移和项目进展,创业者通过自己的努力,将人力资本转变为企业的实际价值(包括实物资本),如技术上获得专利、开发出样品、开始有销售额、实现盈利等,如此一来,创业者的人力资本逐渐显现,其承诺的可靠性也就大大增强,创业企业在进行下一阶段融资时,合约谈判也就更容易进行。创业者最重要的是创造价值,这样才更有能力、有信用引入更多的创业投资。可见,创业投资合同是一个典型的不完全合同,但随着合同的逐步升级,这种不完全性将随时间逐步减弱。

至于股权结构,我们认为可以借鉴国外最常用的可转换优先股的形式,这样可以较好地降低创业投资家的风险,保护创业投资家的利益。另外为了防止核心创业者过早离开企业,在合同中可以采取在一定年限内分阶段释放股权的方式,有的投资协议还规定如果创业者在一定时期内完成某些特定的指标,则给予相应部分的股权。通过这些股权协议形式的变通创新,可以使创业企业与创业投资家更容易达成协议。

(4) 创业者如何处理与创业投资家的关系

在看待与创业投资家的关系时,创业者往往可能产生两种极端的想法:一种是认为创业者与创业投资家的利益始终一致;另一种则把创业投资家与创业者的利益对立起来。

事实上,创业投资家一方面要帮助企业成长;另一方面创业投资最终要选择时机退出(通常为3~7年)。换言之,创业投资一方面要创造价值,另一方面投资者希望在退出时带走更多的价值,获得高额的回报。

企业发展过程中双方存在矛盾与冲突在所难免,关键是创业者与创业投资家之间要建立相互尊重、相互信任的伙伴关系作者曾采访 UT 斯达康公司董事长陆弘亮先生,他指出:创业者和创业投资家应当坦率地将问题摆在双方面前,共同讨论,以便更好地进行沟通。创业企业刚接受创业投资时,通常一个月做一次财务报表,交由创业投资家审核,并经常召开董事会来处理企业发展中遇到的重大问题。

链接:在线课程

本章小结

创业融资难是创业企业普遍面临的问题,本章首先从经济学的基本原理剖析了创业融资难的主要原因,并从中国创业环境等因素对此进行了进一步探讨。

创业融资通常涉及以下三个基本的问题:(1)需要多少资金?(2)从哪里得到这些资金?(3)如何找资金及其融资时的制度安排?本章就此一一进行了探讨。关于融资额的问题,本章探讨了创业企业的发展速度和资金需求的关系、创业企业融资时的谈判力量和资金紧张程度的关系、不同轮次融资对应的主要风险和创业"里程碑"的实现、一次性融资和分阶段融资各自的利弊。本章介绍了创业融资的主要方式,并对创业企业的融资路径进行了分析。创业企业的价值评估是创业融资时的关键问题,本章分析了资金供需的宏观和微观因素分别如何影响创业企业价值评估,介绍了创业企业价值评估的常用方法,并探讨了创业企业价值评估中的动态调整策略。本章最后还列出创业融资和创业投资的策略,并告诫创业者在寻求创业投资时要注意避免一些常犯的错误。

复习与讨论题

1. 访谈一些创业者,了解创业融资的方式和路径,了解他们在融资时遇到的问题、经验和教训。

2. 分别选取1~2家近3年来在NASDAQ和深圳创业板成功上市的代表性中国创业企业,就创业融资方式和路径进行对比分析。

3. 请找一个企业融资时的估值较上一轮下降的创业企业案例,并分析哪些因素导致其估值下降?

参考文献

1. Black Bernard, S., & Ronald J. G. 1998. Venture capital and the structure of capital markets: Banks versus stock markets. *Journal of Financial Economics*, 47: 243-277.

2. Bygrave, W., & Timmons, J. 1992. Venture Capital at the Crossroads, Boston. Harvard Business School Press.

3. CoxPahnke, E., Katila, R., & Eisenhardt, K. M. 2015. Who takes you to the dance? how partners' institutional logics influence innovation in young firms. Administrative Science Quarterly, 60 (4), 266-76.

4. Gompers, P. 1995. Optimal Investment, Monitoring and the Staging of Venture Capital. *Journal of Finance*, 50: 1461-1489.

5. Gompers, P., & Lerner, J. 1999. The Venture Capital Cycle. Cambridge, MA: MIT Press.

6. Gorman, M., & Sahlman, W. 1989. What do venture capitalists do? *Journal of Business Venturing*, 4: 231-248.

7. Hellmann, T. 1998. The Allocation of Control Rights in Venture Capital Contracts. *Rand Journal of Economics*, 29 (1): 57-76.

8. Hellmann, T., & Puri, M. 2000. The interaction between product market and financing strategy: The role of venture capital. *Review of Financial Studies*, 13: 959-984.

9. Hellmann, T., & Puri, M. 2002. Venture capital and the professionalization of start-up firms: Empirical evidence. *Journal of Finance*, 57: 169-197.

10. Hochberg, Y. V., Ljungqvist, A., & Lu, Y. 2007. Whom you know matters: Venture capital networks and investment performance. *Journal of Finance*, 62 (1): 251-301.

11. Timmons, J. A., & Spinelli, S. 2004. New Venture Creation (6th version). Irwin McGraw-Hill.

12. Steven, K. N., & Strömberg, P. 2001. Venture Capitalists as Principals: Contracting, Screening, and Monitoring. *American Economic Review*, 91 (2): 426-430.

13. Steven, K. N., & Strömberg, P. 2003. Financial Contracting Theory Meets the Real World: An Empirical Analysis of Venture Capital Contracts. *Review of Economic Studies*, 70: 281-315.

14. Vega, P., Zhang, W., & Chong, L. C. 2005. Venture capital in China: Investment processes and decision making factors. Paper formally accepted by 2005 Academy of Management Conference (Aug. 2005, Hawaii, USA).

15. Sahlman, W. 1990. Structure and Governance of Venture-Capital Organizations. *Journal of Financial Economics*, 27: 473-524.

16. Tan, J., Zhang, W., & Xia, J. 2008. Managing Risk in a Transitional Environment: An Exploratory Study of Control and Incentive Mechanisms of Venture Capital Firms in China. *Journal of Small Business Management*, 46 (2): 263-285.

17. White, S., Gao J., & Zhang, W. 2005. Financing New Ventures in China: System

Antecedents and Institutionalization. *Research Policy*, 34 (6): 894-913.

18. Zhang, J., Zhang, W., Schwab, A., & Zhang, S. 2017. Institutional Environment and IPO Strategy: A Study of ChiNext in China. *Management and Organization Review*, 13 (2): 339-430.

19. Zhang W., Gao J., White, S., & Vega, P. 2008. Venture Capital and the Financing of China's New Technology Firms. Chapter 4 in *Chris McNally* (*eds.*), China's Emergent Political Economy. Routledge Press.

20. [美] 李钟文, 米勒, 玛格利特, 罗文等. 硅谷优势——创新与创业精神的栖息地 [M]. 北京: 人民出版社, 2002.

21. 成思危. 依靠风险投资推进高技术产业化 [J]. 中国科技产业, 1999 (10): 5-8.

22. 陈晓红, 刘剑. 我国中小企业融资结构与融资方式演进研究 [J]. 中国软科学, 2003 (12): 61-67.

23. 董静, 汪江平, 翟海燕, 汪立. 服务还是监控: 风险投资机构对创业企业的管理——行业专长与不确定性的视角 [J]. 管理世界, 2017 (6): 82-103.

24. 姜彦福, 高建, 程源, 邱琼. GEM全球创业观察2002: 中国报告 [M]. 北京: 清华大学出版社, 2003.

25. 姜彦福, 张帏, 孙悦. 大企业参与风险投资的动因和机制探讨 [J]. 中国软科学, 2001 (1): 39-41.

26. 廖理, 汪韧, 陈璐. 探求智慧之旅—哈佛、MIT著名经济学家访谈录 [M]. 北京: 北京大学出版社, 2000.

27. 钱苹, 张帏. 我国创业投资的回报率及其影响因素 [J]. 经济研究. 2007 (5): 78-90.

28. 叶瑛, 姜彦福. 创业投资机构的信任影响新创企业绩效的跨案例研究 [J]. 管理世界, 2009 (10): 152-163.

29. 曾勇, 郭文新, 李典蔚. 风险投资合约及治理机制实证研究综述 [J]. 管理科学学报, 2008, 11 (1): 110-121.

30. 张岚, 张帏, 姜彦福. 创业投资家和创业企业家关系研究述评 [J]. 外国经济与管理, 2003 (11): 2-6.

31. 张帏. 基于创业企业家人力资本特性的创业投资制度安排研究 [D]. 北京: 清华大学经济管理学院博士论文, 2001年12月.

32. 张帏, 姜彦福, 陈耀刚. 风险投资策略探讨 [J]. 科学学与科学技术管理, 2001 (10): 41-43.

本章案例

金洪恩电脑公司吸引 Intel Capital 的创业投资

一、公司创业过程简介

北京金洪恩电脑有限公司创建于 1996 年 7 月，主要专注于多媒体教育软件领域。在公司创建之前，公司的发起人池宇峰曾在深圳兼容机行业做过几年，他发现大多数普通消费者对计算机的了解和使用水平起点都很低，有的刚开始甚至连开机都不会。针对这个普遍存在的现象他们马上敏锐地找到了切入点，并于 1996 年 10 月成功推出了英语学习用 VCD《开天辟地》。在随后短短两年多的时间里，金洪恩电脑公司开发出一系列的多媒体教育软件，公司的业务高速发展，由原来仅 10 余人的小公司发展成为中国最大的独立教育软件开发商之一。

二、金洪恩电脑公司赢得 Intel 创业投资的过程

金洪恩在中国软件市场上的优秀表现，引起 Intel Capital 的关注。Intel Capital 经过初步考察，一方面认为，金洪恩电脑公司具有很好的未来发展潜力，会给 Intel 以较高的财务投资回报；另一方面，Intel Capital 认为中国教育软件的兴衰与中国计算机的普及是密切相关的，这能间接促进 Intel Capital 核心业务的发展，是一种双赢策略。

1998 年上半年，Intel Capital 提出向金洪恩电脑公司进行创业投资的意向。金洪恩电脑公司当时确实并不缺乏资金，但是，公司的总经理池宇峰意识到，这对于金洪恩电脑公司的发展来说将是一次极好的机遇，因为创业投资家，尤其是像 Intel 这样的全球知名企业，带来的将不仅仅是资金，它还可能提供市场渠道、管理经验等增值服务，并且使得企业的声誉大幅提高。另外还有一点也很重要，在创业初期，金洪恩电脑公司的大部分资金都是由池宇峰个人提供的，创业者之间的股权分配并不清晰。吸引这笔投资也是解决企业内部创业者之间股权分配问题的一个极佳契机。经过管理层的反复讨论甚至是争辩之后，金洪恩电脑公司决定愿意接受 Intel 的创业投资。双方在投资额和股份问题上，经过谈判后也很快达成一致。

根据 Intel Capital 的要求，1998 年下半年，金洪恩电脑公司内部进行了股权改造，明晰了产权，公司股权结构也更加合理，更好地体现了创业者人力资本的价值，并促进了创业团队的团结；同时公司规范了内部的财务和审计制度，并聘请普华会计师事务所做审计。在上述工作完成后，1999 年 1 月 Intel Capital 向金洪恩电脑公司注入了第一笔资金；另外，根据 Intel Capital 的要求，随后金洪恩电脑公司申请了"高新技术企业"资格认定；向有关部门申请了"计算机软件著作权登记证书"等，以明确软件的知识产权。在这些目标完成后，Intel Capital 注入了第一期创业投资后余下的资金。

三、Intel 创业投资对金洪恩电脑公司发展的影响

通过赢得 Intel Capital 的创业投资过程及随后的改造，金洪恩电脑公司发展成为一个规范的现代企业。Intel Capital 对金洪恩电脑公司的监控，主要在以下几个方面。

（1）金洪恩电脑公司定期向 Intel 提供财务报告和其他重要的经营情况的报告；

（2）Intel 并未派人在金洪恩电脑公司董事会中占有一定的席位，但派出观察员；

（3）Intel 的观察员在金洪恩电脑公司关键决策中（主要是一次运用资金额超过一定数额）拥有一票否决权。

Intel Capital 的介入一方面使得金洪恩电脑公司在企业管理、运作方面更规范；另一方面使得金洪恩电脑公司业务发展上更胆大。同时，通过向 Intel 公司的咨询，金洪恩电脑公司在员工考核、激励方面获得了很大的进步；1999 年年底，公司开始在广大员工中全面推行期权计划。

思考题

1. 为什么 Intel 公司愿意投资金洪恩电脑公司？

2. 金洪恩电脑公司在正式接受投资前，按照 Intel 要求进行了内部的股权改造，你觉得这应当如何进行？

3. 如何看待 Intel 公司在投资后，对金洪恩电脑公司的监控和增值服务？

综合案例

亚信公司的创业融资与发展[①]

第一部分 亚信公司及创始人简介

一、亚信公司简介

亚信于1993年年底由几位中国留学生创建于美国达拉斯,并在1995年开始发展在中国的业务。在进入中国的近五年里,亚信为用户提供了近百项计算机网络工程和大量应用软件产品,其中包括中国四大骨干网:中国电信 ChinaNet、中国联通 UniNet、中国网通 CNCNet 以及中国移动 IP 骨干网 CMNet。这些工程项目为中国 Internet(因特网)产业的飞速发展奠定了基础,同时也确立了亚信在中国 Internet 建设领域的领导地位。为此,亚信被誉为中国的 Internet 建筑师。1999年,亚信被世界经济论坛评选为全球500家高速成长的企业之一。2000年3月,亚信在美国纳斯达克成功上市,成为首家在美国上市的中国 Internet 企业。

二、亚信的主要创始人简介

(一)田溯宁

田溯宁1987年获得中科院资源管理学硕士学位后赴美留学,1992年在得州理工大学获得博士学位。毕业后,田溯宁先后曾在 ICF、TSTC 等公司任过职。1993年年底,田溯宁与丁健等几名中国留学生在美国达拉斯创建了亚信公司,田溯宁担任亚信的首席执行官(CEO)兼总裁。1999年5月,田溯宁被聘请为新组建的中国网通公司总裁,离开亚信管理层;但田溯宁仍担任亚信公司的董事。

(二)丁健

丁健于1986年毕业于北京大学,获理学士学位。之后于1990年在美国加利

[①] 参见张帏.基于创业企业家人力资本特性的创业投资制度安排研究.清华大学经济管理学院博士论文,2001年12月.本文做了修改和补充.

福尼亚大学就读信息科学专业,获得硕士学位;后来,他还获得了加州大学伯克利分校 Hass 商学院的 EMBA 学位。

丁健是亚信公司的创始人之一,在公司曾先后担任过高级副总裁兼首席技术官、业务发展副总裁等职,并自 1995 年以来,一直担任公司董事;1999 年 5 月,丁健开始担任亚信公司首席执行官,领导亚信公司于 2000 年 3 月 1 日在美国纳斯达克成功上市。2003 年 4 月,亚信公司聘请职业经理人张醒生先生担任 CEO,丁健改任公司董事长。

第二部分　亚信公司的创业融资

以下研究亚信的发展与创业融资,每一部分均包括 4 项内容。
(1) 融资背景和目的;
(2) 融资历程;
(3) 投资中的激励、约束机制;
(4) 融资后企业发展变化。

一、天使投资

(一) 发现 Internet 商机,希望创办企业

亚信公司的成立和发展与其总裁田溯宁博士的经历和努力是分不开的。田溯宁的父辈是从苏联留学归国的学子,在田溯宁的心中从小就树立了爱国报国的信念。1987 年田溯宁去美国留学,其间开始接触和了解到最新的 Internet 技术。有机会深入了解以现代信息技术为核心的新技术革新如何推动了美国甚至世界经济的发展,在田溯宁心中日益升腾起创办一个以中国人为核心的世界级民族高新技术企业的渴望。

1993 年,"信息高速公路"概念在美国一经出现,长期在美国大学应用网络的田溯宁博士就敏感到了 Internet 对于整个社会经济的战略意义,他立即在《光明日报》上刊发长文《美国信息高速公路计划对中国现代化的意义》,提醒大家重视 Internet。

不久,田溯宁和他的伙伴看到一个商机——利用 Internet 技术,将中国企业及中国经济发展的信息介绍给美国,同时将美国经济及美国企业的信息传递给中国。

田溯宁久居美国,深知美国人不了解中国,美国人会惊讶北京有地铁,更不用说和他们谈北京有大企业,需要什么样技术了。另外,美国企业也有非常多的信息,在中国看不到。田溯宁知道 Internet 能做这些事情。此为亚信缘起,这个主意在今天叫 ICP。因为是信息服务,除了中国,以后还想拓展到整个亚洲,所以,公司取名 AsiaInfo(亚洲信息)。

（二）寻找创业资本的简要过程

决心创业后，田溯宁奔波于华尔街一些投资公司之间，向这些投资公司介绍发展中国高新技术所带来的光辉前景，但希望得到资金支持的要求总是被拒绝。但这些丝毫没有减损田溯宁的信心和决心。后经人介绍，田溯宁与著名华侨、地产开发商刘耀伦先生结识，一直有让祖国高新技术产业跟上世界水平的心愿的刘耀伦先生慨然允诺，欣然同意为田溯宁办公司投资。

（三）刘耀伦先生同意投资，同时提出相应的几个要求

刘耀伦对田溯宁等提出了投资的几个要求：一是将来必须回国工作；二是只能做高技术而不能搞房地产。实际上，另外还有一个要求鲜为人知，刘耀伦要求创业者以家产作为担保，以至于田溯宁1998年在清华大学的演讲回忆道："当时，我们已经下决心要创业，为了防止创业失败牵连家人，我回家后只好向妻子提出将家产一分为二。"

1994年，以刘耀伦先生50万美元的创业基金为基础，由田溯宁等几名中国留学生在美国达拉斯创建的Internet公司——亚信公司正式成立了，刘耀伦担任董事长。

二、不规范的一次创业融资（从万通国际融资）

亚信做信息服务的想法很好，也争取到了包括道·琼斯（道·琼斯现在还有一个栏目叫"亚信每日新闻"，不过现在已经不是亚信做的了，亚信做到1996年）在内的2000多个信息服务商作为用户，但往下做，才发现没办法做下去。这主要有两方面的原因：

第一，中国没有Internet，亚信收集的美国信息只能打印，寄到中国；

第二，没有Internet，中国的信息收集非常困难，要读所有的报纸，进行信息筛选，然后录入，时效性大打折扣。

因此，所有的焦点集中在了中国没有Internet上。

而美国当时的情况是：1995年，美国Internet主干网业已铺设完成，大学和企业已经开始使用Internet，WWW（万维网）也开始流行，很多人在谈Internet商业化。

公司内部的原因和美国外在的Internet氛围，使得亚信毅然离开美国，放弃经济信息服务业务，回到中国投身中国Internet基础建设。这也是亚信第一次改变商业模式。1995年3月，亚信公司移到北京，希望率先将Internet网络技术引入中国。

亚信的创业者回国后不久，遇到了一个好机会。美国Sprint公司正在负责建设ChinaNET，考虑到亚信公司在美国曾做过一年的Internet信息服务，便把北京、上海的两个节点工程转包给亚信公司，这使亚信公司从此楔入Internet系

统集成领域不可多得的切入点。以后，国内的深圳证券所网、ChinaNET 骨干网、各地省网以及上海热线等工程纷纷找上门来。从此奠定了亚信在中国做 Internet 网络集成服务的地位。

亚信业务开展起来后，公司开始聘请更多的人，资金需求增大，第一笔 50 万美元的投资基本上花得差不多了。亚信便遇到任何一家公司高速发展时普遍碰到的难题，这就是资金非常紧张。虽然田溯宁等人终于在归国后的一年签了 200 多万美元的合同，但流动资金仍严重短缺。

于是，他们想到去融资。首先他们想找银行贷款，但遭到拒绝，原因是亚信没有什么可以作为担保的资产。在被逼无奈之下，田溯宁等人想将公司合同抵押给银行来贷款，没想到银行还是以没有固定资产担保为理由加以拒绝。

他们只好去找朋友借钱，他们认识了当时的万通实业集团总裁兼万通国际集团董事长王功权（现在是 IDG 技术创业投资基金的合伙人），王功权对亚信的创业者很支持，同意万通国际给亚信投资 25 万美元，并占 8% 的股份。

但是，在投资给亚信之后，王功权随即就遇到了一个难题，就是万通董事会对创业投资概念并不理解。当时，董事会中就有人质疑：投资亚信每年无分红，而亚信除了几台电脑外没有什么资产，这不是相当于拿钱给别人玩嘛！

在董事会集体的压力下，王功权要证明这次投资有利可图的唯一办法就是把这个股份卖掉，看看它是否能增值。当时董事会也希望王功权卖掉股份：既然赚钱了，王功权又不懂技术，那为什么还不快卖？这样王功权在投资 8 个月之后，不得不提出撤资，亚信也只好同意。当时亚信还不起钱，又借了一年。最后亚信一共花了 50 万美元回购万通国际在亚信的股份。

这件事对亚信打击很大。由于这次融资整个过程的不规范性，导致亚信的创业者自己也不清楚公司到底有什么问题。他们感到很困惑：为什么找不到那种认可他们所做的事情同时又愿意与他们共担风险的人？

三、正式的创业投资引入及相应的制度安排

（一）背景

亚信在国内业务开展起来后，很快碰到了资金紧张的难题，而亚信找银行借贷却处处碰壁。更为重要的是，亚信做系统集成业务，常常需要垫付大量的设备款，流动资金占有很大；同时，亚信在快速发展过程中出现很多管理上的问题，急需外部的帮助。

由于田溯宁、丁健等创业者在美国待了多年，目睹了创业投资对美国高科技企业发展的重要作用，自然而然地把目光投向了创业投资基金。根据他们在美国的经验，高科技企业必须依靠资本市场才能抢占先机，否则仅靠自己的积累，将会丧失许多宝贵的机遇。中国尚没有面向高新技术企业的资本市场，贷

款困难且成本较高；如果能够获得国外创业投资，那么公司不仅得到资金的支持，更能得到随着创业投资而来的附加价值。创业投资和一般的融资所带来的资金的差别巨大，因为创业投资有可能给企业带来更多的管理经验、合作伙伴和市场机会。

1997年1月，亚信的主要创业者在美国加州开了一个重要会议，讨论亚信未来该怎么办。大家达成了共识：亚信发展需要"钱"；内部需要管理规范；公司治理结构需要完善。会议决定：引入创业投资、引入外部投资人的经验和帮助、引入职业管理人尤其是财务总监。

（二）历程

1. RSC的中介帮助

由于亚信公司的创业者同创业投资公司（以下简称为VC）接触甚少，因此，亚信希望通过中介机构的帮助吸引创业投资。1996年底，亚信公司在中国的Internet市场上已崭露头角，吸引了一些创业投资中介机构的注意。实际上，亚信公司作为国内快速成长的高新技术企业，很早就吸引了美国著名投资银行——罗伯森·斯帝文思公司（Robertson Stephens & Company，RSC）的目光。后来，双方达成协议由RSC作为亚信融资的中介，并由其负责中国业务的冯波具体负责这件事。在RSC的帮助下，亚信创业者完善了公司的商业计划，确定了创业投资公司选择的目标并进行接触筛选，最后选定Warburg Pincus（华平）、ChinaVest（中国创业投资有限公司，简称中创）、Fidelity（富达）三家作为其投资者。

2. 为什么投资者愿意投资亚信？

（1）华平公司

关于华平公司的一般投资原则，该公司董事总经理孙强认为："最重要的是要选择好的创业者、选择好的管理团队。因为如果管理者不行，那么即使再好的资产也会变坏。"因此，孙强认为他们投资亚信的原因就是看中了这批人，"尽管亚信当时发展还有很大的不确定性，但我们还是看好他们，并愿意承担这个风险。"

（2）中国创业投资有限公司

早在1978年，中国创业投资有限公司（简称中创）的创始人、董事长白德能（Robert A. Theleen）就来到中国，1985年中创开始进入大陆。他们非常重视研究中国的发展战略，尤其是中国各地的市场需求变化和创业精神的发展情况，即有没有消费者市场（consumer market）、有没有具有创业精神的创业者。因此，他们对中国政策和商业环境非常了解。

中创的一般投资原则可以归纳为MMPP，即money（财务）、market（市场）、people（人）、product（产品或服务）。

Patrick L. Keen 先生是中创合伙人之一,从 1999 年 1 月份开始担任亚信的董事。当被问及"为什么投资亚信"时他指出:

① 中创当时看中亚信的这群人,因为他们有 Passion(激情)、有 Vision(愿景),他们希望建立一个 World-class PRC Company(世界一流的中国企业),能够作出承诺并且愿意为此付出代价。

② 企业已经运作了几年,是一个真正的公司,并且有成功的历史,如 169 网就是由亚信负责承建的。

③ 企业的技术(服务)是属于底层技术(basic technology),有实实在在的业务(business)。实际上是一个 Internet 基础平台技术的服务提供商。

因此,他们认为 1997 年年底投资亚信是在 right time 给由一群 right person 组成的 right company 投资。

当问及如何看待田溯宁的学历背景是一个生态环保博士而并无太多的企业管理经验和技术背景时,Patrick L. Keen 很干脆地指出:"中创给亚信的投资是在 1997 年年底而不是 1994 年(亚信刚刚创业时),那时田溯宁他们已经干得不错。"

(3) 亚信创始人的观点

亚信创始人之一,现任 CEO 丁健先生认为 VC 看中亚信主要有以下 3 个原因。

① 亚信在中国的市场地位(market position)。

② 亚信的管理团队(当时主要是创业者)思想比较开放、悟性比较强,因此 VC 比较信任这个团队。

③ 亚信的业务模式比较扎实,有吸引力。

3. 亚信为什么最后选择华平、中创和富达 3 家联合投资?

丁健认为主要出于两方面的考虑。一方面是这 3 家 VC 各有自己的优势,如华平在美国高科技投资领域名声非常好,亚信接受华平的投资,可以得到技术和管理者的支持;而中创对中国的情况比较了解,在重大决策上,有可能更多地站在创业者的角度上看待和分析问题,而不是纯粹从美国的角度(不过,后来他们发现:实际上华平公司的董事总经理孙强对国内情况也非常熟悉);富达在华尔街的名声非常好,可谓无人不晓,这样对企业未来的融资会更有帮助。另一方面,创业者最后确定 3 家联合投资是出于一种对 VC 进行平衡和制衡的考虑,因为相对于 VC 而言,亚信的创业者对引入创业投资没有经验、也不大懂,引入 3 个 VC 联合投资,更有利于在未来 VC 和创业者之间出现利益冲突时的最后决策相对公正。

对亚信的此轮创业投资,华平作为领投。而当时华平希望单独投资;中创也要求一定要参与投资(或者单独投资);富达则表示:不论谁投,它都要跟投。据华平的孙强回忆:"华平希望单独投资,而中创也非常希望投资。为了防止双方在企业未来发展的重大问题上出现分歧时难以抉择,只好找富达作中间人。"

(三)谈判与投资股权协议

关于此轮创业投资的投资额,主要是根据亚信业务发展的近期实际需要确定的,当时华平公司帮助亚信做了相应的财务预测。最后投资额确定为1 800万美元,其中华平投资了1 000万美元,而中创投资600万美元,富达投资200万美元。由于当时亚信业务扩展很迅速,急需钱,投资采取一次性注入。

关于企业的价值确定,双方分歧很大,经过艰苦的谈判,最终双方于1997年12月底达成投资协议。

企业价值评估是一个非常重要和敏感的问题,涉及 VC 和创业者双方的切身利益。中创的 Patrick L. Keen 认为:VC 的要求是基于严格评估后的一个合理价格,而不是要故意压低企业的估价。对于亚信公司的价值评估,VC 和创业者之间分歧很大,双方为此谈判了很长时间。当时创业者认为亚信的 Pre-money(指投资前的企业价值)为9 000万美元,而华平则认为只有4 000万~5 000万美元。最后亚信和华平的谈判崩裂了。孙强回忆道:"当时我已经到飞机场,准备离开北京飞回香港了。这时亚信的创业者打电话来表示:仍然希望华平能够参与投资。"

丁健回忆道:"尽管当时有很多其他投资者表示愿意投资亚信并且出价更高,亚信创业者还是非常看中华平在高科技领域投资的经验和能力,看中华平投资后可能给亚信带来的增值服务,而后来的事实也证明了这一点。"正是华平公司拥有丰富的创业投资管理经验和良好的声誉,使得亚信的创业者在相同的融资额度下,最后愿意出让更多的股权给华平公司。而华平公司非常看好亚信这批创业者,觉得达不成协议太可惜;中创虽然同样非常看好亚信,但当时也认为创业者对企业估值过高。

这样,当时的实际情况是:投资者和创业者互相都非常认可,但在企业价值评估上却难以谈拢。怎么办?唯一可以选择的是采取变通的策略。考虑到 VC 的投资实际上是"买"企业的未来,而企业未来的收入和盈利主要取决于创业团队的能力和努力。最后双方达成协议,先基本上按照创业团队对亚信的估价和已经确定的1 800万美元投资额,计算投资后双方在企业中相应的股权比例;同时 VC 对创业团队有一个考核指标:即1998—1999年亚信公司实现的EBITDA(利息、税收、折旧、摊销前利润),如果达到创业团队在商业计划中预计的指标,则双方股份维持不变;如果未达到,则相应按比例增加 VC 的股份。按照协议,最初各 VC 的股份分别为:华平占10%,中创、富达则分别为6%和2%。

投资后实际的情况是：亚信发展的财务指标与 VC 的预测值更为吻合。对此，中创的合伙人 Patrick L. Keen 认为："这主要是由于当时亚信没有好的财务管理，这方面原先缺乏好的建议，在财务方面不能进行很好的规划和预测。"对此，我们从一个简单的数据就可以看出来，亚信 1998 年初预计公司的收入可以达到 8 亿人民币（参见田溯宁先生 1998 年的演讲稿《利用风险投资市场，发展民族信息产业》），实际上仅为 4 420 万美元（相当于约 3.67 亿人民币，参见亚信公司上市时的《招股说明书》），两者相距甚远。后来亚信的创业者们发现的确实现不了原先预测的指标，主动提前提出了调整股份。最后调整是在 2000 年度财务审计完成后进行的。华平 1 000 万美元的投资所占的股份由原来的 10% 调整为 20%，中创则由原来的 6% 上升为 12%，富达则由 2% 上升为 4%。可见这种根据企业一定时期内的实际发展绩效，相应增减创业团队股份的做法，对创业团队有很强的激励，同时也是非常严格的约束，它实际上是对创业团队能力和努力进行事后评估，并相应调整事前对创业企业价值的评估。

对此，Patrick L. Keen 的观点非常清晰："If you can make the value, we will pay for you."（如果能创造出这个价值，那么我们将给予相应的回报。）不过，虽然股份进行了调整，但是"不管怎么说，创业者还是控股亚信的"。

另外，在本轮投资中，VC 还同意亚信的创业者和管理层以同样的价格向 VC 出售一小部分股份，共计 220 万美元，以使创业者们感受到创业辛苦后的价值兑现，不过每个人出售的比例不能超过其所持有股票的 3%。

（四）创业投资合同中制度的安排

投资合同中赋予 VC 的权利主要有如下内容。

1. VC 进入董事会

华平的孙强和中创的代表（先是冯波，后来冯波离开中创；1999 年 1 月 Patrick L. Keen 接替冯波担任亚信董事）。而亚信的最初投资者刘耀伦仍担任董事长，担任董事的 3 位创业者分别是田溯宁、丁健、刘亚东（1998 年年底刘亚东离开亚信，亚信另一位创业者、亚信的高级副总裁赵耀于 1999 年 11 月接替刘亚东任亚信董事）。公司每个月开一次董事会。

2. VC 要求的特殊权利——一票否决权

按照美国创业投资的一般标准，VC 通常都有保护自己投资利益的特殊权利，即一票否决权（veto rights）。亚信的创业者和投资者也都认为当时他们双方所签订的一票否决权协议也属于一般标准范围之列，其所包括的内容有：(1) 亚信每年预算必须征得 VC 的同意；(2) 亚信再融资必须征得 VC 的同意；(3) 创业者不能提前出售股权；(4) 企业的兼并收购（M&A）必须征得 VC 的同意；(5) 亚信重大经营方向的变更必须征得 VC 的同意，等等。

四、融资后亚信公司的发展变化与 VC 的帮助

关于引入创业投资前亚信公司的管理,公司主要创始人、现任 CEO 丁健在访谈中认为:"当时亚信关键是缺人,创始人管理企业时靠的更多的是直觉,缺乏专业管理经验。"同时,他也客观地分析了企业创始人做高层管理人员的利弊:"优势很明显,主要包括:(1)创始人通常是企业的主要股东,他们在企业中有重要的切身利益,因此有动力去努力经营好企业,这种承诺比职业经理人管理企业更为可信;(2)创始人对企业有很深厚的感情,因为企业是创始人亲手'带'大的,员工对作为企业创始人的管理层的信任度可能会更高。因此,创始人做企业高层管理人员会使投资者的信心更强一些。当然,劣势也很明显:创始人缺少专业化的管理经验,冲劲有余而纪律(discipline)不足。"

关于融资后可能给公司和创业者的冲击,创业者们事前还是有思想准备的。丁健负责当时融资合同文件谈判的主要工作,丁健对当时的一件事印象仍然非常深刻。当亚信与华平、中创、富达的融资合同文件全部谈妥,只等双方签字时,丁健对其他所有的创业者说:"现在是大家最后一次后悔机会了。接受了投资,以后很多事情我们说了就不一定算数了,说不定哪天我们会被董事会赶走;不接受投资,我们喝光、吃光、分光,日子还行,不过亚信活到什么时候就不清楚了,大家也都清楚亚信管理上的问题。你们说怎么办?"当然最后亚信的创业者接受了 VC 的投资和相应的条件,这其中一个极为重要的原因是,他们渴望建立一个一流的企业,希望通过这次融资向优秀的 VC 学习,得到 VC 的帮助,改善亚信的管理。

当时亚信的企业架构模样是有了,不过很不完善。当时亚信的实际情况是:公司财务部实际上只是个会计部;市场部只有销售而无营销,即只有一般意义上的销售,并且都在那几个销售人员的脑袋里,根本没有意识去设计一个整体结构性的市场开拓框架。

好在亚信的创业者们认识到公司管理中的混乱,并从内心愿意接受 VC 的意见和建议,而且他们也做到了这一点,中创的 Patrick L. Keen 对此的评价是:"They take most of the advices."

亚信的创业者和 VC 达成共识,一定要引进专业化管理,重组亚信。

VC 进入亚信后,亚信每个月开一次董事会,研究和讨论公司发展。融资后在 VC 的帮助下,亚信进行了以下主要工作。

第一件事是完善内部管理,理顺财务,加强公司内部信息的流通,使公司内部的决策和信息透明度更高。其中最重要的一件事是要引进一个职业的财务总监(CFO),这也是 VC 提出的第一个具体要求。

华平的孙强向亚信推荐了一个猎头公司,请他们帮助找一个优秀的 CFO。

通常，猎头公司都是先帮企业"挖"来人，企业再支付报酬；而这个猎头公司非常特殊，提出不管成功与否亚信都须预付一笔钱，且这笔钱数额还不低。当时创业者们深感赚钱艰辛，因此很不乐意请这个猎头公司。不过，孙强极力主张"要找就要找最好的"，最后创业者们被说服了。对此，丁健回忆道："真是多亏了孙强的经验和眼光。"而这个猎头也的确名副其实，帮助亚信"挖"到了HP中国区财务总监韩颖女士。

韩颖的确不负众望，对亚信后来的发展起了很大的推动作用，对此业界给予了高度评价。

现任CEO的丁健也对此非常感慨："韩颖女士加盟亚信，对亚信而言是一件比较幸运的事。""韩颖不仅精通企业财务管理，还有一个特别大的优点，即非常熟悉企业的业务流，有良好的商业头脑和商业直觉。可以说韩颖对企业整体业务运作的每一个细节都很熟，而一个职业经理人如果能够知道企业应当做什么事（即全局把握），或者知道应当如何做好具体的工作（即执行能力），两方面如果他能够知其一就是一个不错的职业经理人，而韩颖在这两方面的能力都很强。"2001年，韩颖凭着对亚信的财务管理所作出的巨大贡献，走上《CFO ASIA》杂志封面，获得该杂志授予的"CFO亚洲最佳成就奖"。

第二件事是完善对亚信员工的激励约束机制。

亚信公司的创始人早就意识到，高素质的人力资本是高科技企业的最主要的"资产"，企业要留住重要员工，就要让他们的利益与企业更加一致。因此，亚信早就制订了员工股票期权计划，不过设计上不是很规范。VC帮助他们完善了这一计划的每个细节：如员工股票期权如何定价，什么人可以得到，什么时候给，如何给，税收问题如何更好地得到解决等。

第三件事是VC努力帮助亚信更好地把握企业未来的战略发展方向。

原先亚信的软件业务是公司中极不起眼的业务。丁健回忆道："当时公司做系统集成做得挺开心的；而做软件，要说服客户用开发的软件实在太难了，并且亚信的创始人基本上没有从事过软件开发的经验。"在接受VC前，亚信已经成功开发了Internet计费软件，不过这在当时是迫不得已的事。因为该软件是系统集成业务的一部分，起初他们将这部分软件开发转包给另外一家国内著名的软件公司，但是那家公司开发出来的软件根本没法用；亚信不得已才自己组织队伍开发。

但是在融资过程中，VC有意无意地反复问亚信的软件业务发展情况和未来设想，这使得亚信创业者开始意识到身边可能还有一个"金矿"未开发。VC进入亚信后，一方面亚信在VC的建议下，公司管理层看到了亚信在已有的系统集成业务基础上开发软件业务的巨大潜力，下决心大力发展软件业务；另一方面，也正是通过这轮融资，他们才有资金投入软件业务的拓展。亚信在继续完善和推广已开发的 Internet 计费软件的同时，开始进军其他软件领域，如后来成功开发出了大容量的高端电子邮件系统。亚信在软件领域的另一大举措就是收购一家专门做无线计费系统的公司——德康公司。

第四件事是加强了企业的市场营销，使之更有规划，实现更好的内外部协调。

五、引入 Intel 的战略投资

（一）背景和目的

亚信1997年年底通过从华平、中创、富达3家VC的1 800万美元融资和融资后企业的重组，企业取得了很大的进步。不过这些成功仍然不能满足公司当年200%的增长幅度。亚信需要为正处于萌芽状态的软件业务（主要是用于计费软件和电子邮件软件）投入大笔资金。当时企业还未实现盈利，要维持企业业务的高速发展，必须再融资。当时，首次公开上市（IPO）对于 Internet 公司是一个通行的方式。亚信早在1999年4月就开始认真考虑挂牌上市问题。幸运的是，在IPO计划付诸实施之前，Intel Capital 表示愿意对亚信进行投资。2000年4月，我曾访谈过 Intel 的副总裁兼 Intel Capital 的总裁 Leslie Vadasz 先生，他表示 Intel 进行创业投资时对创业企业的筛选原则，除了一般VC的筛选原则外，还强调所投资的企业业务发展与 Intel 公司的发展战略相吻合。亚信是"中国 Internet 的建筑师"，恰恰符合这个要求。而亚信的CEO丁健认为，"引进 Intel 的投资，实际是引进战略投资，希望实现亚信的产品、市场思路的升华；另一个非常重要的考虑是：万一亚信不能上市，如何使企业发展更为保险，防止财务风险？如果亚信公司维持原先投资计划不变，则引进 Intel 的投资可以使企业资金支持到2000年年底；而那个时候，亚信将实现盈利。"

（二）历程

Intel Capital 对亚信进行了严格的考察和评估后，决定投资。在这个过程中，Intel Capital 的法律人员极其审慎严谨。亚信向他们提供了成箱的文件，仅财务报告一项就有1 500页，他们逐个地推敲细节。双方经过谈判，最终达成投资协议。Intel Capital 投资2 000美元，占亚信8%的股份，其投资于1999年8月顺利进入亚信的账户。

另外，VC仍然同意亚信的创业者和管理层在此轮融资后向12家机构投资者（其中包括华平）出售了一小部分股份，以使创业者们感受到创业辛苦后的价值兑现，不过每个人出售的比例仍不能超过其所持有股票的3%。这一出售于1999年11月完成，共计620万美元。

（三）Intel Capital 对企业的监控和帮助

按照 Intel Capital 的投资惯例，它不向所投资企业派董事，而派出观察员列

席亚信董事会，定期获得亚信的财务报告。另外，Intel Capital 要求获得了一项保护自己投资利益的特殊权利，即如果亚信公司被别的公司兼并收购，则 Intel Capital 将选择退出，并有权要求亚信公司以每年一定的回报率（事先约定）回购 Intel Capital 在亚信中的股份。

Intel 投资亚信后，的确在技术、产品开发上给予了亚信很多帮助。亚信的产品增加了对 Intel 产品的支持，而 Intel 则将亚信的产品放入他们所支持的平台中。

（四）企业发展的绩效

得到 Intel 的创业投资后，亚信不再面临银根吃紧，财务风险也大大降低，而业务发展上则如虎添翼——系统集成业务继续扩大；而软件业务则大幅度增长，其收入占公司的总收入比重超过 1/3，而两年前它只是公司很小的一个业务。

另外，从 Intel Capital 融资的所有努力是值得的——与 Intel Capital 打交道下来，亚信已经准备好 IPO 所需的任何东西。

六、亚信上市简介

从 1999 年下半年开始，亚信开始为其在美国纳斯达克上市进行具体筹划。

2000 年 3 月 3 日，亚信在美国纳斯达克成功上市，成为首家在美国上市的中国 Internet 企业，当天亚信的股票每股涨幅达 314%，成为纳斯达克当天最成功新股，并创纳斯达克亚洲股票单日最高涨幅；并且，亚信按计划一天不差地完成了整个 IPO 的过程，这是摩根士丹利客户中的亚洲第一家，也是摩根士丹利 Technology Group 负责的所有准备上市企业的唯一的一家。

上市后，亚信继续保持快速发展的势头，2000 年的营业额达到 1.76 亿美元，大大高于 1999 年的 0.603 亿美元；2001 年第二季度，亚信利润首次出现正值；亚信的系统集成和软件产品在市场中的份额进一步提高。但与此同时，亚信的发展也开始面临全球电信市场不景气和国内电信业重大调整的严峻挑战。

对此，亚信的管理层反复强调：上市只是一个企业发展的重要手段，而不是目标；亚信的目标仍然是要建立一个 "world-class PRC company（世界一流的中国企业）"，并实现投资人的良好回报。亚信公司能否真正实现其目标，大家正拭目以待。

说明：本案例主要基于作者本人的访谈、亚信的上市招股说明书、亚信公司的公开材料和报道，主要调研访谈人包括：(1) 亚信公司的创业者：田溯宁、丁健；(2) VC 代表：Patrick L. Keen、孙强。

附：**1995—1999 年亚信公司的部分财务数据**

表 1995—1999 年亚信公司的部分财务数据

12月31日（以千美元为单位）					
	1999 年	1998 年	1997 年	1996 年	1995 年
销售收入					
网络解决方案	53 786	41 964	36 509	14 781	1 799
软件许可	6 494	2 258	775	762	——
总收入	60 280	44 222	37 284	15 543	1 799
成本					
网络解决方案	41 959	32 188	29 551	9 098	1 253
软件许可	4	1	5	——	——
总成本	41 963	32 189	29 556	9 098	1 253
毛利润	18 317	12 033	7 728	6 445	546
经营费用	23 281	11 352	8 441	4 259	1 144
息税前利润	(4 964)	681	(713)	2 186	(598)
息税前经营利润率/%	−8	2	−2	14	−33

资料来源：亚信科技（中国）有限公司招股说明书和2000年年报。

思考题

1. 比较亚信不同阶段融资的特点及其作用、分析对比不同阶段的投资者所要求的控制权。

2. 1997 年 1 月，亚信的主要创业者最终下决心引入海外创业投资，如何看待这轮融资的程序？如何看待融资中介的作用及创业企业聘请融资中介相应所需要支付的成本？

3. 亚信选择华平、中创、富达 3 家作为其联合投资者，你认为选择联合投资有何利弊？

4. 亚信公司在 1997 年引进创业投资时，投资协议中采用了状态依存的股权分配条款，你认为这对创业者有什么利和弊？

5. 如何看待亚信引进 Intel Capital 的战略投资？

第4篇

创业企业的管理

第 8 章 新创企业战略

第 9 章 新创企业的成长管理

第 10 章 新创企业的危机管理

新创企业战略

> 作为一把手,要对自己的企业有一个约束力,不偏离行业和企业发展的方向。成功天分很重要,有约束的人会一如既往地按照原则做下去,从而获得比较长期的成就。
>
> ——《洛克菲勒自传》

学习目的

1. 明确创业战略如何帮助创业者获得更高的成功概率;
2. 掌握创业者如何思考与制定公司的战略;
3. 了解新创企业战略的一般类型。

从华为公司到美国硅谷,再从美国硅谷回到北京的中关村,现年34岁的杨先生无论从背景、经验、精力,还是对中西文化的理解来看,都是一个教科书式的创业者。乘着国内创业高潮的利势,他在中关村留学园成立了一家远程教育的公司,专门为从事网络教育的学校与企业服务。经过两年的努力,公司的现金流稳定在300万元左右。在这两年期间,公司也获得了不少政府基金的支持,许多投资人与杨先生保持紧密联系,也有"天使投资人"对公司进行了投资,公司还在上海、西安、深圳等地开设了分支机构。公司的运转一切正常,杨先生似乎要做的只是安静地等待网络教育产业高潮的到来,而这一高潮在他看来只是迟早的事。但创业初期团队的分手,销售收入在一个固定数字上的徘徊,使得这位公司的CEO不断地问自己这样的问题:公司的未来就是这样吗?怎样才能获得新的增长?大学时代就喜欢从书本获得知识的杨先生翻阅了许多流行的管理书籍,希望获得更多的答案,但得到的却是更多的迷茫,这种迷茫甚至一度引发他回到北美过日子的冲动。杨先生和他的公司一起陷入了战略成长的困境。

8.1 创业战略的价值

战略,这个被管理学界过度使用的术语,给创业者带来更多的也许是困惑。比如说在中关村或者其他创业者聚集的地方,向创业者咨询他的公司战略,得到的回答或许是研发工作,或独特的销售模式,甚至会谈起公司的未来以及自己的商业哲学。总之,会谈及一切他认为重要的东西。战略,这个让一群顶级管理学者争论不休的含糊词语,每个创业者都有自己的理解和体会。与筛选商业机会、撰写商业计划书、争取融资等其他重要创业活动一样,只要从这项活动中获得的收益超过付出的时间、精力、金钱等成本,这项活动就能够为他的企业带来价值。虽然我们甚至还不能对"什么是创业战略"达成最小程度的共识,但许多成功的创业企业确实从自己的战略管理过程中获得了以下几个方面的价值。

8.1.1 保证方向与目标的持续性

有人认为战略就是选择做什么的艺术,"做什么"与"不做什么"是战略讨论的主题。对于企业来说资源永远都是有限的,企业必须集中有限的资源组织企业的活动。对于新创企业来说,资金资源、人力资源、合作伙伴资源、客户资源都相对匮乏。这种资源上的匮乏导致新创企业应该更加集中自己的力量。同时,新创企业在方向上更加不能犯错误。与IBM、福特公司这样的大型企业相比,新创企业抵御方向性错误的能力更弱。它们的任何一次方向性的错误都可能导致企业生命的结束。从这一点讲,新创企业更需要有明确的方向和清晰的目标引领前进的道路。

专栏

在全球专利竞争中,华为公司已从2G时代的跟随者,跃进为全球3G的同行者,此后更是一直推动着中国的4G产业,并成为2013年8月工信部颁发的首批4G终端入网许可的四款手机中唯一的中国品牌。事实上,华为不仅在中国获得了巨大的成功,更在全球范围内进行战略布局,并且持续在技术研发上进行高投入,继续领跑布局5G时代。从一家做海外产品代理的小公司,到能与世界顶级电信巨头同台角逐的民族品牌,华为只用了21年时间。成功的背后,是华为一贯坚持的发展战略:把宝贵的资源都押在"开放式创新"上。华为每年将不少于销售收入10%的费用投入研究开发。截至2008年12月底,华为公司累计申请国内外专利35 773件,连续6年夺得中国企业专利申请数量第一,连续3年占据中国发明专利申请数量第一。但是,华为的技术战略还不是全面追赶式的高研发投入,而是在具有战略意义的核心技术上要持续投入,要追赶甚至超越国外竞争者。任正非曾在《创新和华为发展的不竭动力》一文中指出,信息产业的技术革命每天都在发生,"在新问题面前,小公司不明白,大公司也不明白,大家是平等的。华为知道自己的实力不足,不是全方位的追赶,而是紧紧围绕核心网络技术的进步,投注全部力量,又紧紧抓住核心网络中软件与硬件的关键中的关键,形成自己的技术核心。"21 世纪初华为投入近百亿元进行 3G 开发就是该战略的一个典型代表。据说华为对 3G 的持续投入超过 50 亿元,在前五年没有获得一分钱投资回报,却最终和国外竞争者同时站在了 3G 核心技术的起跑线上。事实证明,华为的宝押对了。在国际金融危机这一舞台幕布下,年轻的华为反而显示出其强大的生命力:2008 年,沃达丰、爱立信等世界电信巨头业绩纷纷滑坡,而华为合同销售额高达 230 亿美元,实现同比增长 46%。但是,无论是电信业还是华为公司,都在持续不断地前进发展。从 2009 年第一个 LTE 网络诞生起,4G 就在全球运营商中掀起了一股浪潮。在这股浪潮中,华为一直位于 4G 市场的第一阵营,无论是 4G 商用合同还是核心专利都位于业界第一。截至 2014 年 9 月,全球商用的 4G 网络达 331 个,而这其中,华为以 154 个位居第一,爱立信 138 个紧随其后。为什么华为能够在 4G 市场中脱颖而出成为行业领跑者呢?这其实是其持续的在核心技术上进行高投入战略并始终围绕客户需求进行研发的结果。从 2010 年起,华为在 3GPP LTE/LTE-A 核心标准中贡献了 546 件通过提案,占全球总数的 25%,此数据也是业界第一。华为无线网络业务部 LTE 产品线总裁王军在接受采访时曾说,华为是通过"三大支柱+一个体系+核心专利"来构筑其 LTE 核心竞争力。这其中的"三大支柱"指的就是华为的 4 大算法研究所、2012 实验室(海思公司)和遍布全球的 9 大材料研究所,可以说,华为的成功是全球最先进的研发资源集结并一天天累积的结果。华为的传奇仍在继续,2015 年 6 月,华为与沃达丰签署 5G 合作备忘录;2016 年 2 月,华为与沃达丰宣布将在 2016 年移动世界大会上,联合展示双方 5G 技术测试验证的最新进展。可以想见,在不久的将来,华为将继续站在 5G 的舞台上为中国制造和中国创造发声。

资料来源:
张启,王轩."开放式"华为:专利申请跃升全球冠军 [N]. 南方日报,2009-05-05.
孔祥露. 非一般的华为 [M]. 深圳:海天出版社,2008.
黄海峰. 全球 4G 市场现双寡头博弈华为与爱立信共执牛耳? [J]. 通信世界,2014 (30):30-31.
华为与沃达丰签署 5G 合作谅解备忘录,启动 5G 新技术的联合测试 [EB/OL]. C114 中国通信网,2015-07-09.

8.1.2 吸引外部资源

与商业计划书主要用来吸引投资人的眼球有所不同,清晰而优秀的公司战略和愿景对潜在的加盟者、客户以及合作伙伴都有很强的吸引作用。现代管理理论之父切斯特·巴纳德将共同的目标作为一个组织的必要条件,共同的目标能够使得组织的协作行为变得更为有效。与进入成熟企业员工的工作动机不一样,愿意和创业者一起承担创业风险的员工,更希望在实现企业目标与愿景的过程中完成自己的人生目标。所以一个伟大的愿景与清晰的目标能够为创业者带来更多志同道合的合作者。这种举措一方面是向外部，同时也能够在组织内部形成一股激动人心的创业氛围。

 专栏

  2009年5月，太阳鸟游艇公司珠海基地，董事长李跃先告诉记者，美国有1/3的人参与游艇运动，而目前中国平均130万人才有一艘游艇，这是一个巨大的市场。实际上，就在半个月前，达晨创投宣布投资太阳鸟3 100万元，创造了国内风投投资游艇行业的第一单。对于中国的富人们来说，游艇动辄上千万的价格，无疑仍有点让人生畏。李跃先则宣称，太阳鸟的售价仅是国外同类产品的1/3。"做中国人买得起的游艇"，正是这句话最终打动了达晨创投。

  2003年3月，太阳鸟游艇公司在湖南沅江成立，第二年，与美国知名的设计师莱恩·霍兰德合作的第一条游艇便顺利下水。这条游艇很快就找到了买家。当时上海金茂正想购买一艘游艇，并发出了公开招标。物美价廉的太阳鸟游艇成功中标。李跃先回忆，"第一条游艇就能够中标，应该说是意料之外，但又在情理之中，与国外一流品牌相比，我们目前在工艺水平上还要差5%，但价格却只有它的1/3，另外我们可以做到24小时售后服务。"现在，金茂及他的合作伙伴中信泰富是太阳鸟的老客户，已经买了4艘游艇，第五艘正在设计中。随后，在青岛奥运会帆船赛接待游艇的7条游艇订单中，太阳鸟又一举拿下5条。而下一步，李跃先要做的是，向汽车行业学习，做中产阶级买得起的游艇，打造游艇行业的4S店。

  实际上，太阳鸟战略非常清晰：相对平民化的定位和过硬的技术能力。正是这种战略帮助其在中国这个游艇新兴市场上成功吸引到了投资者、客户和合作伙伴资源。

资料来源：中国游艇业引资第一单，达晨创投3100万注资太阳鸟[N].21世纪经济报道，2009-05-24.

8.1.3 指导管理政策的制定

  相比成熟的大企业来说，新创企业的内部管理活动无疑要简单得多。新的企业往往能够带来更为有效的管理模式，如西南航空公司的成本管理模式、微软公司的项目开发管理等。战略是统一管理行为的重要前提。从某种意义上讲，战略是整个公司管理决策的价值前提。

 专栏

  亚马逊书店的创始人贝索斯从创办企业的第一天起，就认识到自己所进入的是一个竞争非常激烈，并且毛利率空间非常小的行业。低成本的战略成为亚马逊公司创业早期的基本战略选择。贝索斯先生将这种战略导向引入了日常的管理行为之中，并在整个企业中提倡节俭的文化支持企业的低成本战略。亚马逊公司最终招到的员工都是像普林斯顿、达特茅斯、哈佛、斯坦福、伯克利这样顶尖学校的毕业生，但它早期支付给员工的基本工资比市场平均水平略低，而且最基层员工的基本工资还具有一定的竞争力，但越往高走，工资就比市场竞争水平低得越多。公司没有短期激励计划，因此公司以现金形式支付的总报酬比市场水平略低。公司通过长期激励，即新员工股票期权的方式来吸引高素质的员工。这种做法与公司早期的整体战略思想（由于较低的毛利空间，通过不断的扩大市场份额，从而获得有利的竞争地位）相当一致。

8.1.4 帮助创业者形成完整的经营思路

现代管理学之父彼得·德鲁克认为企业高层管理者的首要任务就是不停地思考三个命题："企业是个什么企业？企业将是个什么企业？企业应该是个什么企业？"他将很多企业的失败都归结于其高层管理者对这三个命题的忽视。与大型企业的高层管理者相比，创业者的注意力更容易集中在客户、外部环境等战略要素方面。但是，创业者，特别是没有在大型企业工作过的创业者，常常由于缺乏必要的商业经验与技能，使他们不能够迅速完成对企业整体经营的思考。在这种情况下，系统、正规的战略思考过程对创业者的帮助是巨大的。创业者能够在不断与投资人、合作伙伴、客户等利益相关者探讨公司未来的发展方向的过程中形成相对完整的思路。

在创意阶段，甚至在商业机会的遴选阶段，直觉、天才、运气等具有神秘主义色彩的元素可能能够帮助创业者完成公司的创建，也能够帮助创业者完成融资过程，但企业的持续经营却必须依赖于企业完整清晰的经营策略。从某种意义上说，创业者成立公司并不是思考战略的结束，而恰恰是思考战略的开始。许多新创业者因为始终没有形成完整的经营思路，要么将公司带向了毁灭，要么将公司的控制权拱手让给他人。思科公司的创始人则属于后者。1984年下半年，两个斯坦福大学工作人员桑迪与莱恩夫妇创建了思科公司，并且开发了该公司的主要产品。这项产品为公司的迅速成长带来了源源不断的订单，也为公司带来了资金和品牌，但却始终没有为桑迪和莱恩这两位公司的创始人带来如何有效经营思科公司的整体思路，最后两位创始人失去了公司的控制权并离开了他们亲手创建的思科公司。

 专栏

新创企业是否需要战略？

阿马尔·拜德（Amar Bhide）对全美500家发展最快的企业中100家企业的创始人进行了调查，结果发现，41%的企业根本没有经营计划，26%的企业家有个初步的、简单的计划,只有5%的企业家为投资者写出了财务计划。另一方面,从企业的实践来看,确实存在初创时没有思考过战略,甚至不知道战略为何物的例子。用携程旅行网的共同创始人,曾任甲骨文(Oracle)公司中国区咨询总监的梁建章的话来说,就是"没有细想,好像灵光一闪","创业之初在战略方面考虑得很少",但同时又是"经过分析的直觉"。但是,这些企业都在以后的发展过程中,成功探索出战略方向,并为企业的发展制定了比较详细的战略。

拜德在他的一篇发表在《创业者必须问自己的三个问题》一文中阐述了这样的观点:很多创业者经常只是抓住某个短期的机会,而没有考虑长远的战略。但是成功的创业者能够很快地适应从战术导向到战略导向的转变,进而引导企业走向成功。

Christopher Orpen 对比研究绩优的新创企业与绩劣的新创企业对制定长期计划的看法后发现,绩优和绩劣的新创企业都认为制订长期计划能够帮助企业节约成本、准确预测、快速决策(见表8-1)。总体而言,良好的长期计划能够帮助企业改善业绩。

表 8-1　制订长期计划对企业的有益之处

制订长期计划的好处	高绩效新创企业/%	低绩效新创企业/%
节约成本	52	50
更高效的资源配置	66	51
竞争地位得到改善	64	49
更实时的信息	42	31
更准确的预测	76	70
更良好的员工士气	31	32
提高探索替代方案的能力	72	47
减弱不确定感	42	30
更快速决策	49	46
更少的现金流问题	36	30
销售收入增长	65	50

 专栏

妨碍创业者制定战略的因素

Kuratko 和 Hodgetts 在《创业学》第 15 章讨论创业战略时总结学者们的研究成果认为,妨碍创业者制定战略的主要因素有五项。

(1) 缺少充裕的时间。创业者们时间精力有限,面对纷繁复杂的日常事务时,无暇顾及长远计划。

(2) 对制定战略的方法和过程缺乏了解。创业者们普遍不了解制定战略的程序,不知道如何获得信息,如何制定战略。

(3) 缺乏专门的人才。创业者团队一般是企业经营的通才,没有专门制订计划的专家型成员。

(4) 缺乏信任和开放。创业者对业务保持高度敏感,很少开展像战略这样需要员工以及外部顾问参与的管理活动。

(5) 认为成本太高。创业者认为与制定战略相关的成本太高,而忽视了战略本身的价值。

Christopher Orpen 对小企业的调查表明,业绩突出或是业绩平平的新创企业都面临战略困境,时间和成本是最主要的障碍(见表 8-2)。

表 8-2　创业者制定战略时面临的障碍

面临的障碍	高绩效新创企业(%)	低绩效新创企业(%)
目标未充分定义	18	25
难以获得员工的承诺	10	15
没有足够的时间来制订计划	61	70
构思出足够多的备选方案	25	30
不可预见的政治环境	15	16
经济环境不如意	30	38
需要协调战略制定过程	31	40
初始的战略前提有待检验	16	19
下属的参与成分不够	32	39
缺乏战略思考氛围	10	29
成本太高	66	71
难以获得可信的数据	16	16
经理人员缺乏经验	18	31

资料来源:Donald F. Kuratko & Richard M. Hodgetts (Eds.). *Entrepreneurship*, South-Western Pub, 2009, Chapter 15, pp. 523-524.

8.2　新创企业战略的特征

新创企业的战略在制定过程、表达形式、传递方式等方面与成熟企业有着天壤之别。许多大型的企业都有自己的战略规划部门,有严格的战略规划周期。高管人员会不断地召开各种类型的战略研讨会,有时还会聘请外部智力机构参加。会上大量的图表、数据常常使得与会者个个表情凝重。而新创企业的战略制定过程(如果有正规过程的话)则轻松得多,战略的表达形式也大多是口头上,或者是一两句容易记忆的、带有鼓动性的话语。如果我们忽略这种形式上的差别(因为在人事政策、组织结构等方面新创企业与成熟企业有着同样明显的形式区别),其实新创企业的战略在许多内容方面都表现出自己更为本质的特征。

8.2.1 战略选择更依赖于创业团队的能力与资源禀赋

郭士纳可以不懂计算机却为 IBM 公司的转型制定了成功的战略，这种现象在创业型企业中却鲜有发生。外行人领导内行人的局面在新创企业里面很难维持。大贺广告定位在专门的户外广告制作的原因之一是大贺的创始人都是设计人员出身，认为自己做户外广告的质量要比同行好一些；海天天线当家人肖良勇自己就是中国大型运载火箭上天线辐射理论分析和计算的主要研究者之一，他在军事电磁散射理论、军事新型天线的研制上成绩斐然；她加他饮品有限公司的 CEO 周子琰女士有着深厚的市场策划背景。

创业者的能力，资源禀赋，甚至是性格特征都会对初创企业的战略选择带来巨大的影响。不论是有意还是无意，企业家都会使他的公司打上自我的烙印。

 专栏

迈瑞是首家在纽交所上市的中国医疗设备公司。而与这种成功分不开的是徐航在战略选择上对自主研发的坚持。1991 年，迈瑞靠代理起家，当时国内医疗器械行业基本靠进口，代理的日子很好过，徐航第一年做代理就挣了 100 万元。但和其他代理公司不同的是，医学工程专业背景的徐航，从 1992 年便开始自主研发。迈瑞的第一款产品，是在 1992 年底研发的国内第一款单参数的血氧饱和度监护仪。"当时国内医院没用过国产设备，还是愿意采用国外进口的多参数监护仪，因此我们的销路并不好。"徐航说，由于技术、质量和销售的原因，直到 1995 年才开始陆续有客户愿意尝试使用迈瑞的设备。但是，即使销路不好，徐航仍然坚持把自主研发做下去，公司在很长一段时间内是用代理赚来的钱来支持研发。但真正促使迈瑞放弃代理、专心自主研发的则是 1997 年华登国际投资的介入。虽然当时迈瑞已经拥有每年 1 000 万元的利润，但是，当华登国际风险投资商开门见山提问："迈瑞究竟要成为一个什么公司？未来 3 年的计划是什么？"徐航居然没能回答上来。"3 年？一年做好就不错了！"这是迈瑞管理团队当时的心态。"你们为什么不能做中国的惠普呢？"风险投资商的提醒，让徐航第一次开始仔细考虑公司未来的出路，并明确了走自主研发的道路。当时，创业团队对未来发展的战略发生重大的分歧，其中几位认为应当继续以做代理为主的团队成员提前兑现了自己的股份，退出公司。

实际上，正是由于医疗工程出身的徐航坚持自主研发，迈瑞才获得了长期的企业生命力。截至 2007 年，迈瑞每年都要拿出收入的 10% 投入研发，研发技术人员达到 800 多人。迈瑞的监护仪占领了 40% 的市场份额，同时迈瑞也成为全世界最大的三分类血细胞分析仪生产厂家，并于 2006 年在纽交所成功上市。而当初和迈瑞一起做代理的那些医疗公司，大多都已经不存在了。

部分资料来源：李娜. 迈瑞三部曲 [J]. IT 经理世界，2007，(8).

创业者的能力与性格特征对于初创企业的战略影响是巨大的，这种影响在很多时候帮助公司克服初创期的种种困难，但有时候却将即将成功的公司推向毁灭。

专栏

康柏公司的创业者，计算机专家罗德·凯宁先生在公司创办之初就致力于生产专供工程师和科学家使用的手提电脑和高速、大容量的高级微电脑，产品以技术先进，使用可靠著称。康柏公司为了确保产品质量，主要元部件都是自产的。为了确保硬软件兼容，康柏公司在设计计算机时对当时已知的所有软件都进行反复测试，并在出厂前对整机进行连续96小时运转的测试以保证产品质量。康柏的微机装箱后可以从3层楼上摔下来而不出问题。一开箱就可立即使用。康柏在设计制造计算机和工作终端时追求的是世界第一的技术性能，而不是生产效率与成本控制。只要是科研需要，即使十几万美元的仪器设备，科研人员也可以自行购买。康柏公司的不成文的准则是："让财务人员下地狱见鬼去，我们要的是顶尖产品。"这种对产品与技术的疯狂很大程度来源于创业者罗德·凯宁的技术偏好与天分。由于20世纪80年代，计算机仍然是一个复杂而又难以操作的机器，企业均是由科研人员与专家进行购买，所以康柏公司获得了长足的发展。而在计算机迅速发展不到十年之后，计算机制造技术日益成熟，行业价值链的竞争要素从研发逐渐转向生产和销售环节。正是利用这种竞争要素的转移过程，戴尔公司成功崛起。可是技术出身的首席执行官凯宁先生却不愿意相信计算机会变得像普通家用电器那么普通，也不相信"高技术、高价格"的高档电脑会没有足够的市场。固执地认为公司的亏损是由于世界经济的疲软导致计算机市场的萎缩。最后，具有丰富经验的投资人杰明·罗森通过调整公司最高领导者的人选挽救了康柏。

新创企业的战略选择更加依赖于创业团队的技术能力与资源禀赋，而成熟企业的战略选择空间受到领导者的个人能力影响却相对较小。这一明显特征对于创业团队的组建与团队的工作方式有着重大的影响。

为了使新创企业的战略选择能够有更大的自由度，创业团队在保持价值观统一的前提下，其人员的构成应该考虑到知识、经验、能力与资源禀赋的相互补充。创业者在选择团队人员的过程中，不仅要考虑到志同道合、情同手足等因素，更应该在团队的能力、经验与资源方面寻求互补，以拓展新创企业战略选择的空间。

8.2.2 战略调整更具有柔性

用"小就是美"（small is beauty）这句话来形容创业企业在战略调整方面的相对优势再恰当不过了。由于外部环境不确定性的增加，大企业受到来自各方面关于其战略僵化的批评越来越多。船小好调头，新创企业在战略选择上虽然缺少更多的空间，但在战略调整方面却享受更多的自由。

> **专栏**
>
> 蒙牛在创建之初，为了进入上海市场，借用电子商务网以及家庭饮用水配送网建立了独特的销售网络，适应了当地牛奶消费者追求方便快捷的购买习惯，巧妙地利用电子资源实现了销售渠道的创新，成功地在上海市场上站住了脚。而当时在上海具有龙头地位的光明牛奶，由于在传统的渠道进行了大量的投资，使得光明牛奶在渠道战略的调整方面遇到更大的困难。

新创企业与大企业相比，它的优势就在于高层管理者更贴近客户，更容易感受到市场上发生的变化并作出更为迅速的反应，能够用小企业的反应速度来抗击大企业的经济规模。创业者一定要了解企业的竞争优势，能够在与企业的大型竞争对手展开竞争时充分发挥企业的灵活多变的优势，在战略上多采取许多学者称之为"柔道战略"的方式。

8.2.3 战略沟通更具有投资导向性

大企业的战略沟通是普遍难题。高层管理者的战略意图很难落实到执行层，决策层与执行层往往形成博弈局面。变革型的领导，如韦尔奇、郭士纳等做的一项主要工作就是，通过授课、演讲、会议等不同的形式，将企业的战略意图灌输给执行机构。这些大公司为了能够使得公司层面的战略得到不折不扣的执行，发明了一系列的战略控制手段。其中既有传统的经营预算、资本预算、薪酬激励等手段，也有绩效评估系统、平衡记分卡等新兴的手段。总之，大企业为了使得战略能够被各级员工接受并付诸实践工作进行了大量的管理投资。

由于新创企业管理层级少，结构简单，所以公司战略比较容易通过各种正式和非正式的渠道被员工队伍所了解，进而融入工作行为。与员工的整个战略沟通相对简单。相反，新创企业的战略在与外部投资人进行沟通时往往会遇到比较大的阻力，这种战略沟通上的障碍时常会影响投资人与创业者之间的信任关系，最终导致双方的冲突，乃至分手。

> **专栏**
>
> 1999年，中国互联网热潮来临了。在网络热潮声中，陈天桥看到了稍纵即逝的机遇。果断拿出了50万元的启动资金，在同年的11月份创办了"上海盛大网络发展有限公司"，主要做图形化的虚拟社区——"天堂归谷"。短短的几个月间，这个虚拟的社区竟然拥有了100万左右的注册用户，并为盛大在2000年1月赢得了中华

网 300 万美元的风险投资。2000 年，盛大做了一年的动画。但是还没有等到网站盈亏平衡，众所周知的事就发生了：互联网的"泡沫"开始破灭了！面对危机，2001 年初，陈天桥决定放弃投入期长、回报期也长的网络动画，回到网络游戏的经营上来。说来也巧，那时正好有一个叫作 We made Entertainment 的韩国公司来到上海，寻找网络游戏《传奇》的运营商。经过一番考察，双方于 6 月 29 日签订授权协议，盛大用 30 万美元的入门费和 27% 的分成获得运营权。但是中华网还是坚持做动画，以至于最后中华网撤资，在协商之后同意给陈天桥留下 30 万美元，而陈天桥也拿回了公司的掌握权，继续运营《传奇》。

盛大的结果是创业者陈天桥坚持了自己的战略方向，幸运的陈天桥获得了成功，而中华网则失去了一个非常优秀的项目。这样的例子在创业投资界也是比比皆是。创业者应该在与投资人的战略沟通方面进行更多的努力，并应该具有更多的沟通技能，才能使得公司战略的实施过程能够得到多方面的支持与理解，避免因为战略沟通过程中出现的问题影响到公司的前途。这种沟通在公司进行战略转型的过程中就显得尤为重要。

8.3 创业者如何思考战略问题

大前研一在《企业家的战略性思维》一书中介绍了企业家如何进行战略方面的思考，并将行业的关键成功要素作为战略思考的一个核心问题。概念不一定能够帮助创业者获得新的创业构想，但确实能够帮助我们理解创业者成功的原因。本节将介绍几个关于战略问题的概念。

8.3.1 价值链

价值链这个最先由战略大师波特先生提出来的概念，常常被不同的人用在不同的场合表达不同的含义。一个新的主意、一个新的产品或者一个新的商业模式，最终能否转化成为一个持续发展的企业，关键在于这项新的产品与服务能否使得企业在整个价值链的环节中获得更为有利的竞争地位。企业家不是从事贱买贵卖的商人，他必须有意识地安排企业的各项活动，使得投入企业的资源能够转化成价值更高的产品，这就是企业的价值创造过程，也是企业存在的经济性目的。波特将企业内部的各种活动划分为九种基本的活动。企业的竞争优势来源于各种活动之间的差异化以及活动之间协调的差异化。如果将这种活动的划分扩展到企业的上下游，则企业内部价值链的概念将会扩展到整个产业的价值链环节。而企业的竞争策略也就从关注内部价值活动的协调转变为如何在整个价值链环节获得有利的竞争地位。初创企业必须审视战略方向，到底要在整个价值链环节中获得什么样的地位？是依靠企业的技术优势成为整条价值链的创新源泉，还是依靠企业的渠道优势成为整条价值链规模经济的来源？总之，初创企业必须为获得价值链中的位置而努力，无论这种位置是主导地位还是附属地位。

一家希望从事快速消费品分销的初创企业，首先应该考虑的是在有厂家主导的整条价值链中自己应该扮演的角色是什么？是物流的组织者，销售信贷的提供者，还是区域市场的管理者？这样考虑以后才有可能有效地组织企业的内部生产活动与资源配置，而且，同样是分销企业，加入不同的竞争特点的价值链，扮演的角色与采取的策略均有所不同。例如，创业者如果希望能够代理一家碳酸饮料品牌，加入可口可乐与加入娃哈哈集团的非常可乐的价值链则需要完全不同的战略。

专栏

中关村科技软件有限公司（Censoft）的创始人朱希铎先生在选择公司做什么的时候便是用这种思维方式审视了整个软件价值链的各个环节，并选择了在整个价值链中最恰当的环节作为公司的定位。当时，最底层的操作系统和数据库领域已经有了微软和Oracle等顶尖公司在做，如果公司起步做这个已经做不大了；而最上层的各种应用软件，如办公自动化和财务等应用软件等，由于门槛低，国内很多企业已经在做了。所以，他选择了一个介于两者之间的东西，是一种市场大、技术含量高的软件。

类似于朱希铎先生对软件行业的分析，很多行业存在着"微笑曲线"的价值链规律（见图8-1）。处于微笑曲线不同价值链环节的企业必须拥有不同的企业定位与资源配备。这条曲线两头是高附加值的。像系统集成、零售。最低的部分是品牌机、主板机的生产。微处理器是因特尔主导，操作软件是微软主导，这两部分是整个价值链环节价值含量最高的部分，也是对技术创新能力要求最高的部分。而利润最薄的部分则是主板机与品牌机的生产，这部分要求企业能够有成本控制的能力，从而依靠规模获取优势。

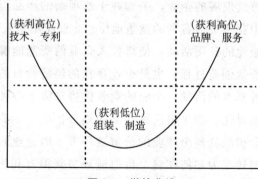

图 8-1 微笑曲线

8.3.2 时间与空间

战略决策中最重要的两个变量就是时间与空间。任何一个企业家在进行战略决策时，都是在特定的时间与空间中思考机会与资源的匹配问题。产业机会通常是稍纵即逝的，战略的关键即在于迅速抓住外部环境发生变化时给企业带来的机会；而产业的发展史告诉我们，第一个发现市场机会的企业通常并不是这个产业的最后赢家。时间与战略之间的关系非常复杂，正是由于这种复杂而又紧密的联系，时间常常成为一些伟大战略家手中的竞争利器。与时间相比，空间概念是企业家在作战略决策中使用更为频繁的概念。而本土许多企业，无论是做地产生意的，还是做奶品的，都不约而同地将北京作为战略市场，不计投入地抢占北京市场。而娃哈哈则始终将二级市场作为企业的战略要地，依靠广大的农村市场与跨国企业进行着旷日持久的竞争。史玉柱则利用在局部市场的成功经验迅速将脑黄金推广到了全国市场。

由于与成熟企业相比，初创企业无论是在资源禀赋方面还是在抵抗风险方面都存在着明显的劣势，所以初创企业在进行战略部署的时候更加应该注重对时间与空间概念的应用。许多创业者都是利用不同区域的发展速度，获得创业机会与灵感。技术驱动型的初创企业，通常的做法都能够利用其活跃的创新精神获得某项技术的突破，但往往市场的形成速度滞后于企业发展的需要。初创企业在没有迎来产业的黄金时期就因现金问题而胎死腹中。成熟企业则利用自己的资源优势篡取了这个新兴的市场。中国产业界流行的"只能做先驱，不能做先烈"的说法深刻地揭示了时间与战略选择之间的关系。销售驱动的初创企业，通常都会依赖创始人对某特定区域市场的资源与理解，迅速成为区域市场的领导者。再利用在区域市场成功获得的经验、资源与品牌向其他市场扩张，最终获得全国市场。初创企业利用这种区域的成功经验走向全国市场，有的获得了成功，而有的则连根据地都散失了。影响这些企业获得不同结果的一个重要因素就是空间在战略扩张中的应用手法不同。

🎯 专栏

在全球化的今天，丰田是凭借自身软实力——TPS（丰田生产体系）打持久战，不断拓展、扩大市场空间的高手。丰田针对各种市场的特点，以TPS作为核心，韬光养晦，稳扎稳打，把丰田的制造理念传递到全球，TPS管理理念已经成为支撑起丰田全球的发展基石。丰田TPS管理方法的一个主要思想就是在保持质量稳定的同时，能够使生产及时反映市场的变化，并在逐步改善提高的基础上，最大限度地降低成本。而这种指导思想反映在丰田的发展战略上，就表现为不盲目地进行扩张，或步其他企业的后尘，匆匆进入某一市场，而是稳扎稳打，在充分了解市场和建立起自己完整的供应体系或竞争力后，再当机立断地进入海外市场。无论是进入美国市场，还是后来进入亚洲，包括中国市场，丰田的市场扩张战略都表现出这一特点。

丰田汽车进入中国市场以来，销售量增长迅速，2007年销售接近50万辆，丰田汽车正在为当初制定的10%的中国市场份额而努力。2007年丰田集团全球销量为937万辆，同比增长6%。据当时的预测，这一年丰田汽车将超过通用汽车，成为全球汽车的霸主。在中国市场，丰田也将超过本田汽车，成为仅次于大众汽车和通用汽车的第三大合资汽车公司。

8.3.3 竞争与合作

最早提出竞合的两位学者是耶鲁大学管理学院的拜瑞·J.内勒巴夫（B. J. Walebuff）和哈佛商学院的亚当·M.布兰登勃格（A. M. Brandenburger）。他们认为："创造价值当然是一个合作过程，而攫取价值自然要通过竞争。这一过程，不能孤军奋战，必须认识到要相互依靠，就要与顾客、供应商、员工及其他人密切合作。"竞合是一种新的竞争观念与范式，这里的竞合是指获得竞争优势的合作方式、秩序以及过程，而不是传统意义上的竞争。正如前面两位学者提道："在竞争时没有必要消灭竞争对手。如果与竞争对手死战到底就会破坏市场，这样也就不能得到任何东西，此为双输。同样道理，也不必为了合作而不考虑自身的利益，创造一个不能把握的市场并非明智之举。竞争的最终目标应该是使事情对自己有利，目标的达成有时需要牺牲他人的利益，有时又不需要。"

竞合是在新的商业环境下出现的新的商业规则。在这种商业规则下，许多企业都开始用合作来考虑自己与竞争对手、与供应商以及消费者之间的关系。战略联盟、合资公司等多种体现竞合关系的组织形态被战略家广泛应用在诸多产业领域，用以实现竞合战略思想。相比国际企业，中国企业在对竞合的理解上要吃力许多，以至于中国的许多行业都出现全行业亏损。中国的许多公司习惯于恶性竞争，并且随着整体市场占有率的放大，恶性竞争就变得白热化，导致全面的亏本。所以在新的商业环境下，企业家要学会用竞合的思想去思考战略问题。

在波特的战略思想里，供应商与企业之间"砍价能力"的对比会影响产业的营利能力，供应商与企业之间关系通常是以相互算计的面目出现。初创企业如果能够学会用竞合的思想去思考企业的战略问题，则往往会有四两拨千斤的效果。实际上，许多创业者就是利用供应商与经销商的资源帮助自己获得了成功。

专栏

20世纪90年代初的中国正面临一场流通领域的巨大变革：计划经济体系下的分销体系逐步瓦解，新的分销体系却没有建立起来。许多创业者，特别是希望在快速消费品领域有所建树的创业者首先面临的就是如何将企业的产品快速地分销到消费者的手中。流通领域改革的相对滞后影响了工业企业的发展。正如《战略与结构》

中描述的：大规模的生产是以大规模的流通为前提的。这些创业中的成功者大多都将分销商作为自己竞争的一个有效手段。用战略方面的术语就是将分销商作为企业的战略伙伴。他们为企业的经销商提供经营所需的流通资金，请人教会经销商如何做生意，把经销商的利益放在整个战略计划的首要地位。正是这些优秀的创业者为中国的流通领域培养了一批优秀的经销商，而他们自己也凭借高效的分销系统在和对手的竞争中获得胜利。他们与自己经销商的关系真正体现了一荣共荣，一损俱损的战略合作关系。

创业者要善于嫁接外部的资源，要学会在合作中竞争，在竞争中合作。

8.3.4 经验曲线

20世纪60年代，波士顿咨询公司提出了一个很重要的战略概念——经验曲线。在大多数情况下，竞争者的累积经验之比与市场份额之比十分接近。如果总的增值成本随累积经验的增加而有规律地下降，那么竞争者之间就会出现与市场份额成比例的系统成本差异。经验曲线的概念对理解企业之间的竞争有着重要的意义。它说明，竞争优势非常重要，而通过精心管理，企业是能够取得和掌握竞争优势的。它还说明，市场份额是一项特别有价值的资产，不应该轻易转让。这个概念有利于理解定价和生产能力之间的决策。定价要能弥补产品开发成本；在成长性行业中，要用足生产能力。先发制人地降价，率先扩充生产能力则能"买到"市场份额，降低相对成本，并使竞争者对这一行业兴趣大减。

🎯 专栏

日本的卡西欧兄弟想进入电子产业。但他们完成初步的调查之后发现，市场上有索尼、松下、夏普、东芝等很多的企业，并且在电子产业都有很好的表现，在这种竞争格局下进入电子产业似乎毫无机会。仔细分析后，他们发现在这个行业中独占鳌头的公司是夏普，占有37%的市场份额。研究完夏普的经营模式之后，卡西欧兄弟发现夏普在以25%的速度不断更新市场上投放的品种，不断淘汰老产品。在换品种的同时以百分之百的速度提高产量。产量一提高，规模效益也出来了，于是便以50%的速度降低售价。夏普就是用这种方式在竞争激烈的电子市场中占有重要一席。

卡西欧学的是夏普的模式，通过夏普的模式超越夏普。卡西欧兄弟的经营理念就是模仿夏普，并且采取比夏普更狠的方式进入市场，占领市场。卡西欧以50%的速度变换品种，以200%的速度增加产量，以100%的速度降低售价。卡西欧兄弟最后将其所有的资源都配置在营销这个环节上，建立了营销工程师的队伍，将其研发前置在市场上。生产产品用外包方式进行加工，因此其基本上是虚拟的工厂。而有限的资源,全部集中在终端上变换品种。品种一变,委托加工,放量,然后冲击市场降价。几年后,卡西欧打败了夏普,成为第一。夏普由原来34%的市场份额下跌到17%,而卡西欧独得了37%的市场份额。这时松下退出了市场、西格玛退出了市场,日立退出了市场,因为它们无法存活。

电子产业是经验曲线规律发挥最为明显的行业之一,卡西欧兄弟就是利用这个行业综合成本随着积累经验成几何级数下降的规律开辟了新的天地。

很多企业人士在讨论利润与市场占有率之间的关系,其实两者之间的关系并不是简单的取舍。由于很多的行业存在经验曲线的规律,两者之间的关系变得比人们的认识复杂得多。在网络行业,由于存在著名的网络效应,市场占有率与利润之间也存在着类似的关系。创业者如果能够比产业内的现有竞争者更加深刻地理解产业的规律,在制订创业战略计划时则会有更大的选择空间。

8.3.5 增长方式

成长性是风险投资家考察初创企业时最关心的问题之一,而初创企业的成长速度也往往是困扰许多创业者的难题。如何在短时间获得足够的成长,使企业强壮起来,不至于很快就在竞争中死去确实是企业的战略性命题。通常认为企业有两种发展模式:有些公司通过内延式的战略进行业务扩张,有的公司则通过收购、兼并、重组等手段获得高成长。在传统经济环境里,外延式的扩张通常是成熟企业进入新的产业和新的市场采取的增长手段;而新创企业由于资源所限,内延式的扩张是其主要发展的手段。但在新经济的产业环境里,资本市场对产业发展的影响越来越大,企业积累财富的速度也越来越快,初创企业也在寻找增长方式方面逐渐地采用外延式的手段。

专栏

思科公司由斯坦福大学的负责计算机设备管理的一对夫妻员工于1984年12月发起成立。成立初期,公司于1986年3月推出第一个产品,1987年12月,思科获得著名VC机构Sequoia Capital 265万美元的创业投资。1990年2月16日,思科作为互联网设备制造供应商股票上市,当年的年度收入为6 900万美元。自此以后至2001财政年度,公司的营业额每年以超过40%的速度递增(只有1998年例外)。思科能够在大规模的条件下高速增长,除了互联网迅猛发展的外部驱动力因素外,其自身的运作模式——收购、外包业务以及创造性地利用互联网,并在此基础上构建了思科的商业生态系统是至关重要的环节。思科作为互联网解决方案提供商和全球互联网行业的旗舰公司,是商业生态系统的关键环节和领导者。其生态系统由思科及其供应商、经销商、思科产品制造商、策略联盟伙伴(囊括了硬件生产商、软件生产商）、客户以相互依存相互促进的方式组合而成。

按照思科 CEO 钱伯斯的梦想，思科系统将在 25 年内完成通用电气公司 100 多年完成的任务。在传统的思维模式下，这种扩张几乎是不可能的幻想。但思科却利用"因特网速度"的兼并完成了这项不可能的任务。而且，思科兼并的战略意图非常深远，并不以常规的规模经济为出发点，其收购对象主要是具有超强研发能力的技术型企业，而且每一次兼并都有利于生态系统为社会提供更出色的互联网解决方案。1993 年起的 7 年中，思科共花了 250 亿美元兼并了 57 家符合战略意图的公司，包括塞伦特公司（它具有在光缆上传输数据和声音的技术实力）、Monterey 网络公司（它生产交叉光纤链接产品，被思科用来管理和终止通信循环）。后来思科又收购 Pirelli 光纤系统（这是一家微波多路技术设备的开发商），用来增加其光纤维系统的性能容量。思科系统正是通过这种不断的收购具有研发专长的中小企业，组建了以网络技术的开发为核心竞争力的思科商业生态系统，同时也完成了思科由路由器的制造商向以研究开发为主业的战略转型，确定了思科在其整个商业系统中的核心地位。

创业者在思考企业的发展模式时，不仅仅要关注企业内部核心能力的培育与发展，更重要的是思考如何整合外部的资源，获得跨越式的发展，从外部获得发展所欠缺的资源和能力。

 专栏

新创企业制定战略的四种方法

Kuratko 和 Hodgetts 在《创业学》中给出了四种基本的制定战略的方法：机会管理法、里程碑法、创业战略矩阵法、多阶段偶然因素法。

机会管理法（步骤如图 8-2 所示）主要依据"做最擅长的事"的创业法则，主要依赖于翔实的环境分析。

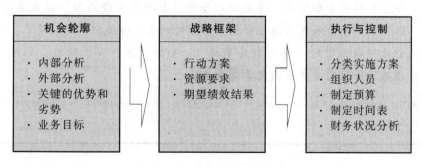

图 8-2　机会管理法基本步骤

里程碑法带领新创企业不断重新制定战略以渐进地实现既定目标。如图 8-3 所示，该方法在进入下一个步骤之前必须首先完成上一步骤，而所有的步骤联系在一起就构成了整个战略计划。

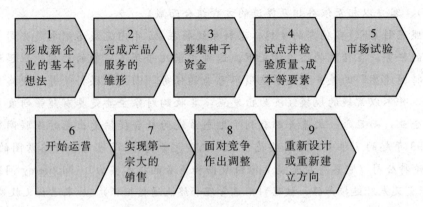

图 8-3　里程碑法基本框架示例

创业战略矩阵法以新创企业最突出的两大特征——风险和创新为分析维度，为新创企业指明不同风险和创新程度下可以选择的战略内容（如图 8-4 所示）。

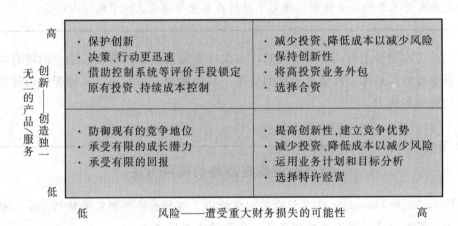

图 8-4　创业战略矩阵法示意图

多阶段偶然因素法则要求制定战略的过程中综合考虑创业团队及员工、企业、环境这三个重要的因素和变量，并充分结合新创企业的生命周期、创业者的职业发展周期。以上五个方面的因素的任意组合都会对创业战略提出不同的要求。更何况，再考虑到创业领域出现的一系列新生事物——全球扩张、女性创业、公司创业等，创业战略在不同阶段需要考虑的因素就更丰富。

资料来源：Donald F. Kuratko & Richard M. Hodgetts（Eds.）*Entrepreneurship*, South-Western Pub, 2009, Chapter 15, pp. 532-540.

8.4　新创企业可能的战略选择

关于新创企业如何进行战略思考，价值链、时空、竞合、成本曲线等概念能够为创业者提供思考战略问题的基本思路。而在现实中，创业者总是用行动对思考的方式进行或支持或反对的批判方式进行或支持或反对的批判，依据环境顺势而为。波特在《竞争战略》中提出了企业三大基本战略：差异化战略、低成本战略和聚集战略。结合新创企业发展的特点，我们对上述三个战略加以细化和补充：首先增加一个模仿战略，因其侧重点不同具体可分为偏向业务层面（产品或服务）的业务模仿战略和侧重市场定位的比附定位战略；差异化战略则因其差异化的程度可细分为改进价值/特性战略和改变规则战略；聚焦战略细分为市场细分战略和专门技术战略；最后是低成本战略。这些战略或者是单一的或者是以组合的方式，存在于创业者轰轰烈烈的创业实践中。如图8-5所示。

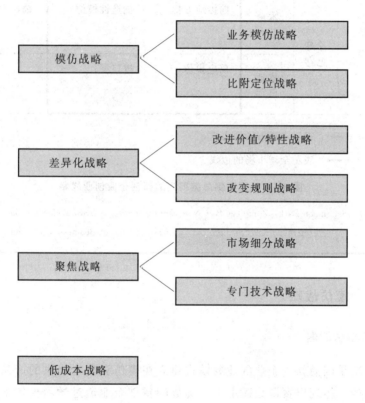

图 8-5 新创企业可能的战略选择

 专栏

韩国案例总结形成的新创企业的战略类型

Sangmoon Park 和 Zong-Tae Bae 通过考察韩国新创企业的成功案例，构建了一个三维的空间来描述新创企业的战略类型。这三个维度就是，目标市场（本地的还是国际的），产品/市场的成熟度（已经存在还是新近出现）和技术能力（追随者还是领导者）。他们通过三维空间将新创企业在寻找市场机会的过程中使用的竞争战略进行区分，得到了七种新创企业战略类型：（1）反应模仿；（2）前摄本地化；

(3) 进口替代；(4) 创造性模仿；(5) 早期市场进入；(6) 瞄准全球市场；(7) 全球市场创新（如图 8-6 所示）。

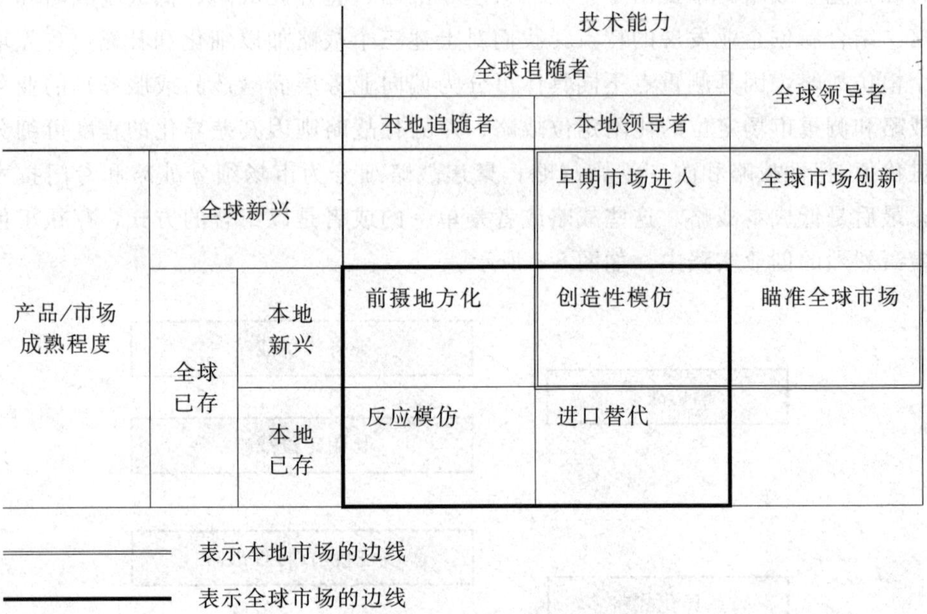

			技术能力		
			全球追随者		全球领导者
			本地追随者	本地领导者	
产品/市场成熟程度	全球新兴			早期市场进入	全球市场创新
	全球已存	本地新兴	前摄地方化	创造性模仿	瞄准全球市场
		本地已存	反应模仿	进口替代	

───── 表示本地市场的边线
━━━━━ 表示全球市场的边线

图 8-6　韩国案例总结得到的新创企业创业战略

（资料来源：Sangmoon Park, Zong-Tae Bae. *New venture strategies in a developing country: identifying a typology and examing growth patterns through case studies*. Journal of Business Venturing, 2004.）

8.4.1 模仿战略

1. 业务模仿战略

模仿战略是因为新创企业的业务模式建立在模仿竞争者提供的产品或服务的基础上而得名的，体现出资源禀赋上不占优势的新创企业通过学习模仿来实施追随策略达到借力省力的目的。依据模仿的方式和模仿过程中改进程度的不同，可以将这种战略分为两种性质不同的战略，反应性模仿战略和创造性模仿战略。

（1）反应性模仿战略

反应性模仿者通常没有太多的资金可以用于研发，从而选择模仿市场上已经存在的成熟企业的技术、产品乃至生产管理方法，模仿往往会帮助它们避免完全创新所与生俱来的巨大风险。自然，这样的企业往往会将注意力集中在处于成熟期的产品或者是处于市场发展衰退期的产品，而不是需要比拼技术能力的产品导入期和成长期。

专栏

校内网的创始人王兴在回国创业之初,面临着一个互联网小企业的典型困境:如何让一个前程远大的项目不在半路夭折?2001年从清华本科毕业后,王兴去美国留学,他发现国外针对社交网络创业的商业模式,觉得是创业机会,就决定放弃美国学业,于2003年提前回国创业了。王兴瞄准的是社会性网络(social networking service,简称SNS)。当时Friendster(www.friendster.com)已经在美国大行其道,但在国内还是个空白,将领先中国互联网几年的美国模式复制意味着一条通往成功的捷径。但王兴开发的第一个项目"多多友"在市场上遭到冷遇,王兴认为最重要的原因在于定位的过于宽泛与推广的不利。于是他瞄准了一个更加细分的市场——大学生的SNS网站。在美国,这种模式有一个十分成功的样板Facebook。

Facebook当时还是一个大学生社区,它由几个哈佛大学的学生创建,最重要的特点在于网站的封闭性:它只对美国的大专院校学生开放。这种用户身份的单纯性和线上线下活动的紧密结合,使它成为了美国大学生的网上乐园。

校内网从概念到界面都完全复制了Facebook。与Facebook一样,校内网要求只有在校大学生才能够注册,并且鼓励采用实名和真实个人信息。对于那些没有用过校内网的大学毕业生来说,校内网有点像网络时代的"联谊寝室"和"同乡会",它承载的同样是大学生旺盛的社交需求,这和当年的ChinaRen.com有着异曲同工之处。

校内网凭借着克隆Facebook在中国获得了巨大成功,截止到2006年被收购之时,校内网的注册用户已经超过了50万,遍布700多个高校,在清华大学等高校,注册用户已经超过了在校学生的半数。但是,由于校内网的支出和收入之间差距太大,财务状况直线下滑。虽然有一些风险投资机构表示愿意投资,但最终谁都不敢在校内网面临如此困难的财务状况下掏钱。缺乏融资经验的校内网在2006年10月不得已被千橡集团以200万美元收购。后来校内网改名为"人人网"。尽管"人人网"也因发展不善慢慢成为大家的回忆,但校内网曾经的辉煌是无法被抹去的。

资料来源:校内网王兴的月亮与六便士[N]. 21世纪经济报道,2006-11-04。

反应性模仿战略是很多创业团队首要考虑的战略。人的智慧是有限的,新的创意和想法很难轻易得到,而且受资源禀赋的限制,即使有好的创业想法也不容易获得实现创意所需的资源。反应性模仿可以降低企业经营的风险,减少企业的研发成本。

当然模仿战略也有其弊端。毕竟企业选择的是模仿别人而不是自主创新,如果企业经过创业初期以后,仍然不能打造自己的DNA,形成自有的经营思路,只能被模仿对象牵着鼻子走,而这种进入方式被潜在的市场进入者模仿以后,新创企业就没有还手之力,对企业的生存造成威胁。一般情况下,模仿策略仅仅适用于企业的初创期,在业务得到一定程度的扩大之后,应该考虑改变经营方式,形成新的经营战略。

(2) 创造性模仿战略

"创造性模仿"这一名词由哈佛商学院的李维特(Theodore Levitt)于1966年首创,是指利用他人的成功来发展自己,发掘新兴市场中产品或服务存在的缺陷,以改进完善后的产品或服务获得成功的战略模式。松下幸之助曾经说过,他成功的秘诀是六个字:"只改进,不创新。"这句话正是这种战略的写照。它的理论前提是:当一种新产品最初推入市场时,往往还存在一些缺陷或需要改善的地方,可能是产品特性方面,或是对不同细分市场的适应性方面,也可能是产品的市场定位方面。正是由于新产品的种种缺陷,才使新创企业"有机可乘"。

创造性模仿者并不是从最先推出新产品或服务的创新者手中抢走顾客而成功的,而是要服务于先驱者所创建,但没有提供良好服务的市场;是满足了业已存在的需求,而不是要创建一个新的需求。也就是说,当新创企业采取行动时,市场已经形成,需求已经产生,市场所缺少的东西通过创造性模仿都给弥补了。因此,采取模仿战略的创业团队要具备警觉性、灵活性,并且要乐意接受市场的意见,不断更新产品,以满足市场。模仿是从客户的角度来看待产品或服务的,是从市场而不是从产品着手,从顾客而不是从生产者着手;创造既是以市场为中心,又是受市场驱动的。实行创造性模仿的条件是:存在快速发展的市场;适用于比较广大的市场;市场上已经存在对某种产品的需求;市场上已有产品存在一定程度的缺陷。

这种战略要求企业拥有一定的技术水平,可以进行创造性改进后产品的生产,而且,还要有"发现的眼睛",善于发现消费者对现有产品的不满,从而可以对产品进行有目的的改进和完善,因为"消费者的不满就是市场"。农夫山泉在一定程度上就采用了这种策略,农夫山泉上市时采用了独特的运动装和类似食用油的包装,虽然这在饮用水行业并不是首创,但却是第一个以其为"卖点"的企业。这种创造性获得了巨大成功,农夫山泉包装的猎奇成了推动其品牌前进的又一轮轴。

从创造性模仿战略所具备的这些特点来看,它可能在高科技领域最为有效,因为高科技创新者往往很少以市场为中心,而是以技术和产品为中心,很容易误解其成功要素,从而不能利用和满足他们所创造的需求。同时,创造性模仿战略的目标是控制市场,因此它最适用于行业中的主要产品、工艺或服务,例如,个人计算机、钟表或止痛药这样广大的市场。

从全球市场视角来看,采取创造性模仿战略的新创企业大多具有一定的技术能力,在本地新兴市场处于领导者地位,同时,在国际已有市场中,仍然处于追随者的地位。其竞争优势来源于本地新兴市场上的先行者优势和技术上的领先优势,以及国际市场上的追随者优势。另外,由于这些企业同时面对本地新兴市场和国际已有市场,需要同时应对新兴市场大量涌入者和国际上的激烈竞争,因此面临着很大的市场风险。

 专栏

  百度创办于1999年年底。2000年1月，创始人李彦宏和徐勇从美国拿到第一笔120万美元风险投资回到北京，在北大资源楼开始创业。百度最早为硅谷动力、新浪、搜狐、网易等20多家门户或专业网站提供搜索技术外包服务。2001年，互联网泡沫完全破灭，在纳斯达克上市的中国三大门户网站的股价跌得一塌糊涂。当时，由于新浪没有及时付费，百度还一度停止为对方提供搜索服务。百度陷入发展瓶颈，开始转型。2001年08月，百度发布Baidu搜索引擎Beta版，从后台服务转向独立提供搜索服务，并于同年10月底正式发布Baidu搜索引擎，推出自己的门户网站：www.baidu.com。

  百度从模仿Google起家推出网页搜索，到后来推出MP3搜索。在模仿的同时，百度结合中国的用户和市场特点开展各种有特色的创新。百度一直专注于中文搜索市场，研究汉语特点和国内网民上网习惯，在中文分词、相关性搜索、特色搜索等方面努力力争超越Google。并且，百度在市场开拓方面非常具有竞争力。百度在国内率先推出竞价排名服务，这是一种按点击付费的网络推广方式，用少量的投入就可以给企业带来大量潜在客户，有效提升企业销售额和品牌知名度。同时，这使广大中小企业、个体户业主也可以去做广告了。竞价排名服务为百度带来了丰厚的利润。

  （3）两种模仿战略的关系

  既然同属模仿性的战略，反应性模仿和创造性模仿这两种战略在很多方面存在共同点，它们都是在全球已有市场上创业；都是通过对现有厂商的学习、模仿来实现突破等。不同的是，创造性模仿战略对企业提出了较高的要求，要求企业要有一定的创造力，要能够完善产品的一部分功能，而这一部分功能恰恰是消费者很在意的。

  两种战略逻辑上的一脉相承和特质上的各有所长决定了它们可以进行某种形式的组合，尤其是在企业发展阶段上的前后转换连接。初创阶段，企业各种资源相对缺少，技术能力有限，可以直接模仿其他成功企业的技术、产品、营销等。经过一段时间的发展，具备相当的研发能力以后，可以在原有产品的基础上选择新的目标市场或新的创新产品，通过创新，为这些市场提供附加价值，以稳固市场地位。

2. 比附定位战略

  比附定位就是依附名牌的策略。新创企业通过各种方法与同行中的知名品牌建立一种内在联系，使产品和品牌迅速进入消费者的视野，借助知名企业扩大影响力。

比附定位战略一般有三种形式。第一，甘居第二。新创企业公开表明甘居第二，明确承认同类产品中，另有最负盛名的品牌。这样可以形成谦虚诚恳的公司形象，在某种意义上迎合了消费者同情弱者的心理。第二，攀龙附凤。新创企业首先承认同类产品中已经卓有成就的品牌，自己的产品虽然不能和它比，但是在某一地区或者在某些方面还可以与这些深受消费者喜爱的厂商并驾齐驱。第三，进入高级俱乐部。这其实就有点"打马虎眼"的意思了，新创企业如果不能采用前面两种方法，为了不降低公司的身份，可以采用模糊数学的方法，将公司直接归于某一高级俱乐部形式的群体中，以获取消费者的认可。

专栏

蒙牛经过两三年的创业发展，就已经成为全国冷饮和乳品市场上与伊利、光明等齐名的著名品牌。

蒙牛刚创立的时候，伊利已经成为内蒙古奶业的老大，而蒙牛却还处于两无状态：一无厂房和生产设备，二无销售市场。以这样的条件与伊利争夺市场是很艰难的事情，因此蒙牛没有采取和伊利直接竞争的方式，而是利用伊利的知名度来不断提升自己在消费者心目中的地位。比如，它的宣传册上宣传的是"千里草原腾起伊利集团、蒙牛乳业……我们为内蒙古喝彩"；冰淇淋的包装上，打出了"为民族工业争气，向伊利学习"的字样；蒙牛的第一块广告牌写的是"做内蒙古的第二品牌"。同时，蒙牛还把自己和内蒙古的乳业联系在一起，称这些乳业公司都是"为内蒙古喝彩，让内蒙古腾飞"。这种策略让消费者能够将蒙牛和伊利联系在一起，将蒙牛与内蒙古奶业联系在一起，提升蒙牛的市场认知程度。

此外，蒙牛的老总牛根生曾经是伊利的副总，而且集团内部很多高层的领导人都是伊利的员工。他们将原来在伊利积累的经验、资本、销售网和其他的一些资源带到蒙牛，有利于蒙牛的业务快速开展，也更加强化了蒙牛与伊利之间千丝万缕的联系。可以说，这也是蒙牛能够成功创业的另一个重要因素。

当然，如果单凭与伊利的各方面联系，蒙牛的成功可能只是昙花一现。在成功完成品牌建设后，蒙牛还不断进行产品更新，不断推出新的产品，从纯牛奶到酸奶再到果粒酸奶，根据人们口味的不断变化及时调整产品。同时，公司还适时实施销售渠道的创新。在创立之初，为了进入上海市场，蒙牛借用电子商务网及家庭饮用水配送系统建立独特的销售网络，适应当地牛奶消费者追求方便快捷的购买习惯，巧妙地利用电子资源实现了销售渠道的创新，成功地在上海市场上站住了脚。

比附定位战略比较适合在那些已经存在消费者广泛认可的品牌，同时产品同质性比较高的市场上实施。在这样的市场中，不同企业生产的产品对于消费者来说差异不大，但是品牌的区别是很明显的，品牌的无形价值足以影响企业的长久经营。

创业者要想使企业能在这样的市场上占有"一席之地",首当其冲的事是尽快树立在消费者心目中的品牌认同感。所以,从某种意义上说,比附定位战略实质上是一种品牌建立的战略。

在企业发展的不同阶段,企业需要采取不同的战略。这种比附定位战略主要是企业初创阶段采用的战略。在企业成功运用这种战略在消费者心目中留下"烙印"之后,需要适时进行产品创新、服务创新、渠道创新以实现经营战略的转变,以不断满足消费者变动着的需求。

8.4.2 差异化战略

1. 改进价值/特性战略

改进价值或者是产品特性战略源自差异化战略——波特提出的基本战略之一。采取这种战略的新创企业对本行业的产品或服务进行功能分析,改进或重塑价值链结构,树立起行业范围内独特的东西,着重于提高顾客的消费价值。

这种战略的经济学意义是制造局部稀缺,也就是说,新创企业针对那些供求平衡或供大于求的产品或服务,创造产品性能的某一方面或经营过程中某一环节的有别于竞争对手的稀缺,从而建立差异化的竞争优势,获得超额利润。

专栏

上海罗氏制药有限公司生产力度伸 VC 感冒药,完全从"补充维生素"的角度推广预防观念,达到增强免疫力、远离感冒的诉求目的,是 OTC 市场上的一个非常典型的改进价值进入市场的成功案例。

在罗氏进入感冒药市场以前,这个市场已经有很多知名厂商抢占了大量的市场份额。大多数消费者对感冒药的共识是:预防就喝中药板蓝根,感冒后吃西药康泰克、泰诺、百服宁等。但是,市场上的感冒药给大家的印象就是治疗,是药三分毒,所以消费者能不吃就不吃。力度伸就是了解到消费者普遍存在的这种观念,开启了一个新的理念,提倡感冒要以预防为主,通过增强人们自身的抵抗能力来预防感冒。这种产品诉求改变了人们以往的认知和思考方式,成为市场的亮点。恰逢当时人们还都沉浸在 PPA 风波的惊恐之中,力度伸的出现,刚好填补了这一市场空缺,吸引了广大消费者的眼球。

2002 年,力度伸在上海市场迅速打响品牌,成为感冒药市场上的"一枝独秀"。此后,"非典"期间,增强抵抗力对人们更为重要,一定程度上又为力度伸的市场推广推波助澜,一度脱销,成为市场奇观。

资料来源:力度伸——预防策略打品牌.中国中小企业,2004,(3)。

力度伸进入时，感冒药市场已是一个发育得非常成熟的市场，产品种类众多，品牌众多，海王药业也推出海王银得菲，强行挤入市场，使本已热热闹闹的感冒药市场变得更加繁荣。面对这样一个进入难度很大的市场，力度伸就是凭借改变人们的认识，传播新的理念，树立与众不同的特质，满足了人们对于减小感冒药副作用的诉求，提高了顾客的消费价值。改进价值战略实施成功与否不但决定着能否使产品或服务与竞争者区别开来，而且决定了其能否成功进入并立足于竞争激烈的市场。这种战略的关键在于引领全新的消费观念，开辟全新的消费领域，力求将自己和市场上已有的厂商区分开来，在消费者心目中形成特有的形象，使消费者一提到某种特质，就可以立即联想到自己。

专栏

改进价值、实现差异化的途径

菲利普·科特勒提出了五种改进价值、实现差异化的工具：(1) 产品差异化；(2) 服务差异化；(3) 人员差异化；(4) 渠道差异化；(5) 形象差异化。如表 8-3 所示。

表 8-3　改进价值的变量

产　品	服　务	人　员	渠　道	形　象
特色	订货方便	能力	覆盖面	标志
性能	送货	资格	专业化	文字与视听
一致性	安装	谦恭	绩效	媒体
耐用性	客户培训	诚实		气氛
可靠性	客户咨询	可靠		事件
可维修性	维修	负责		
风格	多种服务	沟通		
设计				

如果说上海罗氏通过产品性能的改进和品牌诉求的改变建立了区别于竞争对手的独特优势，那么"海底捞"就是通过改变服务模式将自己区别于其他饭店，其成功主要在于特色化服务，这种特色恰好填补了一些市场空缺，吸引了消费者。

2. 改变规则战略

差异化的另一重要途径是商业模式上的差异化或创新。在一定的时期，每一个市场通常都要遵循一定的行业规则。创业团队要注意企业是否按照商业规则进行运作。但是，如果企业引入一种全新的商业模式，来改变人们惯有的思维方式，改变行业的演变轨迹，同样可以实现企业的迅速增长。

很多公司在建立之初，就选择了改变游戏规则的战略。丰田改变了福特的批量生产系统，建立了有名的丰田生产系统，而丰田系统可以在不用耗时不增加费用的情况下，在同一生产线上生产不同型号的汽车。采取不模仿竞争对手的运营方式，建立不同的游戏规则，不仅改变了企业的价值链，甚至改变了行业的价值链。

专栏

戴尔计算机在刚刚起步的时候，就意识到了想要在 PC 机行业的销售领域内迅速崛起，必须依靠一种全新的销售模式，那就是后来成为戴尔电脑标志性战略的直销模式。这种战略创造了全新的 PC 机行业的营销模式，为消费者节约了购买成本，创造了更高的消费者价值。

戴尔计算机的直销战略，不仅降低了库存成本，而且有效地避免了销售的中间环节，节约了大量的销售费用，从而使戴尔计算机具有很明显的价格优势，包括 IBM 在内的计算机厂商均无法应对。以 IBM 为例，95%的计算机是经过中间商或者零售商送到最终消费者的手中的，倘若放弃这些中间商，转而模仿戴尔的话，多年建立起来的强大的销售网络将会在一瞬间土崩瓦解，承受销售网络要求的巨额赔偿。尽管传统的计算机厂商采取了一系列举措，加强与分销商和经销商的协调，依然不能阻挡戴尔计算机的快速成长。戴尔计算机正是利用了传统计算机厂商销售渠道过长、费用高且反应速度慢这一弱势，重点建立直销专长，从而具备了强大的竞争优势，在短短几年之内便成为美国最大的 PC 机直销商。此后，戴尔又利用互联网的优势，为消费者量身定做 PC 服务，一举闯入世界 500 强的行列。

从戴尔的案例来看，改变市场规则的战略就是在产品或者服务的某一个环节，采用和以往完全不同的方式，同时结合其他的方面，例如戴尔的制造能力、采购能力等，实现整体上与竞争对手的差异。这种战略对于那些有着根深蒂固的行业习惯的传统行业或是由卖方寡头任意分割的行业比较有效，因为在行业中典型的商业模式已经丧失了灵活性，创业者可以利用新创企业没有历史包袱、柔性强的优势创造一种新的商业模式和行业规则。

8.4.3 聚焦战略

聚焦战略是波特在《竞争战略》中提出的三大基本战略之一，从竞争态势和全局出发进行专一化，把有限的人力、财力、物力、领导的关注力、企业的潜在能力等聚焦在某一方面，力求从某一局部、某一专业、某一行业进行渗透和突破，形成和凸显企业自身的优势，争取企业在竞争中的主动性和有利形势。它是一种避免全面出击、平均使用力量的创业战略,更是一种进行市场和产品的深度开发,促使企业获取超额利润的竞争战略。

1. 市场细分战略

索尼公司董事长盛田昭夫的"圆圈理论"认为,在无数的大圆圈(指大企业占有的销售市场)与小圆圈(即小企业占有的销售市场)之间,必然存在一些空隙,即仍有一部分尚未被占领的市场。新创企业只要看准机会,立即"挤"占,将这些空隙组成联合销售网,必定会超过那些大圆圈市场。新创企业机动灵活、适应性较强的优势,将能够保证它们寻找到市场上的各种空隙"钻进去",从而形成独特的竞争优势。德国的管理学家沃尔夫冈·梅韦斯也认为,如果一家公司把全部有限的资源用于解决精心挑选的一个客户群的问题,那么该公司就能兴旺发达。

 专栏

大贺企业是贺超兵创立的广告公司,成立于1995年,开始时经营喷绘,于1996年切入广告行业,专门从事户外广告业务,内容涉及设计、制作、代理、发布户外广告。迄今为止,公司拥有的户外媒体面积已达6万平方米,户外广告喷绘面积占到全国市场份额的15%,在同行业中排名第一。

当时中国的喷绘行业刚刚起步,需求量很大,而广告公司虽然规模都不大,却个个都要做全面的代理,除了代理发布广告以外,还要做设计、运作。贺超兵认为,如果与这些企业走同样的路,从实力上来说是赢不了的。国外一些广告公司的发展历程告诉他,这条路不是唯一的。他决定走上专业化的道路,定位在专门的户外广告制作上。而且,贺超兵认为,广告是很小的一个行业,占整个国民经济的0.07%,户外广告这个领域更小,大概只有20个亿,所以他就提出"大市场、小巨人、高投入、精管理"。大市场,就是做全国市场,哪里有户外广告,就把公司开到哪里;小巨人,就是做户外广告制作业的巨人、行业的巨人;高投入,就是尽量投入那些对资本需求较高的产业,使竞争对手难以进入;精管理,就是用精细化管理出效益,而不是仅靠行业优势。

"快半步"理论是贺超兵独创并一直引导大贺广告前行的理念。他认为,做市场一定要快半步,某些行业在国外已经很成熟,而国内其他企业尚未进入,此时进入,既可以与发达国家保持同步,又可以在国内领先半步。1996年,大贺公司斥资数百万元从美国引进先进设备,将客户定位在追求高品质的知名企业,开始走高质高价的路线;从1997年到2001年,大贺又先后投入近亿元资金,引进38台代表世界最新技术水平的美国威特系列喷绘机,成为在国内同行业中拥有先进喷绘设备量第一位的企业。

资料来源:大贺"小巨人"的成长逻辑. 中国企业家, 2003, (8)。

这种"快半步"的策略对于采取聚焦战略的新创企业来说，有着非常重要的意义。新创企业资源有限，如果能够抢先意识到市场上存在的空缺，并选择合适的方式进入市场填补空白，那么就能将有限的资源投入到收效最快的领域内，避免与资源雄厚的大型企业的正面竞争，为稚嫩的新创企业组织创造相对宽松的生存发展环境。

2. 专门技术战略

对于新创企业，聚焦战略还常常体现在采取专门技术上。采取专门技术战略的新创企业，通常是某个程序中绝对必要的部分，不使用这一专门产品的风险超出产品本身的成本。这一产品可能为一个行业提供配套服务，或者是提供最终产品的零配件。专门技术所处的行业有广阔的市场前景，也拥有同样广阔的市场。具备独特的技术和产品，就能在专门技术领域获得控制地位，并保持住这个地位。例如为名牌汽车提供电路和照明系统的公司，它们在汽车工业尚处于初创阶段时就已经获取了汽车配件市场的控制地位，已经成为事实上的行业标准了。

专栏

引人争议的小灵通（PHS）在中国获得空前增长，用户增至1 200万。与小灵通密切相关的公司也因此备受瞩目，譬如西安海天天线这家国内最早设计生产PHS天线的公司，是由负债千万元的民营小型工厂改制而来的。在小灵通建设初期，它的市场占有率达到90％以上。目前，海天仍是国内市场份额最大的两家公司——UT斯达康和朗讯在中国PHS领域最大的天线供应商，成为国内规模最大、研发能力最强的天线制造企业。

惹人艳美的好运首先得益于市场。尽管在过去的一年，全球通信产业的状况令人沮丧，但中国仍然是全世界发展最迅速的市场。截至2003年3月底，中国移动电话用户达到2.215亿户，成为世界第一移动通信大国。通信天线是移动通信系统中的重要设备之一，直接影响着通信服务水平。据不完全统计，天线市场的总值到2005年将增长到20亿美元。然而，2001年以前，这一领域一度由国外品牌垄断。

其次，研发能力是海天能够在看好的行业中始终占据有利位置的第二大利器。走进海天占地3 000平方米的综合性测试场，可以看到40台美国HP矢量网络分析仪、Summitek无源交调测试仪等专用高级仪器、20多个小型微波暗室。以目前国内的科研条件而言，这些都是令许多研究了一辈子天线的人可望而不可即的设施。更重要的是，海天拥有150名包括天线专家、教授、博士、硕士在内的高级技术人员。2002年6月，公司还获准设立国家博士后工作站。公司的核心人才，在西北电讯工程学院时一起搞过科研，退休了就成为海天的一员。2001年，公司进行股份制改造后,创始人肖良勇从个人的1 800万股份中,拿出630万股无偿赠送给和自己一起创业的老专家和老职工。

正是由于为通信配套的天线领域的广阔的市场空间,以及自身持续研发实力并为新的通信领域配套的能力,海天似乎没品尝过亏损的滋味。第一年销售收入2 600万元,利润1 000余万元,2002年销售收入达到1.64亿元,利润突破3 700万元。2003年前4个月的销售收入又比去年同比增长200%。

虽然在国产品牌中已稳居第一把交椅,但海天没有在PHS天线方面徘徊太久,而是继续延伸它的触角。2000年7月,海天切入无线通信领域,开始大规模生产GSM/CDMA基站天线。在移动通信天线领域国产品牌所占的25%的市场份额中,海天天线独享八成市场份额。2002年10月,大唐移动与海天合作开发TD-SCDMA移动通信智能天线系统。而且,3G天线、蓝牙技术、射频设备系统也已投入研发并将陆续推向市场。海天希望用3~5年的时间,成为国际一流的移动通信设备供应商。

资料来源:海天天线的触角仍在延伸.中国企业家,2003,(8).

首先,选择专门技术战略的新创企业要想取得并保持其控制和领先地位,时机掌握是关键,一定要在新行业、新客户、新市场或新趋势刚开始形成之际,立即采取行动。其次,需要拥有独特且不易模仿的技术。最后,企业必须不断改进技术,以保持技术上的领先优势。

8.4.4 低成本战略

成本是企业在生产过程中关注的焦点,也是一定程度上打动消费者的着眼点。对于新创企业而言,低成本战略的最终目标是要抢占市场份额。因此,新创企业可以努力建设能够达到规模经济的生产能力,并在已有经验的基础上全力以赴降低成本,从而实现产品的低成本。

但是,多数情况下,低成本战略不能构成新创企业战略的全部,或者说不能单独成为创业战略,因为初创阶段的企业规模很难达到经济性的要求,只能通过成本管理和费用控制手段,最大限度地减少在研发、品牌塑造、营销等方面的费用来降低经营过程中各个中间环节的成本。因此,这种战略往往是伴随着其他战略的实施过程同时执行的。

◎ 专栏

春秋航空成立之初,凭借母公司春秋国旅对电子商务的理解和对机票代理的认识,作出了脱离中国航信,自建销售、离港、FOC等航空信息系统的决定,成为国内首家以B2C电子商务为销售主渠道的航空公司。春秋航空的低成本、低票价是与公司"两高两低两单两控"的营运策略分不开的。

"两高"是85%以上的高客座率，11小时左右的高飞机日利用率。"两低"是低销售费用和低管理费用。大力发展B2C网上支付等电子商务直销渠道，大幅度减少传统航空公司所承担的代理分销费用。"两单"是指单一机型、单一舱位。春秋航空的机型只有空客A320一种，有利于减少航材备件、降低维修与管理等成本；机舱布局为单一经济舱180座，有利于增加飞机座位数，提高单机运力。"两控"是指控制可控成本、控制日常经营管理费用。在办公差旅管理、财务支出管理，以及日常细节上千方百计降低成本。

可以看出，无论是优化网上直销、订座系统、旅客系统和离港系统等信息系统，还是寻找差异性服务点，增加辅助收入，春秋航空为能在这航空业寒冬中继续营运，在不懈地寻找降低成本的办法，以保住市场份额，将低成本之路越走越远。

本章小结

创业者要不要从战略层面去考虑企业的发展问题，思考企业长期发展命题对创业者到底有些什么方面的帮助，本章首先在这方面与读者进行了一定程度的探讨；创业战略与成熟企业战略相比有自己的特点，本章通过"战略选择更依赖于创业团队的能力与资源禀赋""战略调整更具有柔性""战略沟通更具有投资导向性"讨论了创业战略的特征；对于创业者来说，如何有效地考虑企业的发展问题是至关重要的。"价值链""时间与空间""经验曲线""竞争与合作""增长方式"这些关于战略的概念对于创业者思考创业战略有着不一样的启示。本章最后对创业者经常用的一些战略模式进行了总结与提炼。

复习与讨论题

1. 创业者思考战略问题对事业发展有哪些帮助？
2. 回顾一些成熟企业制定战略的方法与程序，列出5项以上的新创企业的战略特色。
3. 新创企业可以采取的战略都有哪些？反应性模仿和创造性模仿之间有什么异同？
4. 利用"经验曲线"，选取一个感兴趣的行业进行分析。

参考文献

1. Baker, T., & Nelson, R. E. 2005. Creating something from nothing: Resource construction through entrepreneurial bricolage. *Administrative Science Quarterly*, 50 (3), 329-366.

2. Jarzabkowski, P. 2008. Shaping strategy as a structuration process. *Academy of Management Journal*, 51 (4), 621-650.

3. Donald F. Kuratko & Richard M. Hodgetts. Strategic Planning for Emerging Ventures (Chapter 15). *Entrepreneurship*, 519-545.

4. Ott, T. E., Eisenhardt, K. M., & Bingham, C. B. 2017. Strategy formation in entrepreneurial settings: past insights and future directions. *Strategic Entrepreneurship Journal*, 11 (3).

5. Park, S., & Bae, Z. T. 2004. New venture strategies in a developing country: identifying a typology and examing growth patterns through case studies. *Journal of Business Venturing*, 19 (1): 81-105.

6. Sonenshein S. 2014. How Organizations Foster the Creative Use of Resources. Academy of Management Journal, 57 (3): 814-848.

7. ［美］彼得·F. 德鲁克. 创新与创业精神［M］. 上海: 上海人民出版社, 2002.

8. 阿马尔·拜德. 创业者, 你必须问自己的三个问题［J］. 哈佛商业评论（中文版）, 2003 (8): 76-87.

9. 林嵩, 张帏, 姜彦福. 创业机会的特征与新创企业的战略选择——基于中国创业企业案例的探索性研究［J］. 科学学研究. 2006 (2): 268-272.

10. 林嵩, 张帏, 姜彦福. 创业战略的选择: 维度、影响因素和研究框架［J］. 科学学研究, 2006 (1): 79-84.

本章案例

携程网的发展历程

携程被公众叫作"携程旅行网",因为很多人接触携程,是从它的网站"www.ctrip.com"开始的。不过,携程3/4的业务是通过电话完成的,其电话呼叫中心规模达400～500人;而携程的大部分客户,也习惯使用800免费电话。虽然携程的CEO梁建章被公众视为"数字英雄",不过,其负责企业日常运作的执行副总范敏原先却供职于一家大型旅行社。公司的名字也由"携程旅行网"改成了"携程旅行服务有限公司",互联网与传统渠道相结合形成了无缝通路,也体现了网络与传统企业相结合的巨大商业价值。

携程的创业故事源于旅游。曾在全球最大企业级软件公司Oracle的硅谷总部工作多年,其后任中国分公司的咨询管理总监的梁建章有一次带女友去古森林郊游,因为没有向导(国内的自助旅游还是空白),结果两人迷失了方向,花了一个晚上才找到出路。正是这次历险,使他发现了旅游市场的商机。而作为第一批在线旅游用户,从美国回来的梁建章也从国外的旅游网站得到了启发,充分借鉴了Travelocity和Expedia等美国旅行网站成熟的商业模式。由微软投资的美国旅游网站Expedia,作为美国成长性最快的IT公司之一,其一年的交易额在50亿美元左右,很早就开始盈利了。

携程模式的形成还得益于国际风险投资的介入。携程是一家吸纳海外风险投资组建的旅行服务公司,创立于1999年初。前后接受了三轮风险投资,三次共计吸纳海外风险投资近1 800万美金,主要的投资者有美国凯雷集团、日本软银、美国IDG、上海实业、美国兰花基金及香港晨兴集团等。正是在风险投资的帮助下,IT出身的梁建章找到了旅游电子商务的极佳模式。

"网络旅游服务在美国早已经成为了一种非常成熟的电子商务模式。借鉴美国的经验,做成一个有关旅游的网上百货超市"是携程旅行网最初的设想。然而不久创业者们便意识到,光靠点击率来换取网站的收入是行不通的,于是开始寻找赚钱的其他途径。经过市场细分,携程率先盯住了市场前景巨大的酒店预订业。衡量国内旅行服务的各大板块,如酒店预订、机票预订、旅游项目等,只有酒店预订拥有不需要配送、没有库存之忧、便于客人支付、利润优厚的优势。他们将第一阶段的目标定为国内最大的订房中心,为此放弃了订票、线路等业务,将所有力量集中在订房业务上。但是,很快,中国互联网的局限性使他们意识到国内对网络的认知程度还不能与国外相比,人们更加习惯于电话联络,这就意味着电话预订是一种暂时不能被超越的竞争方式。基于这一认识,2000年10月16日,携程完成了对国内最大的、也是最先使用800免费电话的订房中心现代运通公司的整体收购,线上线下同时开展订房业务,这是首起网站对大型传统企业的并购案。这次并购案,从本质上讲是旅游市场的消费离不开网络:首先是旅游信息借助互联网是让用户最快捷产生消费欲望的营销手段;其次是电子商务为旅游网络贯通提供了强大的虚拟平台,只有借助于网络,才能实现旅游产业发展高速度增长而无须与高投入同步并存;最后,国外的电子商务就是从旅游服务、订购机票联网开始的,这是最成熟的电子商务案例。"订房业务当时处在萌芽阶段。传统的电话订房基本上没有跨出当地城市,而互联网具备了全国订房的功能。携程与传统行业相结合的经营模式,在当时的互联网界一石激起千层浪。"梁建章说起当时的创意不无得意。并购后短短几个月时间,携程的订房业务量增至每月15万间,从此一直稳居酒店预订业的榜首,成为中国最大的宾馆分销商。

在此阶段,为了给竞争对手设置门槛、降低竞争压力,携程还采用了差异化战略。它利用自身的技术优势建立了业内最大的呼叫中心,并开发出多种技术平台,同时强化服务理念。梁建章提出将服务质量标准化——"要像制造企业一样对待服务质量"。比如,建立的电子质量监控系统能够衡量出客户在任一服务环节的满意度;而梁建章本人每周都会听一些客户的服务录音,每季度都会出席客户反馈会议。他关注携程的每个服务是不是做好了,每个价格是否有竞争力,每个产品是不是覆盖到位。有时间他就跟研发部门探讨,怎样用技术提高核心竞争力,跟传统行业的竞争对手区别开来。

随着企业的不断发展,携程又树立了新的目标:利用高效的互联网技术和先进的电子资讯手段,为商务散客和休闲客人提供快捷灵活、优质优惠、体贴周到又充满个性化的旅行服务,从而建成国内最优秀、最成功的旅行服务公司。为实现这一目标,携程必须拓展更多的与旅游相关的业务。于是,2002年,公司创业者看到时机已成熟,就将公司战略从专一化经营调整为集中多元化经营。2002年4月,携程收购了华北地区五大机票代理之一的北京海岸机票代理公司,并建立了全国统一的机票预订服务中心。到2003年4月,携程已经在全国20多个城市开通了送票服务。2003年年初,又与首都旅游集团合资成立了一家经济型酒店。

2003年12月9日,携程旅行网(股票代码:CTRP)在美国纽约纳斯达克股票交易所正式挂牌交易。美林公司作为主承销商负责此次携程美国存托凭证的发售。携程美国存托凭证的发行价为每股18美元,上市首日开盘价24美元,当日摸高到37.35美元，最后收盘价为33.94美元，涨幅88.6%。携程共发行420万股美国存托凭证，约占其扩大后股本总数的28%。

　　上市之前，携程旅行网已发展成为中国最大的集宾馆预订、机票预订、度假产品预订、旅游信息查询及特约商户服务为一体的综合性旅行服务公司。作为目前中国最大的宾馆分销商，携程提供可供预订的国内外星级酒店多达2 100多家，遍布国内外200余个城市；携程还建成了目前中国最大的机票预订服务网络，覆盖中国的35个大中城市；此外，携程推出的以"机票加酒店"为主的度假旅游业务为中国旅游行业的发展开辟了新的思路。上市之后，作为一家国际性的知名旅行服务公司，携程进一步跃上一个新的发展台阶。

资料来源：携程希望自己不迷路．中国企业家，2003，8；天极网、TOM科技网。

思考题

1. 携程的发展经历了几个阶段，每个阶段的战略内容是什么？
2. 携程的战略形成过程具有哪些特点？

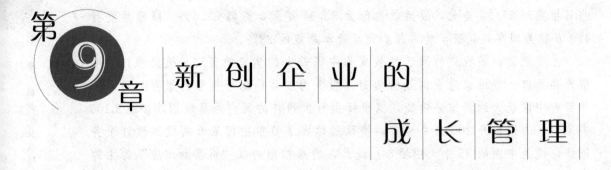

第9章 新创企业的成长管理

"天行健，君子以自强不息；地势坤，君子以厚德载物。"

——《周易》

学习目的

1. 如何进行产品开发管理和客户开发管理，通过提供有价值的产品或服务来赢得客户，从而实现销售和盈利；

2. 新企业成长将经历哪些不同阶段，各阶段的核心任务及领导管理方式和组织结构的改变；

3. 在获得早期客户后，新企业如何进一步进入主流市场并培育成长能力，实现可持续成长。

9.1 产品开发管理和客户开发管理[①]

我们在大量调研中发现，大部分创业企业缺乏合适的流程或方法去有效地发现市场、较快地找到第一批客户、验证其商业模式、使其业务快速成长。

硅谷一位多次成功创业的企业家 Steven Gary Blank 在实践中总结出了一般的客户开发模型，他将客户开发分为4个步骤或阶段：（1）客户发现，这个阶段应当专注于了解客户面临的问题或需求；（2）客户确认，这个阶段应当探索出一个可复制的销售模式；（3）客户创造，这个阶段应当努力创造更多的终端客户需求；（4）企业建设，这个阶段应当努力从一个探索学习型、以非正式组织管理为主的新创公司

---

① 本节中的产品是广义的产品概念，包括狭义的产品和服务。

转变成为一个有正式的职能部门和良好的执行力的企业，这样才能尽可能多地收获所发现机会的价值。该程序前两个阶段的本质是新创企业如何找到并证实其商业模式，当且仅当创业者能够发现一群愿意支付的客户（最好是愿意重复购买的客户），且销售流程可重复的时候，新创企业才能进入更大规模的营销和企业扩张阶段。在这两个阶段，创业者应当成为企业最重要的营销人员，这样才能真正了解客户的需求和消费行为。遵照这个流程，创业企业可以在找到真正愿意支付的客户并证实其商业模式之前，保持一个较低水平的"烧钱"速率。

除此之外，产品本身在创业企业的成长中也起到了非常重要的作用。产品开发管理与客户开发管理是相辅相成的，创业者应当同时关注并把产品开发和客户开发有机地结合起来，充分利用两者的互动关联创造更大的效益。

通常，产品开发需满足客户的现有需求或潜在需求，而且客户需求也能给技术研究提供灵感和方向。在创业中，有时是先有技术再找市场，有时是在市场引导下进行技术研发，还有时是两者相遇后一拍即合。但不管是哪种情况，在筹备创业或创业之初，创业者都必须认真调研市场需求。在产生初步的产品创意之后，创业者需要思考：你想解决哪个（些）用户的哪个问题？这个问题是否具有普遍性？是否存在一个市场？市场有多大？该市场有什么进入壁垒？如何进入？要进入这个市场，需要提供什么样的产品？是差异化产品还是创新型产品？该产品背后需要什么样的技术，或者用哪种技术能够更有效实现，包括性能和成本？总之，创业者一定要从用户着手。也就是说，在产品创意测试的过程中，客户的发现是其中关键的环节。这个阶段的花费通常很少，但这个过程对于创业者避免因盲目乐观、匆忙投入创业而遭受挫折有很大的帮助。

在初步完成创意测试之后，接下来就可以进入初步的产品开发阶段了。通常是样机开发或者初步的服务项目开发，这也是创业者使自己及潜在的消费者和投资者确信该创意真正具有可行性的重要阶段。很多情况下，产品开发所花费的时间和资金要明显多于创业者的预期，而最终实现的产品性能可能低于预期。这时候，创业者就需要重新评估创意；仍要不断探寻客户的需求，从而及时调整产品的开发。

产品开发出来后，还要进行 α/β 测试（产品测试），在这个过程中，创业者可以让一些客户使用原型产品，得到他们对产品的反馈，包括与现有其他同类产品的比较，并了解他们对该产品正式投放市场后可能的购买意愿。创业者据此可以对产品的功能进行调整，将性能更合适的产品推介给客户，从而挖掘出潜在市场；同时这也可以帮助创业者进一步确定目标市场和潜在的市场规模。

在产品测试完毕后、正式投放市场时，创业者应当初步完成客户确认，即探索出一个可复制的销售模式；还要根据确认的客户需求进行必要的营销。确认客户需求之后，可以进一步创造新的客户以及新的需求，例如进行产品升级或提供更多的配套服务。当产品得到客户确认并在不断创造时，产品也已经比较成熟，可以规模投放市场，这时就需要全方位地建设企业——除了核心的产品研发之外，还要建立起营销和销售团队、工程项目团队、运营管理团队等,这样才能确保市场的开拓和企业的发展壮大。实践中,有的创业企业在产品还没有开发出来、目标客户也不清晰的时候,就过早引进许多营销人员,这时候营销人员再有本领也难以发挥出来,只能徒增企业的经营成本。因此,技术创业企业要把握好产品开发和客户开发的内在联系,适时而动,协调好两者的关系。

总之,在产品开发的各个阶段,都要通过市场来检验假设条件是否与实际结果相匹配,并决定是否应该进入下一阶段及如何进入。创业者需要根据实际需求,及时调整或重新设计产品,甚至重新定位目标市场。创业企业的这种灵活性和快速反应常常能使其发展"柳暗花明"。图 9-1 显示了产品开发和客户开发的有机结合。

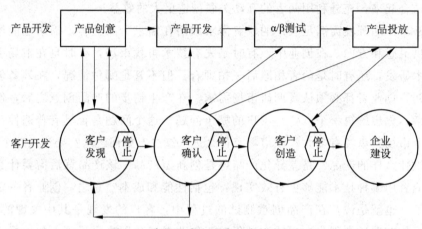

图 9-1 产品开发和客户开发的有机结合

 专栏

NetScreen 创业之初

1997 年,硅谷的三位清华校友邓锋、柯严和谢青在各自工作中发现,网络安全已经成为越来越重要的问题。尽管当时世界上有 30 多家公司做网络防火墙,但以软件的方式构建网络防火墙大大降低了网络速度(当时下降约 90%)。邓锋和谢青就职于 Intel,柯严则在思科工作。他们三个人都是工程师,但原来都不是真正搞网络安全的。他们凑在一起讨论网络安全问题及其可能的创业机会。开始的时候,三个人都没有辞去各自的工作,而是每周六聚到邓锋家就创业项目碰一次,后来增加到每周两次,再后来每天晚上和每周末都在一起工作。他们先花了 3 个月的时间进行市场调研,选定创业方向为做网络安全产品,定位于以硬件的方式提高网络安全的竞争策略,而不是以软件方式这个当时的主流技术发展方向。邓锋在清华大学"未来企业家之路"课堂演讲时回忆到,当时他们认为"Cisco 在路由器方面的成功告诉我们,将防火墙、VPN、网络带宽管理等功能全部集成在一个统一结构的硬件平台中,是网络安全市场未来的发展趋势"。之后,他们才正式开始研发产品,花了 3 个月的时间开发样机。邓锋对此总结道:"国内很多人创业的做法是从技术到产品到客户，而我们当时的做法是从客户、市场、产品到技术"。创业之初准确的产品定位为创业企业后来的发展奠定了非常坚实的基础，公司很快获得了天使投资，并先后得到多轮创业投资，业务发展迅速。2001年12月11日，NetScreen公司在纳斯达克上市；2004年上半年，公司以40亿美元出售给Juniper公司。

9.2 如何跨越"鸿沟"

9.2.1 什么是"鸿沟"

新的产品被客户接受通常遵循一定的规律，需要通过最早接受产品的创新者、早期接受者、早期大众消费群体、晚期大众消费群体和很晚接受产品的落伍者或守旧者的依次检验。要想成为一个成功的技术创业企业，就必须赢得较大规模的客户。但是，很多创业企业在成功赢得创新者和早期市场接受者后，很难继续被市场主体（大众或主流客户）接受。这种情况在我国尤其普遍。硅谷的营销咨询专家杰福瑞·穆尔（Geoffrey Moore）将这种困境的突破称之为"跨越鸿沟"。

9.2.2 创业企业为什么会常常面临"鸿沟"

我们认为，至少有以下四种可能的原因：

（1）企业产品的整体性能还达不到主流市场客户的要求；或者其性能能够满足主流市场客户的要求，但成本过高。因此，主流市场客户暂时不会采用这种产品。

（2）企业产品的性能已经达到，甚至在有些指标上超过了现有主流市场客户的要求，但是产品还没有或者匮乏主流市场客户的成功应用案例，因此，在主流市场缺乏声誉。另外，主流客户常常需要完整的解决方案，而不仅仅是每个单独的领先技术产品；采用该新技术产品可能对售后技术服务的要求较高，而创业企业通常缺乏资源和能力来满足这些要求。

（3）新产品或服务的确很先进，但要真正实现很好地服务于主流客户，还需要相当多的配套基础设施的完善，或者其他上下游企业的协同，这可能在短期内难以实现。例如，新兴的电子商务行业。

（4）一些技术创业企业针对某些特定的客户需求，进行了产品层面的技术完善或创新，并成功占领某些利基（niche）市场，但产品要进入主流市场，将面临非常强大的竞争对手；而创业企业在核心技术能力和其他管理能力方面一时难以与之竞争。

9.2.3 如何"跨越鸿沟"

对于第一种情况，哈佛商学院的鲍尔（Bower）和克里斯坦森（Cristensen）教授就如何评估破坏性技术提出了自己的观点(图 9-2)。他们认为,创业企业应当努力从新兴市场中为新技术或产品寻找客户,并以新兴市场为"桥头堡"提高产品的性能,力争通过技术或产品创新,逐步使其在不久的将来达到主流市场客户的要求。例如,数码成像技术经过 20 多年的努力,终于取代了传统的化学感光成像技术,成为主流市场的主流技术,这也伴随着传统行业巨人柯达公司的衰败,尽管柯达公司是最早开发出数码成像技术的机构之一。

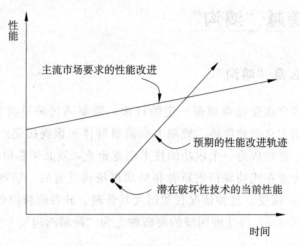

图 9-2 如何评估破坏性技术

对于第二种情况,穆尔认为,创业企业采取以下可能的对策:(1)收集证据,证明该新产品或服务能够为主流客户带来更大的价值。企业要及时获取客户的反馈,努力完善其技术产品,特别要加强在性能的稳定性和可靠性方面;(2)通过自身努力和/或采取战略联盟方式,为客户提供完整的解决方案,而不仅仅是产品;(3)在资源有限的情况下,应专注于主流客户中的某个市场利基。另外,创业企业应当努力获取更多资源,包括创业融资,这对于正处于"跨越鸿沟"阶段的企业是非常重要的;特别是企业如果能够赢得那些有丰富经验的创业投资机构的投资,不仅能够提高自身在业界的"声誉",还有可能得到这些投资机构在业务发展上的战略指导和业务网络支持。

对于第三种情况,创业者可能需要更多考虑创业的时机和商业模式的创新,并且需要更多的资源和耐心。例如,电子商务刚刚在中国出现的时候,物流配送体系、支付和信用体系等还难以匹配,很多业务难以面向大众开展,尽管一些创业企业采取自己组建物流配送队伍等方式来应对;但近几年来,由于商业基础设施逐步完善,电子商务创业企业发展迅速。

第四种情况是我国相当多创业企业面临的问题。图 9-3 给出了创业中的技术创新程度和市场定位的可能选择框图。对于我国相当多的创业企业而言,它们通常需要先从产品技术的局部创新入手,进入利基市场;再逐步向核心技术发展,进入主流市场。以华为、中兴通讯的发展为例,它们最初针对中国县城、农村这个不被跨国电信公司所关注的通信市场，开发出了能够满足这些市场特定需求的程控交换机产品，其价格明显低于国外同类产品，且提供很好的售后服务，从而成功进入这些利基市场；在此基础上，企业不断完善其产品，进一步开拓农村电话市场这个利基市场；在农村电话市场取得成功后，继续加强研发，逐步建立有效的技术和产品开发体系、营销渠道和服务体系及全面的管理系统，寻求机会进入城市这个更大规模的主流市场；甚至在企业的产品成为国内市场的主流后，再进军国际市场。

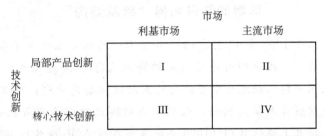

图 9-3　技术创业中的技术创新程度和市场选择的分析框架

我国加入 WTO 后，中国企业所面临的国际化竞争日益加剧。那么，我国创业企业如何发展呢？高旭东（2005）指出，跨国公司的"知识资产"或核心技术等资源优势要在我国市场上转化为竞争优势可能会面临很多障碍，如政策障碍、信息障碍、竞争障碍、协调障碍和战略障碍；我国企业总体技术能力较弱，有很多机会去开发技术，提高能力，缩短与跨国公司的差距，企业可以寻求与大学、科研院所的有效合作途径，并通过合作、学习来提高自身核心技术能力。

值得关注的是，近些年来互联网技术的应用越来越广泛，一些国内互联网创业企业通过技术和商业模式上的创新，特别是它们针对本地市场、探索出创新型的商业模式，突出本地化的增值服务，而不是纯粹从技术角度塑造产品或者服务，找到新的"跨越鸿沟"途径，百度和腾讯就是典型的成功案例。

 专栏

早期的百度如何"跨越鸿沟"

百度公司于 2000 年 1 月创立于北京中关村，是全球最大的中文搜索引擎。2000 年 5 月，百度首次为门户网站——硅谷动力提供搜索技术服务，之后迅速占领中国搜索引擎市场，成为最主要的搜索引擎技术提供商，拥有中国约 60% 的中文搜索市场份额，新浪、搜狐、21cn 等国内主要门户网站均采用百度的产品。然而，由于纳斯达克网络"泡沫"破灭，国内互联网门户网站情况不妙，百度进一步扩大市场困难也很大；同时，人们一直对百度未来能否在技术上和 Google 抗衡心存疑虑。百度决心不再仅仅定位于一个纯技术公司，要从在后台为网站提供搜索引擎技术走到前台，直接面向大众用户。2001 年 8 月，百度发布 Baidu.com 搜索引擎 Beta 版，从后台服务转向独立提供搜索服务，并且在中国首创了竞价排名商业模式，2001 年 10

月 22 日正式发布 Baidu 搜索引擎。如今，百度已经包括了庞大而齐全的产品线，如针对国内互联网内容供给不足，推出"百度知道"服务等。目前，百度继续在中文搜索引擎市场占据领先地位。

 专栏

早期的腾讯如何"跨越鸿沟"

腾讯公司成立于 1998 年 11 月，1999 年 2 月，腾讯自主开发了基于 Internet 的即时通信网络工具——腾讯即时通信（简称腾讯 QQ）。经过几年的发展，到 2002 年，腾讯 QQ 的用户群已经成为中国最大的互联网注册用户群，腾讯 QQ 也成为中国最大的即时通信服务网络。然而，人们一直对腾讯的前途有所担心，甚至怀疑，因为当时腾讯在技术上模仿 ICQ（1999 年被美国在线 AOL 收购），同时还面临微软 MSN 这个强大的竞争对手。但是，腾讯在发展中非常善于与中国本地的用户需求相结合、不断推出贴近用户的新服务。作为一家专业的即时通信服务商，腾讯依托其庞大的用户资源，利用本地化优势，将即时通信整合进多种通信平台（互联网、PC、手机、固话、家电及各种通信终端），并提供增值服务。在满足用户个性展示和娱乐服务方面，腾讯拥有多种非常成功的虚拟形象产品，如 QQshow、QQpet（宠物）和 QQGame（游戏）、QQMusic/Radio/LiveTV（音乐/电台/电视直播）产品，它们还对手机用户提供彩铃、彩信等无线增值业务；在满足用户的交易需求方面，腾讯专门为用户所设计开发的 C2C 电子商务的拍卖网已经上线，并和整个社区平台无缝整合。腾讯的不断创新，终于使其在发展中击败了竞争对手 ICQ，并将在国内即时通信软件领域的领先优势一直保持下来。目前它已经成为中国互联网行业的领先企业之一。

当然，创业企业也可以采取专注于某个利基市场的战略，从一个区域产品市场走向更大区域范围的产品市场。例如，德国"隐形冠军"企业集中资源，确保企业在客户最关注的领域做得明显比竞争对手强。

在"跨越鸿沟"的过程中，知识产权的管理值得创业企业高度重视。因为创业企业完成新产品开发后，一旦市场开始快速启动成长，就很可能会有一些其他企业模仿其产品，参与竞争，尤其是那些成熟的大企业，它们拥有强大的研发、营销和生产能力。如果创业企业不能有效地保护其知识产权，其领先优势将会变得非常脆弱，甚至很快不复存在。创业企业可以通过法律和非法律形式两种途径保护其知识产权。法律形式主要包括专利、商标、著作权和商业机密；非法律形式的知识产权保护包括获得先行者优势和控制互补性资产等。

9.3 创业企业成长能力的培育和不同阶段的核心任务

企业和人一样,都会经历出生、成长、衰老、死亡等阶段。为此,伊查克·爱迪思(Ichak Adizes)等学者提出了企业生命周期理论。创业企业在成长的每个阶段都有面临失败的可能性,无法实现成长,甚至组织解体。

如何把一个初创企业建设成为一个可持续发展的企业,这是创业者们普遍面临的重大挑战。特别是对于那些主要甚至完全由技术背景的人员创建的企业来说,由于创始人通常缺乏企业管理经验和相关资源,其生存和发展所面临的挑战就更大了——即使它们能够凭借某些突出的技术能力在早期发展中获得一些竞争优势。创业企业需要建立、获取或者整合互补性资产,才能实现其技术创新或商业模式创新所带来的收益(Teece,1986)。

要实现可持续发展,企业必须培育相关能力。尤其在快速变化的环境中,企业需要通过整合、创建和重构内外部能力来构建其动态能力(dynamic capabilities),企业的竞争优势要建立在以下三个方面的基础之上:独特的流程、资产定位(如难以交易的知识资产和互补性资产)和所采纳的发展路径(Teece,Pisano 和 Shuen,1997)。

9.3.1 创业企业的架构能力和组件能力

Henderson 和 Cockburn(1994)在对美国 10 个制药企业的药品研发能力进行实证研究过程中区分了两类不同的能力,提出了企业的架构能力(architectural competence)和组件能力(component competence)概念,有效地解释了架构能力与药品研发生产率正相关的原因。在该研究中,组件能力是指局部的能力与知识,是解决日常具体问题的基础,是专业职能部门的能力;架构能力是运用这些组件能力的能力——以新的灵活方式把它们整合起来,并开发新的架构能力与组件能力。在制药企业进行药品研发过程中,企业的架构能力包括两个维度,一是从组织外部获得新知识的能力,二是整合企业内不同学科和相关治疗知识的能力。换句话说,组件能力是要素层面的能力,而架构能力则是整合性、组织性和系统性能力。

类似地,创业企业的活动也可以分为两类,一类是解决日常具体问题的职能性活动,另一类是整合和配置各种资源的系统性、组织性活动。

借鉴 Henderson 和 Cockburn(1994)对企业研发能力的分类、Zahra,Sapienza 和 Davidsson(2006)关于创业活动、动态能力和创业绩效的研究,唐靖(2008)等关于创业者个体层面的创业能力研究等,徐中(2009)构建了创业企业的架构能力、组件能力①与绩效关系模型,见图 9-4。其中,创业企业的"架构能力"是一种整合能力,对外整合人员、资金、技术和市场等"一揽子"要素,对内联接和配置资源、能力,运用组件能力创造价值,使企业成为一个有效运营的整体系统。创业企业架构能力主要包括以下 6 个维度:机会识别能力、战略管理能力、组织管理能力、关系能力、学习能力和承诺能力。创业企业的"组件能力"是指企业内相关职能性能力(functional capability),解决日常的具体问题,是实质性的运营能力。创业企业组件能力主要包括以下 4 个维度:产品开发能力、产品制造能力、营销管理能力和行政管理能力。

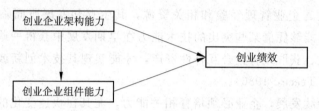

图 9-4　创业企业的架构能力、组件能力和创业绩效的关系

徐中的实证研究发现:对于创业绩效,组件能力比架构能力发挥着更直接的作用。架构能力总体上对创业绩效的直接影响不显著,仅对战略管理能力和关系能力两个维度具有显著影响,架构能力主要通过组件能力发挥作用。相反,组件能力对创业绩效影响显著。也就是说,架构能力只有有效整合研发、营销和制造等元件才能满足顾客的需求,如果没有优秀的组件能力,这种架构整合也是低效的。

9.3.2　企业从初创到成熟所经历的不同阶段及其核心任务

在成长过程中,创业企业普遍面临成长的"烦恼"和"痛苦"。因为企业在不同阶段有不同的能力需求,而这常常是创业企业的不足,需要努力去培育的。

Flamholtz 和 Randle 认为,企业从初创到成熟要经历 4 个阶段:初创阶段、扩张阶段、规范化阶段和巩固阶段。在不同发展阶段,创业企业面临不同的核心问题:(1)初创阶段的首要任务是如何生存,其核心问题是识别并界定有前景的市场,并开发出满足市场需求的产品或服务;(2)扩张阶段的首要任务是如何发展,其核心问题是建立企业的运营基础架构,包括开发未来发展所需要的资源并制定日常运营制度;(3)规范化阶段的核心任务是向管理规范的企业转型,其核心问题是开发管理系统,企业需要发展其管理制度,包括战略规划制度、组织制度、管理培训制度和控制制度;(4)巩固阶段的核心任务是通过管理企业文化并强化企业向管理规范的转型,实现组织的有机"整合",其中企业文化包括价值观、信念和行为规范等,参见图 9-5。

---

① 徐中在论文中用的是"元件能力",但本书作者考虑到产业界常常把"component"翻译为"组件",因此,统一改称"组件能力",便于更多读者理解。

初创阶段和扩张阶段共同构成了企业发展的创业时期。在这个时期，创业者的典型技能占据着重要地位。规范化阶段和巩固阶段是企业全面实现从新创企业向以创业精神为导向、管理规范的成熟企业转型时期。

图 9-5　创业企业不同发展阶段的关键任务

9.4　组织管理方式与创业者角色在不同阶段的演变

9.4.1　创业企业在不同成长阶段的组织管理方式演变

在不同的发展阶段，企业需要采取不同的领导和组织管理方式，并相应设计不同的组织结构。随着企业业务的发展，其组织规模相应会扩大；同时外部的市场竞争环境也可能发生变化，例如更多竞争对手的出现，很有可能使原先的"蓝海"成为"红海"；其中，市场竞争环境变化快在中国非常明显。这时候，企业现有的管理方式和组织结构很可能不再适应新的内外环境，而很多创业企业的领导人常常不能提前意识到这种变化，或者在出现变化时没有能力及时采取对策，以至于企业遭受严重挫折甚至破产。创业企业在成长过程中，其组织发展通常要经历若干个阶段。南加州大学的拉里·格雷纳教授发现，在每个阶段，企业组织都以演进期开始，在演进期，企业探索到较为合适的领导方式和组织结构，企业组织获得持续的发展并保持相对稳定；但一旦企业超过一定的规模，原有的组织管理常常会出现危机，然后企业组织进入剧变期；在每个剧变期，企业能否找到合适的方式来解决关键问题，决定着企业能否进入下一个演进成长阶段，其中领导管理方式和组织结构能否进行"与时俱进"的演变是解决问题的核心。

影响企业组织发展演变的关键因素是：组织规模和行业增长率。企业组织规模的扩大，企业面临的问题和相应的解决方案会发生显著变化，其组织也需要相应演变。在高速增长或变化的行业中，创业企业组织演变的速度相对较快；反之，则企业组织演变的外部压力和内在动力不大，其演变的必要性较小，演变的速度相对较慢，现有组织的存续时间较长。

格雷纳教授将创业企业的组织成长划分为 5 个阶段，见图 9-6。其中的每个阶段既是前一个阶段的结果，又是下一个阶段的起因。

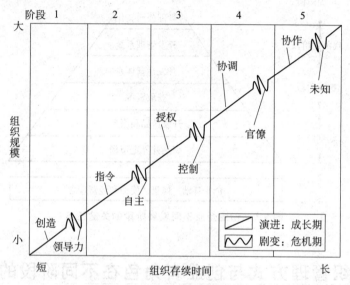

图 9-6　企业组织成长的 5 个阶段

第 1 阶段：创造阶段。在创建初期，企业的核心问题是开发产品（或服务）、开创市场，"创造"是这个新生组织的主题。由于企业的规模小，创业核心团队成员、员工之间的沟通频繁，且以非正式、直接沟通为主；企业通常对客户和市场反馈的响应速度非常灵敏。在这个阶段，创始人常常既是产品的核心开发人员，又是公司最重要的营销人员，常常事必躬亲；创始人的领导力对组织的生存和发展起决定性作用。但随着企业业务开始被市场接受、企业规模扩大，员工人数增加，企业以非正式沟通方式为主进行管理必然出现问题，创始人的领导职责和内容也需要进行调整。这时候，很多新创企业会出现"领导力危机"。解决这个危机的核心是加强职业化的管理，包括引进有经验的专业管理者。

第 2 阶段：指令阶段。这个阶段的主要特征是：企业引入职能型组织结构，使分工更为明确；公司的层级增加，内部沟通更为正式；管理者的领导方式主要是指令型方式，公司的最高管理者通常不再需要事必躬亲。但是随着企业业务进一步扩大，特别是如果企业进入多个区域市场和产品市场，组织变得更为复杂，这时候，员工（尤其是中低层管理人员）常常会面临严格遵循企业现有的办事程序和发挥主观能动性的矛盾，不能很好地对需求和市场变化等现实作出最及时的反应，企业会出现自主危机。解决这个危机的核心是扩大授权（或分权）。

第 3 阶段：授权阶段。这个阶段的主要特征是：企业给予中低层管理人员（如区域市场经理）更多的权责，并通过对其加强激励来进行企业业务的扩张。但是很多企业在其业务快速扩张的同时，常常发现，不同的业务部门各自为战，一些经营出现失控现象，甚至使企业陷入控制危机。解决这个危机的核心是加强协调和监控。

第4阶段：协调阶段。这个阶段的主要特征是：企业通过建立各种正式的系统和程序来改善协调，并由公司高层亲自管理。如：按产品重新划分部门；公司总部建立强大的企业规划部门（相当于参谋部），强化企业发展规划和流程设计及定期进行评估，并加强对部门经理的监督和考察。但是企业内部可能产生的官僚作风，会使一线员工和参谋人员、总部和基层之间出现不信任，从而引发官僚危机。解决这个危机的核心是加强协作。

第5阶段：协作阶段。这个阶段的主要特征是：强调团队合作、员工参与和实现自我管理，组织结构方面更多采取矩阵式结构；企业更加重视企业文化的建设，从而使组织的社会行为约束和员工的自我约束发挥更大作用，而不是依赖于组织的正式控制。

当然，并非所有的创业企业都会经历上述每个阶段；在实践中，创业企业可能同时采取多种不同组织管理方式，如有的业务部门采取指令方式，有的则采取授权方式。对应于创业企业不同发展阶段，相应的组织管理方式大致为：在初创阶段，较多采用创造；在扩张阶段，可能采取指令或（和）授权；在规范化阶段，可能采取授权或（和）协调；在巩固阶段，采取协调或（和）协作。

创业企业在成长过程中，其组织既要保持良好的柔性，以便对外部市场竞争环境拥有快速、灵活的反应能力，及时把握商业机会；又要拥有合适的控制力，以便能够更有效地利用和整合资源，创造并分享价值。创业企业在保持创业精神的同时，必须努力发展企业的基础架构和职业化管理能力，实现创业企业的可持续发展。

9.4.2 创业者在企业成长不同阶段的角色转变

创业企业能否实现可持续成长，企业领导人是关键因素。

解决这个问题的常见办法有4种：(1) 创始人（创业团队）通过学习不断进步，其个人能力的成长速度不比企业成长速度慢。因此，他能够成为一个好的领导者和管理者，如微软的比尔·盖茨、戴尔的迈克尔·戴尔、联想的柳传志等；(2) 创始人找到合适的、有经验的职业经理人来做公司的核心管理者，如雅虎、Google等在企业快速成长期较早地在创业投资家的帮助下引进了有丰富经验的职业经理人担任公司的CEO；(3) 创始人聘请有经验的职业经理人担任公司的高层管理人员，辅佐创始人带领企业成长，如搜狐、网易、百度、阿里巴巴、腾讯等国内互联网公司和国内的一些家族企业；(4) 企业内部选拔培养优秀的接班人，如通用电气公司的韦尔奇、联想集团的杨元庆、美的公司的方洪波等。

其中，创始人成长为创业型企业家的必要条件是：只有那些乐于接受挑战并能够不断学习新技能的人，才可能领导企业从新创企业发展成为行业先锋企业。要实现这种跨越，创始人必须在企业不同发展阶段完成角色转变。哈佛大学的迈克尔·罗伯茨指出，创业者的角色转变应经历 4 个阶段：从亲自干活起步，到教会别人如何干，再到规定想要取得的成果，最终是全方位的统筹安排。微软的比尔·盖茨、联想的柳传志、阿里巴巴的马云等创业者已经实现了这个转变。

当然，不可能所有的创业者都有能力和机会实现这种转变，同时也并非每个创业者都需要实现这种转变才算作成功。一些创业者可能在企业发展到一定规模后，选择维持企业规模以保持其控制力；有的则选择离开或者出售企业；有的可能乐于再次创建新的企业，成为系列创业者（serial entrepreneur）。

Behide 教授通过对数百家新创企业长达 8 年的观察研究，提出了一个分析框架，它可以帮助创业者去思考创业中的一些重大问题，见图 9-7。该分析框架包括 3 个步骤：第一步是确定创业者的目标，第二步是评估实现这些目标的战略，第三步是评估创业者实施这些战略的能力。

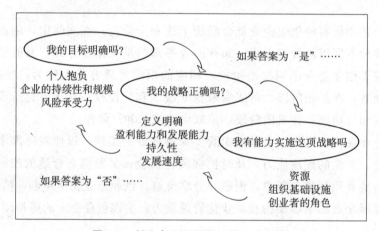

图 9-7　创业者必须问自己的 3 个问题

思考题

1. 创业企业应当如何将产品开发管理和客户开发管理相互结合？
2. 技术创业企业如何突破成长中的"瓶颈"，实现"跨越鸿沟"？试以早期的腾讯公司为例进行分析。
3. 创业企业在不同发展阶段会面临哪些核心任务？其领导管理方式和组织结构应当如何相应演变？
4. 创业者如何在企业发展的不同阶段进行角色转变？

参考文献

1. Bingham, C. B., Heimeriks, K. H., Schijven, M., & Gates, S. 2015. Concurrent learning: How firms develop multiple dynamic capabilities in parallel. Strategic Management Journal, 36（12），

1802-1825.

2. Bower, J., & Cristensen, C. 1995. Disruptive technologies: catching the wave. *Harvard Business Review*.

3. Chesbrough, Henry & Rosenbloom, R. S. 2002. The role of the business model in capturing value from innovation: Evidence from Xerox Corporation's technology spin-off companies. *Industrial and Corporate Change*, Oxford, 11 (3): 529-555.

4. Moore, G. 1999. Cross the Chasm. New York: Harper Business.

5. Henderson, R. M., & Clark, K. E. 1990. Architectural Innovation: The Reconfiguration of Existing Product Technologies and the Failure of Established Firms. *Administrative Science Quarterly*, 35: 9-30.

6. Henderson, R., & Cockburn, I. 1994. Measuring Competence? Exploring Firm Effects in Pharmaceutical Research. *Strategic Management Journal*, 15: 63-84.

7. Dorf, R., & Byers, T. 2005. Technology Ventures. McGraw-Hill.

8. Baron, R., & Shane, S. 2005. Entrepreneurship: A Process Perspective. THOMSOM.

9. Blank, S. 2005. The four steps to the epiphany. CafePress.com.

10. Teece, D. J., Pisano, G., & Shuen, A. 1997. Dynamic Capabilities and Strategic Management. *Strategic Management Journal*, 18 (7): 509-533.

11. Teece, D. J. 1986. Profiting from technological innovation: implications for integration, collaboration, licensing and public policy. *Research Policy*, 15 (6): 285-305.

12. Timmons, Jeffry, A., & Spinelli, S. 2006. New Venture Creation (7th Edition). Irwin McGraw-Hill.

13. Zahra, S. A., Sapienza, H. J., & Davidsson, P. 2006. Entrepreneurship and dynamic capabilities: a review, model and research agenda. *Journal of Management Studies*, 43 (4): 917-955.

14. Howard, H., Stevenson, Michael J. R., Grousbeck, H. I. 新企业与创业家 [M]. 高建, 姜彦福, 雷家骕, 等译. 北京: 清华大学出版社, 2002.

15. [美] Flamholtz E., Randle, Y. 企业成长之痛 [M]. 王任飞, 彭瑞梅译. 北京: 清华大学出版社, 2004.

16. 阿马尔·拜德. 创业者, 你必须问自己的三个问题 [J]. 哈佛商业评论 (中文版), 2003 (8): 76-87.

17. 高旭东. 实现从技术引进到自主创新的转变 [M] //创新与创业管理 (第1辑). 北京: 清华大学出版社, 2005.

18. 贺小刚, 李新春. 企业家能力与企业成长: 基于中国经验的实证研究 [J]. 经济研究, 2005 (10): 101-111.

19. 拉里·格雷纳 (Larry Greiner). 在演进与剧变中成长 [J]. 哈佛商业评论 (中文版), 2005 (4): 46-56.

20. 林强. 基于新创企业绩效决定要素的高科技企业孵化机制研究 [D]. 北京: 清华大学经济管理学院博士论文, 2003.

21. 林嵩, 徐中. 创业者和创业组织的能力契合度研究 [J]. 科学学与科学技术管理, 2013,

12：125-135.

22. 孙伟. 高新技术企业知识产权战略要素构建与选择模型研究［D］. 北京：清华大学经济管理学院博士论文，2008.

23. 孙伟，姜彦福. 企业知识产权战略选择模型构建与实证研究［J］. 科学学研究，2009，27（8）：1191-1197.

24. 唐靖，张帏，高建. 创业者在不同环境下的机会识别和决策行为研究［D］. 北京：科学学研究，2007，25（2）：328-333.

25. 徐中. 创业企业架构能力、元件能力与绩效关系实证研究［D］. 北京：清华大学经济管理学院博士论文，2009.

26. 徐中，姜彦福. 创业企业架构能力概念构建及其检验［D］. 北京：科学学与科学技术管理，2009，30（11）：177-182.

27. 徐中，姜彦福，谢伟，林嵩. 创业企业架构能力、元件能力与绩效关系实证研究［J］. 科学学研究，2010，28（5）：747-756.

28. 赵岑，张帏，姜彦福. 基于与大企业联盟的技术创业企业成长机制［J］. 科研管理，2012（2）：97-106.

29. 张帏. 技术创业管理［M］. 吴贵生，王毅主编. 技术创新管理. 第3版. 北京：清华大学出版社，2012：第11章.

新创企业的危机管理

第10章

"幸福的家庭是相似的，而不幸的家庭各有各的不幸！"

——托尔斯泰

学习目的

1. 了解新创企业成长所经历的不同阶段及各个阶段的特征；
2. 掌握新创企业各个成长阶段的关键领域及相对应的危机；
3. 了解各阶段危机所涵盖的企业经营的错误及导致这些危机的原因；
4. 了解新创企业解决这些危机的一般性方法。

 引言

  2002年，一本名为《基业长青》的畅销书使整个中国的企业界都在思考书中提出的一个极具诱惑力的命题："什么样的企业能够成为百年老店？"这一命题不但深深地打动了正在寻求二次创业的第一代中国本土企业家，对于诸多机会型的创业者来说，建立一个超越自己生命的伟大组织也同样是创业的真正动力。但令人失望的是，人类赋予企业的生命似乎比上帝赋予人类的生命更为脆弱。一组数据表明：中国企业平均寿命有7年左右，民营企业平均寿命只有3年，中关村电子一条街5 000家民营企业生存时间超过5年的不到9%。[①] 但另外一些伟大的企业，却经历着一代代的风雨洗礼，克服了种种困难与危机，依然散发着生命的活力，可口可乐、杜邦等都是其中的翘楚。企业这种扑朔迷离的生命现象深深地困扰着以企业为研究对象

---

① 数据来自中国科学院.1979—1998年中国民营企业调查报告。

的大批学者。一方面，百年老店的企业表现出让人叹为观止的生命意志；另一方面，远远短于人类生命的企业平均寿命又使学者们对企业生命的脆弱唏嘘不已。

10.1 新创企业的成长规律

创业者，尤其是没有管理经验的创业者，通常将企业的成长视为一个很难把握的过程。而对创业过程和相应的新创企业的生命周期的研究，为我们提供了有益的解决思路。当一个企业从种子期、初创期过渡到发展期、成熟期时，会经历类似于生物体出生、成长到老化的生命周期。在这个过程中，企业的组织和管理系统日渐成熟化、系统化、正规化，组织文化随着业务和人员的发展逐渐固化到员工的行为和思想中，并最终形成统一的价值观和理念，业务领域的竞争位势也随之越来越巩固。这样一个生长的历程表明，企业在各个阶段具有独到的特质，无论是应对外部变化的手段和策略，还是内部管理的方法和模式，这些特质都带来了各个阶段固有的问题。"小孩子，小问题；大孩子，大问题"。企业成熟本身就意味着具备了处理更大更复杂问题的能力，成长的关键不是排除所有问题，而是把注意力集中到企业当前阶段的特有问题上，并且予以解决和克服，然后再去面对下一阶段的问题。从这个意义上讲，新创企业危机管理的本质并不在于营造一个根本没有"问题"的环境，而是要掌握企业生命周期的客观规律，预见和处理特定发展阶段需要解决的特有问题。

 专栏

从失败中学习

2014年11月，马云在乌镇发表演讲，特别强调了从失败中学习："我自己觉得我创业十多年来，最大的心得体会，永远思考别人是怎么失败的，哪些错误是这些人一定要犯的，因为成功有很多的要素，有很多的东西你是没办法学的，你刚好碰上一个很好的人，运气很好，你刚好碰上一个很好的事，你刚好在合适的时间做了合适的事情，而失败呢，我发现很多企业基本上失败的道理都差不多，只要把这些失败的东西学习好了，自然就好了。"

10.1.1 新创企业成长阶段的划分

第二章将创业生命周期划分为四个阶段，种子期、初创期、发展期、成熟期。由于按照创业的一般过程界定，这里讨论的新创企业成长阶段是在新创企业建立之后，成为成熟企业之前的区间，因此，初创期、发展期和成熟期这三个阶段才是讨论的对象。而且，对于成熟期，我们不讨论企业成熟以后的管理问题，而更多地关注从发展期过渡到成熟期的规范化过程,所以更准确地说,可以称为规范期。概括而言,初创期的企业自新创企业成立开始,能够用产品或服务来满足目标市场的需求,业务初步稳定。进入发展期,企业基本摆脱了生存问题并开始考虑如何盈利,整合各种资源实现企业的快速成长。在迅猛增长的发展期的某一时刻,企业认识到变革的必要性,公司不再单纯依靠增加人力、物力、财力来应对发展的需要,而是开展各种形式的组织建设工作,旨在使新创企业的组织机体更健康发育从而能够更长远地应对各种变化。这时,新创企业便进入了规范期。

对于创业生命周期与新创企业成长阶段的关系,如图10-1所示。

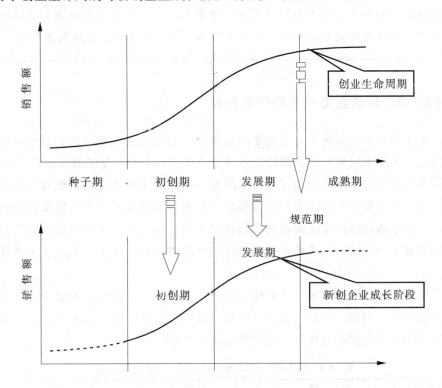

图 10-1 创业生命周期与新创企业成长阶段

表10-1描述了新创企业成长的各个阶段、企业发展在各个阶段中的关键性问题、通常企业在各阶段的大致规模。

表 10-1 新创企业不同成长阶段的特征和规模

成长阶段	关键发展领域	企业规模(销售收入,万美元)	
		生产型企业	服务型企业
Ⅰ 初创期	识别市场、开发产品	小于100	小于30
Ⅱ 发展期	获取资源、开发运营体系	100~1 000	30~330
Ⅲ 规范期	建立管理系统	1 000~10 000	330~3 300

资料来源:Flamholtz和Randle.企业成长之痛——创业型公司如何走向成熟.中译本.北京:清华大学出版社,2004,pp.30-31。

专栏

组织内部特征视角的企业生命周期——换个角度看企业成长

爱迪思总结多年的研究成果认为,规模和时间都不是引起成长和老化的原因。"年轻"说明企业作出变革调整相对容易,但由于控制水平比较低,其行为一般难以预测。"老"则意味着企业对行为的控制力比较强,但缺乏灵活性,缺乏变革的意向。

他认为企业的生命周期包括成长阶段、再生与成熟阶段、老化阶段,并将企业的成长阶段划分为企业孕育期、婴儿期、学步期,将再生与成熟阶段划分为青春期和盛年期,将老化阶段划分为稳定期、贵族期、官僚化早期、官僚期及死亡。

10.1.2 新创企业成长阶段的特征

从组织成熟和发展来看,创业期的鲜明特征表现为企业被自由精神所主宰,体系不规范、系统不完善;规范期的企业以专业化的、利润为导向的经营模式而著称,管理体系更加规范、系统更加完善。发展期的组织介于两者之间,随着企业的快速增长,融入了大量的新的因素,可能是新的业务,可能是新的客户需要的新的销售队伍,可能是新的管理模式需要的职能管理人员,因此组织在成长的同时也会面对各种新旧冲突,当然,优秀的企业在此时完全能够借助外部事业的成长来消化内部冲突。

总结而言,创业期、发展期和规范期企业之间的最重要的区别集中体现在以下八个关键方面:利润、计划、组织、控制、培训、创新、领导风格和文化。表10-2概括了三个阶段新创企业在各个关键领域的主要特征。

表10-2 创业期、发展期、规范期企业的主要特征[①]

区别要素	创业期	发展期	规范期
利润	把利润视为副产品	以业务增长为主导,利润为辅助	以利润为导向,把利润作为明确的目标
计划	不规范、非正式的计划	随着业务增长,对计划开始重视、逐渐规范	规范、系统的计划过程,涵盖了战略规划、运营计划、应急计划
组织	职位重叠、责任不明	机构增加,分工开始专业化	规范、明确的职位描述,分工专业化

---

① Flamholtz 和 Randle. 企业成长之痛——创业型公司如何走向成熟. 中译本. 北京:清华大学出版社,2004,pp.41-42.

续表

区别要素	创业期	发展期	规范期
控制	局部非正式的控制,很少使用规范的评估	开始关注对业务单元整体绩效的评估和控制	规范的、有计划的组织控制系统,包括明确的目标、目的、措施、评估和奖励
培训	非正式的培训,主要是在岗培训	应急式的培训,以应对业务增长的需要	有计划的培训,建立完善的培训体系
创新	以重大创新为主,愿意承受重大风险	以局部创新为主,对风险的承受能力减弱	以局部创新为主,愿意承受适度风险
领导风格	创业团队个人风格千差万别,尚未形成统一的风格	创业团队调整、磨合,在碰撞中有所趋同	伴随职业经理人员的加盟,磋商式、参与式风格逐渐显现
文化	宽松自由的"家庭式"企业文化	个人行为习惯与组织要求剧烈碰撞,趋同	明确界定的组织主导的企业文化

伴随各个阶段特征的,便是各个阶段企业最容易遇到的问题。新创企业处理和管理这些问题的关键在于辨析当时出现的各种现象是不是那些会阻碍公司发展的问题。如果有人提到这样一个人,他爱哭爱闹,一睡半天,特别爱喝牛奶。这样的行为算不算是问题行为?一般的回答都说不算,因为大家都以为这是一个婴儿。但如果这个人已经45岁了,那么,这是不是个问题呢?一种行为模式是否成问题取决于这种行为对特定的生命阶段而言是否正常。因此,新创企业的危机管理并不是杞人忧天地警惕所有的现象,而是辨别并解决对于初创期企业而言的不正常现象。例如,机构的正规化、流程的复杂化对于规范期的新创企业而言是一种正常现象,而对于初创期的新创企业则是过早进入官僚状态,会因此丧失灵活性,失去对市场的敏感度。在本章接下来的三节中,我们将详细讨论新创企业各个成长阶段需要解决的至关重要的问题,这个问题通常与这个阶段的关键发展领域紧密相关。

 专栏

组织内部特征视角下的新创企业容易遇到的问题

伊查克·爱迪思(Ichak Adizes)将每个阶段企业遇到的问题分为正常现象和不正常现象。所谓正常现象是靠企业自身的力量就可以解决的问题,企业可以采取措施克服这些问题。不正常现象使企业成长受阻,持续时间远比预期要长,管理人员试图解决却产生其他预料不到的负面影响。前四个阶段的正常现象和不正常现象如表10-3所示。

表 10-3　组织内部特征视角下的新创企业容易遇到的问题

孕 育 期		婴 儿 期	
正常现象	不正常现象	正常现象	不正常现象
创业者承担了现实的义务	创业者只有不切实际的幻想	现金支出大于收入	现金支出长期大于收入
产品导向	利润导向,只考虑投资回报	缺乏管理深度	过早授权
		缺乏制度	过早制定规章制度
创业者掌握了控制权	创业者的控制地位不稳固	缺乏授权	创业者丧失控制权
		愿意听取不同意见	刚愎自用

学 步 期		青 春 期	
正常现象	不正常现象	正常现象	不正常现象
一切都视作机会	摊子铺得太大,远远超出能力	暂时丧失远见	开拓型人才离去,行政型人才掌权
因人设事,责任交叉重叠	创业者过早分权,失去控制	激励机制滋长了错误行为	企业赔钱,个人却因表现突出获得奖励
经营权和所有权开始分离	创业者遥控式管理	董事会对管理人员加强了控制	董事会解雇了创业型人才

10.2 初创期的危机管理:关注市场拓展危机

10.2.1 初创期企业关键领域及对应的危机

初创期企业的关键在于求得生存。没有消费者,没有能够满足消费者需求的产品/服务,企业就无法生存。因此,虽然初创期的新创企业必须执行组织成功所需的所有关键任务,但是其中的重中之重在于用产品/服务把握市场机会、实践商业模式。企业目标可以是开拓全新的细分市场领域,也可以是以更符合需求的产品/服务进入已经存在的目标市场;企业可能实实在在地落实了最初的创业构想,也可能在另一个市场中站稳了脚跟。但无论如何,初创期的企业必定要在某一个细分市场中有所建树,否则企业将不复存在。从这个意义上说,市场拓展危机是初创期企业面临的最大危机。

在创业团队制定商业模式、勾画事业前景的时候,都是基于一定的业务经营环境及其业绩的假设。其中最重要的假设就是企业的市场营销能力、消费者对产品的接受程度等方面的判断。由于新创企业提供的产品或服务无论是根本性的创新、改进性的创新,还是模仿,对于市场而言都是陌生的,没有经验的,因此都会经历消费者从了解到接受的过程,经营业绩也会出现波动,时常会发生预期目标未能实现的情况。市场拓展危机表现为,即使新创企业已经最大可能地调动了各方面资源,发动了强烈的销售攻势，采取了各类销售手段，得到的销售业绩仍然远远低于经营目标，甚至无法支持企业的运转。

10.2.2 新创企业在市场拓展中常犯的错误

1. 简单估算市场前景

处于快速成长阶段的新创企业，有时对市场需求的增长预测过多地依赖内部信息，诸如订单的增多、一线销售队伍的信息反馈，忽视了未来市场的客观走向。

在这一阶段，企业的工作重点是增大"市场份额"、销售"多多益善"，容易造成对市场增长的人为乐观。企业的工作中心很容易被销售人员和供货部门主导，产品研发、人才培养和运作效益的管理等难以得到高层经理的关注。新创企业从上到下缺乏冷静的分析：如市场的承受力，整个行业的生产规模，新进入该市场的商家数量，企业的竞争优势将会保持还是会被削弱等。更何况，市场发展的客观规律是，当先行企业快速成长的时候，竞争对手发现了市场的前景，不断进入，产品开始出现多样化，客户有了更多的选择，市场竞争结构趋向于复杂化、多极化。对于那些靠单一产品起家的企业，如果仍旧把宝押在单一产品上，且指望靠量的增加来扩大市场占有率，这是一个十分危险的策略。

2. 进入时机选择失误，市场拓展效果不明显时，却归咎为策略的问题

那些以开拓新产品或新市场为己任的新创企业，当询问到产品的市场前景时，大部分创业团队都对自己的产品抱有满腔的热情，用自豪的口吻描述一连串规划中的销售业绩。即使是面对长期冷淡的市场反应，他们依然会信心百倍地勾画出产品的未来，当然，也会说到业绩平平的具体原因，销售经验不足与促销手段不够成熟有效就最顺理成章地成为罪魁祸首。仔细分析，富有企业家精神确实是创业团队跨越各种障碍的必备条件，但仅仅具备企业家精神而缺乏对目标产品市场及相应的配套条件的理智思考，会使原本资源就相对匮乏的新创企业在面对市场危机时找不到有效的解决方案。广告、人员推销等策略、战术绝不是市场营销的全部。唤起消费者对新产品的需求、加快产品市场成熟速度才是持续优秀的经营业绩的源头。

想要在危机四伏的市场竞争中成为最终的胜利者，就需要从美好的创业构想中摆脱出来，随着产品研发、中试、投产、投放市场等一系列过程，冷静地观察目标市场的发育状况，客观分析消费者对新产品的预期和可能的接受程度，尤其要随时监测影响目标市场成熟度的相关因素的发展情况。经营品牌生鲜肉的企业不仅需要了解消费者对绿色猪肉内涵的认知，还需要掌握周边农民的饲养规模和方式；从事网络远程教育系统开发的企业需要对各类学校远程教育管理水平及未来的规划进行全面的分析，从而判断网络远程教育软件市场的发育水平。

3. 未能伴随市场的发育转入精耕细作的营销模式

这是那些在短期内快速成长，没能经历痛苦的市场导入过程的新创企业最容易犯的错误。20世纪末的中国企业界，曾经涌现出一批让我们寄予厚望的企业，借助轰炸式的广告效应、大规模的营销队伍和密集的销售网络，一度以惊人的速度发掘出大规模的消费需求，成功地把握住了中国市场的潜在机会。然而，短暂的辉煌如昙花一现。一时间，巨人倒塌，飞龙折翅，三株、爱多等昔日的明星企业纷纷如流星般陨落。虽然这段经典故事已经被社会大众从各种角度反复评析，但是当我们发现它们在市场营销过程中出现过类似的失误，而且这种失误还在那些快速进入成长期的新创企业中重复出现时，再次剖析这些案例就显得十分必要了。

 专栏

三株的市场营销

在创立的三年时间里面，三株在全国各地注册了600家子公司，成立了2 000个办事处，促销人员超过15万人，并把全国分成东北、华北、西北、华南四大"战区"，四区设立"战区经理"，由总部协调指挥。董事长吴炳新说："除了邮政网以外，在国内我还不知道谁的网络比我大。"如此庞大的营销队伍，给企业带来了丰厚的回报。1994年，三株销售额达1.25亿元，1995年猛跳至23亿元，1996年则达到惊人的80亿元。同时，三株投入了巨额的广告费用，当然，这些广告费用的使用效率却很低。吴炳新曾在1996年新年大会上批评说："1995年我们的广告费投入3亿元，起码浪费了1亿元。"而当年的标王孔府宴酒全年广告费投入才几千万元。据三株一位销售经理回忆，1997年有一个月的广告费就达1.4亿元，而该月的销售收入却只有1.2亿元。

可以说三株的市场营销"成也萧何，败也萧何"。人海加广告轰炸造就了三株在中小城市和农村的成就，但面对需求尚未唤起的大城市却毫无建树甚至埋下了最终失败的祸根。最起码，启动真正意义上的城市市场需要与原来截然不同的手法，更加正规化、专业化的宣传方式和宣传内容，原先的三大法宝——传单、专题、活动需要更有效地针对受众进行从内容到形式的全面创新。而三株上至总裁下至经理团队显然不具备这种素质，缺乏相应的心理准备，也缺乏面对新形势的新思路。比如在央视新闻后的黄金时段，广告语是"三株口服液祝身体好"，创意和诉求都不理想；总裁亲自挂帅发动的"东北会战"经过三个月以失败告终。用雷同的宣传方式，对消费者进行轮番轰炸，只能导致消费者的反感，根本谈不上品牌提升。对消费者变化需求的不调查、不研究、不分析，为宣传而宣传，是三株市场营销策略的重大失误之一。而三株的营销网络共有4级，在省一级建立营销指挥部，市、地级设营销公司，区、县级设办事处，乡镇及城市区内设工作站。1997年在全国共设有219

个营销公司，1 600个办事处。庞大的营销队伍带来的巨大的开支使这只大船拥有难以遏止的惯性，只能一步步向危险驶去。

如此"打天下"的并非三株一家。只要回过头来看看中国民营企业的发展史，就会发现历史是惊人地相似。1995年，巨人集团进军保健品市场，总裁史玉柱发动"三大战役"，成立总指挥部，下设8个方面军，其中30多家独立分公司改编为军、师，战役采取集团作战方式，直接和间接参加的有几十万人。"总攻令"下达以后，巨人产品广告同时跃然于全国各大报端，单在生物工程上广告费就达1个亿，覆盖全国。"奇迹"产生了，15天内订货量突破3亿元。但好景不长，由于管理上的种种漏洞，巨人集团四面楚歌。沈阳飞龙集团的发迹也如出一辙。总裁姜伟以毛泽东解放全中国的战略思想指导广告大战，使"延生护宝液"占领东北市场后，又成功地进行了淮海、平津两大战役。

资料来源：林巧云. 从风险管理看三株. 经济学家网站 www.jjxj.com.cn。

正如姜伟所说："从某种角度上，民营企业的发迹大多是抓住两个好的产品，瞄准一个市场空当，然后押宝于市场促销，一举成功。这种偶然性的成功渐渐成为民营企业家的一种思维定式，在决策时带有极强的赌博性。"但一两个产品赌赢了，并不意味着其他所有产品都可以如法炮制；一两个产品市场开拓初期的成功，并不意味着产品市场成熟阶段可以继续沿用原先的价格策略、渠道策略和促销策略。如果说开拓初期的产品市场营销类似于猎户打猎，那么随着市场的成熟，营销的方式需要逐步转入农妇式的精耕细作。

10.2.3 新创企业市场拓展危机的客观因素

1. 进入全新市场时遇到的客观因素

相当一部分新创企业，正努力通过为社会创造新增价值来获得生存发展的机会，而同时也必须全副武装，以迎接市场对新生产品或者服务的考验。这些考验可能来自于潜在购买者的迟疑、被替代产品的反击、竞争者的追赶、销售渠道的中间商的摇摆、供应商的低效。各种因素相互作用使得新创企业面临的市场"沉默期"[①]长短难以准确估计。家用微波炉于20世纪50年代出现在市场上，直到70世纪才畅销，而家用录像机则经历了20年的磨炼才成为消费者追捧的明星。

(1) 潜在购买者的因素。全新市场的潜在购买者通常不够成熟，给新创企业的市场开拓带来巨大的挑战。早在1950年，索尼公司已经开发出磁带录音机，外形虽又大又笨，但工艺精良、音质优美。出乎意料的是，磁带录音机最初的销售并没有像开发

---

① 指新产品推出到市场畅销的时间。

人员和销售人员想象的那样火爆，因为人们不知道买来做什么用。直到公司找到了法庭记录员和英语教师，真正的目标消费群才浮出水面。而且，潜在购买者一般不愿意改变现有的偏好和习惯，会尽量想办法采用市场上原有的产品或服务。即使新产品能够更好地满足需求，潜在购买者也有可能找到各种理由拒绝采用新的产品或服务，这些理由会包括新产品信息不够充分、试用感觉不够理想等，如表 10-4 所示。

表 10-4 潜在购买者购买过程

购买信息处理	刺激需求因素	→获得信息	→形成信念	→选择信息	→不协调、学习
购买态度	兴趣	→偏好	→评估	→购买意图	→满意
购买行为	搜寻	→选购	→试用	→购买	→采用、投诉

（2）竞争者的因素。竞争者的行动可能会减慢新产品的市场接受速度，也可能会加快新产品的市场接受速度。如果竞争对手预先通告新产品开发信息，有可能会推迟购买本公司产品的决策；但这一行为同时也为顾客带来了额外的信息和可选择性，反过来又有可能推动消费者需求的开发。在某些情况下，新创企业会利用竞争者行为来更好地开拓市场。20 世纪 60 年代初，柯达想开辟胶卷市场。但是，当时的胶卷市场容量极小，所以要开辟市场，就必须创造新的需求。为了这一目的，同时也考虑到当时企业在开发新产品方面的从众心理，柯达公司采取了先创造需求再满足需求的开发战略。1963 年，柯达首先开发出大众化的相机，并宣布其他的企业可以仿造且不需交纳任何费用。之后，众多厂家蜂拥而上，生产并大力推销这些新型相机。一时间，市场上出现了相机热，照相机消费陡增，自然给胶卷开辟了广阔的需求市场。柯达也实现了最初的设想。

（3）中间商的因素。新产品的市场前景不明朗，不确定因素很多。渠道成员面对未来的不确定性就会迟疑、退缩，不愿意接受新产品，不愿意为新产品提供货架空间。即使是愿意合作的中间商也往往是分销能力相对较弱的，批发覆盖面较小、仓储能力较弱、零售点位置不理想等等。中间商的这些行为和反应减少了潜在购买者获得新产品或服务的可能性，减少了新产品的出售机会，最终就会影响新产品或新服务的市场接受程度。

经过市场"沉默期"的洗礼，一部分新创企业，在市场培育成熟之前就无法继续经营下去；另一部分新创企业，虽然坚持到市场成熟时期，却因为前期培育市场而耗尽了资源，最终无力反抗后来者的入侵和竞争。

 专栏

姜万勐与孙燕生共同投资 1 700 万美元创建的"万燕"将 MPEG（图像解压缩）技术开发为电子消费产品，研发生产了中国的第一台 VCD，世界上第一台家用 VCD。她开创了中国的 VCD 行业，也是在 20 世纪末消费类电子领域里，中国可能领先的唯一机会。为了开创一个新行业，使国内消费者了解这个全新的产品，万燕倾其所有财力同时开发软硬件,甚至碟片,加强营销攻势,仅前期研究开发投入就是1 600万美元,广告投入达人民币2 000万元。然而,万燕没有及时申请专利,产品上市后被国内外的企业纷纷仿制。这些厂家在技术上以较少的投入进入市场,以"爱多"、"新科"为首斥巨资开展市场运作,迅速蚕食VCD市场份额。而此时的"万燕"资金已经枯竭,又因是民营企业而无法获得银行贷款,与长虹的合资未遂,所以毫无回击之力,仅仅2年多时间市场份额从100%跌到2%,从"先驱"成为"先烈"。1996年万燕被美菱集团重组,成为美菱万燕公司。2002年5月万燕希望重塑往日雄风,进入DVD行业。

大浪淘沙,剩下的新创企业则是市场竞争中的成功者。可见,一些创业者在总结创业经验之后提出的"剩者为王"的经营哲学也有一定的道理。

2. 进入已有市场时遇到的客观因素

与进入全新市场的新创企业遇到的种种困难不同,在已有市场争取生存空间的新创企业要面临的是已有企业对新进入者的态度和反应,要面对行业进入壁垒对新进入者的约束和挑战,也就是要面对市场中已有企业凭借其优势地位阻止新进入者而设置的种种障碍。

(1) 资源和成本壁垒。新创企业目标市场中已有的企业在资金、选址、原材料等资源获取上有更大的选择余地,凭借已有的品牌号召力和市场优势先行达到经济规模,并且借助长期积累的累计产量优势获得学习曲线优势,从而快速降低生产成本。而这些优势恰恰是新创企业在短时间内难以建立的。

(2) 技术标准壁垒。已有企业可能已经开发出主导技术,建立了社会普遍接受的行业标准,并为维护其核心技术领导地位而采取各种方式保护其技术秘密,使新创企业或者花费大量的研发和推广投资来重新建立行业标准,或者遵循已经建立的技术标准、跟随已开辟的技术轨道而处于被动跟随的地位。同时,已有企业还会利用专利、许可证制度来保护已有的优势,使新进入者陷入不利位置。

(3) 产品营销壁垒。已有企业能够在率先进入市场的过程中,得到相应的"先发优势":已有企业率先向市场推出产品,经历了产品从导入到成长的过程,形成了品牌优势,赢得了稳定的消费群体,而新创企业在这些方面没有任何积累;消费者往往倾向于购买已尝试过、已使用过的产品并向他人推荐,而对新产品很容易排斥或者怀疑;在那些需要配套产品和服务的行业,柯达公司制造照相机、胶卷,也提供冲洗服务,消费者在使用柯达胶卷、选择柯达的冲洗服务以后,就会对柯达的一系列产品产生依赖,不愿意转向其他厂家的产品,新创企业在这样的行业如果沿用消费者熟悉的营销模式就很难迅速打开市场局面;对于那些具有消费规模经济的行业,例如寻呼台、移动通信等,当使用者超过一定数量以后,可以吸引更多用户,从而进一步降低成本,这样已有企业就具备了新创企业难以获得的规模经济优势。

10.2.4 市场拓展危机解决方法

1. 搭建策略调整机制

在本书的第2篇,我们讨论了如何识别和评价创业机会,以及如何将创业机会转化为现实的商业模式的问题。在这些思考的基础上,新创企业的创业团队必定会随着外部环境和内部资源条件的变化,修正最初的设想,形成在同一个方向上积累性的投资行为,这样战略路线就会越来越清晰(详细讨论在第8章进行)。而这些投资行为、战略路线,具体到市场营销的战术层面上,也同样需要很好地适应变化中的行业结构,需要高效地整合并运用企业的各类资源。一个刚性的市场营销系统必然会受到内外部环境负面的反馈。

建立市场监测及策略调整机制,也就是在企业运营过程中,定期重复市场分析过程,保持对关键市场信号的敏感度,结合产品适销推广阶段,调整先期制定的市场营销策略的机制。如图10-2所示。

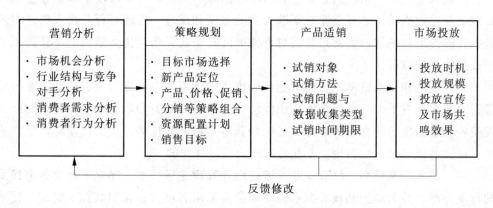

图 10-2 新创企业市场营销策略调整机制

 专栏

美国西尔斯公司创建于1886年,直到20世纪90年代,它已经发展成为全美规模最大的零售商之一。在西尔斯发展的这一百多年里,它成功的经验之一就是:不墨守成规,紧跟市场变革的脚步。西尔斯公司初创时期,主要以美国农民为供应对象,尽管这是一个巨大的市场,但是农民多数生活在交通不够便利的地方,于是西尔斯的创始人理查德·西尔斯大胆创新,想到了尝试用邮局寄送的方式,结果非常成功,并且西尔斯公司所供应的商品质量好价格低,这也为西尔斯的初期发展奠定了良好的商誉。1920年后,伍德开始接任西尔斯,他针对当时美国市场的变化,采取了新的经营策略,紧随市场变化而变化,他一方面抓好邮购商业,一方面以更大力量着重发展门市零售——零售商店,同时为城市居民和农村消费者服务,从1925—1929年,西尔斯陆续开设了324家零售店铺，到1931年，零售营业额已经超出过去邮购销售的营业额。20世纪50年代初期，西尔斯顺应市场变化，又首创了郊区型购物中心。融商业、服务业、娱乐业为一体的购物中心，广受欢迎，迅速遍及美国。西尔斯公司最近的一次重大人事变动，发生于1987年，这次人事变动的背景是由于西尔斯公司的经营状况连续恶化，1986年西尔斯公司的总获利比上一年减少18.7%。布吉克上任后不久，就仔细分析了西尔斯走下坡路的原因：随着美国人消费习惯的变化，西尔斯的经营方式明显落伍。布吉克找到问题的症结之后，于1987年就对此进行了大刀阔斧的改革，他把分布在美国各地的12个大型商品仓库砍掉了5个，解雇了5 700名仓库冗余人员，对保留下来的仓库运输队伍，也加以整顿，物流系统力求合理化、科学化和高效化，并按地区和市场要求建立专门商店或柜台。布吉克不负众望，在采取一系列措施之后，西尔斯公司当年就摆脱了困境，再次走上了兴旺发展之路。1989年公司总营业额已达539亿美元，比1986年增长了差不多一倍。

资料来源：新浪网财经纵横，百度百科。

2. 学会放弃，试着等待

"有所为，有所不为"不仅是大公司进行多元化战略时需要时刻牢记的格言警句，也是新创企业在选择业务内容时可以参考的做事原则。在实践创业设想的过程中，如果新创企业清楚自己提供的产品或服务不仅与短期市场需求不符，而且三五年内市场需求也不可能培育成功，那么就有必要终止对现有产品或服务的人力、物力和精力的投入；如果新创企业能够确定现有产品短期内不符合市场需求，但不能判断出三五年内市场的变化趋势，那么暂时停止或大幅减少对现有产品或服务的投入，等待市场趋势的明朗化就不失为一种理性的选择。此时的等待并不消极，而是充分获取灵活性的价值，因为等待意味着拥有对未来作出进一步决策的权力，而这种权力具有优于现在就作出决策的价值。

3. 与强者联合，规避市场风险

新创企业在创业实践过程中，还会遇到一种情况，那就是虽然短期内市场对它们提供的产品或服务的需求不够明显，但是经过一定时间的投入和培育，消费者的需求就会被唤起。当然，需求被唤起之后，企业的经营业绩取决于当时的经营实力和资源情况。在这种背景下，借助行业中强势企业的力量，借船出海，是最为有效、简捷的方法之一。

 专栏

iCast是基于互动通专利技术的新一代网络富媒体广告解决方案。通过采用透明

下载和礼貌播放的模式，iCast 在最大程度上减少了对网页浏览者的干扰；同时，对大容量广告文件的支持使 iCast 支持各类富媒体内容，以丰富的形式表现广告主的创意。iCast 不需要受众安装任何插件，就能够向受众传递整合视频、音频、动画图像、双向信息通信和用户交互等功能的广告内容。虽然 iCast 显然能够承载起互动通的未来，但是如何在竞争激烈的网络广告行业中分一杯羹，仍然令天图总裁王佶颇为踌躇。中国网络广告 80%的市场由新浪、网易、搜狐占据，这是短期不可能改变的事实。面对强势的门户网站，王佶认为，最直接也最简便的办法是联手。"不和新浪①合作，得不到它的认可，就算把剩下所有工作都做到位，也达不到一半的市场份额。"就这样，互动通提供技术，新浪网提供平台，经营 iCast。在此基础上产生的收益，双方按照约定分成。

当然，借船出海，合作方提供的是船，能不能驶向彼岸，还需要企业在合作方的平台上自主开发客户、开拓市场。

专栏

"技术再好，不等于可以躺在新浪身上吃饭了。"王佶意识到，做高端市场，需要强调自主服务概念。"东西再好，不能光摆到人家的货架上，要帮人家吆喝，人家的伙计怎么会帮吆喝呢？"于是，从 3 月开始，他和员工开始广泛接触客户。到了 5 月，互动通成功地"斩获"微软。第一单就拿到了 110 万元，之后又追加了 100 万元。目前，iCast 所带来的 80%的客户来自跨国公司，如摩托罗拉、索尼等。

资料来源：中国企业家，2003，(11)。

4. 顺应产品生命周期，采取系统且有针对性的市场营销策略

仔细分析一般产品的典型销售历史，就会发现它们会经历从导入期到成长期，然后进入成熟期，直到衰退期的生命周期②。在每一阶段，企业将面对不同利润潜力和销售增长潜力的机会与问题，所选择的营销策略也需要作出相应的调整。那些成功把握商机从而迅速成长的企业，未能经历拓展初期的煎熬，最容易忽略行业竞争结构和生命周期的发展变化，也最容易将初创阶段市场营销上的技巧归纳为成功经验继续推广使用。

在导入期，消费者的需求是不确定的，技术是不确定的，市场参与者的竞争地

---

① 据统计，当时，新浪网每年的广告收入有 2.5 亿～3 亿元之多，几乎占据了中国网络广告市场半壁江山。

② 并非所有产品都呈现这种 S 型的生命周期曲线，还存在着"增长—衰退—成熟"的形态、"循环—再循环"形态、"扇形"产品生命周期等。

位也尚未明确。营销策略的关键在于尽可能减少不确定因素，通过大量的促销等市场开发力量把顾客从茫然、迷惑的境地中解救出来，让顾客知道，他们将从产品、服务中得到何种利益，以使其逐步接受新生事物，并尽力消除各种障碍和瓶颈（详见本节第 2 部分的分析）。成长期，需求迅速上升，技术日趋成熟，更多的企业参与竞争，各自埋头发展，市场定位仍未明朗。此时的总体原则是密切注视市场结构的变化（尤其是替代品或者是替代营销模式方面的变化），发现需求的差异，并在形象、产品、服务、渠道上与顾客需求相适应，不断扩大规模提高市场占有率，以取得市场地位，并采取提高品牌忠诚度和建设分销渠道等措施制造对于新进入者的障碍。进入成熟期，顾客的特定需求固定下来，市场占有率也会相对固定，销售量由加速增长变成减速增长，利润增长率开始下降。故步自封只能加速衰退，企业需要对取得成功的关键因素深刻反省，探讨改变竞争规则的可能性，创新会带来突破的可能。无论是寻求新的细分市场、发展产品的新用途，还是业务模式、营销模式的重新组合都可能为企业开辟一个新的利润增长点。

10.3　发展期的危机管理：关注现金流危机

10.3.1　发展期企业关键领域及对应的危机

在中国这个充满机会和诱惑的市场中，曾经上演了一幕幕"明星企业变流星"的悲剧，郑州亚细亚、沈阳飞龙、巨人、三株……总结前车之鉴，它们的迅速衰退往往都发生在快速成长的过程中，快速成长与迅速陨落似乎成为这个阶段的两大特征。公司的销售收入在快速增长、人员在迅速膨胀、业务在不断拓展、机构在不断增加，表面的欣欣向荣没能预示陷阱和悬崖，企业成长的速度似乎超出了人为控制的范围。继续向前，有可能是铺满鲜花的阳光大道，也有可能是布满荆棘的死亡之谷。未来的命运取决于企业如何处理其中暗藏的种种问题。在这样一个惊险刺激但又前景美好的阶段，新创企业成败的关键在于成功地获取并驾驭所需的资源，建立和完善采购、产品递送、会计、收款、招聘等日常运营系统，使不断增加的资源在可控的范围能为企业成长服务。发展期企业需要学会透过现象看本质，也就是要能够不被人员增加、客户增加、业务增加、机构增加等物质形态的结果所蒙蔽，要时刻关注企业经营的货币化结果。而且，这种货币化的结果绝不仅仅是最终的利润表现，关键是现金流的实际状况。

短期的现金流短缺导致一个原本经营良好的新创企业被恶性并购或者猝死的案例已经屡见不鲜。如果因为现金流的短缺而失去一个具有发展潜力的企业，对于创业团队而言，确实是一件痛心疾首的事。虽然现金流短缺问题的解决不能为新创企业的高速成长带来突破性的契机和长足的进步，但是它却能够增强企业的生存能力和抵抗风险的能力。在 1993 年世界电脑行业进入低谷的时期，那些具备稳定且优质的现金流的企业就获得了未来持续经营的机会。即便如此,新创企业在"现金流是上帝"的金科玉律下,仍然会因为种种原因疏于现金流的管理,将企业推进现金流短缺的困境中。

 专栏

内部控制体系不规范,现金支出失去控制——百信鞋业

从一个青年农民到亿万富翁,如果做好了就是鞋业零售中的国美、苏宁,可惜的是,他失败了。作为当年全国最大的鞋业连锁企业——百信鞋业连锁的老板,温州人李忠文的经历发生了戏剧性变化。1996年,在事业逐渐稳定之后,李忠文关闭了4家只有四五百平方米的鞋店,一举新开了4家四五千平方米的鞋类专卖店,并打出了百信鞋业的旗号,以"平民化、低成本、低价位"为经营定位,号称中国第一家专业鞋业连锁店。1998年8月起,李忠文的百信鞋业向全国发展,开始了扩张的步伐。到2000年10月,连锁店由4家变成80家,最多时一度超过100家,李忠文走到了事业的顶峰,也完成了由一个普通农民到亿万富翁的转变。在2000年百信的事业走向顶峰时,危机也开始出现,由于在未得到银行支持的情况下大量连锁店的快速扩展,鞋业公司的现金全部被消耗一空,拖欠下供货商大量的货款,资金链开始出现问题。同时,质量问题和信誉问题开始侵袭百信的品牌,个别分店开始出现倒闭的倾向,就是这种一边倒闭旧店一边开新店的操作方式,以及连续的扩张使百信元气大伤。2001年年底,由于涉嫌偷漏税,全国税务机关统一行动,对各自辖区的"百信鞋业"经营及管理机构进行突然检查,结果百信被处以一大笔罚款,许多分店经营每况愈下,百信的信用一落千丈。百信失败的原因,在很多曾经工作于这里的经理人认为,还包括一个比较重要的方面,就是严重的家族管理,在百信一步步的发展中,几乎公司所有的核心管理层和重要部门,李忠文都把权力交给了他的亲戚朋友,实行家族制管理,但相互的权力又没有制衡。配货中心的负责人是李忠文的亲戚朋友,他们中许多人大吃回扣。供货商李先生向记者透露了当时百信存在的这些内幕。李忠文并非不清楚自己企业存在的问题,在2001年10月份由各地分公司和分店店长参加的会议上,李忠文指责公司内一些人以权谋私,然而他却没有办法,因为许多'蛀虫'都是他的手足。一些专家也认为,对百信鞋业来讲,其最大的经营管理问题,来自它亲情、友情式的缺乏监管、缺乏权力制衡的治理结构。

资料来源:谁点了百信的死穴.中华服装网.

 专栏

盲目投资,降低现金流的流动性——珠海巨人

珠海巨人新技术公司成立于1991年4月,注册资金200万元。之后,这颗软件

行业的新星经历了快速成长的时期。到1993年年底，在全国各地成立了38家全资子公司，当年推出了中文手写计算机、中文笔记本计算机、巨人传真卡、巨人中文电子收款机、巨人钻石财务软件、巨人防病毒卡、巨人加密卡等产品，实现销售额3亿元，利税4 600万元，成为中国极具实力的计算机企业。但是，面对国内计算机业进入低谷带来的重创，看到房地产和生物保健行业的热潮，巨人集团开始迈向多元化经营之路——计算机、房地产和生物工程并驾齐驱。欲在房地产行业大展宏图的巨人一改初衷，拟建的巨人科技大厦设计一变再变，楼层节节拔高，从最初的18层一直涨到70层，投资也从2亿元涨到12亿元，当时的资产规模仅有1亿元。到1996年年底，巨人大厦一期工程没能按时完工，购买巨人大厦楼花的国内债主上门讨债，巨人集团无力退还3 000万元而陷入了困境。

 专栏

因现金流短缺而盲目融资引入投资人，
导致创始人丧失公司控制权——智联招聘

2008年，智联招聘获得来自澳大利亚两家公司共计1.1亿美元的注资，两家投资方其中之一是澳大利亚最大的招聘网站seek.com，它也是智联招聘原有的战略投资方；另一家为澳大利亚最大投资银行麦格理银行。凭借6 000万美元，麦格理银行此次获得了大约30%的股权。而seek.com此前曾以2 000万美元获得了智联招聘约25%的股份，此次4 000多万美元到位后，其股权增至大约40%。不过，股权融资往往伴随着股权稀释，甚至导致公司独立运营权丧失。智联招聘CEO刘浩表示，公司运营的独立性是个"原则问题"，一丝也不能妥协。在与上述两大投资方谈判过程中，也是智联招聘方面坚持的立场之一。他认为"70%左右分在两家公司里，非常合理"。而这在他看来，也是公司相对国内竞争对手领先的关键所在。不过也有业内人士表示了怀疑，智联招聘此次融资额度较大，但这是以失去很多股权为代价的，事实上70%的股份掌握在战略投资者手中已经相当危险，目前网络招聘行业尚未出现以新模式取胜的企业，还都陷于价格竞争阶段，此次融资对智联招聘的影响还有待时间的检验。

资料来源：第一财经日报，2008-07-11。

10.3.2 新创企业在现金流管理中常犯的错误

1. 企业融资计划短期性严重，后续跟进工作不够充分

一种情况下，新创企业依照某一领域产品研发情况制定商业计划进行融资。融

资成功后,创业团队会按照原有的计划,投入资金、人才等进行近期的产品开发。在这期间,如果没有组织人员对产品的市场环境进行跟进研究,也没有对企业开拓市场所需要投入的人力、资金及各种资源进行必要的计划和准备,那么,等到研发过程结束后,产品市场可能并未按照经营者在融资时计划的那样成长起来,前期投资的成果无法得到市场的认可和回报,或者第一轮所融资金大部分已用于购置研发设备和支付研发期间费用,等到产品进入市场时,企业已无充裕资金进行市场开拓。短期的辉煌和创业冲动过后,创业团队将陷入市场和资金的双重困境中。

另一种情况是,在企业成立之初的第一轮融资中,企业经营者仅仅从一定时期的需要筹集资金,基本没有考虑企业长远的资金需求,更没有做长远的财务预测与财务计划。从投资者来看,则比较重视进入价格和所占股份,对项目以后发展所需资金缺乏细致分析。投资双方的失误导致初期投入资金有限,难以支持项目达到投资者与经营者所期望的经营目标。第一轮投资结束后业绩没有达到预期目标,将直接影响到新创企业后续融资的成败。如果在未来无法筹得扩张所需资本,就会直接影响新创企业的健康发展,甚至危及生存。

2. 内部控制体系不规范,现金支出失去控制

 专栏

1990年3月,秦池从一家年产白酒仅1万多吨、销售局限于山东潍坊的临朐县小酒厂开始,走上了它充满跌宕起伏的历程。1993年,秦池酒厂开始进军沈阳,在当地电视台密集投放广告,并且做了很多扩大知名度的宣传活动,这些无疑使秦池这个名字迅速被人们所知晓。1995年,秦池以6 660万元中标央视黄金广告段成为"标王",由此一夜成名。中标后的头两个月秦池销售收入就达2.18亿元,实现利税6 800万元,相当于秦池酒厂建厂以来的总和。1996年,秦池以3.2亿元的天价再度成为"标王"。根据秦池对外通报的数据,当年度企业实现销售收入9.8亿元,利税2.2亿元,增长5~6倍。然而秦池惊人的发展速度之后,是否真的拥有稳健的经营体系呢?这个发展速度曾经令业内人士瞠目结舌的企业是否拥有良好的生产与管理方式呢?蝉联了两年标王之后,1997年,"一个县级小企业怎么能生产出15亿元销售额的白酒?""秦池白酒是用川酒勾兑"等几篇新闻报道彻底把秦池从标王宝座上拉了下来。经过记者的暗访,原来秦池的原酒生产能力只有3 000吨左右,它收购大量的散酒,再加上本厂的原酒、酒精、勾兑成低度酒,然后以"秦池古酒""秦池特曲"等品牌销往全国市场。这一年,秦池的销售总量巨额下滑,到了1998年,秦池已经开始欠税经营。秦池的故事让人们反思,究竟是怎样的原因导致了它最终的没落。业内人士认为,秦池在企业管理、生产、销售各环节的衔接上相对于品牌的快速扩张是滞后的,而这种滞后恰恰被"标王"的光环所遮掩。秦池只重视知名度不重视美誉度，管理机制没有健全，造成企业的迅速倒下。

资料来源：思索：竞争战略批判，中国名牌消失之谜．百度贴吧．

仔细盘点，这样的财务失控的问题在巨人、亚细亚、飞龙等当时轰动全国的类似案例中都有发生。它们在企业快速扩张的辉煌业绩掩盖下，过多地关注市场运作，使企业内部控制系统严重滞后于经营发展的要求，导致了组织体的坏死。

3. 盲目投资，降低现金流的流动性

 专栏

珠海巨人新技术公司成立于1991年4月，注册资金200万元。之后，这颗软件行业的新星经历了快速成长的时期。到1993年年底，在全国各地成立了38家全资子公司，当年推出了中文手写计算机、中文笔记本计算机、巨人传真卡、巨人中文电子收款机、巨人钻石财务软件、巨人防病毒卡、巨人加密卡等产品，实现销售额3百亿元，利税4 600万元，成为中国极具实力的计算机企业。但是，面对国内计算机业进入低谷带来的重创，看到房地产和生物保健行业的热潮，巨人集团开始迈向多元化经营之路——计算机、房地产和生物工程并驾齐驱。欲在房地产行业大展宏图的巨人一改初衷，拟建的巨人科技大厦设计一变再变，楼层节节拔高，从最初的18层一直涨到70层，投资也从2亿元涨到12亿元，当时的资产规模仅有1亿元。到1996年底，巨人大厦一期工程没能按时完工，购买巨人大厦楼花的国内债主上门讨债，巨人集团无力退还3 000万元而陷入了困境。

珠海巨人为追求资产的盈利性，以超过其资金实力十几倍的规模投资于资金周转周期长的房地产行业。固定资产的整体性和时间约束性，使公司有限的财务资源被冻结，资金周转产生困难，形成了十分严峻的资产盈利性与流动性矛盾。更严重的是，受房地产投资失误的影响，生物工程的基本费用和广告费用被抽到房地产投资中，正常运作深受影响。多元化经营不仅没能在主营业务行业性低估的情况下帮助巨人集团分散风险、渡过难关，反而因为资金运作不当，在没有利用财务杠杆的情况下，将现实资金投入固定资产，降低资产的流动性，而陷入了财务困境。

4. 因现金流短缺而盲目融资引入投资人，反而丧失公司控制权，导致公司的发展背离创始人的初衷

现金流对资源相对短缺的新创企业的重要性经常会给创业团队带来无形的压力。面对突如其来的短期现金流短缺，而日常支出又具有较强的刚性时，融资便成为"救火队式"的解决方案。对资金的渴望使新创企业在融资谈判中陷入被动的局面，

而投资方对进入价格和所占股份的关注很容易使得这种被动地位直接导致创业团队丧失实际控制权。在企业经营过程中，谁拥有实际控制权，谁就能更大程度地影响企业的发展方向。由于新进入的投资方对企业的设想和预期并不一定与创业团队的构想完全吻合，那么在投资方掌握控制权的情况下，创业团队的初始想法就会落空，甚至会因为战略上的分歧而离开一手创建的企业。网龙公司的刘德建就曾经对《中国企业家》说："2004 年，网龙要大规模扩张，这至少需要上亿的资金，我们必须有足够的现金储备。但我不想再通过稀释股权融资，那样对创始人来说代价太大，而且过多的投资方进入可能会使公司失控，偏离我们搞自主研发的道路，而是像很多公司那样去做代理，走捷径。"

10.3.3 新创企业现金流短缺的驱动因素

分析现金流短缺的驱动因素可以从现金流量的构成入手。企业的现金流量包括经营活动产生的现金流量、投资活动产生的现金流量和融资活动产生的现金流量。

在经营活动产生的现金流量中，销售产品获得的现金是最主要的现金流入来源。新创企业在产品或营销策略上的创新，需要经历新生市场或新的市场模式的成熟过程。新创企业在产品的市场开拓上遇到的困难，包括销量低迷、需求不稳定、行业发育速度不足以支持企业的发展等，都会直接影响到现金流入的稳定性和充足程度。而且，相当一部分新创企业遇到的困难并不在于产品销量和需求，而在于市场交易不规范导致的应收账款居高不下，实际现金流入过少。另外，对于资金捉襟见肘的新创企业而言，吸引人才和控制人工成本的实际支出是一对必须处理的矛盾。当新创企业必须与成熟企业拼抢优秀人才时，遥远的愿景远没有现实的激励来的直接和有效。这种物质激励上的高额支出便成为现金流短缺的另一个原因。

在投资活动产生的现金流量中，投资回收金额与投资支出的匹配情况是需要特别关注的问题。新创企业在创业构想短期实现的激励下，容易有扩大投资的冲动，容易受市场机会的驱使。亚细亚、三株等事例虽然时过境迁，但它们在过度关注规模扩张而忽略发展的质量和效益方面犯下的错误仍然值得新创企业借鉴和警惕。

在融资活动产生的现金流量中，新创企业的融资渠道相对单一，可选择融资手段较少，容易在现金流饥渴的驱动下，接受筹资成本较高的资金。在这种情况下，如果公司经营活动的收益率低于筹资成本，融资活动只会给原本短缺的现金流状况雪上加霜，如表 10-5 所示。

表 10-5 从现金流量表可以分析现金流短缺的原因

项 目	金 额	备 注
一、经营活动产生的现金流量		
销售商品、提供劳务收到的现金		
收到的其他与经营活动有关的现金		
现金流入小计		

续表

项　目	金　额	备　注
购买商品、接受劳务支付的现金		
支付给员工以及为员工支付的现金		
支付的其他与经营活动有关的现金		
现金流出小计		
经营活动产生的现金流量净额		
二、投资活动产生的现金流量		
收回投资所收到的现金		
现金流入小计		
构建固定资产、无形资产和其他长期资产所支付的现金		
支付的其他与投资活动有关的现金		
现金流出小计		
投资活动产生的现金流量净额		
三、融资活动产生的现金流量		
吸收权益性投资所收到的现金		
发行债券所收到的现金		
借款所收到的现金		
收到的其他与融资活动有关的现金		
现金流入小计		
偿还债务所支付的现金		
分配股利或利润所支付的现金		
偿付利息所支付的现金		
支付的其他与融资活动有关的现金		
现金流出小计		
融资活动产生的现金流量净额		
现金流量净增加额		

10.3.4　现金流危机解决方法

1. 用收付实现制的会计原则来管理现金流

权责发生制是在费用和销售发生时入账，收付实现制则是在付出和收到现金时入账。前者不能真实反映现金的流入和流出，报表上的业务收入和净利润值，并不是企业实际交易发生的现金情况；后者与现金流量更一致，更利于现金流管理。一般而言，权责发生制适用于短期现金流充足的大企业，收付实现制更适合于新创企业。

采用收入实现制的会计原则意味着新创企业必须时刻关注现金流量表，仔细分析预算的现金流量与现实的现金流量的差距，采取有针对性的措施改善现金流状况。

2. 仔细权衡投资回报与付出，谨慎投资

即使在产品销售情况良好，市场前景看好，短期现金流充裕的情况下，新创企业仍然需要全面考虑新增投资的回报率、回收期，以及由于新增投资所带来的对企业现有能力的挑战和管理复杂化等连带问题，需要客观评价新增投资方面的发展前景以及新增投资对现有业务发展的价值。在新创企业快速成长阶段，组织的"肌体"还不够结实，竞争地位才刚刚建立，经营过于分散化会削弱原核心业务能力。尤其是当两项业务毫无协同效应时，这样的多元扩张战略会给原本脆弱的新创企业埋下经营危机的种子。因此，新创企业应该明确战略边界，强调企业决策的自律和规则，树立"有所为，有所不为"的投资理念。

🎯 专栏

小天鹅在快速成长阶段，高层管理团队为了拓展业务范围，曾有意收购国内一家效益相当不错的摩托车集团，当时该集团销售额已达到39亿元。在董事会讨论过程中，外方董事提出了不同的意见，他们认为国内摩托车行业已进入高度竞争阶段，风险极大，而且小天鹅并不具备这一领域的核心技术和营销经验。综合来看，兼并也许能够获得一些发展机会，但再往前发展则缺乏基础，而没有基础的事业必定是没有前途的事业。最终董事会表决，否定了这个收购方案。类似地，1999年原计划投资1亿元建设"氨基酸"项目经过国内专家和立陶宛的多位氨基酸专家两轮论证，最终结论是投资风险太大，18种氨基酸的经营起码需要3亿元的投资，到第5年才能得到回报。小天鹅又一次否定了这个项目。

经过多次专家论证，最后得出结论：小天鹅要走"以洗为主，同心多元化"的发展道路，围绕家用、工业用洗衣机，带动洗碗机、干衣机、干洗机、家用计算机、洗衣机电机等产品，并开拓家用洗衣机外的洗涤电器市场，增强抗御市场风险的能力，巩固和加强"小天鹅"品牌的高品质内涵，避免在不熟悉的领域盲目扩张而砸掉"小天鹅"的品牌形象。

3. 借用孵化器平台，争取政府基金及政策支持

对于那些高科技的新创企业而言，充分利用所在的孵化器平台，争取政府基金及相关政策的支持，是一种成本相对较低的缓解现金流短缺的方法。孵化器通常是大量政策资源的聚集地，这一点在政府背景的孵化器中尤为明显。很多优惠政策通常仅对某一孵化器内部的企业生效，一些政府机构召集、主持的有关活动，通常也限于那些孵化器内部的企业参加，因此，孵化器内的新创企业通常在政策资源上有得天独厚的优势，通过关注政府机构制定的相关法规条例，创业者可以作出更利于

新创企业成长的决策，能够获得各种政策性的低息或无偿扶持基金（如国家科技部中小企业创新基金等），以及写字楼或者孵化器所提供的廉价房租等。

4. 调整盈利方式，稳定现金流入

相当数量的IT企业在创业初期是以工程项目的方式在市场上争取到了一席之地。但是由于工程项目的数量难以计划，付款方式具有阶段性特征，新创企业难以得到稳定的现金流入，创业团队容易陷入不断地找项目的困境当中。互动通公司整合了从事企业的互动广告设计制作、拥有良好的客户资源及界面设计技术的ITOM和经营文本广告服务的太极链网站、拥有良好的后台技术的T2的市场及技术资源之后，曾一度从事大企业的E-Building等业务，接的几乎都是财富500强企业的单子，但是正如王佶在接受《中国企业家》访问时所说的那样："我们'打单'的时间很长，成本很高，不能控制，公司亏得很厉害。这种单纯以单个项目为背景的模式很难盈利。谁也不知道明天能接多少单子。"因此，在短期的工程收入的盈利模式满足生存需要之后，这样的企业必然需要逐步转入能够获得相对稳定现金流的销售方式，或者将工程项目的成果转化为可批量化生产的产品，或者变一次性工程收入为固定的提成方式。国内某一家提供手机游戏及增值服务软件的公司与中国移动、中国联通等公司建立合作伙伴关系，并从业务流量中提成；另一家经营远程教育软件的公司改变以往的一次性产品销售收入的策略，采取降低初装价格并按照阅读量提成的方式；互动通公司在几经周折之后，终于借助iCast这种新型的互动多媒体网络营销平台解决方案，进入了网络广告行业的快速成长通道。

专栏

从当初简单的即时通讯沟通软件到涵盖即时通讯、网络游戏、门户、无线增值等7大业务的互联网巨头，腾讯以其不可阻挡的生命力，发展成中国互联网强势品牌之一。截至2007年年底，QQ活跃账号达到3亿个，占中国即时通讯市场份额的78%。

十年时间，腾讯完成了三个阶段的飞跃，也完成了其盈利模式的转变。第一阶段是率先推出针对中国人设计的聊天产品。在互联网初期腾讯把国外的OICQ引入中国，推出QQ聊天工具，找到市场蓝海的胜利者，QQ作为腾讯第一代的生命力，是腾讯发展壮大的坚实基础。

第二阶段是围绕QQ聊天平台，推出QQ秀等一系列虚拟物品，满足了互联网发展阶段聊天人群的个性化、差异化需求。虽然这个创意也是借鉴韩国的经验，但是事实证明，以QQ秀为代表的虚拟物品的销售正是腾讯典型的本土化成功案例。在2003年之前，腾讯绝大部分的收入都来自无线增值业务，占到了55%~75%。

腾讯商业模式的特点表现为快速模仿，将国内外市场前沿的技术与QQ平台对接，并迅速获得盈利。这种模式让腾讯在几年之中逐渐摆脱对 IM（即时通讯）本身的依赖，在 IM 平台之上生长出 QQ 秀、Qzone 和 QQ 宠物等新生命力。

在互联网开始以视频播客、网络博客为代表的社交化网络走红的 2006 年，腾讯也针对 Web2.0 开展了第三阶段的全新攻势，腾讯誓言要成为中国人在线生活的一个符号。

5. 变短期激励为长期激励，减缓短期现金流压力

从各类人才的择业风险来看，进入新创企业相比进入成熟企业来说要承担更大的风险，这种风险主要来自于新创企业未来发展的不确定性，因此员工通常会要求高于成熟企业的回报，包括物质方面的回报和学习、能力增长等自身成长方面的回报。为了与成熟企业争夺优秀人才，新创企业不仅需要为员工规划清晰的发展前景，还必须支付相对较高的人工成本。高额的短期激励方式不仅会增加企业现金流的负担，而且不具备对员工的长期约束效果。国内许多企业，例如华为，在初创阶段，创造性地采取了变短期激励为长期激励的策略，不仅承诺员工高于行业平均水平的个人收入，而且以企业年金、股权、股票期权等长期激励的方式兑现个人收入的相当部分，给员工戴上"金手铐"，解决短期的现金流压力并直接将员工个人利益与企业的长期发展联系在一起。

🎯 专栏

华为在初创阶段制定的《华为基本法》中明确了员工持股制度，让公司与员工成为利益与命运共同体，不仅承诺员工高于行业平均水平的个人收入，而且以企业年金、股权、股票期权等长期激励的方式兑现个人收入的相当部分。作为企业的创始人，任正非大量稀释自己所拥有的股份，据他自己透露，他在公司中占的股份微乎其微，只有 1% 左右，而华为 70% 的管理层和员工拥有华为的股份。华为利用员工持股制度及其他长期激励方式，给员工戴上了"金手铐"，很好地解决了短期的现金流压力，并且使最有责任心与才能的人进入公司的中坚层。

资料来源：吴晓波. 激荡三十年（下）[M]. 北京：中信出版社，2008.

6. 加强内部管理，提高费用支出的效率

开源节流是企业经营中最朴素也是最实用的手段和策略。节流并不是简单的减少支出，而是通过费用支出结构分析及支出的必要性和经济性分析，采取相应的措施来改善费用支出的实际效果。对于新创企业而言，研发费用和销售费用是加强管理和控制的主要对象。在研发投入上，技术偏好性的创业团队容易因为对技术本身

的追求而忽略成果的市场需求情况，新创企业在研发投入决策上就需要重点考虑研发方向的商品化前景。在营销投入上，除了规范内部制度，防止"跑冒滴漏"以外，新创企业要克服两个倾向。第一，要避免因为短期的成功而简单复制到未来的营销策略上。三株口服液在1996年"农村包围城市"策略取得巨大成功以后，沿用原有的宣传方式，没能唤起一些大城市的巨大购买力。毕竟启动真正意义上的城市市场，需要与原来截然不同的手法，无论宣传方式和宣传内容都应改变，要转向正规化和专业化，三株缺乏面对新形势的新思路。在央视新闻后的黄金时段，广告语是"三株口服液祝身体好"，广告创意及广告诉求都是不理想的，效果自然也谈不上，与此同时在所有的市场基础，三株采用以小报为主的宣传方式，对消费者进行轮番轰炸，没有宣传方式和宣传艺术的提高，更谈不上什么品牌提升，反而影响了品牌形象，人们对那种压迫式的灌输产生反感，导致广告费用投入产出比越来越不合理。第二，要避免"病急乱投医"，新创企业容易对市场沉默期估计不足，几次营销策略失败以后就乱了方寸，胡乱投入，希望地毯式、轰炸式的广告宣传能够起到作用。事实上，已经采用的营销策略无论是成功还是失败，在未来的策略制定过程中，关键始终在于对目标消费群的锁定及其行为特征的分析和把握。

此外，在公司遇到严重危机无法通过内部调整来解决的情况下，公司选择被其他企业并购也不失为一种可选的方式。

专栏

五谷道场曾被业内喻为一匹黑马，用短短的6年时间便做到了全国第六的市场位置。然而仅仅过了短短的2年时间，其销售便一落千丈。曾有业内人士分析表示，扩张过快，以及过分乐观估计非油炸方便面前景而大把撒钱，是中旺集团资金链数次紧张的主要原因。

1999年，王中旺在河北省邢台隆尧县乡下出资170万元成立了一家小型方便企业，这就是后来大名鼎鼎的中旺集团。成立以来，中旺集团一直发展迅速，并在非油炸方便面这个细分市场尝到了甜头。2004年10月10日，中旺集团正式在北京成立了五谷道场食品技术开发有限公司，专门推广五谷道场的"非油炸"方便面项目。实际上，当时市场对于非油炸方便面的反应也非常好，五谷道场的销量增长很快。从2005年开始，五谷道场开始在全国范围内大肆扩张。他们提出了占领中国方便面市场60%的口号，先是花重金在央视等主流媒体投放广告。一时间，"非油炸，更健康"的广告词在中国家喻户晓。同时，五谷道场在全国产业链上的扩张也在快速进行。2004—2006年，它在全国共开设了多家分厂，将产能扩大了数倍。2006年五谷道场销售额达到15亿元，中旺集团因此荣登第五届中国成长企业100强的榜首。短短6年间，五谷道场作为非油炸方便面的倡导者以黑马姿态在竞争激烈的方便面行业做到了第六的位置，而此时五谷道场仅北京总部的员工就达到4 000人，更建立起来一个比较固定的消费者群体。

但是，在经过了最初的高速增长之后，非油炸方便面的销量并没有随中旺集团预期的那样爆炸性增长，而是趋于饱和。从2006年年初开始，五谷道场的销售增长开始越来越吃力。同时，"拒绝油炸，留住健康"的广告频遭质疑，2006年年初已被有关部门以涉嫌广告违法而喊停，前期多达2 000万元的广告投入全部打了水漂。更严重的是，公司开始在全国范围内遭遇信用危机。由于市场增长乏力，前期产能扩张和市场拓展的大量投资无法迅速收回，公司的现金流开始吃紧。2006年下半年开始，全国范围内开始集中出现经销商和供应商对五谷道场的资金追偿诉讼。即使这样，王中旺仍在2006年年底强调了五谷道场继续扩张的战略，誓言要在2007年增加到48条生产线，拿下方便面市场份额的60%。然而，形式在2007年年初急转直下。到2007年2月，因资金链紧张拖欠货款等问题，针对五谷道场的资金追偿诉讼已经多达百件，行业对五谷道场的发展前景预期开始转向悲观。2008年年初，五谷道场开始从各大卖场下架，市面上关于五谷道场现金流断裂、即将破产的传闻被炒得沸沸扬扬。最终，五谷道场在2008年10月30日正式向法院申请破产重组。经过后期长期而艰苦的谈判，最终中粮集团将五谷道场整体并购。

根据中粮集团的规划，中粮将借五谷道场进军方便面行业，仍然以非油炸方便面作为主打方向。回顾中旺集团对五谷道场的酝酿、起步、发展、危机和最终失去控制权的整个过程，对市场预期盲目乐观，在全国范围内盲目扩张和低效的内部成本控制是危机产生的主要原因所在。

资料来源：五谷道场欠银行贷款被判还债千万．新京报，2008-08-22；五谷道场公司破产重整．新浪财经，2008-11-20；百度百科：五谷道场。

10.4 规范期的危机管理：关注组织与人才危机

10.4.1 规范期企业关键领域及对应的危机

随着公司一天天长大，创业者的兴趣也许仍然停留在如何获得更多的客户上，那么他会渐渐发现，凭借个人能力很难去应对所有的问题，甚至将整个的创业团队都变成合格的管理者，也处理不完每天冒出的大小事务。这时候的创业者会越来越明显地感觉到，需要依赖更多人来完成企业的目标。创业者不得不花费一部分精力关注企业内部的管理事务。对于许多创业者来说，这是一个既不能让人兴奋，又十分陌生的领域。员工似乎比顾客更难对付，部门之间的协调比产品的调试更让人恼火。外部的人力资源市场似乎永远也不可能为创业者提供满意的人手。高薪吸引来的职业经理人，不断地以一个外来人的身份挑剔着企业的种种毛病，而创业伙伴则总是回顾创业时的艰难，表露出对后来者的不满。

识别创业机会，将机会转变为市场接受的产品，向客户展示产品等更多依赖的是那些被称为"企业家精神"的天赋，相对而言，创业者建立一个具有共同目标的组织，使不同才能和性格的人能够在同一目标下工作，则是一件更需要耐心、技巧和责任的事情。中国企业界流行的一句谚语："一个老板的境界高低，决定了这个企业的边界"以及所谓的"一把手封顶"理论，都从经验层面，直观地说明了这个现象。

在企业的规范阶段，创业者可能需要对创业动机进行更深层次的反思：创业是为了制造一个更大的组织，还是只想把自己从官僚组织的桎梏中解放出来。这种创业动机决定了创业者是继续把他的公司做大，还是保持在他个人所能控制的规模内。一家做户外广告的公司，在家乡创业时非常顺利。七八个专业人士，因为志同道合而走到一起，第一年就利用团队在专业方面的能力为公司淘来了第一桶金。经过三年的发展，公司有了一定的经济实力，并从战略出发，将总部转移到了上海。之后，第一年发展得不错，利润超过了千万。老板信心十足，公司开始有了部门：创意部、媒体投放部、客户关系管理部，甚至有了行政部。公司的现金流也越来越大，但利润却越来越少。老板开始不断地从发家地抽血供应给上海总部。这种成长的挫败逼迫他不断地思考：我为什么要做大，当初的规模不是挺好的吗？在这个阶段，有些创业者，如苹果电脑的Steven Jobs，既没有管理的能力，也没有管理的意愿，就离开了自己创造的企业，交给更有管理经验的人来做；另一些创业者，如思科公司的创业者，虽然有着强烈的管理意愿，但由于缺乏管理大企业的经验，只好被迫离开自己创造的公司；大多数创业者，还是把企业保持在一个适当的范围，一个自己能够控制的范围，而不是盲目地去扩大组织。

如果确认自己创业不仅是成为一个自由的自我聘用者，而是要作出一番大事业（用盛大网络创始人陈天桥的话来说："翻越了生存的大山，要再次翻越事业的大山。"），创业者可能需要认真地思考一下如何构建组织。如何利用组织的规模来做事情，如何利用平凡的人做出不平凡的事业。

10.4.2 组织和人才危机的外在表现

德鲁克有趣地描述了创业阶段的窘境。"一个企业可能开始时在一个低矮但能行使职能的两间小屋中。随着企业的成长，在这里添了一间新的侧屋，那里加了一个阁楼，又在其他地方增加了一个隔间，直到成为拥有二十六间房屋的大公司。在这复杂的建筑中，恐怕除了最老的人员以外，都需要瑞士圣伯纳寺院训练的雪山救人犬带路把他们从冷冻机那里引回来。"对于大多数创业者来说，企业的建设与发展往往会是一个随意的过程，企业部门的成立与员工的招募更多时候是一种应急行为，临时有什么需要就成立什么机构，结果，企业的机构不少，但关键的功能与核心的流程却没有能够真正得到强化。

由于缺乏构建一个组织的经验，规范期的创业者往往会面临如下的困难：

用于内部沟通的时间越来越长，但沟通的效果却越来越差。随着员工的增多，部门化的出现以及管理层级的增加，沟通问题逐渐成为组织内部发展的障碍。在规范期之前，创业者基本能认出每一位员工，能够知道每一个员工的能力与爱好，甚至连最基层的员工都有机会与老板一起春游、共进午餐，企业经营的信息就在家长里短的问候之中完成了上传下达。正如一位创业者回忆的那样："销售计划基本都是在快餐店里讨论出来的，年底的奖励计划也基本都是在公司旁边的星巴克完成的。"这种看似非正规的沟通渠道与沟通方式在企业的初创阶段发挥着关键性的信息传播作用。进入规范期之后，每个部门都会要求领导参加部门的会议，而部门之间的协调会议更是没有老板就基本无法形成任何决议。创业者的时间越来越多地被无穷无尽的会议侵占，自然，也就离企业的客户越来越远。逐渐，创业者被埋没在永远都处理不完的文件与会议之中。创业者变成了现场问题的处理者，"处理"而不是"管理"成为创业者的任务与职责。

企业是一个分工合作的协作体系。如果没有沟通，处在这个体系中的每一个独立的个体都将缺乏完整的信息来处理自己手头的工作。处在组织底端的员工，有着一线的信息与经验。他们往往能够最先感受到客户的抱怨、经销商的需求、竞争对手的动向以及替代产品的进展。这些信息如果不能及时地传递到决策者的手中，企业就会失去创新和求变的源泉。最终，创业者缔造的这个组织也就很快变成了一个官僚机构。

处在金字塔最高端的管理者，也需要借用沟通来传达自己的经营思路与管理理念。沟通是双向的：管理者需要获得基层员工从顾客那里得到的种种信息，而员工也需要从管理者那里获得做事情的要求。这时候，创业者需要时刻提醒自己的是，个体是组织中的人，其言行会在很大程度上影响着自己的员工。那些在管理者看来不经意的动作或者语言，都会通过某种途径传达到基层员工那里，并且对决策产生巨大的影响。

逐渐建立起来的机构部门，更需要通过沟通确定共同的目标与任务。分工给创业者带来的收获是工作效率的大幅提高，但专业化的部门往往会根据本部门的利益与视角来工作，而忽视了企业的总体目标与任务。在这种情况下，整合各部门的工作，加强部门之间的横向沟通逐渐成为强加在创业者身上的繁重枷锁。部门化是组织发展的一个必然过程。但是如果不对成立的部门进行良好的管理，那么部门之间的沟通问题将会使部门最终成为组织的累赘。一位人力资源部门的主管在解释他们部门的工作为什么总是如此的繁重时说道："我们部门上午努力解决完别的部门制造的工作，下午就努力为别的部门制造工作。"在企业的规范期，部门的出现将是组织成长的一个重要现象。创业者能否在专业部门给企业带来效率的同时，利用良好的沟通机制保障部门之间的沟通，是决定企业能否继续保持初创时期高效率的一个重要因素。

组织能够控制的资源越来越多，但是组织的目标却变得越来越模糊。随着企业的长大，企业能够控制的资源也越来越多。更多的顾客加入到购买企业产品的行列；更多的供应商与分销商与企业建立起战略联盟关系；更多的投资人愿意为企业提供丰富的融资服务；政府也开始关注企业的发展。总之，与创业阶段相比，企业能够掌握或者接触的资源越来越多。正是由于企业的边界变得更大，接触外部环境的机会增多，企业的"注意力"却变得不那么集中了，组织的目标变得越来越模糊了。

一家南方的企业，因为生产的电能表质量与价格都具有一定的竞争力，迅速成为全国知名的企业，产品的市场占有率位于行业前三名。迅速成长以及相对可观的利润率，使企业很快就完成了资本的积累。在获得成功之后，企业的创始人对原有的行业逐渐失去了兴趣，用一位与他共同创业的元老级员工的话来说："老板根本不关心在电能表市场上的表现，市场占有率多一个百分点，少一个百分点，根本引不起老板的丝毫兴趣。"随着创业者兴趣的不断转移，公司也不断地进入新的领域。最后，公司无论在新兴的生物高科技领域，还是在传统的房地产行业都有自己的团队和产品。然而到目前为止，为公司提供大量现金流的还是老板最不感兴趣的老产品。

最初，企业往往是因为一个激动人心的创意，或者偶尔获得的一个想法而成立的，所以公司目标明晰，以致创业者用简单的三言两语就能够清楚地向投资人讲明公司所从事的活动与目标之间的关系。创业者每天将公司的目标挂在嘴上，既激励自己，也激励着创业伙伴。但到了规范期，很多企业为了寻找存在的价值，重金聘请了许多顾问，召集高管团队开展了一轮又一轮的战略研讨会，作了厚厚一叠的说明文件，也无法说清楚公司的使命、目标与任务，更无法解释公司的行为，尤其是老板的行为与公司最终目标之间的关系。

虽然管理学界的学者们不知疲倦地告诫企业家，通往多元化的道路总是充满着危险与陷阱，但企业家们还是希望通过天赋和努力打破纯粹学术界的定律。这种对多元化的热衷程度，从韦尔奇因为掌管着世界上最成功的多元化企业成为世界职业经理人的典范便可见一斑。虽然关于多元化的争论从来就没有平息过，但企业必须有一个明晰的目标却从来没有被人质疑过。这一点对于刚刚脱离生死线的创业企业来说更为重要。对于像联想这样的企业，因进入从未涉足的互联网行业而在事业上受挫并不是什么致命的事情。但对于刚刚学会控制现金流的创业企业来说，一次投资上的失误足以导致企业的死亡。

🎯 专栏

万科成立于 1984 年 5 月，当时名叫"深圳现代科教仪器展销中心"，业务极尽多元化，诸如贩卖日本电器如摄像机、录像机、投影仪等，另外还开设服装厂、手表厂、饮料厂、印刷厂、K金首饰厂、饲料厂等。1988年11月,王石领导万科进行了股份化改造,正式更名为"深圳万科企业股份公司",并于同年12月向社会公开发行股票,资产及经营规模迅速扩大。股份制改造之后的万科选择了多元化和跨地域的扩张之路,并于1988年正式介入房地产领域。1991年1月29日,万科A股在深圳证券交易所挂牌交易;同年6月,公司通过配售和定向发行新股2 836万股,集资人民币1.27亿元。通过上市募资,万科的资本迅速扩大,公司开始飞速发展。到1991年底,万科的业务已包括进出口、零售、房地产、投资、影视、广告、饮料、印刷、机加工、电气工程及其他等13大类。然而,1993年某券商挑起的一次股价风波让王石意识到了危机:公司业务繁杂,总体运行状况不错,但具体到每一个细分业务领域,则良莠不齐。而这种业务状态正好成为了这次股价风波中对手攻击的焦点。意识到问题所在后,王石开始带领万科坚决转型。1993年,公司确定战略结构调整,走专业化道路,并通过B股募股资金45 135万港元,主要投资于房地产开发。1997年6月,公司增资配股募集资金人民币3.83亿元,主要投资于深圳市住宅开发。2000年初,公司增资配股募集资金人民币6.25亿元,陆续投资于深圳、上海及北京的住宅项目及零售业务。2001年,万科将直接及间接持有的万佳百货股份有限公司72%的股份转让予华润,成为专一的房地产公司。截止到2007年,万科已经成为年销售超200亿元的我国第一大房地产公司。

资料来源:吴晓波. 激荡三十年(下)[M]. 北京:中信出版社,2008;万科的发展历程,中国商房网。

如何明确企业目标,如何传达企业的目标,使进入规范期的企业能够像创业初期一样不断提示员工公司的目标是什么,公司的任务是什么,公司的顾客在哪里,是规范期的企业必须解决的一个重要问题。

激励的成本越来越高,而员工的工作热情日益降低。许多创业者在企业成长到规范期之后,最大的感触就是员工的积极性明显下降,即便是以前一起"打天下"的员工也逐渐变得"懒惰"起来。与创业初期不同,股权与期权不再能够被轻易用来激励员工。很多创业者用尽了能想到的一切办法调动员工的工作热情:加薪、送员工出国旅游等。为此可能还会聘请一位有经验的人力资源总监协助完成这项令人头疼的工作。但是,事与愿违,花在激励员工方面的成本越来越多,而员工的工作热情却越来越低。

让工作富有乐趣,让员工有成就感本来就是组织应该承担的责任。在公司创立之初,每个人都能够看到自己的工作与企业成功的关系。为了赢得第二天的一个客户,市场部讨论各种可能的方案,技术部为市场部提出的每一种方案作了详尽的方案论证,行政部也与之一起工作,准备各种文件,甚至通宵工作。在第二天获得客户的订单之后,这一切的辛苦都化为乌有。整个公司的人都为这一成功交相庆祝,每个人都会感觉到自己在这个过程中的贡献,而谁也不会去计较那一晚所付出的努力。

如果说在创业之初，不需要任何的精心设计就可以使员工从工作本身获得乐趣，那么在规范期，设法继续使员工从工作中获得乐趣就是企业应该负有的责任。如何对工作进行富有人性化的设计，如何使不同天赋的员工在合适的岗位上发挥特长，如何及时地向员工反馈绩效等都是组织需要解决的问题。只有在这些方面取得真正意义上的进步，提高员工的工作积极性才成为可能。

 专栏

组织设计的9项检验

Goold 和 Campbell 在仔细研究了几十家规模不一的公司的组织结构，并跟踪观察很多高管人员组织设计过程之后，将研究结果浓缩为组织设计的9项检验。这9项检验既可以用来评估现有的组织结构，也可以用来设计一个全新的组织结构。前4个检验称为"合适度"检验，他们对备选方案作出最初筛选，评估它们是否与战略目标、人才储备、外部环境相匹配。后5个检验称为"优秀度"检验，帮助公司进一步优化可能选用的组织结构。

市场优势检验：组织结构是否保证公司在每一个细分市场上的竞争能力都得到管理层足够的重视？

管理优势检验：组织结构是否有助于管理部门给整个组织增加价值？

人员情况检验：组织结构是否反映了公司员工的优势、劣势以及行为动机？

可行性检验：是否全面考虑了阻碍实施组织设计方案的所有因素？

特殊文化检验：组织设计方案对需要特殊文化的部门是否有保护措施？

协作难度检验：组织设计方案能够为部门之间的协作矛盾提供解决方案吗？

层级冗余度检验：在组织设计方案里，管理层级和管理部门是否过多？

责任检验：组织设计方案是否支持公司进行有效控制？

灵活性检验：组织设计方案能否为新战略的实施铺平道路？为适应变革，组织设计方案能否提供必要的灵活性？

资料来源：Goold 和 Campbell. 你的组织设计得好吗？哈佛商业评论（中文版）. 2003, 7：104-113.

10.4.3 组织和人员危机的解决办法

构建组织与创建商业模式是完全不同的两件事情。杜兰特先生利用自己的商业天赋创建了通用汽车初期的发展模式，而斯隆先生则利用理性思维为通用汽车建立了一个能够运行近一个世纪的组织。与创立之初相比，通用汽车的商业模式与经营理念发生了许多变化，但整个组织的基本原则与信念却没有太多的变化。从这个角度来看，构建组织比创建商业模式需要更多的精心设计，与此相对应的是，构建组织的方法与经验更容易被传授学习。但这绝对不是一蹴而就的事情,这是需要精心权衡的过程。对于组织的设计者来说,既要保持企业原有的企业家精神和创新源泉,又要构建一整套制度体系保证企业的运行不依赖任何人。

有计划有针对性地引进一些在大公司工作过的职业经理人有助于这一过程的实现。虽然职业经理人的引进可能会为组织的发展带来新的问题,比如文化的冲突。但创业者应该学会把问题控制在最小范围,并利用权威和职业经理人的经验构造一个更有张力和效率的组织。

10.5 各阶段共同面临的技术轨道危机

10.5.1 技术轨道危机的内容

一向以技术创新著称的索尼公司1975年推出Betamax录像机,当年销量25 000台,1979年1—6月,销量突破百万台,比其他品牌足足早了一年问世。1979年10月6、7两日举办的录像机新婚大促销活动,也由于其创意新颖,设计周密和空前的成功而成为促销活动的经典。但是此后不久,松下电器公司推出了VHS家用录像系统,并出售专利。全世界的录像机生产厂家纷纷转向VHS制式。不愿出售专利的索尼却仍然抱住它的Betamax制式不放,忽视了放映时间长会对消费者吸引力更大这一问题(而VHS恰恰在这点上胜过了索尼)。决策上的失误使原本具有技术和市场优势的索尼失去了独占魁首的地位,松下成了录像机的霸主,其产品技术成为行业标准。

"技术"的索尼与"市场"的松下之间在录像机制式上的技术标准之争,引发了录像机行业技术轨道的变化。索尼公司在这种情况下所面临的危机正是我们所讨论的技术轨道危机,那些技术实力雄厚的企业反而容易忽略竞争对手,尤其是新进入者的技术研发方向对行业前景的影响,也就难以发掘行业核心技术变迁之前的各种预兆。等到行业的核心技术确实发生重大变化时,非主流技术的企业会面临巨额的转换成本,甚至根本不具备新核心技术的研发和商品化的能力。这样的危机对于技术密集型业务的经营状况往往是毁灭性的打击,而对于那些以单一产品为生的新创企业而言更是致命的。

 专栏

DVD行业的发展方向

自从中国市场上VCD替代录像机之后,VCD过剩到DVD过剩,只用了不到6年。近期DVD厂商又开始了新一轮的技术之争,主角是以功能为方向的DVD光盘录像机(DVR)、以高清晰度为方向的HDV高清晰度数字电影播放机与具有中国自主知识产权的 EVD。如果不讨论巨额专利费的因素①，追求高清晰度技术、推动新一代 DVD 产品的国家行业标准出台就成为问题的关键所在。EVD 能够成为软件商保护知识产权的手段，并伴随着高清晰度电视的配套发展，但与 HDV 一样需要解决片源问题。DVR 则是对 DVD 功能的延展突破。在国际上，DVD 的标准一直存在着三大阵营：蓝光 DVD、HDDVD 标准和 HD—DVD 标准②。其共同之处是，所持标准都属于"蓝色激光存储"DVD。EVD、HDV 则属于"红色激光存储"DVD。由于"HDDVD"标准成为世界"DVD 论坛"唯一的通用标准，而且戴尔、惠普、微软等 IT 企业巨头也加入进来，虽然蓝光阵营内部尚有分歧，但是蓝光 DVD 成为新一代 DVD 的选择似乎已经没有什么疑问。当然，按照世界"DVD 论坛"的整体规划，在 2007 年之前，蓝光 DVD 还不会在中国市场上形成气候。"红色激光存储"DVD 技术标准就是中国企业的唯一机会了，也将在一定时间内决定这些企业的竞争格局。

资料来源：谁来决定 DVD 的方向［N］. 南方日报，2004-04-29.

 专栏

宽行平推打印机大规模推广，打印机行业格局异动

针式打印机与滚筒打印机在市场上的竞争由来已久。近期宽行平推打印机大规模普及中小企业财务体系，可能意味着新一轮的宽行滚筒打印机的淘汰高潮开始出现。136 列高速宽行平推打印机不仅打印性能更稳更强，而且还"兼容"了 136 列宽行滚筒打印机的功能；不仅可以实现报表打印，而且特别擅长各类票据的打印。在结构设计上，滚筒打印机采用的是立式设计，打印针水平横向打印在滚动的橡胶辊上；而平推针式打印机则采用了卧式结构设计，打印头垂直于水平的打印辊，打印针垂直作业，使打印机在打印作业时不易移位、震动，并能够有效地保护打印针，所以在稳定、可靠性上远高于滚筒打印机。在应用技术上，平推打印机输纸路径平进、平出，进退自如，打印介质能够畅通自如地输入打印却不会出现卡纸和皱折现象，因而可以在名片、标签、明信片等较厚的纸张以及容易起皱的蜡纸上打印。同时，平推式走纸还使进退纸速度更快，提高了业务处理速度。而滚筒式打印机采用的是竖式装纸，即打印纸放置在倾斜的导纸板上，通过打印辊卷入打印机（摩擦送纸方式），打印介质的弯曲程度受打印辊外径尺寸的影响，一般只能在普通打印纸上打印，而且在打印辊上卷绕过程中，一方面会使较薄的打印介质如蜡纸、薄纸等起

---

① 在国内每卖掉一台 DVD，中国的 DVD 生产商就要向拥有 DVD 知识产权的"6C 联盟"交纳 12～13 美元的专利费，如果出口的话，这个数字是 21.3 美元。

② 势力最强的阵营为索尼、松下、先锋、三星、飞利浦等的蓝光 DVD；原本属于该阵营的东芝，突然在 2003 年 6 月与 NEC 联手推出了 HDDVD 标准；中国台湾地区则提出了 HD—DVD 标准。

皱,另一方面会污染打印介质表面。无论是结构设计还是应用技术,平推打印机的各方面性能都直接指向滚筒打印机的缺陷,再加上价格、市场运作等因素,两种产品之间的竞争不言而喻,也必定会对产品制造厂商造成不同程度的影响。希望进入打印机行业的新创企业,需要仔细观察行业的产品走势,审时度势,将有限的资源投入到最有前景的方向。

资料来源:中国财经网。

 专栏

3G 三大标准的比拼

自 WCDMA、CDMA2000 和 TD-SCDMA 三大国际 3G 技术标准,被国际电联(ITU)确定以来,便开始了在全世界范围内的较量,对市场潜力巨大的中国电信市场的争夺更是不遗余力。较量出于多方面的需要,包括争夺移动通信战略制高点的需要,继续垄断与突破垄断的需要,获取超额利润的需要,等等。

表面上看 3G 三大标准比拼的是标准的成熟度、技术的先进性,但透过表象可以看到,三大技术标准无论怎样比拼,最后都要看市场的脸色行事,市场成为三大技术标准最终命运的裁决者。网络经济时代的通信信息产品遵循两个不同于传统产品的重要法则:其一,锁定比功能重要;其二,普及比稀有重要。通信产品具有明显的路径依赖特征,从一种技术转移到另一种技术要付出高昂的转换成本,这就意味着,谁拥有了最初的技术标准所有权,谁就能从这种知识产权中源源不断地得到各种收益;而技术知识的继承性和连续性,又为今后继续垄断后续的知识产权奠定了基础。而且,一种标准在世界范围内普及率越高,其控制世界通信市场的能力也就越强,其拥有的市场份额也就越大,就越能够操纵通信产品和服务的价格。无论哪种标准,都必须开发出既能满足市场最切实的需求,又能使消费者愿意以他们可以承受的价格去接受的产品和服务,从而为产业链上的各个环节带来良好的经济效益。

2003 年,中国的移动用户数量居世界第一,普及率在 19% 左右。而在同一时期,欧洲的一些国家移动电话普及率通常超过了 60%,有些国家和地区甚至超过了 60%。据有关方面估计,如果两三年内中国 3G 用户达到 4 000 万,3G 移动终端的销售总额可能超过 5 000 亿美元。由 3G 带动的相关产业,可能超过 1 万亿美元。因此,中国这个潜力巨大的市场采用何种技术标准,关系到三种技术标准的拥有者继续在全球实施垄断与打破这种垄断的问题。

随着技术的不断完善,三大标准各具优势,并已形成了各自的产业联盟。CDMA2000 由美国高通北美公司为主导提出,摩托罗拉、朗讯和三星都有参与,韩国现在成为该标准的主导者。目前 CDMA2000 的支持者不如 WCDMA 多,但其研发技术却是各标准中进度最快的,许多 3G 手机已经率先面世。中国联通的

CDMA 用户为 1 100 万。这也使中国联通选择 CDMA2000 成为可能。

由于移动通信本身由 2G 向 3G 发展的这种技术承递关系，因而使 WCDMA 在各大移动通信运营商 3G 标准的选择中占据了绝对的优势。与此同时，CDMA2000 技术也得到了一些运营商的支持而被选择为商用的技术标准。

TD-SCDMA 标准是由中国大唐公司提出的 3G 标准，该标准将智能天线、同步 CDMA 和软件无线电等当今国际领先技术融于其中，在频谱利用率、业务支持的灵活性、频率灵活性及成本等方面具有独特的优势。由于中国国内庞大的市场，该标准受到各大主要电信设备厂商的重视，全球一半以上的设备厂商都宣布可以支持 TD-SCDMA 标准。如今已有德国西门子、中兴、华为等厂商支持，并已组成 TD-SCDMA 产业联盟。

对于我们而言，选择具有中国自主知识产权的 TD-SCDMA 为技术标准，其意义绝不仅在于中国市场的发展机会，为国内企业节省上千亿元的专利费支出，更在于通过打破欧美在移动通信市场上由 1G、2G 进而继续延伸到 3G 的这种垄断地位，使 TD-SCDMA 技术标准在 3G 市场上占有一席之地。打破原有的规则，重新洗牌，打造具有国际竞争力的中国 3G 产业，这是最好的机会。

仅就目前的市场形势来看，三大技术标准在中国各有其支持者，最终谁将成为事实上的中国标准仍未成定数。在这样一个存在显著路径依赖性的行业，由于 TD-SCDMA 没有原来 2G 市场的根基，一开始就与其他标准处在不同的起跑线上。这要求 TD-SCDMA 探索新的运营模式，均衡产业链各个环节的利益，将电信运营商、设备制造商等联合起来，组成一个完整、开放的产业联盟，并促进内容建设和应用建设跟上其发展步伐，从而加速 TD-SCDMA 的商用速度。如果政府能够帮助推动 TD-SCDMA 的实施和商用，使中国移动通信从对以往的路径依赖中摆脱出来，另辟蹊径，那么 3G 的技术标准在中国究竟花落谁家就不言自明了。

这个产业链条上各环节中已有成员和新加入的成员，未来会随着这场标准之争的尘埃落定而各有悲喜。

资料来源：通信信息报。

10.5.2 新创企业在技术轨道危机中常犯的错误及解决办法

在新创企业的发展历程中，要面对各种与产品技术相关的不确定因素。科学技术的快速发展使产品的核心技术处于极度动荡的环境中，产品组成部分结构性重组导致产品的功能等特质不断变化发展，市场各方面力量左右着各种产品技术的商业化过程。无论创业团队在最初构想业务模式时对技术和产品的市场前景如何坚信，都无法完全避免不确定性。但这并不意味着新创企业可以任由事物自然发展，更不等于创业团队能够无视外部环境的变化，或是稍有风吹草动就退却转移。

面对技术轨道发生变化的可能性，新创企业最容易犯的错误主要有两个。

（1）当市场出现有别于本企业技术的方向时，未能跟踪监测竞争技术的发展情况、市场接受度、配套条件的成熟度等，而一味沉醉于自身技术的研发，未及时采取应对措施。虽然索尼在录像机标准战中的失利有诸多原因，但是显然其中非常重要的一环是索尼忽略了市场对竞争对手的接受速度如此之快，忽略了普及所带来的准行业标准的作用。

（2）对于那些最终被放弃的技术拥有者而言，未能客观估计已有技术的真实前景，错失了尽量减少损失的时机，就只能等待企业的死亡。

虽然技术危机会带来灭顶之灾，但并不是所有面临危机的企业只能坐以待毙。仔细研究那些百年企业，如诺基亚，相当一部分就经历了多次的主营业务转变；也有相当数量的企业，如索尼，在初创阶段尝试过许多产品，进行过多次研发，也忍受过多次失败。他们最终从荆棘和坎坷中走出了一条康庄大道，那是因为他们能够成功地从失败中复苏，或者能够提前转型减少了损失。

总体看来，对于新创企业而言，为了从技术危机的枪林弹雨中生存下来，可以采取三个措施来减少危机带来的创伤。

（1）新创企业需要建立技术发展趋势的监测系统。系统实时追踪相关技术的发展状况，判断未来趋势，监测竞争对手的研发进展、产品的商业化进展，关注市场对不同技术产品的种种反应。

（2）高度重视专利申请、技术标准申请等保护性措施。万燕在VCD竞争中的惨败和最近国内企业成功申请了国际3G标准的鲜明对比就能够给新创企业生动的提醒。

（3）在合适的时机，选择战略合作伙伴，采取灵活的方式分担风险。英特尔、微软、思科、联想等高科技企业均成立了风险投资机构，投资于他们看好的新创企业，以保证时刻跟进最新技术动态和市场方向。除了这些实业企业成立的风险投资机构外，还有一些管理基金等独立风险投资机构，对各类新创企业进行投资。创业团队在处理可能出现的技术轨道偏移研发投资方向的问题时，可以考虑引入独立的风险投资机构，它们能够以股东的身份凭借其行业视野纠正新创企业错误的投资方向，引导企业进入正确的市场领域；也可以考虑引入英特尔、微软等的风险投资，支持其战略性技术研发，借助大公司的行业威望、运作经验、资源优势，寻找最佳的技术走向。在这种情况下，即使最终在技术标准竞争中投资错误，也不至于耗尽所有资源而无力回天。

10.6 各种危机的相互关系

新创企业在每个阶段都会遇到企业存亡的危机，前面提到的四类危机会以不同程度的威胁伴随企业成长的全过程，它们相互影响、相互关联，如图10-3所示。

相对于成熟企业而言，新创企业在资金方面的相对短缺是显而易见的。新创企

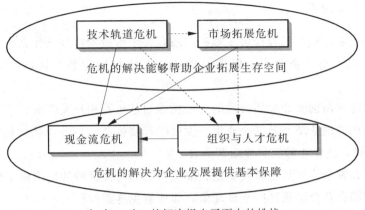

图 10-3　新创企业面临的危机及其相互关系

业的财务信誉较低，融资渠道相对单一，更多地依靠业务发展形成的现金流维系生存。同时，新创企业必须付出高于成熟企业的代价吸引优秀的人才；为了缩短产品的市场沉默期，培育和引导消费者的需求，新创企业需要采取各种广告、公关手段，支付高额的市场开发费用；为了时刻跟踪技术发展的方向，保持持续的自主创新能力，新创企业不得不投入大量的资金进行产品研发、工艺研发。这些措施都会加剧企业现金流的短缺。

当员工切实感受到企业在快速成长、公司业绩明显提高时，才能对企业的未来产生良好的预期，对创业团队的经营能力充满信心。新创企业调动各种资源，竭尽全力开拓市场时，如果能够得到足够的资金支持，自然是如虎添翼。而创业团队面对技术轨道的突发性变化，如果能够引入风险投资或战略伙伴的资金支持，就能够在剧变中求得生存。当然，企业顺利渡过技术轨道的突发变化，会极大鼓舞员工的士气和激情，提高对高级人才的吸引力。

在这四种危机中，现金流危机和组织与人才危机的解决为新创企业的进一步发展提供了基本保障，克服技术轨道危机和市场拓展危机能够为新创企业的发展赢得更大的空间。

本章小结

新创企业的成长与发展一定程度上符合企业生命周期理论。在整个生命周期中，新创企业会遇到现金流、市场拓展、组织与人员发展、技术轨道等种种危机。而每一种危机都会给新创企业以致命的打击。活下来的企业不一定是完美的企业，但一定是解决了各种危机的企业。本章借用初创期、发展期、规范期的概念，向创业者介绍了企业成长各阶段的发展特点以及容易出现的问题，并对如何解决这些问题作了初步的探讨。

复习与讨论题

1. 新创企业在成长过程经历了哪些阶段，每个阶段的特征是什么？
2. 访谈几个创业企业家，列举出新创企业成长历程各个阶段中容易遇到的问题。
3. 如何理解新创企业发展阶段的关键领域与危机是相互关联的？
4. 市场拓展的业绩是新创企业生存发展的首要征兆，创业团队如何能够逾越客观存在的障碍，使企业的经营业绩蒸蒸日上？
5. 为什么现金流短缺容易被新创企业忽略，如何使稚嫩的组织免于陷入危机？
6. 规范期企业会出现哪些不良现象，如何避免这些问题的产生？
7. 面对致命而又难以避免的技术轨道危机，新创企业如何尽量减少损失，如何从危机中顺利渡过并找到新的增长点？

参考文献

1. [美] Flamholtz, Randle. 企业成长之痛——创业兴公司如何走向成熟 [M]. 王任飞, 彭瑞梅译, 北京：清华大学出版社，2004.
2. [美] 伊查克·爱迪思. 企业生命周期 [M]. 北京：中国社会科学出版社，1997.
3. [美] 詹姆斯·柯林斯，杰里·波勒斯. 基业长青 [M]. 北京：中信出版社，2002.
4. 吴晓波. 大败局 [M]. 杭州：浙江人民出版社，2001.

第5篇 PART

公司创业

第11章 公司创业

公司创业

第11章

> 公司创业是让"大象"起舞的有效方法。
> ——哈佛管理学院教授 罗莎贝丝·康特

学习目的

1. 明确现有公司创业战略的概念;
2. 通过创业阶段模型的介绍,了解公司创业的过程;
3. 理解公司内部创业的不同模式;
4. 掌握公司创业战略的概念,简要了解公司创业战略的综合模型。

 引言

以实现长期增长为目标的创业战略,要求公司不仅能够守卫和拓展现有业务,更重要的是能够挖掘有前景的创业机会,开创和建立涌现增长动力的新业务。巴格海等提出了公司增长的三层面理论(如图11-1所示)。三层面理论认为,虽然现有业务是公司利润的主要来源,但是有生命力的创业机会和新业务则是使公司持续增长的源泉。在现有业务竞争日趋激烈的环境中,公司的竞争优势更多地体现在创新和新业务的开拓层面。因此,公司的创业行动与战略是焕发活力、保持增长和创造奇迹的核心动力。

公司创业主要研究内容是在现有企业内部进行的创新和创业活动。本章首先对公司创业的概念进行解释,然后从三个方面展开公司创业的论述:第一方面是对公司创业过程研究的论述,主要强调新业务创建的各个阶段内容及其特点;第二个方面介绍公司内部创业的模式;第三个方面是从公司创业战略制定和实施的角度出发,探讨外部环境要素和企业组织要素与公司创业战略的关系,从而对组织绩效产生的影响。

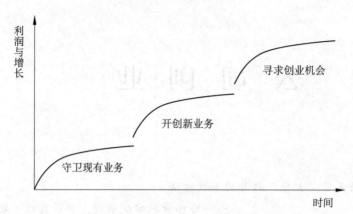

图 11-1 公司增长的三层面理论示意图

资料来源：[美] 梅·巴格海等. 增长炼金术——企业启动和持续增长之秘诀 [M]. 奚博铨, 等译. 北京：经济科学出版社, 1999.

11.1 公司创业的概念

近二三十年来，人们一直在关注现有公司（established company）[①]的各种创业活动。"创业"或"个人创业"常常用来描述在一个现有公司经营活动以外的个人的独立创业行为，相比之下，更多的术语则用来描述公司层面上的创业活动，如公司创业（corporate entrepreneurship），国外也有内部创业（intrapreneurship），公司业务开拓（corporate venturing）等。

公司创业活动不仅限于大公司的创业活动，还包括小企业的创业活动。实际上，公司创业活动对各种规模的公司（包括大公司和成熟的中小企业）都很重要，公司创业的过程存在于各种类型的组织中。因此，我们主张把公司创业的概念范围扩大到各种规模和类型企业的研究方面，同时，按照国际上的研究惯例，把"corporate entrepreneurship"作为与"公司创业"术语相对应的英文名称。

11.1.1 公司创业的内涵

实际上，当创业的概念被应用到企业组织层面的时候，语言上的差异可能会比术语所表达的实质含义上的差异更为突出。Burgelman 把公司创业定义为一种通过新奇方式组合内部资源来发现新机会并实现多元化发展的过程，是企业为了探求新机会和培育竞争力而改变资源配置的结果。

公司创业包括两类现象及相关的过程：一类是在现有组织中开创新业务，比如，内部创新或创业活动；另一类是通过核心经营理念的更新来实现组织转型，比如，

[①] 现有公司（established company）是相对于新创企业（start-up）而言的，也称之为成熟企业。

战略更新。公司创业是企业借助内部创新或合资合作活动在现有组织基础上产生新业务，并通过战略更新带动的组织变革。

也有学者把公司创业概括为一个企业的创新、创业和更新活动的总和。创新包括创造和引入产品、生产流程和组织系统；创业是指企业通过在现有市场的运作或新兴市场的扩展来进入一个新的业务领域；更新是指通过改变业务范围和竞争方式来使企业的经营运作得到复兴，更新的另一层含义是培养或获得新的能力来为股东创造更多的价值。Sharma 和 Chrisman 认为，公司创业是公司内部创业者（也称为"内创业家"）或是创业团队在现有公司内部进行新企业创建、创新和组织更新的过程。

公司创业活动自然具有创业的一般特性，也就是创新、风险承担和价值创造。同时，以公司为主体进行的创业活动又不同于创业者个人的创业行为，它体现的是一个成熟的企业组织利用新的资源组合对市场机会的寻求。公司创业作为一种应对环境变化而自然产生的行为，它始终处在企业经营和竞争的前沿，而不是位于企业组织常规业务活动的核心。公司创业不是例行的，不断重复的经营活动，恰恰相反，它引入了企业现有业务框架以外的东西，比如新业务开拓；或者是在企业现有业务框架内引发变革，比如创新或是战略更新。

目前，由于公司创业研究还处于探索阶段，所以选择一个较为广义的公司创业概念作为研究的基点，对于许多新现象和新的认知更具有适应性，同时也可以为以后的理论和实证研究留下广阔的发展空间。因此，综上所述，我们对公司创业的定义为：在现有企业内部进行的创新和新业务创建以及通过创新和新业务创建而进行的战略更新活动。

11.2 公司创业的阶段模型

11.2.1 公司创业——一个"过程"的观点

尽管对创业家个体特征的研究成果在创业理论的发展过程中作出了重要的贡献，然而，仅仅试图从创业者本身的人格特性方面来解释创业现象的全部显然是困难的。更应该关注创业者在做什么，是怎么做的。因此，创业研究的焦点就逐渐地转向了创业的行为和过程。

创业是一种复杂的现象，创业过程中充满了不确定性和矛盾。Steyaert（1998）这样描述创业的过程："创业是一个体现在每一天的实践活动中的创造性过程。这是一个永远持续的过程，从没有停止的一刻，这个过程充满了惊奇，而不是人们预先设计好的模式。"无论是新创企业，还是公司内部再创业，如何管理新生事物、如何控制未知都是非常重要的。由于创业活动本身复杂性强，动态变化程度高，所以，用过程的方法来研究创业问题是一个为大家所接受的、较为适宜的途径，是使用统计方法和均衡分析模型研究无法替代的。

Van de Ven强调了熊彼特的以创业观为基础的过程理论，主要包含四个要点：（1）一个动态演进的过程；（2）过程的参与者（包括创业者）所从事的活动或事件是按照时间序列进行的；（3）是不连续的非均衡和持续的均衡之间的一种循环；（4）受到社会体系的各层面的影响。当然，能够满足上述所有要求的创业过程模型可能不多。Gartner提出了一个描述新企业创建的概念框架，包括四个方面内容：创建新企业的创业者、新组织的类型和特点、对新组织产生影响的环境以及创建新企业的过程。从上述模型可以看出，创业过程作为一个单独的变量出现了，而创业者行为、创业的情境（context）和创业的结果则是这个过程的重要组成要素。

公司创业过程的动态性和不连续性，使其最终结果会受到很多内外部环境条件的影响。Bruyat和Julien综合创业者行为、新价值创造、创业环境等几个因素，提出了一个综合的创业过程模型，创业者与新价值创造被描述成了一种互动的"对话"关系，并成为了创业过程的核心内容。新价值的创造（一项创新或是一个新组织）过程是依靠创业者（团队）来完成的，而同时新价值的创造对创业者的成长和职业生涯又有一个反作用。因此，创业过程是新价值创造和塑造创业者的一个互动过程，而创业环境对这种互动关系也产生一定的影响。

在对公司创业概念的阐释中，许多学者也表达出了很强的"过程"的观点，他们认为，公司创业就是挖掘和评估市场机会，组织各种资源把创业机会变成现实，从而为企业带来效益的过程。Chung和Gibbons（1997）指出，"公司创业是通过不确定性管理使个人的创意转变成集体行动的一个组织过程"。我们认为，对于一个孤立的创业事件的控制是很困难的，而且也不能准确地预测其结果。但是如果整个过程是正确的，那么成功的概率就会有很大提高。因此，对创业过程的管理是公司创业成功的关键。

11.2.2 公司创业的阶段模型

一般来讲，对公司创业过程的描述主要包括以下步骤：鉴别市场机会、开发商业概念、决定并获得所需要的创业资源、启动新业务并进行组织协调和控制，以及新业务的整合。然而，在公司创业过程阶段模型的研究实践中，不同的研究者选取的研究对象不同，不少学者把研究的注意力放在了大企业的创业过程上，而有的则对中小企业的公司创业活动感兴趣。另外，不同的研究者对公司创业的内容侧重点也不同，有的强调了新业务开拓过程的重要性，而有的则偏重于研究产品创新的过程。许多学者还从不同的研究角度来探索阶段模型的特点和相关问题。下面我们就一些典型的公司创业过程的阶段模型做简要介绍。

Burgelman对多元化的大企业进行了案例调研，通过对六个新创业务的研究提出了阶段模型。Burgelman的模型分四个阶段：概念期、准备期、推动期和融合期。在公司创业过程的概念期和准备期内，从技术和市场的角度定义新业务领域出现的机会，并形成开创新业务的预备团队（pre-venture team），这两个阶段都属于公司创业过程的萌芽阶段。在创业推动期，公司内的新业务组织逐渐成形，负责管理新业务发展的中层经理（创业的支持者）在公司的组织层级之间进行沟通活动，力争高级管理层的支持，为新业务争取必要的资源。在创业融合期，公司高层在战略和结构框架中对新业务进行筛选，并决定是否将其整合到整体发展战略中。

Burgelman 在阶段模型的基础上，提供了一个公司创业的战略决策过程模式，如图 11-2 所示。这一战略决策过程模式被描述为，发生在三个组织层面上的多个、同时发生的、相关的和连续的管理活动，并且包含四个分过程：两个互锁的核心过程——定义过程与推动过程，以及两个公司层面的合作过程——战略框架和结构框架的决定过程。

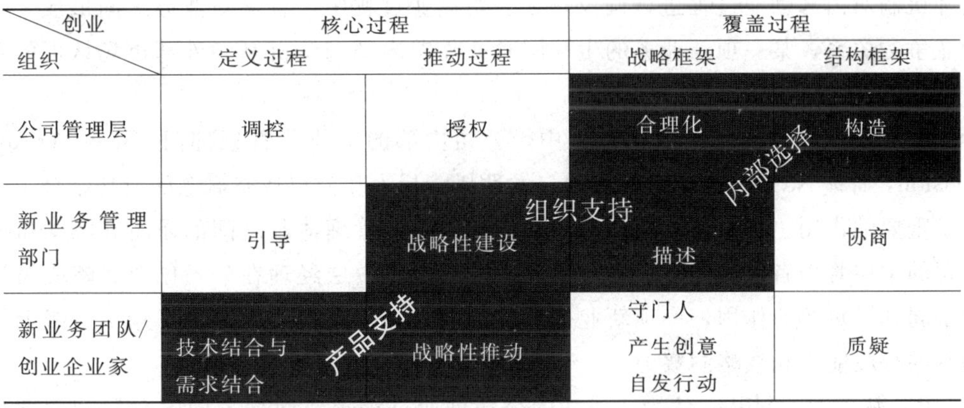

创业 组织	核心过程		覆盖过程	
	定义过程	推动过程	战略框架	结构框架
公司管理层	调控	授权	合理化	构造
新业务管理部门	引导	战略性建设	描述	协商
新业务团队/ 创业企业家	技术结合与 需求结合	战略性推动	守门人 产生创意 自发行动	质疑

图 11-2　公司创业的战略决策过程模式图

注：图中阴影部分表示重要的创业活动。

资料来源：Burgelman, R. A.. A process model of internal corporate venturing in the diversified major firm, *Administrative Science Quarterly*, 1983, 28（2）：233.

定义过程是公司创业核心过程中的一个分过程，是对新业务机会的认识过程，包括了两项主要活动：一是为解决新业务的技术难题而进行的技术知识的结合，以及把新技术应用于市场需求的结合活动；二是新业务团队的领导者作为产品支持者（product champion），需要把新创意转变成能满足技术和市场要求的具体的新产品，从而把新业务从定义过程过渡到推动过程。推动过程是新项目在公司中取得新业务部门（组织）地位的过程，新业务的未来发展高度依赖于战略性推动和战略性建设活动的结合。在这个过程中，产品支持者已经成为了新业务部门的经理——创业企业家，战略性推动要求创业企业家把新产品，或系统进行商品化。战略性建设是新业务管理部门的经理（创业企业家的上级主管）支持新业务从单一产品向多元产品扩张的活动，以使新业务得到快速的发展。

在 Burgelman 的模型中，公司的中高层管理者把新业务视为公司战略框架以外的"自发"行为，公司的最高管理层可以通过设置结构框架（包括各种行政职能管理和业务管理机制）对这些活动施加重要的影响。新业务的发展和壮大也将会导致公司战略概念的精炼或者改变，从而长期地决定战略框架。因此，企业层面的战略框架和结构框架的决策过程是与核心过程同时发生的。战略框架的决定是一个组织的中层管理者使最高管理层确信现行的公司战略的概念需要变革的政治过程。组织的中层经理承担了组织支持者（organizational champion）的责任，负责使公司最高管理层及时和准确地获得新业务发展动态的信息，并争取他们的支持和肯定。战略框架的决策过程主要包括对新业务发展内容的描述和对成功发展起来的新业务给予合法的组织地位。由于组织内部新业务的开拓主要是由一线的管理者发起，然后被中层经理采纳并转达给组织的最高管理层的，最高管理层对新业务发展的监督作用受到了限制，所以结构框架的决策过程就是要通过组织和行政职能的影响以及内部选择机制对内部创业过程进行调控。在公司创业过程中，各种新业务之间形成了一种竞争的关系，某一项新业务的生存同时面临着内部淘汰机制和外部市场认可的双重选择。

在Burgelman的公司创业过程中，公司内部的新业务管理部门（new venture division，简称NVD）在组织基层的自发性战略行为和公司战略概念的成功结合中发挥了重要的作用。自主性创业活动的开展和传统的管理体制之间的矛盾和隔阂需要公司的中层管理者来调和。在多元化的大公司里，中层经理在公司创业战略决策过程中起到了重要的作用，一项新业务项目的成败在很大程度上取决于这个层级上管理者的行政能力和战略洞察力。

Block和MacMillan认为，成功的公司创业过程需要两种不同的领导和管理角色的巧妙配合。他们把公司内部新事业开创的过程分为六个阶段，在每个阶段中都分别描述了作为新业务倡导者的公司高级管理层和作为新业务实践者的创业者的责任及其之间的关系。表11-1显示了公司创业过程的六阶段模型。

Dougherty和Heller应用三阶段模型来检验在不同时期公司组织成员在产品创新过程中的认知挑战和应对机制。他们认为，在现有大公司内进行类似产品创新的创业活动会遇到很多困难，创新和创业的行为要么与例行的管理制度相互抵触，要么就是组织成员很难就新业务发展达成一致的共识。为了提高公司创业的成功率，公司的高层和中层经理人员不应仅仅把目光集中在组织结构的变革上，而是要通过人们传统的思维模式和行为方式的改变，使产品创新活动融入公司的制度体系中去。

Dougherty和Heller提出的公司创业过程模型共有三个阶段：第一个阶段是组织成员根据公司的技术和能力背景来寻找新的市场机会；第二阶段是新产品开发阶段，公司组织的各层级相互协调，共同支持新业务的开拓；最后一个阶段是把新业务发展和公司的总体战略目标联系在一起，将其纳入公司的正规业务运作之中。Dougherty和Heller认为，在产品创新过程的不同阶段，组织成员应该针对产生的不同的认知问题而采取相应的解决办法，从而使创业活动能够顺利地开展。

表 11-1　Block 和 MacMillan 的公司创业过程六阶段模型

阶段	公司高层	新业务管理层
新业务构想	决定公司创业举措在战略上是否必要，为激发创新和创业的思想与行动而创造组织条件，设计并构造管理创业活动的流程	
选择新业务	选择、评估新业务及其管理层，建立激励补偿机制	鉴别、评估和筛选市场机会，提出商业计划
计划、组织并启动新业务	决定各项新业务在企业内部如何定位，以及如何协调每项新业务之间的关系	在公司高层的支持下完善商业计划，并按计划着手进行组织和启动新业务
调控新业务	控制新业务的风险，调节公司整体风险水平	运作并管理新业务，控制风险
继续支持新业务		在不断地推进新业务的同时，必须历练新业务的生存能力，学会如何积极应对新业务与公司内部政策的冲突
总结与提升	学会运用系统的信息收集和分析方法促进公司创业过程的有效管理	学会运用系统的信息收集和分析方法促进新业务本身的有效运作和管理

资料来源：Block, Z. & MacMillan, I. C.. Corporate venturing: creating new businesses within the firm. Boston, MA. Harvard Business School Press, 1993. 11.

Shane 以具有各种文化背景的跨国公司为例，采用公司创新过程的阶段模型来研究不同文化环境中，在创新过程各阶段的创新支持者角色的差异。Shane 把公司创新过程分为四个阶段：(1)激发创意阶段，这个阶段的创新支持者（maverick）需要打破常规，确保创业者在组织传统运作模式下能够获得激发创意、创造灵感的资源（时间、资金和人员）；(2)启动阶段，在这个阶段，创新支持者（transformational leader）担当的角色是劝说组织成员支持创新，保证创业团队能够得到启动新业务所需要的组织信息和各部门的支持；(3)执行阶段，创新支持者（buffer）在这个阶段要努力减少正规的业务控制系统对创新活动的"束缚"，以保证新业务有一个宽松的发展氛围；(4)整合阶段，这个阶段的创新支持者（network facilitator）要在组织的各层级之间建立非正式的沟通渠道来提高创业活动的成功系数。

Shane 通过大样本的实证分析发现，在创新过程中，创新支持者在每个阶段的活动都是非常重要的，并且对创新绩效产生了显著的影响。Shane 还认为，社会文化价值取向与创新具有密切关系，在对不确定性采取接受态度的社会文化背景下，四种创新支持者的作用在创新过程中表现得更突出，更有助于企业的创新和创业活动取得成功。

Farber 把公司创业的阶段模型应用于单一产业的小型企业进行新业务开拓活动的过程研究中。Farber 的模型分三个阶段：第一是新业务发起阶段，包括确认生存环境的威胁、寻求新业务来源，以及对新业务的评估和筛选；第二是新业务执行和运作阶段，包括两项核心内容，即培养新业务发展所需要的各种组织能力，以及创业经理与公司高层对新业务运作进行的反复摸索和学习的过程；第三是新业务的整合与再评估阶段，新业务的发展要与公司的战略相协调，当新业务经过整合成为公司战略行动的组成部分以后，还要再次评估新业务对公司未来战略发展的影响。

和大企业创业相比较，Farber 的研究突出了没有多元化的小企业创业过程的三个特点：第一，如 Burgelman 描述的许多大公司的创业过程，往往是在一个新业务机会的创意概念化以后，形成了新业务开创的预备团队，才会进入新业务的推动阶段，并获得组织内部的支持。Farber 发现，当企业把一项新业务作为其生存的出路，或是非常坚定地要开拓新领域时，那么在对新业务概念的技术和市场评估未完成之前，组织内部的支持和推动行动就已经开始了。小企业的灵活性和对市场机会的快速反应在创业过程中得到了充分的体现。

第二，在大企业的创业过程中，更多的是基层员工由下而上的、自发的创业行为，而在小企业的创业过程中，企业的高层领导同时也充当了创业者的角色，公司的创业活动往往是自上而下发动的，公司高层在创业过程的各阶段都发挥着重要的作用。

第三，在大企业的创业过程中，创业支持者的角色十分重要，他们的作用是劝说企业高层接受新业务，并将其纳入到公司的战略发展轨道上。而在小企业里，组织层级相对较少，并没有出现专门的创业支持者的角色，而其职能和作用往往体现在了组织高层的战略行动当中。因此，在小企业的创业过程的最初阶段，企业所选择的新业务就已经得到了企业高层的确认和支持，并且成为了企业战略内容的一个组成部分。

公司创业过程是公司创业的重要内容之一，其重点在于：通过对公司创业过程进行阶段划分，来描述成熟企业内部的创业行为，突出体现了组织外部环境对企业实施创业战略的影响以及组织内部要素在公司创业过程中的关键作用。本章将运用公司创业过程的阶段模型，进行 KAI 公司的典型案例研究，具体见章末拓展阅读。

11.3 公司创业的模式

公司创业可以简单分为两种类型：内部创业和外部创业。

11.3.1 内部创业

内部创业一般有两种类型，一种是由下至上的自发性行为，一种是自上而下的诱导性行为。

自发性创业行为主要表现为内部创业者根据自己的兴趣和爱好，利用工作闲暇进行的创新构想，这些活动也许与公司的现有业务具有一定的关联，但也可能毫无关系。当内部创业者感觉自己的创意很有发展潜力的时候，就可以向公司的中层经理或高层管理者进行推荐，由他们去选择和决定公司是否支持这项活动，是否将其纳入公司的创业发展战略中去。诱导性创业行为主要表现为内部创业者在公司的战略性指导下进行创业机会的捕捉。首先，公司要让员工深刻地体会公司未来的愿景和目标，鼓励员工进行符合公司战略发展的创新和创业活动，并承诺给予政策和资源上的支持。例如，著名的 3M 公司明确规定，员工可以利用 15% 的工作时间和资源自由地从事内创业活动，且不必事先获得上级主管的同意。其次，公司内必须拥有一批有影响力的创业支持者，他们不仅要协助内部创业者获得资源，沟通信息，而且还要帮助他们积累相关的管理经验。Google 公司的工程师们有 20% 的工作时间可用于个人的项目研究，著名的 Gmail、Google 新闻以及 AdSense 等新产品都来自这 20% 的时间。

在互联网公司，由于产品更新迭代速度非常快，为了紧密跟上用户需求的脉搏，许多公司设立专门的新产品研发小组，有的还成立研究院，投入资源做前瞻性的研究和产品开发。一些公司内部创业的新产品发展成为公司的明星产品，如腾讯的微信；有的分拆独立发展，如阿里巴巴的支付宝；有的分拆后已经在国外资本市场上公开上市，如新浪微博、搜狐畅游和搜狗等。

内部创业模式有助于发掘具有创业潜力的人才，有助于建立鼓励创新的机制，形成创业的气氛和向上的公司文化。但是，随着创业活动的不断开展，有些新项目的潜力逐渐地显现出来。与创业萌芽期不同，这些有前景的项目要想继续发展，就必须具备与之相适应的机制灵活、决策迅速、信息通畅的组织特性，而这又是那些组织层级较多的公司所不能满足的。随着新项目的不断成熟，以内部创业者为核心的创业团队就需要对创业项目投入更多的时间和精力，而这必然会与其原有的本职工作相冲突。所以在这一时期，往往需要创建独立的创业企业，内部创业者和创业团队也要辞去母公司原有的工作，正式全身心地投入新创企业中来。母公司则可以通过创业孵化器的模式继续扶持新创企业。

项目小组和创业孵化器是内部创业的两种最典型的组织方式。

（1）项目小组

按照以往的传统方式，公司大都将新业务按职能专长进行分解，这种方式的不足之处就是新业务的整体性差，参与项目的人员虽然多，但真正具有创业激情而为之奋斗的人少，结果造成新业务的成功系数大大降低，或者错失了创业机会。而项目小组则是采用项目的方式，以任务为导向，按照公司战略规划的部署，从技术和理念等方面对公司现有业务进行创新和改进。《GEI 企业研究报告》认为，以项目小组的形式开展新业务，一般具有以下几个特点：首先，它要服务于公司的整体战略构想，与现有业务具有比较紧密的相关性；其次，它有一个明确界定的目标——一个预期的产品或成果；再次，项目的资金投入全部由公司承担，而且项目过程中需要与公司各部门的协作，并运用各种资源；最后，应有具体的时间计划和成本预算。和传统方式比较，项目小组的形式更加有利于调集管理资源，协调各部门的力量，集中开发新业务。

前几年，笔者在硅谷调研 Apple、Google、Twitter 等创新企业的时候，发现它们普遍采取小项目团队的工作方式。这种方式可以避免传统科层管理的常见弊病，它通过去组织的中心化和扁平化，更好地发挥员工的积极性，使得企业能够更加敏捷快速地应对外部变化。

国内的腾讯公司在面临移动互联网的巨大机会和挑战时，通过公司内部的多个小项目团队相互竞争开展创新，在 2011 年 1 月成功推出微信。此后，微信业务得到高速发展。截至 2016 年第二季度末，微信和 WeChat 合并月活跃用户数达 8.06 亿。微信产品帮助腾讯公司成功转型为移动互联网时代的王者。

不过，如果新项目全部在公司内部进行，所有的资金投入均由内部解决，那么也有可能出现"软预算约束"问题。软预算约束是指公司内部的新项目启动后，资金需求往往会突破原先预算，而公司又无力对项目进程进行调整，使项目费用保持在预算之内。项目一旦启动便具有一定的刚性，同时由于新业务前景的不确定性，即使项目进行中费用超支，公司决策层也很难"忍痛割爱"去终止项目，因为这意味着彻底放弃了成功的希望，使前期投入变成了沉没成本。这也是公司内部创业过程中值得注意的问题。

（2）创业孵化器

创业孵化器（new-venture incubator）是指母公司通过提供一系列新创企业发展所需的管理支持和资源网络，帮助和促进内部创业项目成长的创业运作形式。母公司提供场地和设施、培训和咨询、融资和市场推广等方面的支持，能够降低新创企业的创业风险和创业成本，提高成功率。创业孵化器的运作与内部创业有所不同，进入孵化器的新业务都以独立的新创实体的形式出现，其财务和人事等方面都与母公司完全脱了钩，公司除了提供有偿的硬件和软件支持外，不过多地参与新创实体的经营管理，所以对新创事业的控制相对较松。而内部创业模式主要是为处于萌芽期的创新和创业思维提供初步的支持和保护，以鼓励创业机会的挖掘，同时也在一定程度上对这些活动进行适当的控制和引导。

创业孵化器模式不仅可以为公司内部的新创事业提供支持，而且还可以吸引公司外部的业务来源，在更广阔的范围内寻找优质的"蛋"来孵化，从而能够使得某个行业或者不同行业的业务形成空间上的集聚，为公司新业务的开展提供共享平台。公司在利用自身丰富的管理经验和市场运作经验为新创事业提供支持的同时，也时刻在用战略的眼光审视被孵企业，选择符合自己战略发展的企业作为未来的业务整合对象。例如，微软公司于 2012 年开始在中国先后推出孵化器及加速器，旨在鼓励更多的创业者使用微软的云计算平台进行产品开发和创新；在帮助中国创业者的同时，加强微软与中国的创业生态链之间的联系，使微软获得更多的发展空间。类似的，腾讯公司已经在国内多个城市推出了腾讯众创空间，面向更广大的创业者，这将对腾讯公司的开放平台和生态体系建设起到积极的促进作用。

而随着创业企业不断地发展壮大，无论是技术上的研究开发，还是产品市场的开拓，都迫切需要大量的资金投入。这时，母公司可以通过公司风险投资的模式对新创企业的前景进行投资。

11.3.2 外部创业

外部创业是指成熟公司特别是大公司依靠整合外部资源来抓住新的商业机会。公司风险投资和战略性投资并购是外部创业的两种典型的组织方式。

（1）公司风险投资

公司风险投资（corporate venture capital，CVC）是指有明确主营业务的非金融公司对具有前景的企业或项目进行的风险投资活动。这种模式不仅对创业企业发展提供进一步支持，而且从战略上使公司改善业务创新的进入渠道，为公司新业务领域的拓展奠定基础。公司对外股权投资的形式主要有三种，第一种是把用于风险投资的资金委托给专业的风险投资公司进行管理，由其成立的投资基金根据委托方的要求进行操作和监控；第二种是公司直接成立独立的风险投资子公司，其运作方式与专业的风险投资公司相似。国内外一些企业，如 Intel、IDG、联想等都采用这种形式；第三种是公司内部成立专门的风险投资或战略投资部门，如阿里巴巴、腾讯和百度等互联网巨头均设有相关部门。

与创业孵化器有所不同，公司风险投资以资本的方式培育新业务，其主要职能是投资，而创业孵化器则注重为新创企业构建一个良好的环境，其主要职能是孵育。与专业的风险投资公司相比，公司风险投资具有比较显著的协同优势。理论上说，公司风险投资既可以利用母公司的筹资功能，又可以依靠其丰富的管理经验、销售渠道、品牌优势等，为初创企业提供增值服务。而公司则可以通过投资与其业务高度相关的新创企业，谋求战略平衡，增强自身的市场竞争能力。例如，百度投资"去哪儿"，就是一个成功的案例。

（2）战略性投资并购

企业通过购买另一家公司的部分或全部股权，将被收购公司的业务纳入其战略投资组合，从而达到更加有效地利用其核心竞争力或实现战略转型的目的，这种行为被称为战略性投资并购。

 专栏

百度并购 91 无线

在中国互联网进入移动互联网时代之初，百度的转型不够及时有效。对于急于在移动互联网领域打开局面的百度而言，希望尽快扩展自己的业务外沿，不再仅仅局限在搜索上，这就迫切需要重要的移动互联网"入口"产品，以帮助百度公司更好"摆渡"到移动互联网时代。"91无线"当时作为现成的移动互联网入口，用户过亿，同时由于手游的发展收入处于成长期。百度收购91无线最明了、最重要的原因在于，91无线拥有两大主流APP应用商店，即91助手和安卓网。艾瑞网发布的排行榜显示，两大应用商店在2011—2012年度的下载量共计110亿次，在当年的第三方应用商店中名列第一。而百度迫切需要让自己更大程度地融入用户的移动设备中，这样一来，控制主流运用渠道成为不二选择。2013年7月，百度以19亿美元全资收购91无线。在完成收购91无线之后，百度将形成"移动搜索＋地图LBS＋App分发"的移动互联网三大入口。由此，百度移动互联网战略已完全明朗：将PC互联网的入口地位搬到移动互联网。

尽管91无线存在一些明显的不足，但百度为了扭转自身劣势，只能以19亿美元的天价收购91无线。这都是因为当初百度没有紧跟市场，没有抢先进入移动互联网市场，后来只好通过并购如今落得靠花天价买时间来实现快速转型。

11.4　公司创业战略

11.4.1　公司创业战略内涵

环境的动荡和不确定性给现代企业的生存与发展带来了巨大的冲击。在战略方面，企业必须不断地分析和预测未来环境的变化趋势，制定一套更能够适应环境变化的适应性战略机制；在操作方面，企业必须建立相应的组织架构和内部流程，充分发挥组织资源和能力的潜质，逐渐培养并形成能够应对任何挑战的核心能力。以创新为基础的各种公司创业实践活动正是企业赖以发展这种竞争优势的一种战略选择。

公司创业战略（corporate entrepreneurship strategy）是企业层面的战略。从行为的视角看，公司创业战略是一种模式，这体现为包括了在企业内部进行创新、新业务开拓和战略更新等内容的公司创业行为和过程。Miller认为，创业战略关注的不是创业者个人的决策，而是公司创业过程的本身。从这个意义上讲，公司创业的过程也是创业战略制定和实施的过程，是企业创业的精神和行为如何通过战略的工具得以贯彻和执行的过程。

如果把战略看成是一种观念的话，那么，公司创业战略则是企业追求机会和增长的一种根本导向，它体现的是一种敢于创新和开拓进取的价值取向，是企业全体成员（从高层到基层）在组织发展和变革过程中所形成的一种共同的理念，是对创新和创业行为的承诺。公司创业战略不是企业内部某个部门或某个层级的战略决策，它的精髓深深地根植于企业决策者的头脑中，它的影响力涉及企业组织的各个角落，而且历久弥新。

公司战略的选择是一项重要的组织决策，这直接关系到组织的绩效和未来的发展。公司创业战略是企业为了发展并取得当前和未来的竞争优势而采取的创业行为和过程的一系列承诺和举措。公司创业战略反映了企业主要是旨在通过持续的创新和创业行动来保持增长和发展的决心。

实行公司创业战略的企业都是以增长为导向的。Muzyka 等指出，采取创业战略的企业的一个最突出的特点就是在其总体战略目标中强调了增长的重要性。这就要求企业不能仅仅满足于创新的解决方案本身，而是要不断地寻求新机会来替代处于生命周期末端的旧机会。而实际的增长也不会总是遵循着人们的预测比率，它更多地体现在了企业组织持续不断地进取和变革当中。

从战略选择的角度讲，公司创业战略是一种以公司内部发展为主要特征的增长战略。公司创业战略主要强调充分利用外部环境的机会，积极挖掘企业内部的资源优势，以使企业在现有的基础上谋求更大的发展空间。实际上，企业对未来的产品和业务往往并不是能够很清楚地进行定义，而公司创业战略的目标则是激励企业在鉴别、选择和实现机会的系统中不断地接受挑战，保持企业的基业长青。

11.4.2 公司创业战略——一个相对的概念

在公司创业战略的制定和实施过程中，必须保证新业务具有和企业主流业务同等重要的地位，并且在战略和结构上能够很好地融入企业的主流业务当中去，而不能把创业活动仅仅当作一种"主流业务的保险"。有些学者认为，创业企业就应该完全体现出创业倾向。有的企业总体上在一个相对稳定的状态下运作，而只把创业活动局限在有限的范围内，有的企业仅仅当经营业绩不振，甚至遭遇到了生存的危机时才进行临时的更新和变革，有的学者把这些企业称为具有"两面性"的组织，认为虽然在这些企业中或多或少存在着创业的因素，但是它们并没有实行真正意义上的公司创业战略。

然而，也有人对此持不同的观点。他们认为，采取公司创业战略的企业并不是每时每刻都在进行创新和变革。Miller 和 Friesen 认为，在创业型企业里，创新是一种常态，虽然大胆的创新行动为企业的发展带来了巨大的利益，但是创新的效果（或是效能）是具有拐点的，过分的创新给企业带来的负面影响会明显增加。由组织变革所引发的短期混乱（chaos）是可以接受的，而无休止的变革所导致的长期混乱无序将使企业遭受崩溃的后果。持续不断的变化，实际上意味着没有变化，这将使企业迷失方向。

那么，在多大的组织范围内进行创新和新业务的开创活动才算是公司创业战略的真正体现呢？而一个企业的战略更新行动应该是属于应对危机性质的，还是属于一种经常性的创业行为呢？我们认为，归根结底，这是一个程度的问题。Morris 提出了一个衡量企业创业水平的概念——创业强度（entrepreneurship intensity）。创业强度是企业创业程度和创业频率的一个线性组合，如图 11-3 所示[①]。当企业的创业行动表现出很强的创新、冒险和超前行动的倾向时，而且这种类型的活动出现的频率相对较高时，企业的创业强度就会很高。相反，如果企业在创业活动的数量和程度上都处于较低的状态，那么其创业强度自然也就属于较低的水平了。

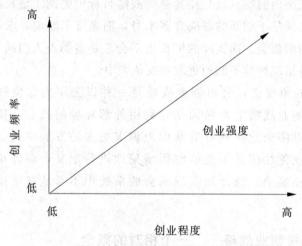

图 11-3　公司创业强度示意图

资料来源：Morris, M. H. Entrepreneurial intensity. London: Quorum Books, 1998: 19. 该图经过本书作者修订。

没有绝对的指标能够衡量出企业行为和战略中的"创业"含量，同样无法测出"非创业"（也可以称为"保守"）的含量，因此，公司创业战略也应该是一个相对的概念。Covin 和 Slevin 最早提出创业——保守的闭联集（continuum）概念。其实，公司创业战略也可以被看成是一个类似的闭联集。闭联集的一端表示趋向创业的战略，根据 Miller 的论述，创业战略更倾向于创新、冒险和在竞争中超前行动；而闭联集的另一端表示趋向保守的战略，则更多地体现了很少创新、风险厌恶，以及在竞争中处于被动。当然，绝对的保守战略和绝对的创业战略在现实中是几乎不存在的。

保守战略和创业战略的根本区别在于：在企业传统的管理体制下，到底是稳定和效率成为了企业发展的主流趋势，还是创新和变革成为了企业发展的基本方针。

[①] 创业程度是指创业行动所表现出的创新、冒险和超前行动的程度，而创业频率是指创业活动或事件发生的数量。Morris 认为，创业强度是创业程度和创业频率的均衡组合，企业只有根据所处的具体环境来决定适宜的创业强度，才能达到理想的效果。

前者强调的是短期内保持整个系统的稳定和企业当前的经营效率，而后者则强调了通过"创造性破坏"来使企业获得长期的竞争优势。对于站在创业时代前沿进行竞争的企业来讲，要想成功地实行创业战略，就要在充分利用当前的创业机会和不失时机地寻求未来的创业机会之间谋求一种相对的平衡，就必须学会处理好变革与稳定、创新与效率之间的联系。

11.4.3 公司创业战略的模型概述

公司创业对于企业战略管理的重要性早已经在战略管理领域取得了一致的认同。众多学者把"创业问题"视同为所有企业都必须面对的一个根本课题，这关系到如何界定企业的经营范围、产品/市场关系，以及相应的资源配置等一系列决策。而一个企业的战略、行动和管理过程对组织的绩效和增长的影响则是学术界共同关注的焦点。下面就基于权变理论和战略管理的结构主义观点的公司创业战略模型进行详细的介绍。

1. 公司创业战略的权变模型

根据权变理论（contingency theory）的观点，企业的外部环境、组织结构和战略之间形成的某种契合（fit）对取得满意的经营绩效至关重要。Chaffee（1985）认为，战略的本质是复杂的，因为"变化将新的环境组合带给了企业，而战略则要保持一种非组织化、非程序化、非常规的不重复状态"。选择和制定企业战略的一个基本前提条件就是战略、组织和环境的不可分割性。

在关注公司创业战略对企业绩效的作用程度的时候，不应忽视企业所处的特定的外部环境特征。Covin 和 Slevin 在对中小企业的创业战略实证研究中发现，在恶劣的外部环境条件下，企业的公司创业战略对提高经营绩效的促进作用，比在良好的外部环境条件下要明显。Zahra 和 Garvis 在研究跨国企业的创业战略时指出，经济全球化使各国企业之间的竞争也日趋激烈，面对动荡复杂的国际商业环境，选择公司创业战略的企业获得了更高的利润回报和增长。Tan 和 Litschert 对从中央计划经济向市场经济转型过程中的企业战略问题进行了实证研究。他们在 1990 年对中国北方的近一百家电子行业的企业进行调研的结果发现，在政府管制色彩较浓的外部环境中，企业更趋向于选择保守战略，而且企业的经营绩效并没有恶化。

企业的内部组织要素对公司创业战略和绩效的关系也具有影响作用。如果企业的高级管理层具有冒险的倾向，并实行创业战略，那么有机的组织结构最有利于企业取得满意的绩效，从而实现组织的核心目标。如果企业的高级管理层是厌恶风险的，并选择了保守战略，那么机械的组织结构最有利于企业取得满意的绩效。因此，公司创业战略和经营绩效之间的关系受到不同类型的企业组织结构的影响。Covin 和 Slevin 提出了公司创业战略与组织绩效之间权变关系的理论模型，如图 11-4

所示。

图 11-4 揭示了公司战略与组织结构对经营绩效的交互效应。有机的组织结构和公司创业战略相匹配，或是机械的组织结构和相对保守的战略相匹配时，企业都能够取得较好的绩效，相反，如果组织结构不能适应公司战略的要求，企业的绩效则不佳。企业内部的其他组织要素，如管理支持和企业文化等，也对公司创业战略与绩效的关系具有影响。支持创新和创业行为的管理体制和企业文化是适宜公司创业战略的，从而有利于企业绩效的提高。

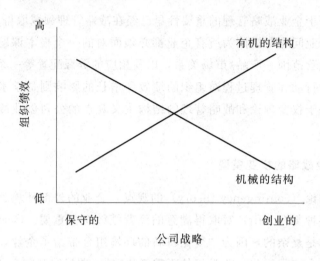

图 11-4　公司战略、组织结构与绩效关系的示意图

资料来源：Covin, J. G. & Slevin, D. P.. The influence of organization structure on the utility of an entrepreneurial top management style. *Journal of Management Studies*, 1988, 25 (3): 221.

Slevin 和 Covin 认为，企业应该随着环境的变化来选择合适的公司战略，然后根据公司战略确定内部组织结构。公司创业战略的成功需要具备与其相协调的外部环境和组织结构，在达到一种理想的平衡状态下，才会对企业的经营绩效起到显著的作用。他们提出了一个关于高绩效企业的外部环境、组织结构和公司战略的协调关系示意图，如图 11-5 所示。即：当外部环境相对友善时，公司更可能采取保守的战略；当外部环境相对敌对时，公司更可能采取创业的战略；当公司采取机械的结构时，公司更可能采取保守的战略；当公司采取有机的结构时，公司更可能采取创业的战略。

2. 公司创业战略的综合模型

战略管理理论的结构学派（configuration school）被认为是权变理论在战略研究领域的拓展和延伸。结构学派的代表人物之一 Miller，通过对公司战略、外部环境、组织结构，以及组织的经营绩效等变量之间的交互关系检验证实，能够取得高绩效的企业非常善于将这些变量进行有效的结合（configuring）。

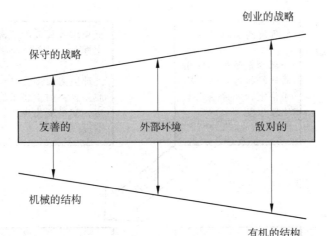

图 11-5 高绩效企业的外部环境、组织结构和公司战略的关系示意图

资料来源：Slevin, D. P. & Covin, J. G., Juggling entrepreneurial style and organizational structure: how to get your act together. *Sloan Management Review*，1990，31（2）：46.

基于企业的外部环境要素和内部组织要素与公司创业战略的权变关系研究，学术界更倾向于探索一个综合的公司创业战略模型，即企业的外部环境和内部组织要素——公司创业战略——组织绩效的模型。企业的外部环境和内部组织要素构成了影响其创业行为和创业战略的前提变量，而组织绩效则是公司创业战略的结果变量。

（1）外部环境要素与公司创业战略

大量的研究发现，企业的外部环境与公司创业战略具有很密切的关系。公司创业战略是企业组织建立或重建其与外部环境的一套基本关系的途径。企业与其外部客观的政治、法律、经济、技术、社会文化等经营因素之间处于一种相互联系和相互作用的动态过程之中。这些影响企业的成败，但又非企业所能全部控制的外部因素就形成了企业的外部环境。外部环境作为一种企业的客观制约力量，特别是环境的不确定性，是公司战略制定过程中重点考虑的因素之一。如图 11-7 所示。

环境的不确定性程度有两个特性，环境的复杂程度和变化速度。首先，环境简单或复杂的程度，是指那些与企业经营有关的外部因素的数量和差异程度。复杂程度可能来自企业面临的环境因素的多样性，也可能来自处理环境影响所需要的知识多寡。其次，环境稳定与不稳定程度，是指外部环境变化的速度。上述两种特性，形成了一个评估环境不确定性的框架。图 11-6 分别探讨了由两个特性组成的四种环境状况。

① 简单与稳定状况。在简单与稳定环境中，不确定的程度很低，企业对环境比较容易把握。在这种条件下，由于环境稳定或可预期，企业对过去环境影响的分析就有一定的实际意义。

② 复杂与稳定状况。在复杂与稳定环境中，不确定性有所增加。外部环境的众多因素都会对企业生产经营带来影响，但这些因素变化不大，且往往在预料之中。

③ 简单与不稳定状况。在简单与不稳定环境中，不确定性进一步增加。尽管外

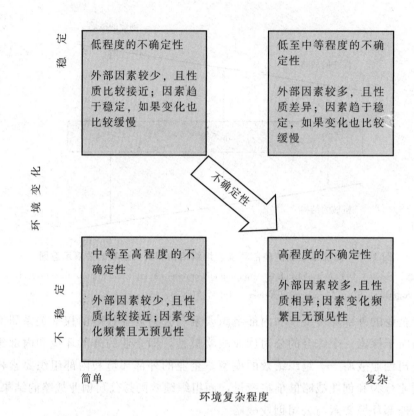

图 11-6　评估环境不确定性框架图

资料来源：托马斯·加拉文，杰拉德·菲茨杰拉德，迈克·莫利著. 企业分析 [M]. 马春光，等译. 上海：生活·读书·新知三联出版社，1997：15。

部环境的影响因素较少，但这些因素难以预测，往往与企业初衷相违背。

④ 复杂与不稳定状况。在复杂与不稳定环境中，不确定程度最高。企业面临着众多的外部因素，且变化频繁，对企业的运作影响甚大。

进入21世纪以后，企业所面对的外部环境的不确定性进一步加大，其主要表现在市场竞争加剧，技术变革加快，产品生命周期缩短和产品/市场深化等方面，而这些因素正是企业选择公司创业战略的诱因。

第一，行业内的激烈竞争使竞争对手之间逐渐形成了一种相对均势，为了打破这种平衡，一些企业往往通过产品、技术、市场等创新行动来培养和创造某种竞争优势，力求打败竞争对手。第二，由竞争而引起的企业创新和创业成果反过来又促进了产业技术乃至社会技术的不断升级。新技术的不断涌现使原先创新所形成的竞争优势（特别是技术优势）的持续时间大大缩短了，因此，企业要想在竞争中处于不败之地，就必须持续地进行创新，而且还要赶在竞争对手前面进行超前创新，才能取得领先优势。第三，与激烈竞争和技术进步相关的是产品的生命周期缩短。产品生命周期缩短意味着企业获利的空间和时间发生了改变，所以，企业必须具备可持续的更新能力（sustained regeneration），使更具潜质的新产品能够不断地推出。第四，企业的产品/市场的细分和深化是激发公司创业行为和选择创业战略的又一个原因。市场细分为成功地引入新产品创造了机会，而新市场的出现也为企业的创新提供了机会，企业也通过为客户提供新的价值来拓展市场空间。

因此，当企业的外部环境动荡程度加剧，敌对性增强，各种因素更趋于多样化和复杂化时，企业则更倾向于选择公司创业战略。然而，虽然企业在制定公司战略的时候需要去适应某种类型的"环境规则"，但是这种适应并非是消极被动的。恶劣的环境催生了公司创业战略，而创业行为和战略提高了企业的能力，扩大了企业的机会集合，企业的创业和发展反过来又在影响着环境的发展和变化。企业在竞争时代的生存格言是：培养驾驭环境的能力，成为变革的代言人。的确，这样的企业永远在寻求着能够改写竞争规则的机会，也永远是创业的先锋。

(2) 内部组织要素与公司创业战略

Stevenson 和 Gumpert 研究如何在现有组织内部鼓励创业行为时指出，企业进行创业的压力主要来自外部环境的冲击，而创业的阻力往往来自企业内部。公司创业活动并不是一个孤立的事件，公司创业战略的制定和执行几乎跨越了企业内部的所有组织层级和管理职能，这就使传统的管理架构受到了前所未有的挑战。Drucker 认为，无论是大公司还是小企业，规模并不是创新和创业的障碍，而组织的"科层制"和守旧的观念是创业真正的绊脚石。因此，企业的组织结构、管理机制，以及企业文化和价值观等要素，则有可能对公司创业战略的实施产生重要的影响。

首先，公司创业战略和组织结构的关系是学术界研究的热点问题。许多学者的研究发现，组织结构对企业内部的创业活动以及公司创业战略的制定和执行具有影响。企业的组织结构有两种类型：机械的结构（mechanistic structure）和有机的结构（organic structure），表 11-2 列出了这两种组织结构的具体特征。他们认为，有机结构所表现出来的灵活性、非程式化和分权，对于创新和创业行为具有非常大的支持和促进作用，是与公司创业战略相适宜的组织结构。而机械结构所表现出来的责权关系的刚性、严格的程序和集权，则不利于激发企业内部的创业热情，所以不适于公司创业战略的要求。

Miller 指出，有机的组织结构能够使企业战略的决策者意识到改革的重要性，并且愿意为此提供必要的资源、组织支持和协作框架，相反，具有官僚特征的"科层制"结构则阻碍了公司创业战略的实施。组织结构的层级越多，在资源配置和市场行动方面越容易造成低效率，从而失掉了许多市场机会。另外，自上而下的指挥机制、过于部门化的管理倾向、缺乏部门之间和层级之间的协调与沟通，都在一定程度上压缩了开展创新和创业活动的空间。

与公司创业战略相关的其他企业内部组织要素还包括管理支持和创业文化等。在管理支持方面，企业的管理层不但要把公司创业战略的目标清楚地展示给所有的组织成员，而且还要采取相应的行动鼓励创业，包括创新支持机制，以及在企业内部系统和流程方面将创新和新业务开拓等活动制度化。对创业行为和战略的组织支持还表现在创业所需资源的可获得性方面。在传统的管理体制下,计划制度、预算系统、成本控制系统等正规的流程和规章在很大程度上对创业所需要的资源产生了很大的限制作用,其中包括资金、专业人才、时间等。企业的中层经理和高级管理层必须在体制上进行突破,为创新和新业务的开展争取更多的资源支持,以促进创业战略目标的实现。

表 11-2 机械结构与有机结构的特征

组织上的特点	结构类型	
	机械系统	有机系统
对环境的开放性	比较封闭。试图选择和尽量减少环境的影响,并试图降低不稳定性	比较开放。设计得能够接受环境影响和对付不稳定性
活动的正规化	在结构的基础上具有更多的正规性	在结构的基础上具有较少的正规性
活动的差异化和专业化	明确的、相互独立的职能和部门	通常(或有时)为重叠的活动
协调	基本上通过等级结构和很明确规定的管理程序	多样化的手段和人们之间交互作用
权力结构	集中的,等级的	分散的,多样化的
权力来源	职位	知识和专门特长
职责	附加于具体的职位或角色	很多成员分担
任务、作用和职能	在组织图、职位说明以及其他文件中有明确规定与说明	与具体的情况和彼此的期望有关,并不是很严格的规定与说明
交互作用与影响的形态	上级→下级的等级关系	上级⇔下级水平与斜向的关系
程度与规划	很多、很具体,而且常常是成文的,或正规的	很少、很一般,而且经常是不成文的,或非正规的
层次等级(就权力、地位和薪资等而言)	在不同等级层次中存在很大的差异	在不同层次中差异较少
决策制定	集权的,而且集中于高层	分权的,分散于整个组织中
结构形式的持久性	倾向于比较固定不变	持续地适应于新情况

资料来源:弗里蒙特·E.卡斯特,詹姆斯·E.罗森茨韦克.组织与管理[M].李柱流,等译.北京:中国社会科学出版社,1985:265。

公司创业战略的形成是建立在组织成员的共同信念和理解的基础上的,创业的企业文化是企业保持和发扬创业精神的重要保证。在企业文化方面,崇尚推陈出新的组织文化对创新的激励作用更大。企业应该实行适当的奖励机制来鼓励创新和相应的风险承担行为,而且在组织内部一定要采取宽容的态度对待创业的失败。由于大多数新业务的探索都不可能成功,创新的失败率很高,所以,组织成员必须以"平常心"来看待失败,更不能进行惩罚。创业最需要的是从失败中学到东西。而且,企业创新和新业务开创的过程实际上也是组织成员的一个协同运作过程。在这个过程中,企业组织上下必须齐心协力,发挥创造力,抱着必胜的信念,甘冒风险,努力实现创业战略的目标,最终为企业和社会创造价值。

(3) 公司创业战略与组织绩效

企业的组织绩效是公司创业战略的结果变量。到目前为止,大多数公司创业战略的研究结果表明,公司创业战略是现有企业获得再生活力和提高市场竞争能力的有效手段。公司创业战略对企业取得竞争优势和提高财务绩效具有明显的促进作用。

然而,部分企业在实行公司创业战略的过程中也遇到了一些特定的问题。由于公司创业战略是着眼于企业的长期增长和竞争能力提高的,而对提升企业短期的经营绩效作用不明显。Fast 甚至认为,由于公司创业行为的风险性较强,给组织带来的"混乱"可能会对企业短期的财务业绩造成冲击。同时,Kanter 认为,传统的管理模式和控制体系对具有新奇特性(novelty)的创业活动是一种扼杀。在这样的组织中,公司创业战略实际上已经成为了一种表面形式。

11.4.4 公司创业战略综合模型的假设关系解释

以上述理论假设为基础,我们提出了一个公司创业战略的理论模型,如图 11-7 所示。图中公司创业战略和其前提变量外部环境要素和内部组织要素,以及结果变量组织绩效之间的关系为直接关系。同时,由于公司创业战略作为中介变量,则外部环境要素和内部组织要素与组织绩效之间形成了间接关系。另外,外部环境要素和内部组织要素与组织绩效之间也存在着直接关系,由于这种关系并不是本研究的重点,所以在图中没有标明关系指向。

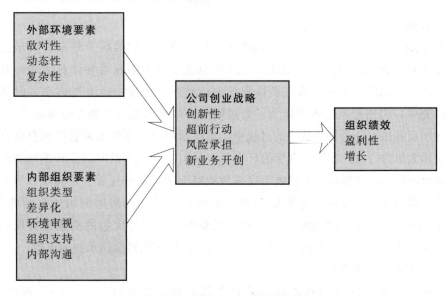

图 11-7 公司创业战略理论模型

1. 公司创业战略的维度

基于 Miller 和 Friesen 等学者的研究,我们对公司创业战略概念的维度进行了如下描述,积极引入新产品和新技术,寻求市场创新和生产制造环节的创新;通过提供新产品和服务进入新的业务领域,在与现有业务相关的新领域开发新业务;在竞争中主动出击,倾向于作领先者而不是跟随者;敢于承担风险。因此,公司创业战略的维度确定为创新、超前行动、风险承担和新业务开创。

(1) 创新性维度

创新性是用来描述公司创业战略的一个重要特征,以 Schumpeter 的创新概念为基础,无论是在个人层面还是在公司层面,创新都已经成为了创业的核心内容之一。在论述公司创业战略维度的各种文献中,几乎都包括了创新这一维度。Covin 和 Slevin 认为,产品创新的广度和频率,以及相关的技术领先趋势是创新性的主要体现。Zahra 把产品创新和技术型创业作为制造业公司创业战略的重要特征。从而,公司创业战略理论比较一致地认为产品创新和技术创新应该同属于公司创业战略的创新维度。

(2) 超前行动维度

在公司创业的过程中,人们一直强调行为的主动性。先动优势(first-mover advantage)被认为是抓住和利用市场机会的最佳选择,而最先行动者往往能够利用市场的不均衡来抢占先机,并获取高额利润。超前行动是应对环境变化的积极行动,而不是被动反应。大量的经验证明,进入一个新市场的首家公司往往有最多的战略优势。因此,以预测和捕捉新的获利机会及以在新兴市场积极参与竞争为主要手段的超前行动体现了公司创业战略的一个重要特征。

(3) 风险承担维度

在早期的创业文献中,区分个人创业者和受他人雇佣的雇员的主要依据就是创业者要承担自我雇佣的风险。因此,风险承担就成为了创业者和创业活动的最基本的特征之一。风险因素尽管在创新性和超前行动两个维度中也有所体现,但是在以往的研究中,仍然把风险承担作为了公司创业战略概念的一个独立的维度。

在制定和执行公司创业战略的过程中,风险承担就是要对所捕捉的机会进行快速的决策和大胆的行动。在复杂多变的环境下,公司没有太多的时间去详细地调研和分析所面对的机会,并制定一个清晰而完整的战略框架,只有凭着公司高层领导人的管理经验、市场直觉,以及坚定的信念和开拓进取的勇气在短时间内进行战略决策。Mintzberg 认为,公司创业战略是在不确定的情况下,通过大胆的决策来实现战略跨越。从这个角度讲,快速的创业决策是公司为了获得市场机会而承担的风险。

(4) 新业务开创维度

公司进行创业活动的核心内容就是创新和新业务开创(new business venturing)。虽然我们在前面对公司创业战略的创新性维度进行了阐述,但强调是产品创新和技术创新。而新业务开创则是公司经营范围的重新界定，包括开创新的业务领域和开辟新市场等相关活动。

开创新业务是提高组织的获利能力和竞争能力的重要手段。对于现有公司来讲，制定和实行公司创业战略的背景是现有业务，现有业务是新业务的基础和保障，而新业务则是现有业务的延伸和发展。我们所说的"新业务"，不仅是指通过提供新产品进入新的经营领域，也包含着在与现有业务相关的新领域开发新业务，在现有市场范围内挖掘新的产品需求空间。例如，公司在重视新产品开发和引入的同时，也应重视对现有产品和服务进行不断的改进和重新定义（redefinition），为现有产品开拓新的市场。

新业务开创是公司创业战略最具代表性的特征之一。开创新业务必然导致新业务部门，或者独立的新业务实体的创建。在现有公司内部，新业务的形成可以采取员工自主的形式，也可以采取半自主的形式；新业务创建可以是正式的，也可以是非正式的。有些公司设立了专门激发公司内部创业活动的部门，鼓励符合公司战略的创业项目的发展，并最终形成新业务实体。但是，也并不是所有的创业行为都是由公司来引导的。非正式的创业活动大都是自发发起的，往往是内部创业者个人的创造能力和兴趣的结果所致。公司也会接受一些有发展前景的自发创业项目，并将其逐步整合到公司的主流业务范围之内。

另外，由于创业活动可以在公司组织的不同层级展开，所以，在通过产品和市场开发来拓展新业务空间的过程中，公司也要考虑自身的核心能力和业务布局的均衡。总之，尽管创新性维度和新业务开创维度存在着部分内容的交叉，但是这两个维度强调的重点各有不同。因此，本研究将创新性和新业务开创确定为公司创业战略的两个维度。

 专栏

比亚迪进入汽车行业

比亚迪股份有限公司创立于1995年，从一家拥有注册资本250多万元、员工二十几人的公司，到步入中国企业500强的行列，比亚迪的成功离不开它在成长过程中不断开拓和探索新领域。最成立之初的几年里，比亚迪把主要的精力放在了电池生产和相关技术的研发上。2003年，它正式收购西安秦川汽车有限责任公司（现"比亚迪汽车有限公司"），在当时，被业界人士视为"汽车外行"的比亚迪，前景备受质疑。比亚迪能走到最后，缘于其汽车业务一开始便是为了"配合电池业务"。据称，王传福1998年就曾指示手下20名高级工程师悄悄地改进比亚迪的手机电池技术，以便有一天能用于汽车。

2005年9月底，比亚迪第一台自主研发的汽车产品F3推出市场，平均售价为6.5万元，由于性价比高于当时的同类产品，虽然国内车市仍未恢复，但却取得了成功。共售出4 934辆,占集团当年汽车销量的1/3。2006年,F3共售出46 307辆,成为销量增长最快的自主品牌中级车单一车型之一。这一年,比亚迪汽车业务同比暴增414%,对集团营业额贡献达到1/4,并首次扭亏为盈。凭借F3持续的出色表现,比亚迪汽车迅速靠近甚至超越了另两大独立汽车厂家——奇瑞汽车和吉利控股。2009年上半年,比亚迪汽车销量为176 795辆,奇瑞及吉利上半年销售数据则分别为211 224辆、142 856辆。

而事实上,比亚迪汽车另两大备受关注的新能源业务(DM车型及纯电动车)的产业化也相当令人关注。工信部最新出台的《新能源推荐目录》中,比亚迪双模电动车成为了首批唯一一款被推荐的轿车。2009年8月底,比亚迪电动车核心技术"铁电池"生产基地已在广东惠州落成投产。这对比亚迪电动车的大规模量产具有重要意义。

资料来源:比亚迪汽车业务强劲增长,贡献首次过半[N]. 21世纪经济报道,2009-09-02。

2. 外部环境要素与公司创业战略

外部环境要素被认为是对公司创业战略决策具有重要影响的因素之一,是公司创业理论研究的一项重要内容。关于公司组织的外部环境要素主要有两种理论观点:一种理论把环境作为信息的来源,强调了可感知的不确定性和组织决策者主观信息的收集与处理;另一种理论是基于资源依存的观点,认为环境是由组织的竞争行为所引致的资源稀缺的来源。对于环境与公司创业战略关系的研究表明,当外部环境变得更具敌对性时,公司组织则会面对着更大的不确定性。因此,外部环境是公司进行诸如创新、新业务开创、超前行动等创业战略决策的重要影响因素。

公司的外部环境被视为一个多维度的概念。对于环境的概念性研究和实证分析都证明,环境要素包括三个维度,敌对性(hostility)、动态性(dynamism)和复杂性(complexity)。外部环境的动态性和复杂性与信息不确定性的环境观具有密切联系,而环境的敌对性则被认为是资源依存的环境观的体现。关于组织外部环境的不同理论观点,为解释环境概念的维度变量对公司创业战略的影响提供了更充分的理论依据。

(1) 敌对性

面对不利的生存条件,一个公司通常选择进行现有业务的更新,决定进入新的业务领域,或是进行技术创新和新产品的研究开发。敌对性的增强,迫使公司的最高管理层去寻求创新的途径来降低或控制不利的局面。Stopford和Baden-Fuller对来自四个成熟行业的小样本欧洲公司的研究表明,为了应对外部环境的敌对化趋势,所有的公司都采取了创业战略决策,但是选择了不同的创业行动和措施。他们认为创业行为和战略对公司的生存至关重要。

我国公司在成长和发展的过程中,同样也面临着外部环境的不利因素,比如,能源的紧缺、技术的壁垒、社会信用体系的缺陷,以及在国际竞争中受到的不公平待遇和贸易保持主义的威胁等。彩色玻璃制造业是彩电行业的上游产业,近年来,我国的彩色玻璃生产公司(例如,石家庄宝石、成都红光等)之所以经营困难,就是因为缺乏独立的模具研究和制造能力,其模具需求全部受制于国外的同行竞争者,而且大屏幕彩玻市场基本上被国外公司垄断。为了改变这种不利的局面,彩玻生产公司采取了更加激进的战略,一方面拓宽新的产品需求领域,比如大举进军电脑显示器需求市场,同时也积极参与国际分工,打开国际市场的需求空间;另一方面加大了对模具和大屏幕彩玻的研发力度,开发具有自主知识产权的核心产品。

因此,当外部环境不利于公司生存和发展的时候,公司往往采取创业行动和战略进行应对,这些创业举措包括了产品和技术的创新、开拓新市场、寻求新的竞争方式等。因此,外部环境要素的敌对性维度与公司创业战略具有正向的影响。

(2) 不确定性

环境的不确定性包括动态性和复杂性两个维度。动态性是指环境变化的速度和不可预测的程度,复杂性是指影响公司经营的外部因素的数量和差异程度。环境的动态性和复杂性为公司提供了创业机会的来源。客户需求的变化、与行业相关的技术发展、与竞争对手之间战略关系的复杂化等,都成为了公司创业战略决策的潜在动力。

外部环境的动态变化为公司创业打开了机会的大门,这不仅激励着公司努力开拓新的业务领域,同时也鼓励其采用新技术或创新性的市场实践来扩大现有市场份额。公司只有认真和谨慎地研究环境的动态性,才能够对未来作出合理的预测,并且最大限度地控制环境的变化。公司战略的变革,以及相应的组织结构、工艺流程的改造和创新是应对环境不断变化的重要手段。

外部环境的复杂性,或者是异质性,是促使公司采取创业战略的另一个重要因素。在产品/市场方面,这种复杂性表现为客户需求和预期的多样性,以及由此衍生的具有不同特性的众多细分市场的存在。环境的复杂性为公司带来了挑战,也带来了机遇。被动反应的战略决策模式不再能够适应复杂多变的环境,而主动的创新和创业行动则是抓住机遇,迎接挑战的最佳选择。这种环境条件鼓励公司进行更多的创新和市场开发,也促使公司进行相关的业务拓展,并能够从竞争者那里学到更多东西。同时,公司在制定并执行创业战略的过程中,也逐渐培养了驾驭不确定性环境的能力。

当然,外部环境的不确定性并不仅表面在技术市场、资源供给和客户等方面,而且还体现在国家的宏观环境、社会文化与经济贸易的国际化等各个领域。世界各国公司都面临着这种环境不确定性的挑战。对于中国公司来讲,自改革开放以来,虽然我国的经济一直保持着快速的增长,但是其中的不确定性也较多。因此,随着技术进步速度加快,经济全球化发展,商业竞争的加剧,社会与文化的变迁,我国公司所面对的环境不确定性也日益增强。在这种环境下,我国公司需要的是更具灵活性的，更积极的创业战略。

20世纪90年代后期，一场网络革命席卷了全国。在网络化的大潮中，受到影响较大的行业之一就是零售业。以互联网为基础来销售商品和服务将彻底改变消费者购物的方式，其影响所及将涵盖从产品选择到售后服务的全过程。在中国，计算机网民的渗透率正以惊人的速度上升，而市场预计在未来的几年内，将有近亿人口成为电子商务的使用者。外部环境的变化之快是众多传统的零售业公司未曾预料到的，面对新的商业模式、新的商业对手，以及更加复杂的竞争环境，我国的许多零售公司采取了积极适应环境变化和主动出击的应对战略。这些公司已经意识到，必须超前行动，抢在那些反应敏捷的单一网络渠道零售商和全球性网上零售商等竞争对手之前快速行动起来。因此，不少公司（包括上市公司）迅速地建立了网上销售业务，在订购、送货、结算等服务流程的各个环节进行了不断完善，而且还在不断地扩大网上交易的商品种类。

总的来说，外部环境的复杂多变是驱使公司采取创业行动和战略的重要因素。因此，外部环境的动态性和复杂性对公司创业战略具有正向的影响。

3. 内部组织要素与公司创业战略

不管外部环境的不确定性如何影响公司创业战略，一个公司还必须处理好内部的各种复杂因素和过程。和外部环境要素一样，内部组织要素也是对公司创业战略具有影响的一个重要因素。许多学者对于内部组织要素如何支持或阻碍公司创业战略的制定和执行进行了研究，同时也肯定了公司创业战略的积极效果。大体来讲，影响公司创业战略的内部组织要素的维度包括：组织结构的类型、差异化、环境审视、组织支持和内部沟通。

（1）组织结构的类型

组织结构是一种描述工作流程、沟通、权力安排等关系的框架体系。一般而言，组织结构的类型特点是由灵活性、程式化和集权化的程度决定的。灵活性指的是组织结构对环境的适应程度和结构形式的持久性。一个组织的纵向层级越多，其人员和经营活动的协调就越困难，则组织的灵活性程度就越差，刚性也就越强。程式化所描述的是组织运作依赖于规则和程序的程度。一个组织制定和使用的规章制度越多，其结构就越趋于程式化。集权化是对组织决策权力分布的度量。在一个组织中，如果决策权集中在少数的高层手中，则该组织集权程度较高，而与集权化相对应的是分权化，其特点是组织的中层管理者和基层员工享有不同程度的决策权。

除了外部环境的不确定性对公司的创业活动形成影响以外，公司组织要想成功地实施创业战略，还必须具备操控内部创业过程的不确定性的能力。大量的研究结果表明，以低程度的刚性、程式化和集权化为特征的有机型组织结构对公司创业战略的制定和执行具有促进作用。一个适合于公司创业战略的组织结构特征通常包括向中低层下放决策权，较少的组织部门层级，畅通的横向与纵向的、正式的与非正式的沟通渠道，以及较高的组织协调能力和信息交换效率。

由于创新和创业行为的不确定特征，实行公司创业战略的组织不能仅仅依靠数量有限的几个创业项目。公司组织必须建立一种能够激发更多新创意的机制。Russell & Russell 认为，一个相对分权的结构更有利于新创意的产生和新创事业的发展。在集权的结构下，关于创业的建议或创意是为了获得批准和资源支持，必须经过一个很长的命令链条。在组织内部确认的过程中，许多有前景的创新或创业项目很可能被否决，或者是得不到实际的资源支持。而在分权的结构下，中层经理人员对资源会拥有更多的自主权和控制权，这使他们能够发起或尝试更多的新创意，从而最终促进公司新业务的开拓和发展。分权体现为组织成员参与内部决策制定的程度，参与决策制定的程度越高，对公司创业战略的促进作用也就越大。

另外，和官僚行政组织相比，有机型结构的管理层级一般都较少，管理的跨度较宽，使组织提高了对创业过程中不确定性问题的反应速度，也有利于组织根据外部环境的变化进行创业战略决策的快速调整。同时，有机型结构有利于组织内部相互协调和信息交换。非程式化的结构更有助于创业团队的成员就必要的技能和信息进行充分的交流。

官僚体制结构阻碍公司创业战略实施的一个例证就是施乐公司。施乐曾经是IT业创业精神的代表，计算机领域中许多具有革命性的技术——包括鼠标、图形用户界面、以太网等，都是由施乐开创的。然而，施乐庞大的官僚体制使得公司内部流程繁杂，决策缓慢，不能迅速地为先进技术的商业化提供资源，从而阻碍了创业活动的开展。最终，施乐没有能够及时跟上办公设备数字化趋势，从而输给了竞争对手[①]。

总体来说，有机型结构有利于公司从事创业活动，并实施创业战略，因为这种结构类型使组织的决策制定者能够意识到变革的压力，并能够为此进行必要的专业人员、资源和协作框架的安排。20世纪90年代以后，随着全球化竞争的加剧，特别是以计算机和网络技术为代表的现代信息技术的广泛应用，对公司的组织结构和管理沟通效率产生了巨大的影响。越来越多的公司不断地改变组织结构的形式，使组织变得更加扁平化，更具有机性。因此，有机型结构维度对公司创业战略具有正向的影响。

（2）差异化

差异化（differentiation）是指一个公司的产品或服务所对应的不同市场、生产技术和程序的差异程度。不同的产品线、生产技术和市场发展策略共同存在，有利于为新创项目提供相关的信息和技术资源。创新和创业过程的复杂性，要求投入的资源和相关信息丰富多样，而这只有差异化的组织才能做到。

---

① 参见凌风儿．大公司衰败的六大病理．数字财富，2002，8：27。

另外,差异化也导致了在特定产品和技术,以及市场领域专业化程度的提高。由此,相关领域的专业人员有机会研究本行业发展的新趋势,并结合公司的战略目标进行相关性和可行性评估,最终提出新的解决方案,或者是开发新项目。

Kanter认为,差异化对公司创业战略的影响作用还表现在它加强了组织部门的任务与公司总体目标之间的密切程度和一致性。差异化形成了一种对专业化的认可,由此,组织成员可以增强他们完成部门任务和实现公司目标的信心。差异化有利于组织成员为新创业务的开展作出贡献。

然而,随着差异化程度的提高,组织内部创业信息的沟通与部门间的协调需要不断地加强。在创新和新业务开拓的过程中,不同的创新项目,不同的业务部门需要在研究开发、生产流程、市场拓展和资金调配等方面进行深度的协调和沟通。因此,差异化需要战略目标的统一,部门之间的承诺,以及组织内部的协同(synergy)。因此,内部组织要素的差异化维度对公司创业战略具有正向的影响。

(3) 环境审视

环境审视(scanning)是一种信息搜集和处理的过程。环境审视反映了一个组织确认与外部环境和竞争相关信息的能力。Zahra认为,环境审视有助于及时地获得关于行业发展趋势和变化的相关数据,从而形成一种知识的积累,对公司的产品与技术创新和新业务开拓具有促进作用。

同时,环境审视也是了解竞争对手信息的一个有效途径,并时刻提醒公司的决策者外部威胁与机会的存在。对外部环境的审视可以使公司管理层意识到自己产品线的缺陷,以及竞争对手产品线的优势所在。通过环境审视还可以帮助公司分析客户需求的变化,以及购买模式的发展趋势。因此,环境审视有助于公司适时地进行新产品或新技术的创新,进行新业务的开拓,以至于战略更新,有利于创业战略的实行。因此,环境审视维度对公司创业战略具有正向的影响。

(4) 组织支持

组织支持(organizational support)表现为公司高级管理层对创业行为的一系列鼓励与承诺的举措。公司的管理层不但要把公司创业战略的目标清楚地展示给所有的组织成员,而且还要采取相应的行动来鼓励创业,这包括创新支持机制和激励机制,以及在公司内部系统和流程方面将创新和新业务开拓等活动制度化。Stevenson和Jarillo认为,对于内部创业者的信任和创业技能的培训对公司创业战略的实施具有重要的意义。

组织支持还表现在创业所需资源的可获得性方面。创新和创业活动需要大量资金投入和人才投入。例如,新产品开发就需要在技术研发、市场检验和产品性能与质量的提高等方面进行大量的投入。在传统的管理体制下,计划制度、预算系统、成本控制系统等正规的流程和规章在很大程度上对创业所需要的资源产生了很大的限制作用,因此,公司高层对创业行为的资源承诺极为重要。

专栏

内部创业：3M 公司

3M 公司全称 Minnesota Mining and Manufacturing（明尼苏达矿务及制造业公司），创建于 1902 年，总部设在美国明尼苏达州的圣保罗市，是世界著名的产品多元化跨国企业。

3M 公司素以勇于创新、产品繁多著称于世，在其百多年历史中开发了 6 万多种高品质产品。百年来，3M 的产品已深入人们的生活，从家庭用品到医疗用品，从运输、建筑到商业、教育和电子、通信等各个领域，极大地改变了人们的生活和工作方式。在现代社会中，世界上有 50% 的人每天直接或间接地接触到 3M 公司的产品。

事实上，这都是 3M 公司独特的内部创业制度下的产物。

新产品不是自然诞生的。3M 公司的创新秘诀之一就是努力创造一个有助于创新的内部环境，它不但包括硬性的研发投入，如公司通常要投资约 7% 的年销售额用于产品研究和开发，这相当于一般公司的二倍，更重要的是建立有利于创新的企业文化。

3M 允许技术人员利用 15% 的上班时间从事自己的专案研究，以实现自己的创意，这一"15%规则"让任何一位员工都不用担心自己的研究没有用武之地。"Post it"就是一个典型，它是 3M 的工程师亚瑟·佛莱（Art Fry），在内部创业制度下，经过十二年的功夫所研究发明的成果。

3M 公司还营造了一种容忍失败的工作环境。在该公司里，不论你提出何种想法，哪怕是一个馊主意，都不会遭到其他人的讥讽。3M 认为不成功并不代表失败，在它所进行的新产品科研中，常常有逾半数的计划不成功。对 3M 的员工而言，失败并不可怕，只要你不是毫无建树。只有毫无建树的员工才会遭到解聘。

对于想创业的员工，3M 鼓励他们在公司内部创业，变成内部创业家。想借研究发明而自立门户的人，固然可能大展宏图，但也可能一败涂地——万一失败了就没有人再支援他了。所以 3M 内部创业制度，留住了许多出色的发明人才。

资料来源：《锐意创新的 3M 公司》，见 http://elab.icxo.com/htmlnews/2003/05/30/807258.html；《内部创业——3M 公司独特的制度》，见 http://www.58616.cn/315.cn_zfw/44.html。

另外，公司创业战略的形成是建立在组织成员的共同信念和理解的基础上的，创业的文化是保持和发扬创业精神的重要保证。在现有公司中，许多创业尝试失败的重要原因之一，就是来自组织内部对变革的抵制。创新和创业活动往往被看作是和组织现有利益与资源的构成具有矛盾冲突的。因此，公司创业战略需要一种组织成员接受变革并支持创新的组织氛围。与正规的组织程序一样，非正式的行为规范和共享的创业理念对创业战略的实施具有重要的促进作用。特定的文化氛围不仅可

以鼓励创业活动，而且还为创业的失败营造了一个宽容的空间。创业最需要的是从失败中学到东西，组织成员应该以"平常心"来看待失败。

综上所述，我们认为组织支持是公司创业战略成功的一个重要保证，所以组织支持维度对公司创业战略具有正向的影响。

（5）内部沟通

公开的沟通（communication），作为一种信息共享的方式，是促进公司内部创新和创业活动开展的重要因素之一。内部沟通可以分为纵向沟通和横向沟通，纵向沟通大都是在组织的上下级之间进行信息的传递，而横向沟通则是在同一层级之间，或是不同的组织部门之间进行的信息交流。此外，内部沟通还可以分为正式沟通和非正式沟通，正式沟通是通过正常的组织渠道进行信息的交换，而非正式沟通则是不受正规组织渠道约束的信息交换方式，是正式沟通的一种补充。Peters 和 Waterman 认为，内部沟通的质量高低和数量多少决定着沟通的效率与效果，这对于公司创业战略的顺利实施具有重要影响。

内部沟通有助于创新理念的引入和传播，能够使公司的员工了解更多的关于技术和技能方面的知识。内部沟通也有助于使组织成员认识到内部环境的威胁和挑战，加强对公司创业战略的目标和内容的理解与支持。Kanter 认为，有效的沟通可以促进跨部门，甚至跨领域的协作。在产品创新与技术创新，以及新业务开创的过程中，可能会在资金、技术和行政管理等方面遇到许多复杂的问题，而这些问题的解决可能需要跨越部门，甚至是行业的界限，而内部沟通则为这种协作起到了桥梁的作用。因此，在组织设计中内部沟通是促进公司创业战略顺利实施的一个重要影响因素。

4. 公司创业战略与组织绩效

公司创业战略对组织绩效具有正向影响的理论假设已经被大多数学者所接受。Schollhammer 认为，创业战略是一个公司"获得竞争优势，从而取得更丰厚财务回报的关键"。同时，Cornwall 和 Perlman 也指出，实施创业战略的公司都对提高经营绩效实现企业成长持有充分的信心。

那些典型的进行创业战略实践的公司，在引入新技术和开发新产品方面都处于领先地位，因此，它们通常可以获得较高的组织绩效。采取超前行动的公司能够定义更多的细分市场，实施相对较高的价格策略，通过分销渠道的影响来控制市场的进入，甚至可以以其产品和技术建立行业的标准。这些举措可以帮助领先者获得较高的市场份额，并攫取高额的利润。特别是在复杂性和动态性较强的环境条件下，领先者通常有能力去修改竞争规则，重新界定行业标准，并可以对潜在的竞争者形成有效的阻吓，从而提升其自身的竞争优势。

专栏

新浪在房地产信息领域的开拓

2009年11月19日，中国房产信息集团（CRIC）在纳斯达克上市，此次 IPO 共计募集资金约 2.16 亿美元。CRIC 是易居（中国）和新浪的合资公司，由原易居（中国）子公司克而瑞和新浪乐居组成。此次 CRIC 上市发行新股约占其大后总股本的 13%，上市后 CRIC 的总股本约为 1.4 亿股。按照上市当天收盘价计算，CRIC 市场价值已超过 20 亿美元，超过了新浪总市值。

CRIC 是新浪和易居（中国）共同打造的中国领先的房地产网络和信息平台，其业务同时覆盖房地产信息及咨询服务、互联网房地产业务，并在多个领域均排名行业首位。相比传统的房地产信息服务企业，CRIC 独特的商业模式是其他公司所不具备的。新浪和易居（中国）的这次合作可谓强强联合。克而瑞拥有中国最大、最先进的房地产数据库，以数据库为基础的信息咨询服务覆盖了全国 56 个城市。而新浪乐居则拥有全国的网民数量、巨大的网络流量、丰富的网络运营经验以及国内最大的房地产网络广告市场。CRIC 的商业模式则是在整合克而瑞和新浪资源的前提下，以权威的数据库为基础提供的全面房地产信息和咨询服务，客户为房地产公司、政府部门和专业机构。新浪与易居（中国）的结合显然给 CRIC 带来强大的协同效应，专业第三方调研机构弗若斯特沙利文公布的调查数据显示，截至 2008 年年底，在包括数据服务、数据分析的国内房地产信息服务市场的销售收入中，CRIC 占据了约 40.8% 的市场份额，遥遥领先第二名近 30 个百分点。通过整合上市，CRIC 在国内房地产信息服务市场、房地产咨询顾问服务市场、房地产网络广告市场、房地产研究团队规模及覆盖领域上均排名第一，成为国内最大的、拥有整合线上线下平台的专业房地产信息服务平台。

CRIC 被认为是新浪公司创业的一次成功尝试。实际上，曹国伟在 2009 年 9 月末宣布新浪管理层收购的时候就透露"要对垂直领域商业模式探索做些有益的尝试"。曹国伟认为，在垂直领域里面其实蕴含着大量的商机，建立公司在细分市场的核心竞争力，并做大做强，这也是新浪未来长远战略的重要组成部分。"在未来如果有合适的时机，有合适的合作伙伴，有合适模式的话，我们还会进一步在垂直领域尝试新的模式。我们还要勇敢地去尝试多元化的商业模式，开拓更多新的多元化的收入来源。"

按照曹国伟的规划，新浪将通过结合资本运作和垂直整合的公司创业模式，逐步布局形成一个上市公司旗下同时拥有多家上市公司的网络媒体帝国。

资料来源：（1）笔者访谈；（2）中国首支地产科技概念股 CRIC16 日登陆纳斯达克 [EB/OL]. 新浪科技，2009-11-19。

然而，虽然对于公司创业战略与组织绩效关系的理论假设得到了较为一致的认同，但其假设的实证研究还需要进一步加强。Zahra 的研究发现，公司创业战略对销售利润率具有正向的影响，而且具有显著性。Covin 和 Slevin 报告了公司创业战略态势与组织绩效之间的简单相关，$r=0.39$。近些年来，大部分实证研究的结果也支持这一假设，组织盈利能力的提高和持续的增长是实施公司创业战略的结果。Zahra 的研究结果显示，公司创业战略对组织盈利能力和增长具有显著影响。Antoncic 和 Hisrich 报告了内部创业战略对组织绩效具有很强的正向作用，内部创业战略对盈利性和增长的路径系数分别为 0.30 和 0.52。

当然，并非所有的结果都支持上述理论假设。Fast 认为，公司创业行为和战略本身具有一定的冒险性，并且会对公司的短期财务绩效造成冲击。Zahra 也指出，公司创业战略对组织绩效（包括盈利能力和增长）的影响具有滞后性，这种关系是随着时间的推移而持续作用的，因此，从长期的角度看这种影响的效果更显著。

较早的研究也发现，一个公司的研究开发投入对组织盈利能力的促进作用的显效期为 4~6 年。由于研究开发投入被广泛地认为是新产品开发、技术创新，以及生产工艺改进的主要来源，这就要求用长期的眼光来评价公司创业行为和战略对组织绩效的潜在影响。当然，在关于公司创业战略与组织绩效关系假设的时间跨度（time horizon）问题上，还存在着许多争论。时间与组织绩效的关系受到了许多复杂因素的影响，其中包括市场结构，创新和新业务开创所具备的竞争优势，以及资源的配置等。

总之，根据公司创业理论，支持公司创业战略对组织绩效具有正向影响假设的理由至少有两条。第一，创新和创业是一个公司竞争优势的源泉。持续的创新可以使公司在产品、技术和市场等方面全面超过竞争对手，从而取得稳定的增长和财务回报。第二，实施创业战略的公司往往具有一种先动优势，领先于竞争对手的快速市场反应是提高市场份额和销售额的重要前提。所以，公司创业战略对组织盈利性和增长具有正向的影响。

 专栏

从支付宝到蚂蚁金服

2003 年，阿里巴巴已凭借 B2B 业务在中国互联网行业崭露头角。但此时，全球最大电子商务网站 eBay 通过对易趣公司的并购，高调进入中国市场，这让马云开始思考该如何为接下来的竞争局势重新布局。不久，C2C 网站（即后来耳熟能详的"淘宝"）顺势成立，阿里巴巴与 eBay 的中国电子商务市场份额之争全面打响。谁也没有料到，另一个附属的、但日后却演变成为中国科技金融领域独角兽的产品——支付宝，在这场"被动"的战役中诞生了。最早，支付宝只是淘宝网为了解决用户交易时的信任问题而推出的担保交易流程。它源起于马云 2004 年的一次达沃斯之行，峰会现场所有人都在谈论企业的社会责任，这带给马云很大的触动，他联想到淘宝网建立近一年以来一直得不到发展,正是因为缺少人与人之间的信任;于是,在马云的推动下,支付宝项目迅速启动。果然,支付宝建立起的信任机制不仅解决了淘宝买家和卖家之间的一大心结,更促进了中国电子商务的发展。——"这是阿里巴巴所做的最重要的决定之一",马云2016年的一次公开演讲中说道。

不同于作为买卖双方间的支付工具的PayPal,支付宝被寄希望于打造成一种类似第三方的金融和信用担保服务平台。马云让陆兆禧(时任阿里巴巴B2B业务广东大区负责人)担任支付宝首任负责人。自支付宝诞生那日,马云就坚信,随着支付宝规模的扩大和直接支付服务的普及,终有一日它将成为中国最大的网上银行。2004年9月,陆兆禧上任的第一件事就是和蔡崇信、程英等组成支付宝筹备小组,着手支付宝结算部门、设立公司独立运营的事宜。后来的事实证明了马云超前的战略眼光和异常敏锐的直觉,尽管当时马云对于金融领域几乎一窍不通。

随着交易量的不断上升,当时与支付宝合作的工商银行杭州西湖支行逐渐无力承受巨大的交易结算压力。当时,很多淘宝卖家没有工商银行账户,买家只能先打款到支付宝在工行的对公账户,再通过人民银行转接进行跨行转账;这一过程需要"落地处理",即将转账凭证打印出来在手动输入人民银行系统,再通过该系统转发到其他银行。指数级增长的交易量带来的工作量可见一斑。但事实上,作为一家互联网企业,淘宝的单据本身就是电子信息,按照既定的流程却不得不打印出来进行如上复杂的操作。为了解决上述问题,支付宝的虚拟账户体系诞生了——用户每次支付,钱都先存放在这个虚拟账户中,这个体系能像个蓄水池一样缓冲银行转账的压力;同时,支付宝和工商银行只需要约定一个接口,将数据加密并标记签名,交易流程就能"不落地"。虚拟账户的意义不仅在于支付便捷性的提升,更为支付宝积累了宝贵的用户消费和信用数据,为日后蚂蚁金服风控和数据运营业务的开展埋下伏笔。2004年12月,伴随着虚拟账户体系的建成,网站和会员体系的一应俱全,浙江支付宝网络科技有限公司终于正式成立,支付宝也开始了它的独立成长之旅。

2007—2009年,是支付宝历史上著名的"出淘"期,支付宝开始快速拓展淘宝以外的应用场景和合作对象,这也正是马云最初将支付宝从淘宝独立出来的初衷所在。一开始,创立不到3年的支付宝在北京、上海、深圳三地都没有办公室,员工们如同"出征"一般被派往各地开疆拓土,条件异常艰苦,但所有人都士气高涨,这是第一次真正的"主动出击"。支付宝公司上下以快速的行动力和外部商户进行接洽、相互了解并达成合作,甚至连像京东这样的和淘宝有竞争关系的公司也选择接入。"出淘"行动能够在很短的时间内就获得长足的发展,得益于从老阿里传承下来的文化和一脉相承的价值观——"客户第一""团队协作""拥抱变化"。

之后,随着快捷支付和余额宝等功能的推出,支付宝所承载的已不仅是第三方支付的功能,它完成了成为一家金融服务机构的华丽转型。2013年,阿里巴巴集团宣布以支付宝为主体筹建小微金融服务集团,由彭蕾出任CEO;2014年11月,该公司正式命名为"蚂蚁金融服务集团"。"蚂蚁",虽然只承载着微小的梦想,但众志成城就能释放惊人的力量；简单二字蕴含着这家公司的信仰，集点滴之信任，从小微做起，铸就中国未来的普惠金融帝国。

参考资料：由曦. 蚂蚁金服—科技金融独角兽的崛起［M］. 北京：中信出版社，2017。

11.4.5 公司创业战略综合模型的实证检验

清华大学中国创业研究中心通过对我国部分工业企业的问卷调研，进行了公司创业战略综合模型的实证检验。检验的结果表明，在模型的概念层面，外部环境要素和内部组织要素对公司创业战略具有正向的影响关系，公司创业战略对组织绩效具有正向影响。从模型维度层面的假设关系来看，一部分是前提（维度）变量与公司创业战略之间的因果关系，另一部分是公司创业战略和结果（维度）变量之间的因果关系。

1. 外部环境要素的维度变量与公司创业战略的假设关系

外部环境的敌对性和复杂性维度与公司创业战略之间的标准化系数为正，这表明，实证检验结果支持外部环境的敌对性和复杂性对公司创业战略具有正向的影响的假设。

外部环境的动态性维度与公司创业战略之间的标准化系数为负，其值为－0.09，p 值小于 0.11，显著性不强，很明显，这个结果并不支持外部环境的动态性维度对公司创业战略具有正向影响的假设。Fombrun 和 Ginsberg 认为，公司战略形成的首要任务是尽可能地减少或吸收外部环境不确定性的影响。虽然动荡的环境促使公司采取更加大胆和冒险的行动，但是，过于动荡和不确定的环境可能也会阻止公司采取具有创新和冒险性质的战略行为。他们认为，适度水平（intermediate level）的环境动荡对公司创业行为和战略具有正向的影响，过低或者过高水平的环境动荡对公司创业行为和战略都具有负向的影响。

同时，在不同时期和不同的发展阶段，外部环境要素对公司创业战略的作用也不同。今后，应从发展过程的研究视角，对外部环境动态性和公司创业战略的关系进行更深入的探讨。

2. 内部组织要素的维度变量与公司创业战略的假设关系

内部组织要素的组织类型维度与公司创业战略之间的标准化系数为正，表明有机型的组织结构对公司创业战略具有正向的影响。

中国企业家联合会在第十届国家级公司管理创新成果评述中指出，为了适应市场化经营的需要，许多公司改变了原有的金字塔式的直线职能管理结构。例如，春兰集团公司实施了矩阵式结构管理，而中国南方机车集团公司实行了以产权为纽带的母子公司管理体制。中国的大中型公司组织结构正在从集权的机械型结构向分权的有机型结构转变（田立东，李启华，2004）。甚至，有的省市政府还以政策性引导的方式，要求企业认识并逐渐建立学习型组织，力求使组织结构精简和扁平化，以增强适应性，提高竞争能力。

然而，值得注意的是，实证检验的结果虽然表明我国公司的组织结构是有机型的，但是其特征并不是很明显。而且，在国有及国有控股公司样本组中，其组织结构依然具有机械结构的特征，表现为责权关系的刚性、严格的程序和集权等特征。尽管如此，国有公司的组织结构对创业战略仍然具有显著的正向影响。埃森哲公司在对近百名中国公司的高层管理者进行关于创业精神的调查中发现，大部分被调研者认为，公司的官僚结构对发扬创业精神的阻碍作用比较小。不过，公司的规模与组织结构之间的关系显得比较紧密。在小企业中，只有41%的管理人员认为官僚结构对公司创业形成阻碍，而在员工人数超过2 000人的大公司中，则有85%的管理人员持有这种观点。

内部组织要素的差异化、环境审视、组织支持维度与公司创业战略之间的标准化系数均为正，从而，产品、技术和市场的差异化对公司创业战略具有正向影响的假设成立，环境审视维度对公司创业战略具有正向影响的假设也成立，同时，公司最高管理层对创业行为的鼓励与承诺措施对公司创业战略具有正向的影响。

内部组织要素的内部沟通维度与公司创业战略之间的标准化系数为负，这表明实证检验结果不支持这一假设。按照公司的性质划分进行多组路径分析的结果显示，非国有及国有控股公司样本组的内部沟通维度对公司创业战略具有正向的影响；而国有公司样本组的检验结果则不支持假设。

从上文的分析结果可知，国有及国有控股公司的组织类型依然具有机械型结构的特征。Kao认为，在机械型组织中，金字塔式的组织层级使内部沟通变得非常困难。相对扁平化的组织层级结构是有利于内部沟通的，而较长的、复杂的命令链则会使内部沟通变得脆弱和困难。

在国有及国有控股公司样本组中，内部沟通维度的均值为4.30，超过了4.00的标准，表明在沟通的质量和数量上还是相对较好的，这与国有公司机械型组织结构的特征有些不符。从全样本的参数检验结果来看，内部沟通维度的全样本均值为4.61，组织类型维度的全样本均值为4.19，内部沟通的效果与组织结构的有机型特征相吻合，然而，内部沟通维度对公司创业战略仍然是具有负向的影响。显然，这说明影响内部沟通维度与公司创业战略之间关系的因素可能会比较复杂，这需要今后对该问题进行更深入的研究。

总体来讲，公司创业战略的方差比率为0.65，表明外部环境要素和内部组织要素对公司创业战略具有较强的解释能力。在这些预测（维度）变量中，内部组织要素的差异化维度、环境审视维度和组织支持维度对公司创业战略的影响作用最为突出，而外部环境要素的敌对性维度对公司创业战略的影响最明显，特别是在非国有公司样本组和高科技公司样本组中,外部环境对公司创业战略的影响程度更高。

3. 公司创业战略与组织绩效维度的假设关系

公司创业战略与组织绩效的盈利性和增长维度之间的标准化系数均为正,具有显著性,因此,公司创业战略对组织的财务绩效和增长具有正向的作用。

4. 模型的全维度假设关系检验

表 11-3 显示的是公司创业战略全维度模型的直接效应和间接效应的标准化系数。首先,分析外部环境要素维度和公司创业战略维度的直接效应,以及与组织绩效维度的间接效应。敌对性维度与公司创业战略的四个维度之间的标准化系数均为正,除了与新业务开创维度之间的关系不具有显著性以外,与其余三个维度的关系都具有显著性。敌对性维度对组织绩效的盈利性和增长两个维度的间接效应均为正,但都不显著。

表 11-3 公司创业战略全维度模型的直接效应与间接效应标准化系数

	创新性	超前行动	风险承担	新业务开创	盈利性	增长
外部环境要素						
敌对性	0.18[a]	0.13[a]	0.34[a]	0.03	*0.06*	*0.03*
动态性	0.02	−0.17[a]	−0.02	−0.08	*−0.03*	*−0.04*
复杂性	0.10[a]	0.14[a]	−0.03	0.17[a]	*0.06*	*0.04*
内部组织要素						
组织类型	−0.08	0.05	0.22[a]	0.18[a]	*0.02*	*−0.02*
差异化	0.47[a]	0.34[a]	0.22[a]	0.37[a]	*0.17*	*0.10*
环境审视	0.25[a]	0.26[a]	0.19[a]	0.32[a]	*0.11*	*0.06*
组织支持	−0.11[a]	0.26[a]	0.22[a]	0.21[a]	*0.05*	*0.03*
内部沟通	−0.03	−0.06	−0.13[a]	−0.03	*−0.02*	*−0.01*
公司创业战略						
创新性					0.16[a]	0.11
超前行动					0.15[a]	0.26[a]
风险承担					0.01	−0.07
新业务开创					0.11	−0.07
R^2	0.34	0.32	0.31	0.35	0.09	0.17

[a] 表示标准化系数的显著性检验 $p<0.01$;斜体字表示间接效应的标准化系数。

外部盈利环境的动态性维度与创新性维度之间的标准化系数为正,但不显著,与公司创业战略的其他三个维度的关系均为负,且与超前行动维度之间的标准化系数具有显著性。动态性维度对组织绩效的两个维度的间接效应均为负，但是并不显著。复杂性维度与风险承担维度的标准化系数为负，不显著，而与公司创业战略的其他三个维度的关系均为正，且显著。该维度对组织绩效的两个维度的间接效应为正，但不显著。总体上讲，外部环境的敌对性维度和复杂性维度对公司创业战略的大部分维度具有显著的正向影响。

内部组织要素的组织类型维度与公司创业战略的风险承担和新业务开创维度之间的标准化系数为正，而且具有显著性，但是，与创新性维度之间的关系为负，不显著。该维度与组织绩效的盈利性维度之间的间接关系为正，而与增长维度的间接关系为负。差异化维度和环境审视维度与公司创业战略的所有维度都具有正向关系，而且标准化系数均很显著。差异化维度与组织绩效的盈利性和增长维度之间的标准化系数分别为 0.17 和 0.11，环境审视维度与盈利性维度之间的标准化系数也达到了 0.11，这表明间接效应较强。组织支持维度虽然与公司创业战略的所有维度的标系数都很显著，但是与创新性维度却具有负向的关系。另外，内部沟通维度与公司创业战略的所有维度均为负向关系，而且与风险承担维度的标准化系数具有显著性。该维度与组织绩效的两个维度之间的间接效应均为负。

整体来看，内部组织要素的差异化维度和环境审视维度对公司创业战略具有显著的正向影响，其次是组织支持维度和组织类型维度，而内部沟通维度与公司创业战略的维度关系的检验没有通过。

从公司创业战略的 4 个维度与组织绩效的 2 个维度之间的直接效应来看，公司创业战略的所有维度与盈利性维度的关系均为正，而且超前行动和创新性维度与盈利性维度的标准化系数都很显著。创新性和超前行动维度与增长维度之间的关系为正，而且超前行动维度与增长维度的标准化系数达到了 0.26，具有显著性。然而，风险承担和新业务开创维度与增长维度之间的关系却为负，但是都不显著。

综上所述，公司创业战略模型在维度层面的大部分假设关系均得到了样本数据的支持，从而也验证了外部环境要素和内部组织要素对公司创业战略的预测作用，以及公司创业战略对组织绩效的正向影响。公司创业战略的综合模型是有效的，具有较强的稳定性，而公司创业战略概念的理论有效性（nomological validity）也得到了检验。

11.5 公司内部创业的流程、组织和机制[①]

随着我国"大众创业、万众创新"政策的深入推进，国内越来越多的企业对内部的创新和创业给予了高度的关注。不少大企业专门设立了企业内部的中央研究院或创新中心等，开展内部的创新创业。但是根据笔者的调研，一些企业在开展"双

---

① 本章节研究写作得到张帏指导的 MBA 毕业生王娇同学的大力支持，在此表示感谢！

创"的过程中不得要领,存在不少问题,主要表现在以下4个方面:

(1) 缺乏整体的战略;
(2) 缺乏清晰、合理的流程;
(3) 缺乏不同阶段相应合适的组织形式;
(4) 缺乏合理的机制。

上述4方面是紧密联系的,共同构成公司内部创业的过程管理,最终影响了其效果。

关于成熟企业的公司创业战略,本章前面几节已有阐述,下面着重就其他三方面进行探讨。

11.5.1 公司内部创业的流程和组织

大企业内部的创新创业主要包括创意、研发、产品化到商业化这几个不同的发展阶段。在不同发展阶段需要有不同的组织形式,见图11-8。

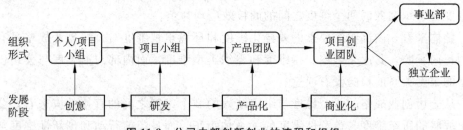

图11-8 公司内部创新创业的流程和组织

(1) 创意阶段主要采取个人或项目小组的方式;
(2) 研发阶段主要采取项目小组的方式;
(3) 产品化阶段主要采取产品团队的方式;
(4) 商业化阶段可以采取事业部方式,也可以采取分拆独立发展(包括考虑再引入战略投资者和创业投资),也可以先内部进一步推动,配备市场人员,根据后续的市场表现再决定是否成立事业部,或直接独立发展,或者并入现有的业务部门。

11.5.2 公司内部创业的机制

企业开展内部创业的机制,主要包括筛选、考核和激励机制等。

1. 筛选机制

在大企业开展内部创新创业的过程中,在不同的阶段都需要有不同的筛选机制。越是早期阶段,项目本身越有探索性,同时项目涉及的人员和投入相对少,因此,筛选机制应当更加灵活和开放。在不同阶段,企业应当设立不同的专门机构(可以是非常设的)来进行定期和不定期的项目筛选,如研发立项评审委员会、产品立项评审委员会、项目创业团队立项评审委员会。

其中，最难操作的是项目产品化后开始商业化运作阶段，如何进行筛选。这里，我们总结提出商业化项目遴选评估的原则：

（1）研发成果是否具备通用性（共性），是否有市场潜力。

如果符合上述条件，企业应当投入重兵进行开拓。

（2）与公司现有核心业务之间的关系：

A. 不相关。项目可以考虑直接分拆，独立发展。

B. 互补。项目可以考虑直接并入现有的相关部门；也可以考虑成立独立的事业部。

C. 替代。如果产品方向代表行业的未来方向，可以考虑单独成立事业部；如果企业一时难以判断，项目可以考虑先成立独立的事业部，也可以考虑分拆独立发展。

2. 考核机制

在公司内部孵化的创业项目，因为没有自主创业的生存压力，往往会纠结于技术细节，把紧急的事情优先排在重要的事情之前，导致错失商机。因此，企业内部项目孵化必须设置合理的考核制度，以保证内部创业团队在正确的时间用正确的方式做正确的事。

3. 激励机制

新创企业创业团队的战斗力一方面来自生存压力，迫使他们能不断调整、挑战自我。另一方面来自创业成功后丰厚回报的激励。同样，提高大公司内部创业团队的战斗力除了来自考核制度的压力，也需要有明晰的回报激励。

但是许多大公司对内部创新创业团队的激励制度相对模糊，对绝大多数团队成员来说还停留在"打工"激励层面上，这种"双创"是很难取得大成功的。

 专栏

搜狗发展过程中的激励机制

2003年，王小川从清华大学计算机系硕士毕业，正式加入搜狐公司。搜狐的创始人、董事长张朝阳找到他，提出做搜索引擎的想法。为此，王小川组建了一支12人的大学生兼职团队，进行搜索引擎的开发。2004年8月，"搜狗搜索"正式上线。2006年，搜狗推出利用搜索引擎技术开发的输入法——搜狗输入法。2010年8月，搜狗引入外部投资者，从搜狐公司分拆出来，独立发展。2013年9月，腾讯向搜狗注资4.48亿美元，并将搜搜和QQ输入法业务与搜狗现有业务进行合并。2017年11月9日，搜狗在纽约证券交易所正式挂牌上市，上市当天收盘时的市值达到50.96亿美元。

尽管搜狗在搜狐公司内部发展过程中遇到不少坎坷甚至差点失败，但总体上来说，搜狗项目在项目孵化、商业化和分拆独立过程中，每个阶段都有明确的激励制度。

搜狗项目孵化期，搜狐公司原本给项目小组配备了6个技术岗位指标，被王小川换成了12个兼职岗位。为了保证兼职团队的工作时间，除了正常的兼职工资外，项目组每天提供两顿盒饭，有效提高兼职人员的出勤率和工作绩效。在后来，团队有了正式的队伍，搜狐公司对项目小组的薪水、待遇以及股票都比其他部门高，保证创业团队的士气和战斗力。

搜狗项目在商业化阶段，恰逢竞争对手百度上市，股票高涨，员工薪资也相应提高。搜狗团队本着一流的产品对应一流的员工待遇，以百度为对标企业，从薪资待遇上激励员工。

搜狗分拆独立时，团队核心领导人王小川用自己所拥有的搜狐股票换到搜狗15%股份，并分配给搜狐高管（5%）以获得总部支持、王小川本人（5%）作为个人激励、搜狗高管（5%）作为内部支持。若搜狗独立后创业成功上市了，大家都会有丰厚的回报；若不成功，王小川将一无所有。2010年8月，搜狗引入外部投资者实现分拆独立，独立后的搜狗股权分配如图11-9所示。

股东	投资金额	占股	
阿里	1 500万美元	10.88%	
云峰基金	900万美元	5.12%	
张朝阳	2 400万美元	16%	
搜狐集团	前期投入	53%	
王小川	王小川所有的搜狐股票	5%	搜狐高管
	搜狗团队其他股权激励	5%	王小川本人
		5%	搜狗高管及团队

图11-9 2010年搜狗引入外部投资者分拆独立后的股权分配图

搜狗团队在不同发展阶段的激励机制，对于搜狗内部创业的长期持续发展具有重要意义。王小川为团队设立的激励机制高度调动了项目团队的积极性，极大程度地提高了团队战斗力、执行力、凝聚力和抗挫力。特别是王小川用个人的搜狐股份换取搜狗股份并均分给搜狐高管、搜狗团队及他本人，这对搜狗创业团队来说，也是一个极大的精神激励，有效提升了搜狗团队成员的敬业精神、技能发挥和对创业项目的主人翁责任感。

本章小结

本章首先介绍了成熟公司创业战略的概念。然后通过创业阶段模型的阐述，强调了新业务创建的各个阶段的内容及其特点。本章的第三节论述了公司创业的主要模式，包括项目小组、创业孵化器、公司风险等。最后从公司创业战略制定和实施的角度出发，探讨了外部环境要素和企业组织要素与公司创业战略的关系，从而对组织绩效的影响，并且介绍了公司创业战略综合模型及其实证检验。

复习与讨论题

1. 如何进行公司创业战略与业务层面战略之间有效的结合？
2. 在公司创业的过程中，如何处理新业务与原有业务的关系？
3. 在公司创业的过程中，内部创业者起到了什么作用？
4. 如何认识公司外部环境要素和组织要素与公司创业战略的关系？公司创业战略是否必定促进经营绩效的提高？

拓展阅读：KAI 公司创业过程

参考文献

1. Antoncic, B., & Hisrich, R. D. 2001. Intrapreneurship: construct refinement and cross-cultural validation. *Journal of Business Venturing*, 16: 495-527.

2. Block, Z., & MacMillan, I. C. 1993. Corporate venturing: creating new business within the firm. Boston, MA. Harvard Business School Press.

3. Bruyat, C., & Julien, P. A. 2001. Defining the field of research in entrepreneurship. *Journal of Business Venturing*, 16 (2): 165-182.

4. Burgelman, R. A. 1983. A process model of internal corporate venturing in the diversified major firm. *Administrative Science Quarterly*, 28 (2): 223-244.

5. Chaffee, E. E. 1985. Three models of strategy. *Academy of Management Review*, 11 (1): 89-98.

6. Chung, L. H., & Gibbons, P. T. 1997. Corporate entrepreneurship: the roles of ideology and social capital. *Group and Organization Management*, 22 (1): 11-30.

7. Cornwell, J. R., & Perlman, B. 1992. Organizational entrepreneurship. Homewood, IL: Irwin.

8. Covin, J. G., & Slevin, D. P. 1988. The influence of organization structure on the utility of an entrepreneurial top management style. *Journal of Management Studies*, 25 (3): 217-234.

9. Covin, J. G., & Slevin, D. P. 1989. Strategic management of small firms in hostile and benign environments. *Strategic Management Journal*, 11 (1): 75-87.

10. Dougherty, D., & Heller, T. 1994. The illegitimacy of successful product innovation in established firms. *Organization Science*, 5 (2): 200-218.

11. Drucker, P. F. 2001. The essential Drucker on Management. Big Apple Tuttle-Mori Agency, Inc.

12. Dunlap-Hinkler, Denise, Kotabe, Masaaki, & Mudambi, Ram. 2010. A story of breakthrough versus incremental innovation: corporate entrepreneurship in the global pharmaceutical industry. Strategic Entrepreneurship Journal, 4 (2), 106-127.

13. Farber, S. 1999. Corporate entrepreneurship within the small single business firm. Doc-

toral dissertation, Claremont Graduate University.

14. Fast, N. D. 1981. Pitfalls of corporate venturing. *Research Management*, 21-24.

15. Fombrun, C. J., & Ginsberg, A. 1990. Shifting gears: enabling change in corporate aggressiveness. *Strategic Management Journal*, 11: 297-308.

16. Gartner, W. B. 1985. A conceptual framework for describing the phenomenon of new venture creation. *Academy of Management Review*, 11 (4): 696-706.

17. Ioannou, I. 2014. When Do Spinouts Enhance Parent Firm Performance? Evidence from the U. S. Automobile Industry, 1890—1986. Organization Sciences, 25 (2) 529–551.

18. Kacperczyk, A. J. 2012. Opportunity structures in established firms: entrepreneurship versus intrapreneurship in mutual funds. Administrative Science Quarterly, 57 (3), 484-521.

19. Kanter, R. M. 1986. Supporting innovation and venture development in established companies. Journal of Business Venturing, 1 (1): 47-60.

20. Kanter, R. M. 1989. When giants learn to dance. New York: Simon and Schuster.

21. Kanter, R. M., Richardson, L., North, J., & Morgan, E. 1991. Engines of progress: designing and running entrepreneurial vehicles in established companies; the new venture progress at Eastman Kodak. *Journal of Business Venturing*, 6 (1): 63-82.

22. Kao, R. W. Y. 1997. *An entrepreneurial approach to corporate management*. New York: Prentice-Hall.

23. Miller, D. 1983. The Correlates of Entrepreneurship in Three Types of Forms. *Management Science*, 29 (7): 770-791.

24. Miller, D. 1988. Relating Porter's business strategies to environment and structure: analysis and performance implications. *Academy of Management Journal*, 31 (2): 280-308.

25. Miller, D., & Friesen, P. H. 1982. Innovation in conservative and entrepreneurial firms: Two models of strategic momentum. *Strategic Management Journal*, 3 (1): 1-25.

26. Mintzberg, H. 1973. Strategy making in three modes. *California Management Review*, 16 (2): 44-53.

27. Morris, M. H. 1998. *Entrepreneurial intensity*. Westport, CT.: Quorum Books.

28. Muzyka, D., De Koning, A., & Churchill, N. 1995. On transformation and adaptation: building the entrepreneurial corporation. *European Management Journal*, 13 (4): 346-362.

29. Peter, T. J., Waterman, R. H. 1982. In search of excellence. New York, NY: Harper & Row.

30. Russell. R. D., & Russell. C. J. 1992. An examination of the effects of organizational norms, organization structure and environmental uncertainty on entrepreneurial strategy. *Journal of Management*, 18 (4): 639-657.

31. Shane, S. 1999. Uncertainty avoidance and the preference for innovation championing roles. *Journal of International Business Studies*, 26 (1): 47-68.

32. Sharma, P., & Chrisman, J. J. Toward a reconciliation of the definitional issues in the field of corporate entrepreneurship. *Entrepreneurship Theory & Practice*, 23 (3): 11-27.

33. Slevin, D. P., & Covin, J. G. 1990. Juggling entrepreneurial style and organizational structure—how to get your act together. *Sloan Management Review*, 31 (2): 43-53.

34. Stevenson, H. H., & Gumpert, D. E. 1985. The heart of entrepreneurship. *Harvard Business Review*, 63 (2): 85-94.

35. Stevenson, H. H., & Jarillo, J. C. 1990. A paradigm of entrepreneurship: Entrepreneurial management. *Strategic Management Journal*, 11: 17-27.

36. Steyaert, C. 1998. A qualitative methodology for process studies of entrepreneurship. *International Studies of Management & Organization*, 27 (3): 13-33.

37. Stopford, J. M., & Baden-Fuller, C. W. F. 1994. Creating corporate entrepreneurship. *Strategic Management Journal*, 15 (7): 521-536.

38. Tan, J., & Litschert, R. J. 1994. Environment-strategy relationship and its performance implications: an empirical study of the Chinese electronics industry. *Strategic Management Journal*, 15 (1): 1-20.

39. Van de Ven, A. H. 1992. Suggestions for studying strategy process: a research note. *Strategic Management Journal*, 13 (special summer issue): 169-188.

40. Zahra, S. A. 1986. A canonical analysis of corporate entrepreneurship antecedents and impact on performance. *Proceedings of the National Academy of Management*, 46: 71-75.

41. Zahra, S. A. 1991. Predictors and financial outcomes of corporate entrepreneurship: An exploratory study. *Journal of Business Venturing*, 6 (4): 259-285.

42. Zahra, S. A. 1993. New product innovation in established companies: Associations with industry and strategy variables. *Entrepreneurship Theory & Practice*, 18 (2): 47-69.

43. Zahra, S. A., &Covin, J. G. 2015. Contextual influences on the corporate entrepreneurship—performance relationship: a longitudinal analysis. Entrepreneurship Research Journal, 10 (1): 43-58.

44. Zahra, S. A., & Garvis, D. 2000. International corporate entrepreneurship and firm performance: The moderating effect of international environmental hostility. *Journal of Business Venturing*, 15 (5/6): 469-492.

45. [美] 梅·巴格海等. 增长炼金术——企业启动和持续增长之秘诀 [M]. 奚博铨, 等译. 北京: 经济科学出版社, 1999.

46. [英] 托马斯·加拉文, 杰拉德·菲茨杰拉德, 迈克·莫利. 企业分析 [M]. 马春光, 等译. 上海: 生活·读书·新知三联出版社, 1997.

47. 埃森哲公司. 激发中国企业的创业精神 [J]. 中外管理导报, 2002, 5: 11-16.

48. 姜彦福, 张健, 雷家骕, 张帏. 公司创业战略的跨文化研究 [J]. 科学学研究, 2005 (3): 357-361.

49. 姜彦福, 张帏, 孙悦. 大企业参与风险投资的动因和机制探讨 [J]. 中国软科学, 2001 (1): 39-41.

50. 张帏, 陈耀刚. 大企业内部借鉴风险投资机制的探讨 [J]. 科技导报, 2000, 18 (09): 47-48.

51. 陈春花, 赵曙明, 赵海然. 领先之道 (修订版) [M]. 北京: 机械工业出版社, 2016.

52. 陈清泰, 蒋黔贵, 赵纯均. 中国式管理研究团队. //中国式企业管理科学基础研究总报告 [M]. 北京: 机械工业出版社, 2013.

本章案例

微信——腾讯公司的自我颠覆与超越

2016年，腾讯公司披露，微信和WeChat（海外版微信）合并月活跃用户数达到8.89亿，这一数字甚至超过了移动运营商巨头中国移动8.49亿的客户数。不论是朋友聚餐时的群AA付款、节庆假日的微信红包问候，还是点赞留言朋友圈的新社交模式以及阅读转发公众号文章的信息传播新渠道，微信的广泛应用意味着微信已不再是一款简单的互联网产品，更成为了承载一个时代记忆的新生活方式，这也标志着腾讯公司成功完成了从互联网时代到移动互联网时代的转型，在中国互联网第三次"圈地运动"中获得了阶段性胜利。

在中国互联网行业发展的近20年时间里，共发生过三次"圈地运动"，第三次便是2012年移动设备普及化后涌现的移动互联网时代，前两次则分别是1999年前后的新闻门户时代和2007年之后的应用平台时代。这三次"圈地运动"中，从QQ到微信，从端游到手游，凭借着在即时通信工具上获得的活跃用户和流量，依靠着游戏和优质IP带来的可观现金流，腾讯始终掌控着中国互联网领域的话语权，牢牢捍卫着自己的霸主地位。

然而，罗马非一日建成，腾讯企鹅帝国的建立更非一帆风顺。时间退回到2011年，第二次"圈地运动"的尾声，当QQ的同时在线用户数首次突破一亿、当腾讯召开以"平台互融，专业创新"为主题的全球战略管理大会之时，涌动的掌声与鲜花背后却暗藏着腾讯创立以来最严重的危机。"抄袭""封闭""垄断"成为业内外不断诟病、甚至声讨腾讯的字眼，来自外界的不满终于在"3Q"大战中爆发[①]；与此同时，互联网的移动时代悄然到来，新浪微博正虎视眈眈地"蚕食"着腾讯社交产品的市场份额。史无前例的舆论攻击和即成定局的竞争局势[②]让马化腾陷入前所未有的困惑和苦闷，腾讯和马化腾个人的转变都由此开

[①] 注释：2011年，面临来自QQ电脑管家日益白热化的竞争，奇虎360公司在网站和博客上推出一系列指责QQ窥探用户隐私的文章，引发强烈情感和道德共鸣，点燃了业内外人士对腾讯积累已久的不满。同年11月，360推出扣扣保镖，大规模截留QQ用户，腾讯作出QQ和360软件不兼容的决定，并发表了著名的《致广大QQ用户的一封信》。

[②] 注释：2009年新浪微博推出，时隔8个月后，腾讯微博才姗姗来迟，而此时，新浪微博用户数已达1亿。

始。在年底的周年庆典后马化腾发给公司全员的邮件《打开未来之门》中，"开放"首次成为腾讯管理层战略级的一致共识，腾讯进入为期半年的战略转型筹备期。也正是这封邮件让2005年因foxmail被腾讯收购而归于腾讯麾下，但却一直处于腾讯体系的边缘地带的张小龙看到了契机，张小龙通过邮件①向马化腾争取到了一个未来将改变腾讯乃至中国移动互联网历史的机会。

如今，张小龙"微信之父"的名号如雷贯耳，但是谁曾想，在2011年开始启动微信开发项目的时候，他所领导的还只是一个远离腾讯总部视野、远在广州研发中心的小团队，并且他们长期以来只专注邮箱研发，对社交产品毫无涉猎，规模不超过11人。当时腾讯面临着来自移动互联网的巨大冲击，在其内部，有数个小项目团队同时开展新项目研发，相互竞争力图找到创新突破口。甚至以"微信"为名立项的项目就有三个，分别由广州的QQ邮箱团队、无线事业群团队和QQ团队在做，但是他们互相不知道对方的研发进度，谁最先解决问题谁就胜出——内部"赛马"机制，这是腾讯一直以来的文化，让企业能够始终保持一种面临竞争的紧张感。"往往自己打自己，才会更努力，才会让公司不丢失一些大的战略机会。在互联网这个残酷的战场没有侥幸，没有永远的第一，只有及时作出反应，才能活下来，否则很快会被淘汰。与其被竞争对手颠覆，不如由公司内部团队颠覆"，2016年11月22日马化腾在参加清华大学全球管理论坛与清华经管学院院长钱颖一对话时如是说。

2011年下半年，移动互联网爆发的前夜，ios和android平台作为新平台还没有被开发者广泛关注，直至11月一款叫作kik messenger的应用发布。一直对互联网产品发展趋势极度敏感并追究极简主义的张小龙立马通过QQ邮箱的阅读空间了解到这一产品，他认为这种社交软件是移动互联网的大势所趋。11月，张小龙的类kiki项目即立项；不到70天，第一代研发完成，iPhone版首先发布。但与此同时，市场上的类kiki产品也比比皆是，米聊作为本土第一款模仿kiki的应用，推出时间也比微信早了整整一个月。

微信上线之初表现平平，仅仅只有"文字即时通讯、照片分享、更换用户头像"这三个主要功能，用户数据也起不来，来自腾讯内部的争议和质疑更从未停止，大家觉得这就是一个简单的QQ。而马化腾却坚信有11年历史的QQ根本无法在短期内兼顾PC端和移动端，也并不是这个时代最需要的手机IM形态，一款更适合手机使用场景的IM是需要的，不仅仅是用户需要，腾讯也需要。同样的产品是没有办法去战胜对手的，腾讯只有找到一个完全不一样的产

---

① 注释：邮件文化是腾讯的另一大特征，马化腾每天会高频次地体验公司产品，提出建议，然后直接和普通员工邮件沟通，"马化腾与我们团队的邮件来往就起码超过2 000份"曾主持QQ空间开发的一位腾讯高管说。

品才能解决这个问题——这也是他当初为这款应用起名"微信"的原因,他希望能凭此一役另辟蹊径击破微博的"围剿"。并且,基于自己敏锐的产品嗅觉,在使用过初版微信后,马化腾认为,不论是跨平台交流、极速轻快的楼层式对话还是便捷的图片分享功能都能给用户带来前所未有的非凡体验。于是,他力排众议,决定推进微信的研发,并给了张小龙团队人民币1亿元以及资金和人事上足够的自由空间;同时,马化腾以超乎寻常的热情关注着微信每一次的迭代和用户数的变化。

不过,腾讯对于流量的使用始终慎之又慎,即使马化腾十分看好微信的发展,腾讯也从未像后来外界谣传的那样在上线初期就给微信导流。可以说,微信虽然是一个含着金汤匙出生的"孩子",却是靠着自己的摸爬滚打走到了今天。张小龙后来在接受采访时坦言,"如果自己没有体现出自生长的能力,做推广也是枉然;只有用户口碑的自发式增长,才能带来病毒式扩张。"

正是抱着这样的信念,微信团队一步步用心打磨产品,快速迭代。可是,2011年4月,在微信第四版发布后,用户数据依然不见起色。当以iphone4为代表的智能手机正以颠覆之势席卷整个手机市场,微信研发团队开始意识到,不能再用传统的PC端思维来设计,而应考虑到移动设备的特性并尽可能地挖掘、利用它们。这时,新版米聊借鉴香港一款名叫TalkBox的产品的对讲机功能,在用户中获得不错反响;5月,微信的新版本也及时跟进上线语音功能,用户量随之出现井喷,日新增用户从一两万提高到五六万,很多不习惯或懒于手机打字的企业高管、商务人士变成了微信用户。势头正猛,张小龙不敢怠慢,继续带着团队狂奔,"摇一摇""漂流瓶""查看附近的人"等新功能不断加上;2011年7月,在没有动用任何QQ资源的前提下,微信的日新增用户达到惊人的11万,米聊、微博等竞争对手在微信一步步的稳扎稳打中被逐渐攻破。之后,通过与手机通讯录整合、导入QQ用户数据,腾讯社交链的能量彻底引爆,微信上线433天实现了1亿在线用户数的佳绩,微信成为互联网史上增速最快的在线通信工具。

此后,微信继续进行自我超越。2012年4月,朋友圈上线,微信从通信工具向社交平台平滑升级;同年8月,微信公众号上线,社交、媒体、电商多重产品形态的聚合让微信成为中国互联网产业史无前例的生态级产品,传统的媒体传播、市场营销业态受到不可逆转的挑战;2014年,微信红包测试版首度上线,这个功能本是为了满足腾讯给员工发新年红包传统的内部需求,却意外获得快速传播,这一年春节,800万人在微信领取了约4 000万个红包,让腾讯在近乎一夜之间逆袭成为最重要的在线支付服务商。毫不夸张地说,腾讯孵化了微信,微信创造了另一个腾讯。

微信,是腾讯对产品近乎执着、精益求精的结果,但更像QQ空间、网游等最初均只是出自小团队的部门级产品最终却成为大获成功的现象级产品一样，微信的成功是腾讯公司管理理念的成果：对市场趋势和用户需求本质的敏锐把握，"以小制大"的灵活战术，自我颠覆的决心和机制。

参考资料：

吴晓波. 腾讯传——1998—2016 中国互联网公司进化论［M］. 杭州：浙江大学出版社，2017.

李全伟. 张小龙造微信：腾讯内生的颠覆性创新［J］. 哈佛商业评论，2016（6）.

李木鱼. 马化腾：不破不立［J］. 南方人物周刊，2016（11）.

思考题

1. 判断微信属于内部创业的何种组织形式，并简述该组织形式的优缺点。

2. 请从公司创业"过程观点"的角度出发，结合案例分析微信取得成功的过程。

3. 结合腾讯微信案例并查阅相关网络资料，探讨微信与腾讯公司其它产品（特别是QQ）如何相互竞争和相互促进，这对腾讯公司的整体发展有何影响。

教师服务

感谢您选用清华大学出版社的教材！为了更好地服务教学，我们为授课教师提供本书的教学辅助资源，以及本学科重点教材信息。请您扫码获取。

▶▶ 教辅获取

本书教辅资源，授课教师扫码获取

▶▶ 样书赠送

创业与创新类重点教材，教师扫码获取样书

 清华大学出版社

E-mail: tupfuwu@163.com
电话：010-83470332 / 83470142
地址：北京市海淀区双清路学研大厦 B 座 509

网址：http://www.tup.com.cn/
传真：8610-83470107
邮编：100084